> 中国石漠化治理丛书

国家林业和草原局石漠化监测中心 ◻ 主审

SICHUAN ROCKY DESERTIFICATION
四川石漠化

朱子政　李守剑　苏月秀　张　震　◻ 编著
吴照柏　王守强　张　军　兰立达

中国林业出版社
·北京·

图书在版编目（CIP）数据

四川石漠化/朱子政等编著.--北京：中国林业出版社，2020.7
（中国石漠化治理丛书）

ISBN 978-7-5219-0672-1

Ⅰ.①四… Ⅱ.①朱… Ⅲ.①沙漠化—沙漠治理—研究—四川 Ⅳ.①S288

中国版本图书馆CIP数据核字(2020)第122211号

审图号：川S【2020】00023号

中国林业出版社
责任编辑：李　顺　陈　慧　薛瑞琦
出版咨询：（010）83143569

出版：中国林业出版社（100009 北京西城区德内大街刘海胡同7号）
网站：http://www.forestry.gov.cn/lycb.html
印刷：北京博海升彩色印刷有限公司
发行：中国林业出版社
电话：（010）83143500
版次：2020年7月第1版
印次：2020年11月第1次
开本：787mm×1092mm　1/16
印张：21
字数：450千字
定价：298.00元

《四川石漠化》编写委员会

主　　任：刘宏葆　包建华
副 主 任：童　伟　刘屈原　刘广兵　陈家德
主　　编：朱子政　李守剑　苏月秀　张　震　吴照柏
　　　　　王守强　张　军　兰立达
副 主 编：蒋大勇　赖　爽　邓远志　吴协保
编　　委：袁　晖　林　勇　蒋　勇　刘　朔　董刚明　刘　凯
　　　　　崔宁洁　杨建勇　胡开波　王　玮　魏　鹏　骆劲涛
　　　　　袁　泉　邹　峡　左明华　欧阳翔　陈亚文　王　博
　　　　　何　龙　王　杨　尹　忠　陈均烽　游秋明　肖　波
　　　　　丁　谦　罗华军　鲁　阳　蒋　钵　廖继华
主　　审：陈家德　但新球　曹昌楷　蔡凡隆
地图编绘：张　震　王　玮　骆劲涛
照片收集：苏月秀　魏　鹏　袁　泉

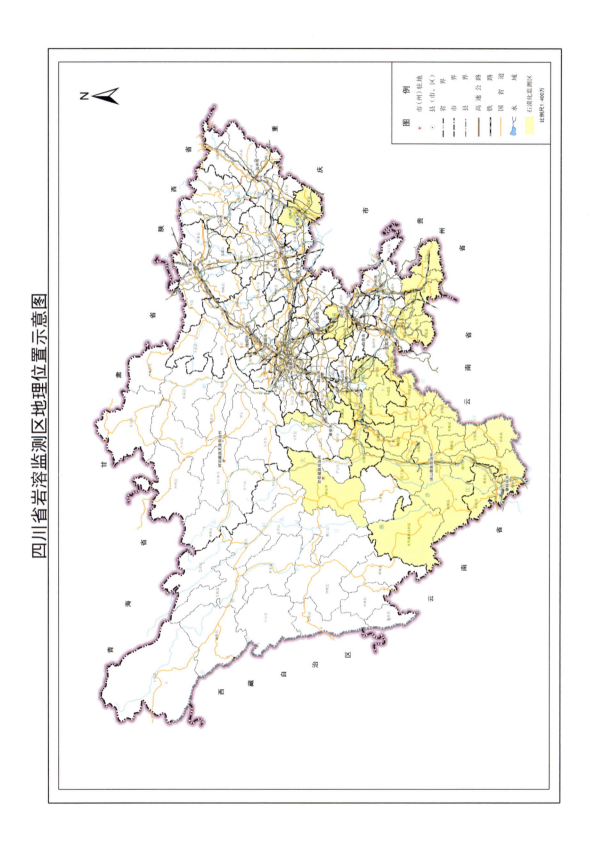
四川省岩溶监测区地理位置示意图

四川省岩溶监测区石漠化状况分布图

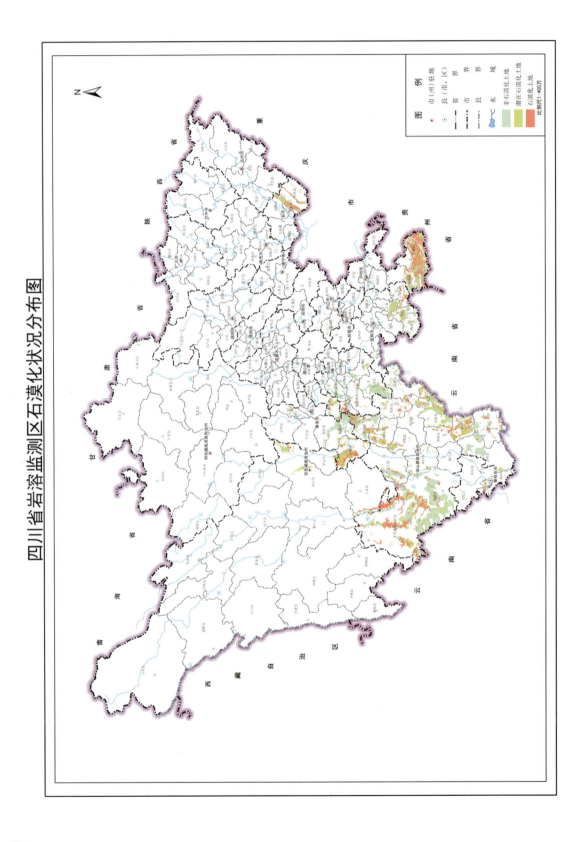

四川省岩溶监测区石漠化土地程度分布图

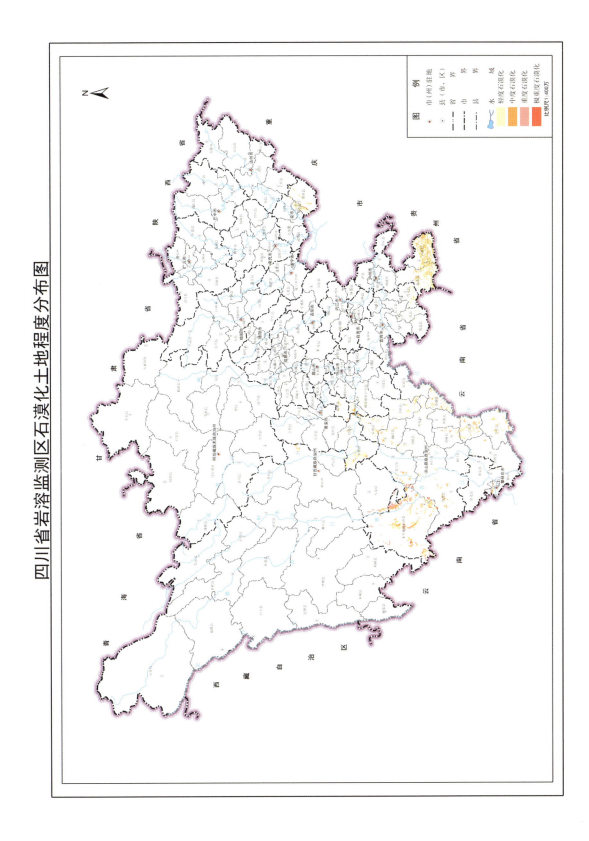

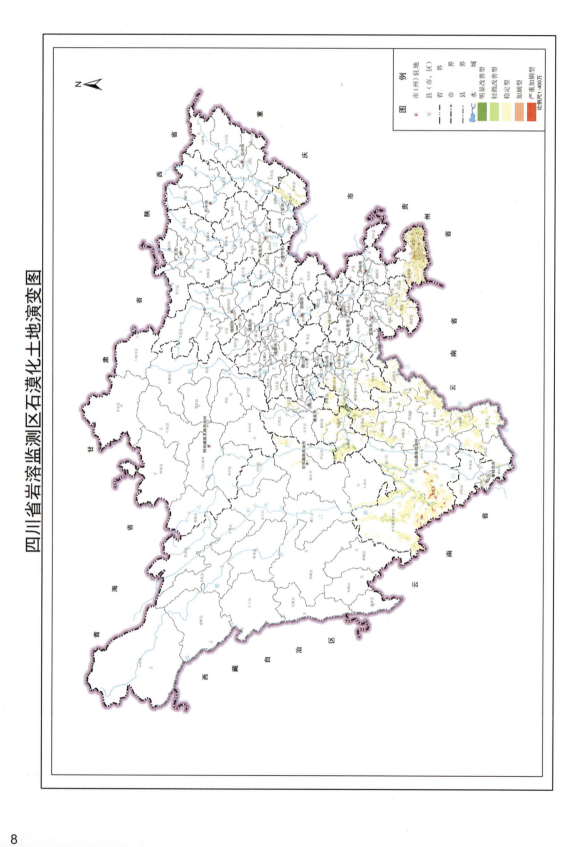

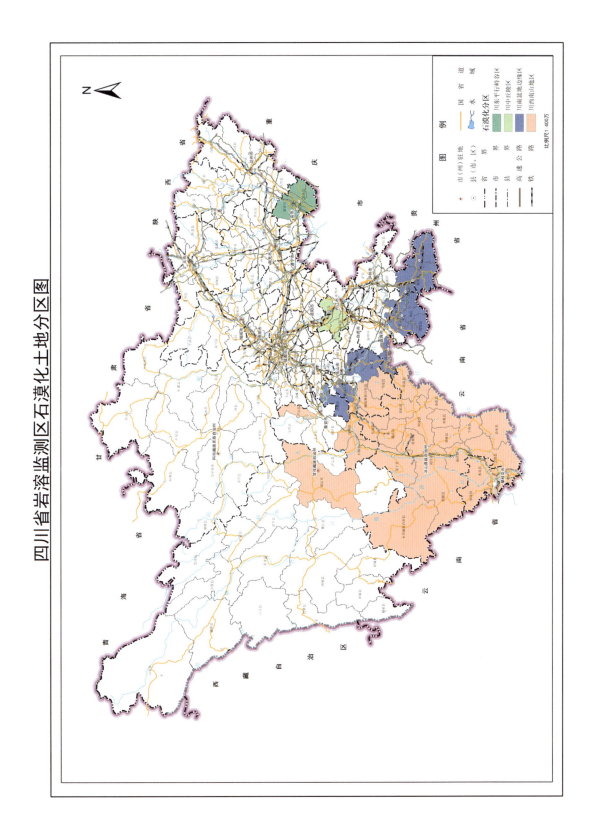

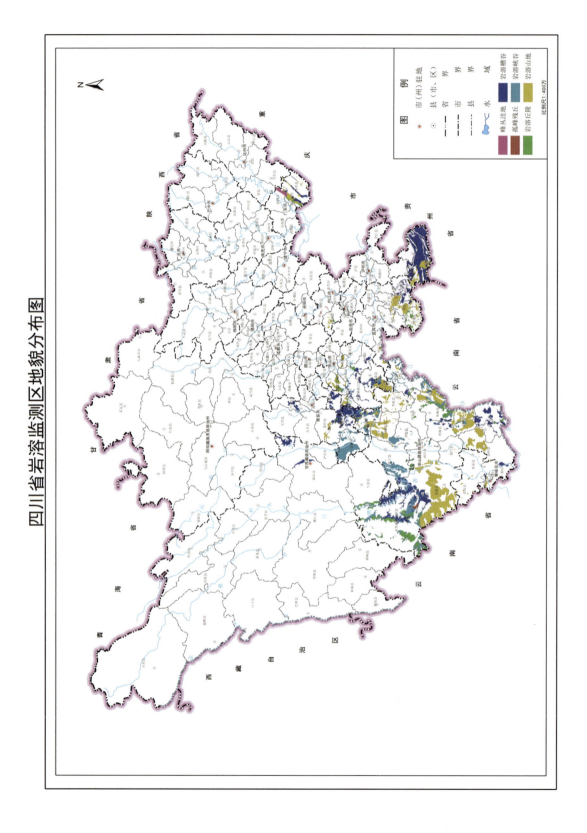

四川省岩溶监测区地貌分布图

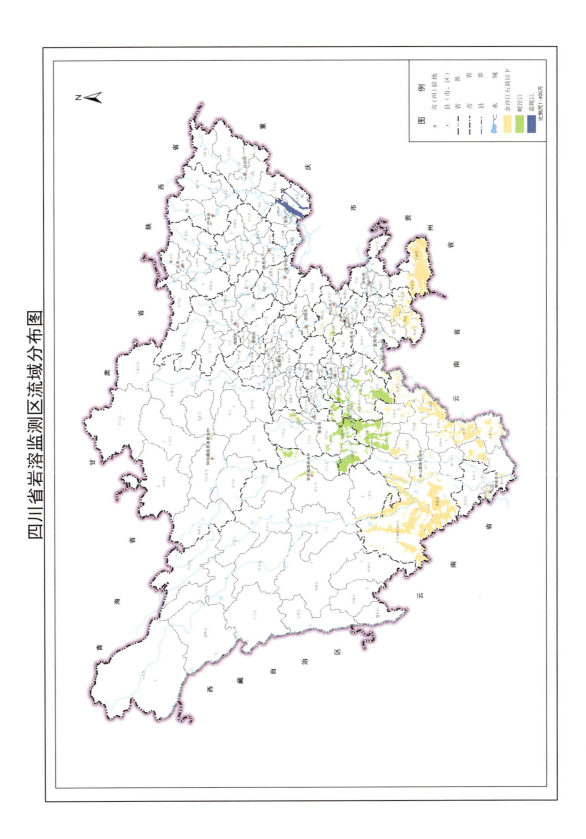

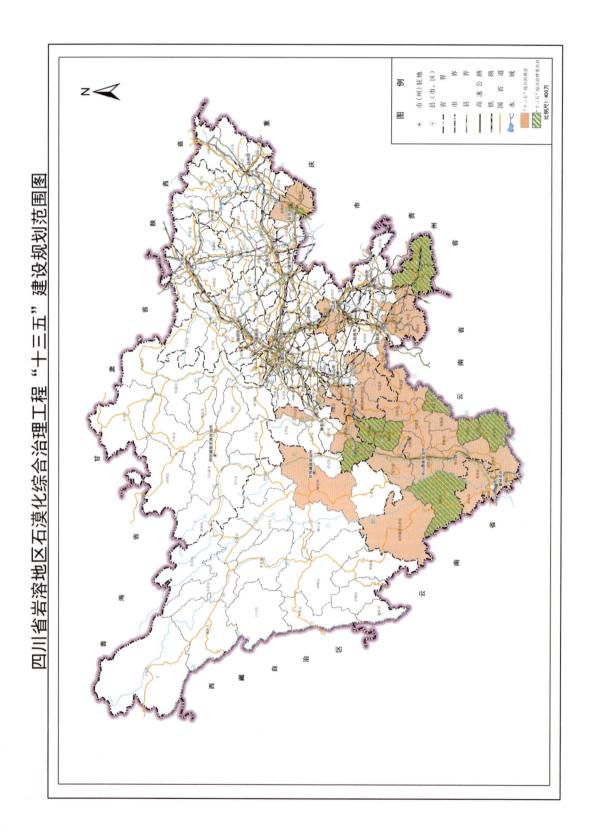

四川省岩溶地区石漠化综合治理工程"十三五"建设规划范围图

前　言

岩溶即喀斯特（Karst），是水对可溶性岩石（碳酸盐岩、石膏、岩盐等）进行以化学溶蚀作用为主，流水的冲蚀、潜蚀和崩塌等机械作用为辅的地质作用，以及由这些作用所产生的现象的总称。由喀斯特作用所造成的地貌，称岩溶地貌（喀斯特地貌）。

石漠化是指在热带、亚热带湿润—半湿润气候条件和岩溶极其发育的自然背景下，受人为活动干扰，使地表植被遭受破坏，造成土壤严重侵蚀，基岩大面积裸露，砾石堆积的土地退化现象。石漠化是岩溶区土地退化、生态恶化的一种极端形式，被称为"生态癌症"，是岩溶区最为严重的生态问题之一，严重制约了区域经济和社会的发展，危及国土生态安全。石漠化主要发生在亚热带、热带湿润地区，在我国10余个省（自治区、直辖市）有分布，纳入国家监测范围的有8个省份，四川省是其中之一。

四川地处长江、黄河上游，地形地貌及气候类型复杂多样，既是全国生态建设的核心地区、生物多样性富集区和长江上游重点水源涵养区，也是典型的生态脆弱区。四川岩溶土地主要分布在攀枝花市、泸州市、雅安市、凉山彝族自治州等14个市（州）的54个县（市、区），依据地理特性，可将全省岩溶区划为川南盆地边缘区、川西南山地区、川东平行岭谷区、川中丘陵区、川东北盆地边缘区共5大区域。这些区域多为少数民族聚居区、边远地区和经济欠发达区域，其中有46个县（市、区）曾属于贫困县，占全省岩溶区涉及县（市、区）个数的85%。受自然因素的制约，四川省岩溶土地分布地区生态环境脆弱，乡村人口众多，居民接受的科学文化教育有限，生产生活方式较传统，科教文化水平较低，能源、交通、通讯、水利等基础建设较为滞后，经济发展极不平衡，与非岩溶区及全省平均水平相比，仍存在较大差距。

定期开展石漠化监测，能够摸清石漠化底数，掌握四川省岩溶区石漠化状况和动态变化情况，为国家和地方制定石漠化防治政策、编制生态保护修复规划提供基础数据资料。通过石漠化土地综合修复措施改善区域生态环境、推进生态文明建设，实现区域经济社会可持续发展。根据国家林业和草原局确定的监测范围，四川省岩溶区涉及10个市（州）46个县（市、区）。在国家林业和草原局的统一部署和安排下，四川省采用"3S"技术和地面调查相结合、野外数据采集移动端和石漠化监测系统桌面端相结合的技术路线，分别于2005年、2011年、2016年共完成了三次岩溶区石漠化监测。

根据2016年四川省岩溶区第三次石漠化监测成果，四川省岩溶区土地面积278.2万hm^2，其中：石漠化土地面积67.0万hm^2，占岩溶区面积的24.08%；潜在石漠化土地面积82.2万hm^2，占岩溶区面积的29.55%；非石漠化土地面积129.0万hm^2，占岩溶区面积的46.37%。石漠化土地中，轻度石漠化土地29.7万hm^2，中度石漠化土地28.4万hm^2，重度石漠化土地7.8万hm^2，极重度石漠化土地1.1万hm^2，分别占四川省石漠化土地面积的44.33%、42.39%、11.64%和1.64%。石漠化土地在川西南山地区和川南盆地边缘区呈集中连片分布，最为严重，石漠化类型最多、面积最大；川东平行岭谷区呈不连续分散分布；川中丘陵区程度较轻、演变稳定的特点。

2008~2018年，在国家大力支持下，四川省有宁南、华蓥、汉源等20个县（市、区）实施了岩溶区石漠化综合治理工程，共治理岩溶面积4427.3km^2，其中，一期（2008~2015年）治理面积3227.3km^2，二期（2016~2018年）治理面积1200km^2。综合治理工程总投资108021万元，其中中央投资89980万元，地方投资18041万元。经过治理，工程区林草植被盖度显著增加，水土流失得到初步遏制，生态环境初步改善。

通过岩溶区石漠化连续监测数据分析，2005~2016年的11年间，监测区石漠化土地面积由77.5万hm^2减少至67.0万hm^2，减少了10.5万hm^2，变动率为-13.55%；潜在石漠化土地面积由73.7万hm^2增加至82.2万hm^2，增加了8.5万hm^2，变动率为11.53%。总体来看，近年来在岩溶区实施的一系列生态治理工程成效明显，林草植被盖度显著增加，水土流失得到初步遏制，生态环境初步改善，石漠化程度有所减轻。但是，由于局部地区受自然灾害等诸多不利因素的影响，石漠化仍处于整体好转局部恶化的相持阶段。

《四川石漠化》以四川省三次石漠化监测成果为基础，系统描述了四川省岩溶区域基本情况，全面介绍了石漠化现状，深入剖析了石漠化的发生机理、危害与治理。

通过对比三次石漠化监测数据，分析了石漠化动态变化情况及原因，总结了石漠化治理情况，对石漠化治理的典型案例和模式进行了系统归纳，展示了当前四川石漠化研究的最新科研成果，概括了当前四川石漠化相关政策情况。本书内容丰富、数据翔实，不仅能够为四川省岩溶区石漠化管理决策、法规政策制定、综合治理提供科学依据，是有关人员关注和了解四川石漠化的工具书，也可以作为对石漠化防治、规划设计和科学研究等方面有兴趣的人士和大专院校师生等的读物和参考书目。由于编写时间仓促，不足和疏漏之处在所难免，希望广大读者不吝批评指正。

《四川石漠化》编委会

2020年5月

目 录

第一章 基本情况 — 001
    第一节 四川省基本概况 — 001
    第二节 四川省岩溶区基本概况 — 003

第二章 四川省岩溶区土地石漠化的发生与危害 — 006
    第一节 岩溶区土地石漠化的发生 — 006
    第二节 岩溶区土地石漠化的危害 — 009

第三章 四川省岩溶区石漠化现状 — 012
    第一节 四川省石漠化监测工作 — 012
    第二节 主要监测结果 — 030
    第三节 石漠化特点和分布规律 — 040

第四章 四川省岩溶区石漠化动态变化及原因分析 — 041
    第一节 石漠化状况总体动态变化 — 041
    第二节 石漠化状况动态变化及原因 — 042
    第三节 石漠化程度动态变化 — 046
    第四节 耕地石漠化土地动态变化 — 050

第五节	石漠化演变状况	051
第六节	石漠化动态变化原因分析	053
第七节	石漠化动态变化极端情况分析	055

第五章　四川岩溶区石漠化治理　　056

第一节	岩溶区石漠化治理管理概况	056
第二节	岩溶区石漠化综合治理规划	058
第三节	石漠化综合治理工程实施情况	060
第四节	石漠化公园——四川兴文峰岩国家石漠公园	063
第五节	石漠化防治形势分析	065
第六节	石漠化防治对策与建议	067

第六章　四川岩溶区分区研究　　070

第一节	四川岩溶区分区	070
第二节	川南盆地边缘区	071
第三节	川西南山地区	077
第四节	川东平行岭谷区	085
第五节	川中丘陵区	089

第七章　四川省岩溶区石漠化治理典型案例　　094

第一节	川南盆地边缘区治理模式	094
第二节	川西南山地区治理模式	102
第三节	川东平行岭谷区治理模式	114

第八章　四川省石漠化研究及政策综述　　121

| 第一节 | 四川省岩溶区石漠化土地植被恢复应用技术研究 | 121 |

	第二节	四川省基于社区参与式石漠化监测与评估方案	179
	第三节	四川省可持续土地管理评价指标体系研究	
		——以岩溶区土地为例	210
	第四节	四川省岩溶区石漠化研究综述	244
	第五节	四川省岩溶区石漠化政策综述	253

第九章　四川岩溶区石漠化治理展望　　　　　　　　　264

参考文献　　　　　　　　　　　　　　　　　　　　　266

附图：四川岩溶区石漠化典型照片　　　　　　　　　269

附表：四川省历次石漠化监测统计表　　　　　　　　277

第一章　基本情况

第一节　四川省基本概况

一、自然概况及行政区划

（一）地理位置

四川省位于中国西南内陆腹地，地处长江上游，介于东经97°21′~108°32′、北纬26°03′~34°19′，与云南、贵州、重庆、西藏、青海、甘肃、陕西7省（自治区、直辖市）接壤，是承东接西的纽带，连接西南和西北的桥梁，生态区位和地理区位十分重要。

（二）地质地貌

四川省位于我国大陆地势三大阶梯中的第一级和第二级，跨越第一级青藏高原和第二级四川盆地及其周围山地，高低悬殊，西高东低的特点特别明显。四川省大致可分为四川盆地和川西高原两大部分。四川盆地是我国四大盆地之一，面积16.5万km^2。盆地北部为秦岭，东部为米仓山、大巴山，南部为大娄山，西北部为龙门山、邛崃山等山地环绕。盆地中部海拔400~800m，地势微向南倾斜，岷江、沱江、嘉陵江从北部山地向南流入长江。西部川西高原，海拔3000~5000m，山高谷深，高山峡谷间大江如带，山脉、河流呈南北走向，有沙鲁里山、大雪山等，金沙江、雅砻江、大渡河等穿流其间。四川地貌类型多样，有平原、丘陵、山地和高原4大类，以山地为主，其次为高原。

（三）气　候

四川省气候区域性、过渡性和复杂性特征突出。按照水热和光照条件，分为四川盆地中亚热带湿润气候区、川西南山地亚热带半湿润气候区、川西北高山高原高寒气候区。气候类型多样，垂直差异大，季风气候明显，区域特点鲜明，气象灾害种类多，发生频率高且范围大。

（四）水　文

四川省境内水系发达，有大小河流1200余条，属于长江水系面积占96.5%，属于黄河水系面积占3.5%。江河的源头或上游段大都穿行于高山峡谷区，中游流经盆周山地，中、下游曲流于盆地丘陵地带，最后汇入长江，属长江上游水系；只有白河、黑河汇入黄河。四川水能资源蕴藏量达1.5亿kW，仅次于西藏，可开发量近1亿kW，位居全国首位。

（五）土　壤

四川省地域辽阔，土壤类型多样。大致可分为四川东部盆地湿润森林土壤地带、川西南山地河谷森林土壤地带、四川西部山地高原半湿润半干旱森林与高山草甸土壤地带。东部盆地内丘陵连绵，地表出露的主要是侏罗系、白垩系紫色砂泥岩，发育为紫色土，由此形成了著名的"紫色盆地"。除西南部及南部的白垩系灌口组和夹关组部分母质呈酸性反应外，其余绝大部分呈中性或碱性反应。在盆地东部渠河和长江之间，为一组东北—西南走向的平行岭谷，山上多出露三叠系须家河组厚层砂岩和二叠系、三叠系石灰岩，发育为黄壤。川西平原集中分布着大面积的潮土。盆周山地土壤具有明显的垂直分布特征，自下而上依次为黄壤、黄棕壤、棕壤、暗棕壤、棕色针叶林土；川西南山地河谷地势高低悬殊，土壤垂直带谱为燥红土、红壤、红棕壤、暗棕壤、棕色针叶林土和山地草甸土；在西部山地高原面上，主要分布山地草甸土、亚高山草甸土、高山草甸土，以及呈块状分布的沼泽土，高山峻岭还分布着高山寒漠土；在高原面以下，主要分布灰褐土、褐土、棕壤，向上还有暗棕壤、棕色森林土及亚高山草甸土。

（六）植　被

四川省植物种类占全国30%以上，是全国植物资源最丰富省份之一，有森林、灌丛、草原、草甸、竹林、沼泽等植被。2016年全省森林覆盖率达36.88%，森林主要集中在盆地常绿阔叶林地带和川西高山峡谷亚高山针叶林地带，川西北高原以高山灌丛、草甸为主。

二、社会经济状况

（一）行政区划、人口、民族

四川省划分为1个副省级市、17个地级市、3个少数民族自治州。下辖市辖区50个、县级市16个、县113个、自治县4个。2018年末常住人口8341万人，同第六次全国人口普查的8042万人相比，共增加299万人，增长3.72%。2018年全年出生人口92万人，人口出生率11.03‰；死亡人口58.3万人，人口死亡率6.99‰；人口自然增长率4.04‰。四川人口主要集中于盆地内岷江、沱江、嘉陵江和长江流域，以青川—北川—都江堰—天全—马边—屏山一线为界的东部，土地面积占全省三分之一，人口占全省90%以上。西部人口密度很低。

四川省为多民族聚居地，有55个少数民族，人口490.8万人。彝族、藏族、羌族、苗族、回族、蒙古族、土家族、傈僳族、满族、纳西族、布依族、白族、壮族、傣族为省内世居少数民族。四川省是全国唯一的羌族聚居区、最大的彝族聚居区和全国第二大藏区。少数民族主要聚居在凉山彝族自治州、甘孜藏族自治州、阿坝藏族羌族自治州及马边彝族自治县、峨边彝族自治县、北川羌族自治县。被誉为"中国第二藏区""中国唯一羌族聚集区""中国第一彝族聚集区"。

（二）经济发展

据国家统计局统计公报，2018年四川省全年实现地区生产总值（GDP）40678.1亿元，按可比价格计算，比上年增长8.0%。其中，第一产业增加值4426.7亿元，增长3.6%；第二产业增加值15322.7亿元，增长7.5%；第三产业增加值20928.7亿元，增长9.4%。三次产业对经济增长的贡献率分别为5.1%、41.4%和53.5%。人均生产总值48883元，增长7.4%。三次产业结构由上年的11.6∶38.7∶49.7调整为10.9∶37.7∶51.4。

第二节　四川省岩溶区基本概况

一、岩溶区自然概况

（一）地理位置

四川省岩溶区主要分布在川西南山地区、川南盆地边缘区、川东平行岭谷区、川中丘陵区和川东北盆地边缘区，介于东经100°07′~107°15′、北纬26°10′~30°41′。石漠化土地以川西南山地区和川南盆地边缘区为主。

（二）地质地貌

四川省岩溶区石漠化土地分布区地层以三叠系、二叠系灰岩、白云质灰岩地层最为主要；石漠化发育区地貌类型主要以中、低山石丘坡地，溶蚀残丘，宽谷盆地为主。

（三）气　候

受地理位置和地形的影响，四川省岩溶区各地的气候差异明显。东部盆地年平均气温14~19℃，全年≥10℃的积温4200~6100℃，无霜期280~300 d，全年日照900~1600 h，年降水量900~1200 mm。川西南山地年平均气温：谷地15~20℃，山地5~15℃，全年≥10℃积温德昌以南河谷>4500℃，以北锐减至2000℃，全年日照1200~2700 h，年降水量800~1200 mm。

（四）水　文

四川省岩溶区属长江水系，河流众多，水量丰富，具有夏涨冬枯、暴涨暴落的特点。地表下垫面透水性强，地下水文过程活动强烈，地下水位埋深一般大于100 m，森林植被一旦遭到破坏，将导致调水蓄水能力减弱，极易造成旱涝灾害。四川省岩溶区水资源利用率低。

（五）土　壤

四川省岩溶区成土母岩主要为灰岩、白云质灰岩以及灰岩夹粉砂岩、砾岩等，土壤类型较为丰富。碳酸盐岩质地较纯，含不溶水分较少，风化成土速度慢。岩溶区土层薄，土壤松散，石砾多，岩土间附着力极低，在缺乏植被保护的情况下土壤容易被冲刷，致使土壤生产力低下。四川省岩溶区主要有黄色石灰土、棕色石灰土、红色石灰土和黑色石灰土4个亚类，受发育程度和淋溶作用的影响，有部分山地黄壤。

（六）植　被

四川省岩溶区地形复杂，气候多样，孕育了十分丰富的植物资源和植被类型。据不完全统计，有高等植物270余科，1700多属，近万种，其中乔木约1000种；形成了亚热带常绿阔叶林、亚热带落叶阔叶林、常绿落叶阔叶混交林、竹林、灌木林和灌草丛。主要乔木树种有马尾松、云南松、柏木、栎类等；灌木树种有盐肤木、马桑、小铁仔等；主要经济树种有核桃、板栗、油桐、柑橘、柚等；竹类有慈竹、楠竹等。值得关注的是，岩溶区生境对植物有严格的选择性，植被具有喜钙、旱生、石生的特点，生长缓慢，适生树种少，群落结构简单，群落的自调控力弱，当受到外界因素尤其是人为活动因素的干扰时，极易导致群落逆向演替。

二、岩溶区社会经济状况

（一）行政区划、人口、民族

四川省岩溶监测区涉及10个市（州）46个县（市、区）。2016年，岩溶区总人口2394.5万人，其中农业人口1521.7万人，占区域总人口的63.5%。岩溶区人口密度164人/km²。岩溶区有少数民族县20个，居住着彝族、藏族、苗族、土家族等30多个民族，少数民族人口约271.7万人。

（二）经济发展

2016年，岩溶区46个县（市、区）实现地区生产总值4656.93亿元，其中，第一产业增加值561.52亿元，林业产值292.80亿元，人均生产总值为32057元。铁路总长度1277km，公路总长度64061.3km。

（三）土地利用现状

四川省岩溶区监测县土地面积1164.7万hm²。其中，耕地270.5万hm²，占监测县土地面积的23.22%；林地736.5万hm²，占63.24%；草地100.9万hm²，占8.66%；未利用地17.4万hm²，占1.50%；建设用地23.7万hm²，占2.04%；水域15.6万hm²，占1.34%。

林地中，有林地110.6万hm^2，占林地面积的70.17%；疏林地4.8万hm^2，占0.65%；灌木林地181.9万hm^2，占24.70%；未成林造林地6.0万hm^2，占0.81%；苗圃地0.03万hm^2；无立木林地7.7万hm^2，占1.05%；宜林地19.3万hm^2，占2.62%；辅助生产用地0.02万hm^2。

三、岩溶区石漠化土地分布和社会经济特征

四川省石漠化土地在川西南山地区呈集中连片分布，以攀（枝花）西（昌）盐源侵蚀宽谷盆地中山区最为严重，石漠化类型最多、面积最大；峨眉山大凉山侵蚀中山区潜在石漠化面积较大；四川盆周山地区呈不连续分散分布。

四川省岩溶区由于生态环境脆弱，人口众多，生产生活方式落后，科教文化水平低，能源、交通、通讯、水利等基础建设滞后，经济发展的总体水平仍较低，与非岩溶区及全省平均水平相比仍存在较大差距，多为少数民族聚居区、边远地区和经济欠发达区域。受自然因素的制约，经济发展极不平衡。川南盆地边缘区、川东平行岭谷区及川中丘陵区是四川省的重点石漠化区，岩溶地貌极为发育。该区人口密度大，劳动力充足、生物资源丰富、种植业发达。但生态脆弱、水土流失严重、土地贫瘠、人口和资源矛盾突出，不利于社会经济的可持续发展。川西南山地区，幅员广阔，人口密度相对较低，畜牧业在社会经济中占有相对较高地位。该区自然条件差，交通不发达，信息闭塞，畜牧业商品率低，经济极不发达。

第二章　四川省岩溶区土地石漠化的发生与危害

第一节　岩溶区土地石漠化的发生

岩溶即喀斯特（Karst），是水对可溶性岩石（碳酸盐岩、石膏、岩盐等）进行以化学溶蚀作用为主，流水的冲蚀、潜蚀和崩塌等机械作用为辅的地质作用，以及由这些作用所产生的现象的总称。由喀斯特作用所造成地貌，称岩溶地貌（喀斯特地貌）。

石漠化是指在热带、亚热带湿润—半湿润气候条件和岩溶极其发育的自然背景下，受人为活动干扰，使地表植被遭受破坏，造成土壤严重侵蚀，大面积基岩裸露，砾石堆积的土地退化现象。石漠化是岩溶区土地退化、生态恶化的一种极端形式，被称为"生态癌症"，是岩溶区最为严重的生态问题之一，严重制约了区域经济社会的发展，危及国土生态安全。

四川省岩溶区石漠化土地的形成是特殊的自然因素与人为因素综合作用的结果。岩溶区碳酸盐岩大面积存在和碳酸盐岩强烈的岩溶化过程是造成石漠化产生的主要自然因素；人类活动对生态的破坏和对土地的不合理利用是造成石漠化加剧的主要人为因素。

一、自然因素

（一）广泛分布的碳酸盐岩是石漠化形成的物质基础

四川省岩溶区总面积近9万 km^2，涉及16个市（州）的78个县（市、区）。岩溶区碳酸盐岩具有岩质坚硬、易溶蚀、成土慢、土壤易流失的特点，为石漠化形成提供了物质基础。纯碳酸盐岩的酸不溶物含量低，平均仅为4%左右，风化残余物很少，成土速率极慢。据研究，溶蚀30cm厚的碳酸盐岩才能形成1cm厚的土层，碳酸盐岩区形成1cm厚的土层所需的时间，为同纬度非岩溶区的10~40倍，大约需要4000~8500年，若考虑地表的自然剥蚀率，成土速度更低，土壤允许侵蚀量远小于非岩溶区，这是石漠化形成的主要自然因素。

碳酸盐岩区特殊的土壤剖面结构加剧了斜坡上的水土流失和石漠化。岩溶山区土壤剖面中通常缺乏过渡层，基质碳酸盐母岩坚硬，其上的土壤松软，岩石和土壤之间的黏着力非常低，降雨极易冲走土壤，造成水土流失和石漠化。

碳酸盐岩的多裂隙特征，使表层漏水、地下含水，加快石漠化的形成。四川省的平均年降水量一般在1000mm以上，但在碳酸盐岩区地表仍然缺水，岩石裸露，植被稀少。这是因为碳酸盐岩空洞、裂隙、管道、落水洞、地下河等非常发育，水体保存困难。碳酸盐岩分布区地下水埋深一般在30~40m以上，这样深的地下水，植被很难直接吸收利用，这就形成"土在上水在下"的分离格局。另一方面，在喀斯特洼地，暴雨时降水集中，渗漏不畅，会形成暂时性积留，造成涝灾，但降雨一旦停止，积水很快渗漏，牛墙即变得干旱。

地貌演化过程中存在自然石漠化的特点，岩溶区碳酸盐岩由于成土缓慢，随灰岩的溶蚀而保存于溶沟、溶隙里的浅薄土壤，土被不连续，在天然的侵蚀过程中，土壤通过溶隙、落水洞流失于地下岩溶系统，碳酸盐岩区土壤层处于负增长状态，这些过程促使岩体裸露，石山石漠化趋势加剧。

（二）构造运动为石漠化提供了动力潜能

晚第三纪以来，青藏高原整体处于隆升运动。四川位于青藏高原的东缘，隆升高度从数百米到2000多米不等。这种差异性隆升的构造运动通过岩体破裂和变形，塑造了陡峻而破碎的岩溶地貌景观，由此产生了较大地表切割和地形坡度。构造运动使地表抬升，侵蚀基准面下降，地表河流深度切割碳酸盐岩地层，地表形成大量漏斗、落水洞，地表径流差，加上地下径流侵蚀能力很强，陡峻的岩溶地貌极易产生水土流失，这为石漠化提供了动力潜能。

（三）特别的自然条件为石漠化形成提供了侵蚀营力和溶蚀条件

四川省岩溶区地貌复杂，地形陡峭、切割深、坡度大，气候温和，降雨强度大且相对集中，这些特殊的自然条件为石漠化形成提供了侵蚀营力和溶蚀条件。

四川省绝大多数岩溶区气候温和，年均气温处于15~20℃，年降雨量多在1000~1400mm，降雨多集中在5~9月，降雨强度大，极易导致水土流失。同时，四川省岩溶区地貌类型复杂，高原、山地、丘陵、河谷阶地等均有分布。由于长期经受强烈的内外营力作用，地形切割深度和地面坡度都比较大，这种山多平地少、切割深、坡度大的地貌格局，极易导致水土流失，加剧土壤侵蚀，很大程度上影响着石漠化的发生。

四川省岩溶区土壤浅薄，土壤总量少，储水能力低，入渗系数大，地下水位变幅达数十米，即使在多雨的生长季节，也常出现蒸发量大于降雨量的干枯期，形成岩溶性干旱气候，不利于植被生长，一旦植被破坏，水热优势则立即转化为强烈的破坏营力。

（四）脆弱的生态环境是加剧石漠化形成的重要因素

岩溶区的生态环境较脆弱，具有森林覆盖率较低、植物生长量低、生长速率缓慢、容易破坏且恢复难度大的特点。由于岩溶区生境具有干旱、富钙和缺土多石等特性，致使植物生长缓慢，植被结构简单，覆盖度较低。有关研究表明，退化群落从草本群落恢复到灌丛阶段需要20年，至乔木林阶段需要47年，至顶极群落则需80年以上。如果先锋植物、土壤种子库退化或受到破坏，则植物群落的自然恢复将更加困难，甚至出现长期封山而不见植被恢复的现象。故岩溶区植被一旦遭到破坏，生境将急剧恶化，还可能导致植被进一步退化，植被丧失导致土壤侵蚀加剧，从而使石漠化土地不断扩大。

（五）不可预见的自然灾害导致局部石漠化发生或加重

地震、滑坡、泥石流、山洪、旱灾、林业病虫害以及雷电引发的森林火灾等，这些不可预见的自然灾害的发生会对岩溶地区局部森林资源带来毁灭性的破坏，生态环境急剧恶化，土壤侵蚀加剧，进而导致石漠化发生或加重。

二、人为因素

岩溶区经济发展滞后，人口多、密度大，山高谷深，边远偏僻，交通和信息交流不便，文化教育相对落后，生态环境保护意识淡薄。为了生存和发展，群众不惜过度利用土地资源，形成"人增—耕进—林退—石漠化"的恶性循环。人为因素在石漠化的演替过程中起到了极大的推动作用，成为加速石漠化形成的根本原因。

（一）过度樵采

"山穷、水枯、林衰、土瘦"是岩溶区的概貌，"吃饭难、饮水难、烧柴难、建房难、行路难、上学难、照明难、看病难"是岩溶区农村经济的基本特征。岩溶区经济发展落后，村民靠山吃山，习惯于用木材建房、烧柴烤火做饭。据林业部门调查，一个三口之家的生活能源如果完全依靠薪材，则每年樵采薪材要在12亩*以上；岩溶区有1/3的县，使用薪材比重高达50%。一些地方樵采完乔木砍灌木，砍完灌木割草本，甚至连树蔸都被挖掉。此外，20世纪50年代末，"大炼钢铁"使大片原始林、次生林毁于一旦，70年代末至80年代初，因农村经济体制变动，相关政策不配套，山权、林权、林界不清，致使森林植被遭受严重破坏。许多地方千百年积累形成的石山薄土，因失去森林植被的庇护，不到几年就被雨水冲刷流失殆尽，最后剩下光石一片，形成石漠化。

（二）陡坡开垦等不合理的生产经营方式

岩溶区耕地资源匮乏，土地生产力低，为了解决温饱问题，长期以来，盲目毁林毁草垦荒，陡坡耕种，且坡度逐年加大，有些甚至开荒开到山顶上，盲目的开垦和粗放的经营方式导致森林资源遭到破坏，水土严重流失，土地生产力逐年下降，生态环境恶化，逐渐导致石漠化形成。

（三）过度放牧

岩溶区的农村经济除了农业外主要以畜牧业为主，随着牲畜数量的大幅度增加，加上是放养方式，当放养数量超过土地承载力时，会破坏林草植被结构，降低林草生长质量。另外过度放牧导致土壤板结，增加地表粗糙度，造成土壤易被冲蚀，水土流失严重，

---

* 注：1亩 ≈ 666.67 m² （下同）。

进而加剧石漠化。20世纪70年代末至80年代初，农村实行土地承包责任制后大量的石山权属不明确，农户散养牲畜破坏林草植被十分严重。据测算，1头山羊在1年内可以将10亩3~5年生的石山植被吃完啃光。

（四）不合理的开发建设活动

随着岩溶区经济社会发展，一些地方从短期的经济利益出发，对区域植被保护的重要性和生态重建的难度认识不够，没有处理好局部利益与全局利益、当前利益与长远利益、经济发展与生态保护的关系。如对矿产资源采取掠夺性开发，以牺牲区域生态为代价的道路建设、水电站建设等原因破坏林草植被，造成严重的水土流失，加剧了土地石漠化。另外工业排放的废气、废水和废物等"三废"，危害林草植被生长，加快碳酸盐岩的溶蚀速率，从而加剧石漠化进程。工业废气导致酸雨增加，为石灰岩提供了丰富的溶解介质，岩溶得以强烈发育。同时，酸雨抑制植物生长，加剧土地石漠化。

（五）人为因素导致的火灾

岩溶区多为"老、少、边、穷"山区，经济发展和文化教育水平相对落后，生态环保意识淡薄，"重索取，轻保护"的观念根深蒂固，对区域植被恢复和生态重建的难度认识不够，生活压力迫使人类活动向山地转移，刀耕火种活动明显。部分石山植被受森林火灾危害，林地覆盖率明显降低，在久雨或暴雨侵蚀下，斜坡陡坡土体或表层松散土体大量流失，致使基岩大面积裸露，形成石漠化。

第二节　岩溶区土地石漠化的危害

四川省的石漠化现象比较严重，石漠化监测结果显示，监测区域涉及10个市（州）的46个县（市、区），其中凉山州、泸州市、雅安市、广安市、宜宾市、乐山市等石漠化分布较广、程度较重。石漠化危害主要表现在以下方面。

一、导致土地退化，耕地减少，缩小人类生存与发展空间

石漠化引起的土地退化最初表现为土层变薄、土壤养分含量降低，耕作层粗化，农作物产量下降，继而导致了以森林植被为主体的生态功能逐渐削弱和退化、土地承载能力降低甚至丧失，最终导致土地退化，耕地减少。反过来当地农民会加大坡耕地的开垦力度，而新开垦的坡地，因坡度较陡，加之暴雨冲刷，在水力作用下，土地表层肥沃土壤流失，生产力下降，大多在3~5年内丧失耕种价值，甚至变为裸岩荒坡。粗放的经营加落后的生产方式加速了山区石漠化的恶化速度，导致土地资源减少，使当地农民进入"开垦—石漠化—再开垦—石漠化"的恶性循环怪圈，并最终丧失赖以生存和发展的土地。

二、森林及草地资源减少，生态系统退化，生物多样性降低

岩溶区日趋严重的水土流失与森林面积减少有着密切的关系。森林植被面积减少是石漠化成因之一，石漠化也进一步促使森林面积减少、生态功能衰退，形成恶性循环。四川省牧草资源的开发使用曾经一度存在严重弊病，由于草场所有制不明确，在草地资源的利用上只顾眼前利益，牲畜过于集中，超过草场的承载能力，草场退化严重，此外存在的毁草开荒、挖沙、挖土等，牧草地大多形成潜在石漠化，最终导致草地资源越来越少。

四川省许多岩溶山区，森林覆盖率较低，生物群落结构简单，生境脆弱。石漠化造成岩溶山区森林退化，区域植物种类减少，导致群落结构发生变异更趋于简单化，生物多样性受损，生态系统退化，生态系统多样性减少，且受威胁的野生植物种类日益增多，保护难度大。

三、加剧区域贫困，阻碍区域经济和社会可持续发展

岩溶区是四川省经济落后、生活贫困和少数民族聚居区。其中有46个县（市、区）曾属于贫困县，占全省岩溶区涉及县（市、区）个数的85%。马边县、康定市、木里县、盐源县等15个县（市、区）是四川省深度贫困县，占全省深度贫困县的33.3%，成为全省经济发展落后、贫困面最大的地区之一。2016年岩溶区人均生产总值仅为四川省平均水平的55.9%，农民人均纯收入为四川省平均水平的80.1%。长期以来，岩溶区由于人口多、耕地少、粮食单产低，替代产业发展缓慢，致使群众经济收入少，生活贫困，陷入了"越穷越垦、越垦越穷"的恶性怪圈。石漠化问题导致土地生产力下降，生存环境恶化，拉大贫富差距，已成为岩溶区经济贫困的主要根源。

四、自然灾害频发，威胁生命财产安全

岩溶区森林植被相对较少，生态系统服务功能较弱，涵养水源功能较弱，水土流失严重，抗灾能力较低，加剧了旱灾、洪涝、崩塌、山体滑坡、泥石流等自然灾害的发生，给当地人民的生产生活和生命财产安全造成极大危害。

土地石漠化导致岩溶生态系统失去了森林水文效应，水土流失加重，加之喀斯特地表、地下双重地质结构，渗漏严重，入渗系数较高，导致地表水源涵养能力极度降低，保水力差，使河溪径流减少，井泉干枯，土地干旱，造成"地表水贵如油，地下水滚滚流"的现象，使得可有效利用的水资源枯竭，大面积的土地减产甚至绝收，人畜饮水出现严重困难。岩溶区的山洪灾害也十分频繁，并常引起山体滑坡和泥石流，造成农田房屋被淹埋、道路和水利设施被冲毁。四川省每年发生的地质灾害对当地人民的生命财产安全造成极大危害。岩溶区由于严重的水土流失引起水库淤积，河道堵塞，河床抬高，泥沙淤积河道和水利工程，加大了防洪压力，降低了水利工程的防洪能力，增加了洪涝灾害发生的几率。

五、影响民族团结和社会稳定

四川省岩溶区有少数民族县20个,居住着彝族、藏族、苗族、土家族等30多个民族,少数民族人口约271.7万人,占岩溶区总人口的11.3%。约占全省少数民族人口总数的68%;少数民族聚居区石漠化土地面积44.5万 hm^2,占全省石漠化土地面积的60.8%。长期以来,当地群众饱受石漠化的危害,生存环境恶劣,个人收入增长缓慢,区域经济发展滞后。石漠化问题如果处理不好,容易激发民族矛盾,势必会影响民族团结、社会稳定,影响改革开放的成果和安定团结的政治局面。

六、危及长江中下游地区的生态安全和经济建设

四川省地处长江上游,是长江上游生态屏障的主体区,在国家生态安全格局中具有重要地位。石漠化导致生态系统退化,植被稀疏、岩石裸露、土壤涵养水源功能衰减,许多天然泉溪枯竭,直接危及中下游流域的水源保障。同时,石漠化所造成的土壤侵蚀,大量泥沙进入长江,在其中下游淤积,导致河道淤浅变窄,河湖面积及其容积逐年缩小,河道的蓄水、泄洪能力明显下降,直接影响流域内的水利水电设施的安全运行和效能发挥,危及长中下游地区的生态安全。

"上泛则下滥,上治则下安"。四川省岩溶区地处长江上游,生态环境的恶化,将严重影响中下游经济建设。加上持续不断的输入大量泥沙,阻塞河道,降低河道泄洪能力,严重制约着沿江水利工程综合效能的发挥,对举世瞩目的三峡工程及长江中下游地区经济建设构成极大威胁。

总之,日趋加剧的土地石漠化,导致生态环境恶化,自然灾害频发,不仅危及该区域群众的生存状况和经济社会的可持续发展,而且对长江中下游地区的经济和社会可持续发展以及生态安全产生严重影响。当前,石漠化已成为岩溶区首要的生态问题,成为灾害之源、贫困之因、落后之根。

第三章 四川省岩溶区石漠化现状

第一节 四川省石漠化监测工作

四川石漠化监测工作自2005年开始，经2005年、2011年、2016年三次监测，监测范围是纳入国家同步动态监测的46个县（具体见本章第二节中监测范围），监测间隔期内，岩溶监测区范围保持不变，监测县级、乡级行政单位与前期保持一致，县级单位名称有变化。

第一次监测主要以基础调查为主，第二次、第三次是在第一次的数据基础上进行动态监测。3次监测时间分别在2005年、2011年和2016年，监测岩溶土地面积分别为 276.4万 hm^2、277.7万 hm^2 和278.2万 hm^2。因为存在部分乡镇区划调整的情况，后两次监测面积与第一次监测相比，面积略有变化，但变化比例都不超过1%，在允许范围内。

一、监测管理概况

（一）组织管理

石漠化监测工作在国家林业和草原局统一组织和领导下进行，按照"统一组织，分级负责"的原则实施。国家林业和草原局中南林业调查规划设计院为石漠化监测的国家级技术负责单位。

四川省林业和草原局负责组织实施四川省的监测工作。为保证监测工作的顺利开展，四川省林业和草原局专门成立了省监测工作领导小组，领导小组办公室设在当时的省林业厅生态保护修复处。

四川省林业和草原局负责组织制定全省监测工作方案和实施细则，开展技术培训，落实省级监测经费，合理安排工作时间和进度，保证监测成果质量，组织监测成果评审，按时按要求向国家林业和草原局提交省级监测成果。

四川省林业和草原调查规划院是省级石漠化监测技术负责单位，抽调专业技术人员组建石漠化监测项目组，对各监测县进行技术指导。

岩溶区石漠化监测，以县为基本单位，各监测县林业主管部门抽调造林、资源、退耕、天保等技术人员组建县级工作组，在省级技术人员指导下开展相关工作。

（二）项目管理

1. 制定工作大纲，组织技术培训

各监测县林业主管部门严格按照《四川省岩溶区第三次石漠化监测实施细则》，制定各监测县石漠化监测工作大纲，并组织开展技术培训，培训结束后要进行考核，考核合格者方能参加监测。

2. 强化项目管理

石漠化监测以各监测县林业主管部门为主体，以各林业和草原局局长为组长，副局长为副组长，抽调造林、资源、退耕、天保等技术人员组建成立石漠化监测工作组，明确工作组成员的职责和工作分工，强化项目管理。并严格按照国家林业和草原局荒漠化防治司、四川省林业和草原局的要求，保证石漠化监测工作的质量和完成进度。

3. 建立项目责任制

各监测县林业主管部门单位负责人作为各县石漠化监测项目的项目负责人对石漠化监测质量负全责。监测组工作人员按乡镇或内外业等进行责任分工，将责任分解落实到人，保证监测工作涉及的各个环节均有人负责。

4. 各部门加强合作

林业主管部门应加强和发改委、国土部、农业部等部门的沟通衔接，获得发改委、国土部、农业部等部门的数据支持，全面了解和掌握各县岩溶区石漠化土地的面积、分布和动态变化情况，保证石漠化监测成果的全面和准确，为治理石漠化土地，改善生态环境促进地区经济和社会的可持续发展提供科学依据。

5. 定期汇报

各监测县林业主管部门应定期向县级人民政府和上级林业主管部门汇报石漠化监测情况，包括监测工作进度、石漠化监测数据、监测中存在的问题以及下一步工作安排等，保证监测工作顺利开展。

（三）计划管理

四川省石漠化监测工作由国家林业和草原局统一组织和领导，省林业和草原局具体组织，各监测县林业主管部门具体实施，每5年开展一次。各监测县林业主管部门按照《四川省岩溶区石漠化监测实施细则》，并根据上期监测成果数据和本地区石漠化治理的成效等情况编制石漠化监测工作大纲，作为后面监测工作开展的具体依据。

（四）资金管理

1. 实行专账专户，专款专用

国家财政专项资金和地方配套资金单独建账和核算，任何单位不得挤占、截留、挪用等。

2. 加强资金审计

审计部门要加强对资金使用情况的监督检查和审计，确保项目资金安全，支出符合相关规定。

3. 严格资金用途管理

资金只能用于监测设备、物资等的购置，现地调查劳务费，相关会议、技术培训等开支，不得以任何理由挤占、截留、挪用，不得改变用途。

（五）档案管理

各监测县对每期的现地调查资料、监测成果资料、石漠化现地图片照片和录像资料、工作总结材料、有关文件做好档案管理，做到及时整理归档、分类保存，并由专人管理。电子资料收集整理之后建专项文件夹保存。

二、监测内容

（一）监测范围

三期（2016年）监测范围与二期监测（2011年）县数保持一致，包括10个市（州）46个县（市、区）。县级监测单位二期广安区三期变更为新成立的前锋区、二期康定县三期变更为康定市，涉及657个乡（镇）。

广安区监测范围三期划入经省政府批准成立的前锋区（批准文号：川府函〔2013〕67号）、康定县经省政府同意撤县设县级康定市（批准文号：川府函〔2015〕43号），即二期监测县级单位广安区三期变更为前锋区、康定县变更为康定市。

四川省监测面积总量增加4618.79 hm^2，是由于攀枝花市西区增加了4618.79 hm^2 的监测面积，变化率在1%以内。监测单位具体如下。

攀枝花市：西区、仁和区、盐边县、米易县 [4个县（区）]。

泸州市：叙永县、古蔺县（2个县）。

内江市：威远县、资中县（2个县）。

乐山市：五通桥区、金口河区、峨眉山市、犍为县、峨边县、沐川县、马边县 [7个县（市、区）]。

眉山市：洪雅县（1个县）。

宜宾市：高县、长宁县、筠连县、珙县、兴文县、屏山县（6个县）。

广安市：华蓥市、前锋区、邻水县 [3个县（市、区）]。

雅安市：石棉县、汉源县、芦山县（3个县）。

甘孜州：康定市（1个市）。

凉山州：西昌市、木里县、喜德县、昭觉县、雷波县、盐源县、德昌县、普格县、布拖县、金阳县、甘洛县、冕宁县、越西县、美姑县、会理县、宁南县、会东县 [17个县（市）]。

（二）坐标系统、行政界线与代码规定

坐标系统：西安80坐标系。

行政界线：在监测间隔期内有行政区划调整的，按新调整的行政单位实施监测，但岩溶土地监测范围不允许变动。省级行政区划界线由国家林业和草原局防治荒漠化司统一提供；县、乡级行政区划界线由四川省林业和草原调查规划院负责收集与修正。

代码：县级及县级以上行政单位代码采用民政部发布的《中华人民共和国县以上行政区划代码》（2016年1月），乡级行政区划代码做相应修改完善。

（三）监测内容

石漠化土地的分布、程度、面积及土壤侵蚀状况。

石漠化土地的动态变化及演变情况。

石漠化土地的治理现状。

与石漠化变化有关的自然地理、生态环境及社会经济因素。

三、主要技术标准

监测范围内的土地分为非岩溶土地和岩溶土地。非岩溶土地指不是由碳酸盐岩类发育形成的土地。

（一）岩溶土地分类

岩溶土地按是否石漠化分为石漠化土地、潜在石漠化土地和非石漠化土地3大类。

1. 石漠化土地

基岩裸露度（或石砾含量）≥30%，且符合下列条件之一者为石漠化土地。

植被综合盖度<50%的有林地、灌木林地。

植被综合盖度<70%的草地。

未成林造林地、疏林地、无立木林地、宜林地、未利用地。

非梯土化旱地。

2. 潜在石漠化土地

基岩裸露度（或石砾含量）≥30%，且符合下列条件之一者为潜在石漠化。

植被综合盖度≥50%的有林地、灌木林地。

植被综合盖度≥70%的草地。

梯土化旱地。

3. 非石漠化土地

除石漠化土地、潜在石漠化土地以外的其他岩溶土地，即：

基岩裸露度（或石砾含量）<30%的有林地、灌木林地、疏林地、未成林造林地、无

立木林地、宜林地、旱地、牧草地、未利用地。

苗圃地、林业辅助生产用地、水田、建设用地、水域。

（二）石漠化程度

1. 石漠化程度划分

石漠化分为轻度石漠化（Ⅰ）、中度石漠化（Ⅱ）、重度石漠化（Ⅲ）和极重度石漠化（Ⅳ）4级。

2. 石漠化程度评定因子及指标

石漠化程度评定因子包括：基岩裸露度、植被类型、植被综合盖度、土层厚度。

各因子及评分标准见表3-1～表3-4。

表3-1 基岩裸露度评分标准

基岩裸露度（或石砾含量）	程度	30%~39%	40%~49%	50%~59%	60%~69%	≥70%
	评分值	20	26	32	38	44

表3-2 植被类型评分标准

植被类型	类型	乔木型	灌木型	草丛型	旱地作物型	无植被型
	评分值	5	8	12	16	20

表3-3 植被综合盖度评分标准

植被综合盖度	盖度	50%~69%	30%~49%	20%~29%	10%~19%	<10%
	评分值	5	8	14	20	26

注：旱地农作物植被综合盖度按30%~49%计。

表3-4 土层厚度评分标准

土层厚度	厚度	Ⅰ级 ≥40cm	Ⅱ级 20~39cm	Ⅲ级 10~19cm	Ⅳ级 <10cm
	评分值	1	3	6	10

3. 石漠化程度分级评价标准

根据4项评定指标评分值之和确定石漠化程度，具体标准如下：

轻度石漠化（Ⅰ）：各指标评分值之和≤45。

中度石漠化（Ⅱ）：各指标评分值之和为46~60。

重度石漠化（Ⅲ）：各指标评分值之和为61~75。

极重度石漠化（Ⅳ）：各指标评分值之和＞75。

（三）石漠化演变评价

1. 石漠化演变类型

针对石漠化与潜在石漠化的发生发展趋势情况，石漠化演变类型分为明显改善、轻微改善、稳定、退化加剧和退化严重加剧5个类型。可概括为顺向演变类（明显改善型、轻微改善型）、稳定类（稳定型）和逆向演变类（退化加剧型、退化严重加剧型）3大类。

2. 评价指标分级

石漠化状况分3类（指非石漠化、潜在石漠化和石漠化）。

石漠化程度分4级（分轻度、中度、重度和极重度）。

3. 演变类型评价标准

明显改善型：影像特征变化明显，现地调查植被状况明显改善，石漠化状况顺向演变或者石漠化程度顺向演变两级或者两级以上。

轻微改善型：影像特征变化小，现地调查植被状况轻微改善，石漠化程度顺向演变一级。

稳定型：影像特征没有变化，现地调查植被状况基本维持稳定，石漠化状况与石漠化程度均没有发生变化。

退化加剧型：影像特征变化小，现地调查植被有轻微退化，石漠化程度逆向演变一级。

退化严重加剧型：影像特征变化明显，现地调查植被退化明显，石漠化状况逆向演变或者石漠化程度逆向演变两级或者两级以上。

各因子及评价标准见表3-5。

表3-5　石漠化演变类型评价标准

三期石漠化状况		二期石漠化状况					
		非石漠化	潜在石漠化土地	石漠化程度			
				轻度	中度	重度	极重度
非石漠化		稳定型	严重加剧型	严重加剧型	严重加剧型	严重加剧型	严重加剧型
潜在石漠化土地		明显改善型	稳定型	严重加剧型	严重加剧型	严重加剧型	严重加剧型
石漠化程度	轻度	明显改善型	明显改善型	稳定型	退化加剧型	严重加剧型	严重加剧型
	中度	明显改善型	明显改善型	轻微型	稳定型	退化加剧型	严重加剧型
	重度	明显改善型	明显改善型	明显改善型	轻微型	稳定型	退化加剧型
	极重度	明显改善型	明显改善型	明显改善型	明显改善型	轻微型	稳定型

（四）土地利用类型

土地利用类型分林地、耕地、草地、建设用地、水域、未利用地。

1. 林 地

包括有林地、疏林地、灌木林地、未成林造林地、苗圃地、无立木林地、宜林地和林业辅助生产用地。

有林地：生长有森林植被、连续面积大于 $0.067\ hm^2$、郁闭度0.20以上（含0.20，下同）的林地，包括乔木林和竹林。

疏林地：生长有乔木树种，连续面积大于 $0.067\ hm^2$、郁闭度 $0.10\sim 0.19$ 的林地。

灌木林地：生长有灌木树种或因生境恶劣矮化成灌木型的乔木树种以及胸径小于2 cm的小杂竹丛，以经营灌木林为目的或起防护作用，连续面积大于 $0.067\ hm^2$、覆盖度在30%以上的林地。

未成林造林地：人工造林、飞播造林和通过自然变化、封山育林、人工促进天然更新后，不到成林年限，尚未郁闭但有成林希望的林地。

苗圃地：固定的林木、花卉育苗用地，不包括母树林、种子园、采穗圃、种质基地等种子、种条生产用地以及种子加工、储藏等设施用地。

无立木林地：包括采伐迹地、火烧迹地、其他无立木林地。

宜林地：经县级以上人民政府规划的宜林荒山荒地和用于发展林业的其他土地。

林业辅助生产用地：指直接为林业生产服务的工程设施用地（含配套设施）和其他具有林地权属证明的土地。

2. 耕 地

指种植农作物的土地，分为水田和旱地。

水田：有水源保证和灌溉措施，在一般年景能正常灌溉，用以种植水稻等水生作物的耕地，包括灌溉的水旱轮作地。

旱地：除水田以外种植农作物的土地。其中，梯土化旱地指经过梯土化改造的坡耕旱地；非梯土化旱地指未经过梯土化改造的旱地。

3. 草 地

以生长草本植物为主，主要用于畜牧业的土地，分为天然草地、改良草地和人工草地3类。

天然草地：未经改良，以天然草本植物为主，用于放牧或割草的草场。

改良草地：采用灌溉、排水、施肥、耙松、补植等措施进行改良的草场。

人工草地：种植牧草的土地。

4. 建设用地

指建造建筑物、构造物的土地。包括工矿建设用地、城乡居民建设用地、交通用地、其他用地（包括旅游设施、军事设施、名胜古迹、墓地、陵园等）。

5. 水　域

指陆地水域和水利设施用地。包括河流、湖泊、水库、坑塘、苇地和沟渠等。

6. 未利用地

目前还未利用和难利用的土地。包括裸岩、荒草地、干沟和其他未利用土地。

（五）环境调查因子

1. 地　貌

（1）大地貌

根据绝对海拔高度和相对高差，大地貌分为平原、丘陵、低山、中山、高山。

平原：平坦开阔，起伏很小，相对高差不超过50 m。

丘陵：起伏不大，相对高差一般在50~100 m；无明显脉络，坡地占地面积较大。

低山：海拔高度500~1000 m，有明显的峰和陡坡，海拔较高，相对高差较大（一般大于200 m）。

中山：海拔高度1000~3500 m，有明显的峰和陡坡，海拔较高，相对高差较大（一般大于200 m）。

高山：海拔3500~4999 m，相对高差200 m以上的山地。

（2）岩溶地貌

峰丛洼地：指峰丛与洼地的岩溶地貌组合，峰丛间有洼地、谷地及漏斗等。峰丛指基部相连的石峰所构成，相对高度最大可达600 m。作为一种岩溶小地貌在四川省岩溶区均有分布。

峰林洼地：指峰林与洼地的岩溶地貌组合，峰林间为洼地，且其中有漏斗、落水洞分布，并有季节性或常年性水流。峰林指碳酸盐类岩石被强烈溶蚀，石峰突起林立，其基部互不相连。峰体相对高差100~200 m，坡度很大。作为一种岩溶小地貌在四川省岩溶区均有分布。

孤峰残丘及平原：以岩溶平原为主体和特色的地貌组合，平原上有零星分散的低矮峰林及残丘分布，石峰相对高度在100 m以下，甚至不到数十米。在四川省岩溶区分布很少。

岩溶丘陵：经岩溶作用所形成，地势起伏不大，相对高差通常小于100 m，坡度小于45°，已不具峰林形态。该类岩溶地貌主要分布于四川盆地岩溶区。

岩溶槽谷：指凸起与凹陷交互出现的长条形岩溶地貌，凸起区构成长条形山脊，凹陷区则形成槽状谷地，其发育主要受构造、岩性控制。主要分布在川东平行岭谷区。

岩溶峡谷：指由构造抬升和河流切割作用所形成的高山峡谷地貌组合，岩溶作用极其微弱，地势险峻，河流切割剧烈，高山峡谷地貌明显。主要分布在川西南山地。

岩溶断陷盆地：指受拉张、断陷作用形成断陷盆地，在盆地区发生岩溶作用而形成的一种独特岩溶地貌组合等。主要分布于凉山州盐源盆地等地。

岩溶山地：属岩溶作用极弱的碳酸盐岩分布区，主要由中山、低山与其山谷组成，与非碳酸盐岩区的地貌差别不明显，地势宽缓，河流切割作用较小。主要分布于低、中山岩溶区。

2. 海 拔

指图斑范围内的平均海拔，采用 GPS、地形图或 DEM 计算确定海拔值，以米为单位，精确到 10 m。

3. 坡 度

山地坡面与水平面的夹角，按度数分成平坡、平缓坡、缓坡、斜坡、陡坡、急坡和险坡 7 级。

① Ⅰ 级为平坡：$<5°$；

② Ⅱ 级为平缓坡：$5°\sim8°$；

③ Ⅲ 级为缓坡：$9°\sim14°$；

④ Ⅳ 级为斜坡：$15°\sim24°$；

⑤ Ⅴ 级为陡坡：$25°\sim34°$；

⑥ Ⅵ 级为急坡：$35°\sim44°$；

⑦ Ⅶ 级为险坡：$\geq45°$。

4. 坡 位

指图斑在地形纵剖面上的相对位置，分为山脊、山坡（上坡、中坡、下坡）、全坡、山谷（或山洼）、平地 7 个坡位。

5. 坡 向

指坡面法线在水平面上的投影的方向，即图斑坡面的主要朝向，分为 9 个坡向。

北坡：方位角 $338°\sim360°$，$0°\sim22°$　　东北坡：方位角 $23°\sim67°$

东坡：方位角 $68°\sim112°$　　东南坡：方位角 $113°\sim157°$

南坡：方位角 $158°\sim202°$　　西南坡：方位角 $203°\sim247°$

西坡：方位角 $248°\sim292°$　　西北坡：方位角 $293°\sim337°$

无坡向：坡度 $<5°$ 的地段

6. 植 被

植被类型：指地表植被状况，包括乔木型、灌木型、草丛型、旱地作物型、无植被型。

优势植物种类：指主要植物种类（建群种或优势种）。

建群种或优势种起源：分为天然、人工（人工种植乔、灌、草）、飞播。

乔灌盖度：指乔木和灌木植物地上部分垂直投影的面积占地面的比率，用百分数表示。

植被综合盖度：指乔木、灌木和草本所有植物地上部分垂直投影的面积占地面的比率，用百分数表示。

群落高：指乔木、灌木或草本优势群落的平均高度，单位为米，保留1位小数。

植被生长状况：

①好：生长旺盛，发育良好，枝干发达，叶子大小和色泽正常。

②中：生长一般，长势不旺，但不呈衰老状。

③差：达不到正常的生长状态，发育不良。

7. 土　壤

（1）母　岩

碳酸盐岩按方解石和白云石含量的差异，可分为石灰岩类、白云岩类和泥岩类、其他母岩等。

石灰岩类：指碳酸钙（方解石）含量超过50%，多为白色、灰白色，常具鲕状结构和逢合线、结核、隐晶致密块状构造，遇稀盐酸剧烈起泡。石灰岩类是四川省岩溶区主要分布的母岩类型，在四川省岩溶区均有分布。

泥岩类：指碳酸盐岩中泥质含量超过50%，均为隐晶或微粒结构，具多种颜色（黄、灰、绿、棕等）。主要分布于四川盆地岩溶区。

白云岩类：指白云石含量超过50%，一般为淡黄、白色，有时为浅褐、深灰或黑色，晶粒结构，致密块状构造，具砂岩状断口，遇稀盐酸略起微泡。与石灰岩类分布区大致一致。

其他母岩：指碳酸盐岩以外的成土母岩。

（2）基岩裸露度（或石砾含量）

地表裸露岩石面积占土地面积的百分比。

（3）土壤类别

四川省岩溶区主要有黑色石灰土、红色石灰土、黄色石灰土、耕作土壤等7大类。

黑色石灰土：广泛而零星分布于岩溶地区，常见于岩溶丘陵顶部、基岩裂隙中或坡麓底排水不畅的低洼地；以富含有机质和碳酸盐为特征，有机质含量多在5%~10%，且有机质层厚达20~30cm；pH值在7.0~8.5，土色呈暗色；质地为黏土。

红色石灰土：红色石灰土土体呈现红棕色，是发育在石灰岩风化壳上的一种土壤。在湿润亚热带的生物气候条件下，石灰岩的风化程度很大，铁质胶体释放和残留数量相当多。主要分布在大巴山、盆边山地及攀西、凉山的石灰岩区。

黄色石灰土：受比较湿凉气候的影响，山坡麓的石灰土中氧化铁水化程度较高，致使土壤呈色鲜黄，分布于亚热带的川东平行岭谷区。土色显黄色，有机质含量可达

3%~5%；质地为黏土，有黏粒淋溶淀积现象。

棕色石灰土：主要分布在川西南山地岩溶立地区中山山麓或微起伏的山间谷地。由于土壤排水良好，土壤中的碳酸钙淋溶较强烈，除接近母质的土壤外，大多无石灰反应。土壤表层呈暗灰棕色，小块状结构，质地黏重，土层较深厚，B层紧实，块状或棱块状结构，多胶膜淀积，有铁锰结核，具有一定程度的富铝化作用。

耕作土壤：指自然土壤通过人类长期的农业生产活动和自然因素综合作用，适合于农作物生长发育的土壤。

黄壤：在湿润气候条件下形成的富含水合氧化铁（针铁矿）的黄色土壤，主要分布在海拔300~1700m的石灰岩溶蚀盆地、槽谷、洼地和山坡一带。由各个地层时代的石灰岩经轻度或强度化学风化的残积母质发育而成，剖面上下多层黄色、黄棕色，含有大量岩石碎屑。质地较黏重，为砾质中壤土至重壤土，物理粘粒变化在32%~55%，pH值在5.5~7.0，变幅较大，磷、钾养分含量虽高，但速效磷缺乏。

其他土壤：指上述土类以外的土壤。

（4）土层厚度

采用图斑土层的平均厚度，分成中厚、薄、较薄、极薄4级。

Ⅰ级为土层中厚（40cm以上）。

Ⅱ级为土层薄（20~39cm）。

Ⅲ级为土层较薄（10~19cm）。

Ⅳ级为土层极薄（10cm以下）。

（5）土壤质地

指土壤中各级土粒含量的相对比例及其所表现的土壤砂黏性质，分为黏土、黏壤土、壤土、砂壤土、砂土。

（六）其他指标

1. 治理措施类型

治理措施分为林草措施、农业技术措施、工程措施3类。

林草措施包括封山管护、封山育林（草）、人工造林、低产低效林改造、中幼林抚育、人工种草、草地改良、其他林草措施。

农业技术措施包括耕作、间作、轮作、弃耕、禁牧、其他农业技术措施。

工程措施包括坡改梯工程、客土改良、小型水利水保工程、其他工程措施。

2. 工程类别

工程类别分为石漠化综合治理工程、生态公益林保护工程、退耕还林还草工程、天然林保护工程、速生丰产林工程、野生动植物保护及自然保护区建设工程、农业综合开发工程、小流域综合治理工程、森林抚育工程、长江防护林工程和其他重点工程。

其他重点工程指由国家或地方财政投资建设为主的生态工程，主要有地震灾后植被恢复工程、欧投项目地震灾后植被恢复工程、防沙治沙工程、国家储备林基地建设工程等。

3. 石漠化变化原因

为便于分析监测间隔期内石漠化土地动态变化信息，对石漠化状况、石漠化程度发生变化的图斑要调查变化原因。

石漠化变化原因分为人为因素、自然因素、二期误判与技术因素。

（1）人为因素

治理因素：工程治理后导致图斑石漠化状况或程度发生变化。

破坏因素：因毁林（草）开垦、过牧、过度樵采、火烧、工矿工程建设、工业污染、不适当的经营方式和其他人为因素导致石漠化状况或程度的变动。

工程建设：因建筑、勘察、开采矿藏和修建道路、水利、电力、通讯等工程建设导致石漠化状况或程度的变动。

（2）自然因素

自然演变因素：因林草植被自然修复导致石漠化状况或程度的变动。

灾害因素：地质灾害（泥石流、滑坡、崩塌、地震等）、灾害性气候（连续暴雨、干旱、水灾等）、有害生物灾害（病害、虫害）等非人为控制的原因导致石漠化状况或程度的变动。

（3）二期误判

因二期调查人员的误判导致石漠化状况或程度的变动。

（4）技术因素

因三期遥感影像数据、调查标准等技术因素导致石漠化状况或程度的变动。

4. 土地利用变化原因

为便于分析监测间隔期内土地利用变化信息，当图斑土地利用类型变化时，记载其变化原因。

（1）人为因素

营造林措施：因人工造林、飞播造林、封山育林（草）和植被更新改造等措施导致土地利用类型变化。

种草：因人工种草、草地改良、封山育草等导致土地利用类型变化。

采伐：二期土地利用类型为有林地或疏林地，因林木采伐导致土地利用类型变化。

樵采：因过度砍柴、刈草等导致土地利用类型变化。

土地整治：有计划开展的土地整治、土地垦复等导致土地利用类型变化。

开垦：二期土地利用类型为非耕地，因开垦导致土地利用类型变化，图斑土地利用现状为耕地。

弃耕：指二期土地利用类型为耕地，监测间隔期内因弃耕抛荒导致土地利用类型变化。

火烧：因火烧导致土地利用类型变化。

工程建设：因建筑、勘察、开采矿藏和修建道路、水利、电力、通讯等工程建设导致土地利用类型变化。

（2）自然因素

自然修复：因林草植被的自然修复后导致土地利用类型变化。

灾害因素：因地质灾害（滑坡、崩塌、地震等）、灾害性气候（连续暴雨、干旱、水灾等）、有害生物灾害（病害、虫害）等非人为控制的原因导致土地利用类型变化。

（3）二期误判

因二期调查人员的误判导致土地利用类型变化。

（4）技术因素

因三期遥感影像数据、调查标准与精度等技术因素导致土地利用类型变化。

5. 流域划分

四川省岩溶区划分为1个一级流域、4个二级流域和11个三级流域（表3-6）。

表3-6 四川省岩溶区流域划分

一级流域	二级流域	三级流域
长江区	金沙江石鼓以上	通天河
		直门达至石鼓
	金沙江石鼓以下	石鼓以下干流（含长江干流）
		雅砻江
	岷沱江	大渡河
		青衣江和岷江干流
		沱江
	嘉陵江	广元昭化以上干流
		广元昭化以下干流
		涪江
		渠江

6. 土地使用权属

分为国有、集体、个人和其他。

7. 区域地貌

四川省石漠化监测土地按区域地貌大致可分为川西南山地区、川南盆地边缘区、川东平行岭谷区、川中丘陵区。

川中丘陵区：包括资中、威远2县。

川南盆地边缘区：包括叙永县、古蔺县、乐山市五通桥区、峨眉山市、犍为县、沐川县、洪雅县、高县、长宁县、筠连县、珙县、兴文县、屏山县13个县（市、区）。

川东平行岭谷区：包括广安市的前锋区、华蓥市、邻水县3个县（市、区）。

川西南山地区：包括凉山州、甘孜州、攀枝花市、雅安市、乐山市的28个县（市、区）。

四、主要监测方法

（一）技术路线

采用"3S"技术与地面调查相结合的技术方法。以整理后的二期石漠化监测数据为本底，利用经过几何精校正和增强处理后的最新遥感影像数据，采用地理信息系统，按照图斑区划条件进行区划与解译；采用带有全球卫星定位系统的数据采集器对解译数据现地开展图斑界线修正、因子调查和照片采集；将外业采集数据资料导入地理信息系统进行检验与管理，统计汇总后获取三期石漠化的面积、分布及其他方面的信息；最后根据两期调查数据进行对比分析，掌握石漠化的动态变化情况。

（二）监测工作流程

监测工作主要流程如下：

二期准备与影像获取→区划与解译→技术培训与资料下发→现地核实与调查→数据导入与检验→监测质量检查验收→统计汇总→成果编制、评审与上报。

（三）遥感数据处理

1. 基础地理信息处理

（1）坐标转换

将省、县、乡界和二期监测图斑由北京54坐标转换成西安80坐标。

（2）数据修正

对坐标转换后的各级界线和图斑进行修正，保证各界线间以及和图斑边界不重、不漏、不错位。

2. 遥感影像数据处理

①遥感影像数据几何精校正时，应用地形图按高斯—克吕格投影对遥感影像数据进行几何精校正。每景影像选取40~50个分布均匀的控制点进行校正。校正后的误差应小于1个像元。

亦可利用校正好的遥感影像对新的遥感影像进行配准，配准后的误差应小于1个像元。

当一景影像分布在不同投影带时，应分别按影像所在的投影带作几何精校正。

②根据所选遥感信息源的波段光谱特性和地区特点，选择最佳波段组合，利用数字图像处理方法进行信息增强。要保证信息层次丰富清楚、地类差别显著，纹理清晰。

③当一个解译区域涉及一景以上的遥感影像时，要采用数字镶嵌方法进行无缝拼接处理。

三期遥感影像由国家林业和草原局石漠化监测中心统一处理后下发。

（四）二期数据整理

1. 数据整理

二期字段备注整理以及一期图斑关键值（9项），不得修改原始数据。

增加二期图斑关键值字段。该字段主要目的为记录和复原图斑原始属性，实现数据关联。此步骤已统一完成，各工组不得再对相应字段进行编辑。

2. 数据结构整理

三期监测数据均需按三期技术规定所采用的规范数据库结构进行整理。此步骤已统一完成，各工组不得再对相应字段进行编辑。

表3-7　二期与三期监测数据库结构对比图
二期与三期监测数据库结构对比，新增 B1-B5

S1	S2	S3	S4	S5	A1	S6	S7	S8	S9	S10	B1	S11	S12	B2	S13	S14	S15	S16	S17	A2	S18	B3	B4	S19	S20
省	县	乡	村	图斑号	小斑号	土地使用权属	面积	地形图幅号	卫片景号	土地利用类型	地类变化原因	流域	大地貌	海拔	岩溶地貌	母岩	基岩裸露度	土层类别	土层厚度	土壤质地	坡度	坡位	坡向	植被类型	优势植被种类

S21	S22	S23	A3	S24	A4	A5	S27	S28	A6	A7	A8	A9	A10	A11	A12	A13	A14	A15	A16	B5	S29	S30	S31
优势种起源	乔灌盖度	植被综合盖度	群落高	植被生长高度	岩溶土地石漠化状况	石漠化程度	石漠化演变类型	石漠化变化原因	治理现状	建议治理措施	工程类别	实施时间	前期土地利用类型	前期基岩裸露度	前期土层厚度	前期植被综合盖度	前期石漠化土地状况	前期石漠化程度	前期形成原因	一期图斑关键值	二期图斑关键值	备注	调查人	调查日期

（五）图斑解译与区划

1. 区划系统

区划系统分为省、县、乡、图斑（小班）4级，三期图斑指二期的监测图斑。

2. 区划条件

图斑中下列因子发生变化时,应区划为不同图斑:

①土地利用类型:水域、建设用地按一级土地利用类型,其余按二级土地利用类型。

②岩溶土地石漠化状况。

③基岩裸露度。

④植被类型。

⑤植被综合盖度。

⑥土层厚度。

⑦治理措施。

⑧工程类别。

3. 区划要求

①图斑内允许进行细分,但不允许合并。

若图斑满足区划条件时,应进行细分,调查、记载新图斑的各项因子。

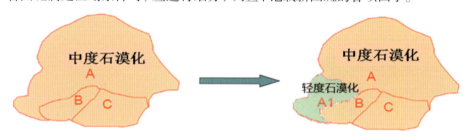

图 3-1　图斑细分示意图 1

若图斑不满足区划条件时,不对边界进行编辑,但需记载变化及新增属性因子。

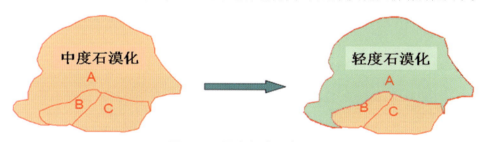

图 3-2　图斑细分示意图 2

②因行政区划调整导致原图斑分割的处理。

如果最新县(乡)界穿越原有图斑,需按图斑区划要求将原图斑分割。若分割小于 $1\,hm^2$,则合并到新行政单位内紧邻类似图斑;若周边没有岩溶土地图斑,则纳入相邻土地类型。

③最小图斑区划面积为 $0.2\,hm^2$;条状图斑短边长度不小于20 m。图斑边界线的走向和形状要与影像特征相符,允许误差不超过1个像元。

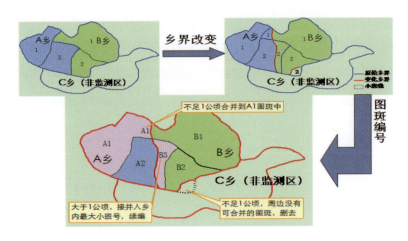

图 3-3　图斑细分示意图 3

④所有区划出的图斑，都要建立面状拓扑关系，图斑不能重叠或遗漏。

⑤根据遥感影像或现地调查对原有基础地理信息中发生变化的水系、道路、水渠、居民点等进行修正。

4. 图斑编号规则

（1）图斑号编号规则一

以乡为单位重新编号，按照从上到下、从左到右按顺序从1开始重新编号，保证不重、不漏；新编号置于图斑号字段。

（2）图斑号编号规则二

若图斑不满足图斑区划条件，图斑号填1。

若图斑满足图斑区划条件，图斑号以阿拉伯数字表示，从上到下、从左到右按顺序从1开始统一编号，做到不重、不漏。

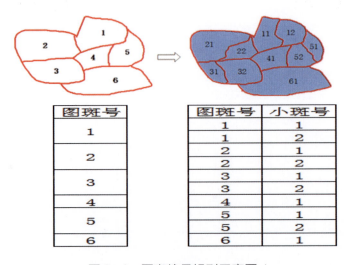

图 3-4　图斑编号规则示意图 1

（3）乡级行政界线有变化的

凡两个或两个以上乡级行政单位合并的，以合并后的乡镇内监测图斑为基础顺序重新编号，保证不重、不漏，再进行区划和调查，其编号规则同规则二。

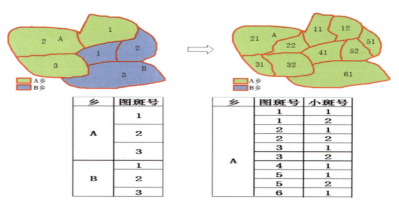

图 3-5　图斑编号规则示意图 2

5. 遥感图像目视解译区划图斑

（1）人机交互区划图斑

应用统一的地理信息系统，以整理后的二期监测数据为本底，依据国家林业和草原局石漠化监测中心下发最新遥感影像，参考相关的辅助图件资料及基础地理信息数据，对出现变化的区域，按图斑区划条件，开展人机交互区划。

（2）目视解译图斑

对照二期典型图斑特征点数据库，对出现变化的图斑调查因子进行初步解译，形成解译图斑对应的属性数据。解译可以参考相关的辅助图件资料，充分利用现有资料进行辅助判读，以提高解译精度。

（六）现地调查核实

①将最新图斑数据、遥感影像、行政界线等信息采用导入数据采集器。

②采用数据采集器，开展外业调查，对图斑界线区划有误或明显位移的进行修正，核实、修正图斑属性因子。

③采用数据采集器，按照石漠化状况、石漠化程度和土地利用类型分别建立典型图斑特征点。每个典型图斑特征点至少拍摄1张典型照片。

以县为单位，石漠化、潜在石漠化、非石漠化典型图斑特征点数量不得低于对应图斑总数的5%、3%、1%，原则上每个乡不少于10个典型图斑特征点；二期已建立典型图斑特征点的图斑，需进行复位；若二期特征点图斑数量达不到规定时，需增设典型图斑特征点；典型图斑特征点以乡为单位统一编号，从上到下，从左到右，做到不重、不漏。

将二期图斑特征点数据导入信息采集器作为对照，保证三期照片与二期照片范围、区域保持一致;通过信息采集器自动记载拍摄点的坐标信息和照片匹配图斑的唯一编号信息,原则上特征点照片拍摄点位于图斑中的数量不少于10个。典型照片应能反映图斑基岩裸露度、植被类型及盖度等特征。

④将信息采集器现地调查结果及时导入石漠化监测信息管理系统,对原有初步解译数据进行更新。

第二节　主要监测结果

本章石漠化现状以最新的第三次岩溶区石漠化监测结果为准。

一、岩溶区土地现状

三期监测显示,四川省岩溶区土地面积278.2万 hm^2,其中:石漠化土地面积67.0万 hm^2,占岩溶区面积的24.08%;潜在石漠化土地面积82.2万 hm^2,占岩溶区面积的29.53%;非石漠化土地面积129.0万 hm^2,占岩溶区面积的46.39%(图3-6)。

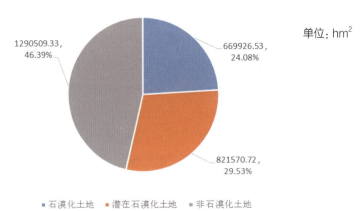

图3-6　四川省岩溶区土地构成图

四川省的岩溶土地分布于10个市(州)的46个县(市、区)。其中,凉山州169.4万 hm^2,占四川省岩溶面积的60.90%;泸州市33.0万 hm^2,占11.88%;雅安市23.0万 hm^2,占8.26%;乐山市18.0万 hm^2,占6.48%;宜宾市15.0万 hm^2,占5.39%;广安市7.9万 hm^2,占2.83%;甘孜州4.6万 hm^2,占1.64%;攀枝花市3.4万 hm^2,占1.24%;眉山市2.3万 hm^2,占0.83%;内江市1.6万 hm^2,占0.56%。岩溶土地按行政区划分布状况见表3-8。

表3-8　岩溶土地按行政区划分布状况

地区	合计		石漠化		潜在石漠化		非石漠化	
	面积/hm^2	比例/%	面积/hm^2	比例/%	面积/hm^2	比例/%	面积/hm^2	比例/%
四川省	2782006.58	100.00	669926.53	100.00	821570.72	100.00	1290509.33	100.00

续表

地区	合计 面积/hm²	合计 比例/%	石漠化 面积/hm²	石漠化 比例/%	潜在石漠化 面积/hm²	潜在石漠化 比例/%	非石漠化 面积/hm²	非石漠化 比例/%
攀枝花市	34378.09	1.24	9563.18	1.43	17681.67	2.15	7133.24	0.55
泸州市	330415.02	11.88	143636.39	21.44	96805.67	11.78	89972.96	6.97
内江市	15700.12	0.56	3523.65	0.53	2403.53	0.29	9772.94	0.76
乐山市	180231.63	6.48	16008.09	2.39	33000.50	4.02	131223.04	10.17
眉山市	23226.81	0.83	3581.22	0.53	15692.24	1.91	3953.35	0.31
宜宾市	149891.55	5.39	21670.14	3.23	60733.63	7.39	67487.78	5.23
广安市	78665.10	2.83	30241.02	4.51	33242.43	4.05	15181.65	1.18
雅安市	229704.03	8.26	46543.84	6.95	89075.87	10.84	94084.32	7.29
甘孜州	45551.09	1.64	3259.98	0.49	40657.81	4.95	1633.30	0.13
凉山州	1694243.14	60.90	391899.02	58.50	432277.37	52.62	870066.75	67.42

二、石漠化土地现状

三期监测显示，四川省石漠化土地面积67.0万 hm²，石漠化率为24.08%。

（一）石漠化土地分布状况

1. 石漠化土地状况

石漠化土地按行政区划分，凉山州39.2万 hm²，占四川省石漠化面积的58.50%；泸州市14.4万 hm²，占21.44%；雅安市4.7万 hm²，占6.95%；广安市3.0万 hm²，占4.51%；宜宾市2.2万 hm²，占3.23%；乐山市1.6万 hm²，占2.39%；攀枝花市1.0万 hm²，占1.43%；眉山市0.4万 hm²，占0.53%；内江市0.4万 hm²，占0.53%；甘孜州0.3万 hm²，占0.49%（图3-7）。

目前，全省46个石漠化监测县（市、区）中，乐山市五通桥区、犍为县已无石漠化土地分布。

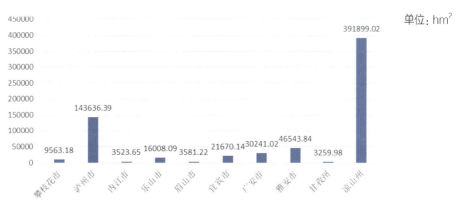

图 3-7 各市（州）石漠化土地构成图

2. 各流域石漠化土地状况

石漠化土地按流域分，石鼓以下干流区域面积28.1万 hm^2，占四川省石漠化土地面积的41.94%；雅砻江流域24.0万 hm^2，占35.81%；大渡河流域11.5万 hm^2，占17.21%；渠江流域3.0万 hm^2，占4.51%；沱江流域0.4万 hm^2，占0.53%（图3-8）。

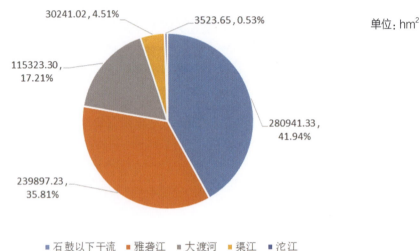

图3-8　石漠化按流域分布图

3. 各岩溶地貌石漠化土地状况

石漠化土地按岩溶地貌分，峰丛洼地面积0.4万 hm^2，占四川省石漠化土地面积的0.61%；孤峰残丘及平原0.5万 hm^2，占0.68%；岩溶丘陵8.5万 hm^2，占12.72%；岩溶槽谷34.9万 hm^2，占52.08%；岩溶峡谷8.3万 hm^2，占12.34%；岩溶山地14.4万 hm^2，占21.57%（图3-9）。

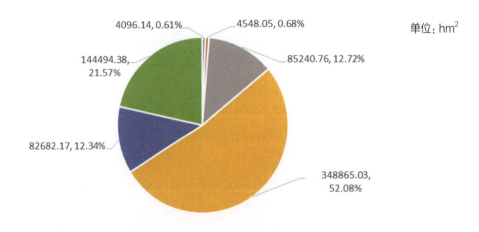

图3-9　石漠化按岩溶地貌分布图

4. 各土地利用类型石漠化土地状况

石漠化土地按土地利用类型分,林地35.9万 hm²,占石漠化土地的53.57%;耕地16.5万 hm²,占24.64%;草地5.1万 hm²,占7.54%;未利用地9.5万 hm²,占14.25%(图3-10)。

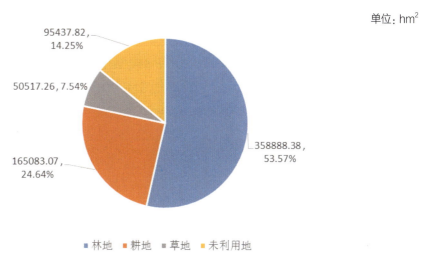

图3-10 石漠化按土地利用类型划分

5. 各区域地貌石漠化土地状况

石漠化土地按区域地貌分,川西南山地区石漠化面积46.7万 hm²,占四川省石漠化土地面积的69.72%;川南盆地边缘区石漠化面积16.9万 hm²,占25.24%;川东平行岭谷区石漠化面积3.0万 hm²,占4.51%;川中丘陵区石漠化面积0.3万 hm²,占0.53%(图3-11)。

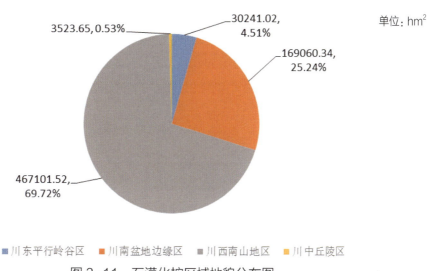

图3-11 石漠化按区域地貌分布图

（二）石漠化程度现状

1. 石漠化程度状况

石漠化土地按程度分，轻度石漠化土地29.7万 hm^2，占四川省石漠化土地面积的44.37%；中度石漠化土地28.4万 hm^2，占42.37%；重度石漠化土地7.8万 hm^2，占11.60%；极重度石漠化土地1.1万 hm^2，占1.67%（图3-12）。

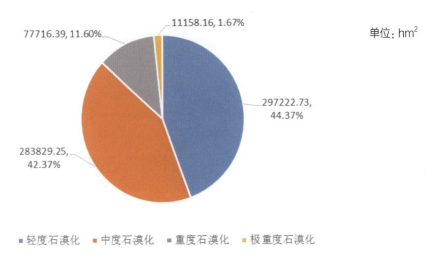

图3-12　石漠化按程度划分

2. 各流域石漠化程度状况

石漠化程度按流域分，雅砻江流域，轻度石漠化土地9.3万 hm^2，占雅砻江流域面积的38.66%；中度石漠化土地7.5万 hm^2，占31.41%；重度石漠化土地6.3万 hm^2，占26.10%；极重度石漠化土地0.9万 hm^2，占3.84%。

大渡河流域，轻度石漠化土地7.3万 hm^2，占大渡河流域面积的63.60%；中度石漠化土地3.7万 hm^2，占31.92%；重度石漠化土地0.5万 hm^2，占4.09%。

渠江流域，轻度石漠化土地2.0万 hm^2，占渠江流域面积的65.21%；中度石漠化土地1.0万 hm^2，占32.61%；重度石漠化土地616.7 hm^2，占2.04%。

沱江流域，轻度石漠化土地0.2万 hm^2，占沱江流域面积的70.28%；中度石漠化土地1032.5 hm^2，占29.30%。

石鼓以下干流流域，轻度石漠化土地10.9万 hm^2，占石鼓以下干流流域面积的38.78%；中度石漠化土地16.1万 hm^2，占57.23%；重度石漠化土地1.0万 hm^2，占3.47%；极重度石漠化土地1464.6 hm^2，占0.52%（表3-9）。

表 3-9　各个流域石漠化程度状况统计表

流域	合计		轻度石漠化		中度石漠化		重度石漠化		极重度石漠化	
	面积/hm²	比例/%	面积/hm²	比例/%	面积/hm²	比例/%	面积/hm²	比例/%	面积/hm²	比例/%
四川省	669926.53	100.00	297222.73	44.37	283829.25	42.37	77716.39	11.60	11158.16	1.67
雅砻江	239897.23	100.00	92732.51	38.66	75344.57	31.41	62613.66	26.10	9206.49	3.84
大渡河	115323.30	100.00	73346.58	63.60	36815.42	31.92	4716.55	4.09	444.75	0.39
渠江	30241.02	100.00	19721.50	65.21	9861.12	32.61	616.68	2.04	41.72	0.14
沱江	3523.65	100.00	2476.57	70.28	1032.52	29.30	13.93	0.40	0.63	0.02
石鼓以下干流	280941.33	100.00	108945.57	38.78	160775.62	57.23	9755.57	3.47	1464.57	0.52

3. 各岩溶地貌石漠化程度状况

石漠化程度按岩溶地貌分，峰丛洼地地貌，轻度石漠化土地0.3万 hm²，占该地貌面积的74.29%；中度石漠化土地938.9 hm²，占22.92%。

孤峰残丘及平原地貌，轻度石漠化土地0.3万 hm²，占该地貌面积的75.20%。

岩溶丘陵地貌，轻度石漠化土地3.8万 hm²，占该地貌面积的44.84%；中度石漠化土地2.6万 hm²，占30.09%；重度石漠化土地2.0万 hm²，占23.09%；极重度石漠化土地0.2万 hm²，占1.97%。

岩溶槽谷地貌，轻度石漠化土地13.3万 hm²，占该地貌面积的38.01%；中度石漠化土地16.2万 hm²，占46.31%；重度石漠化土地4.6万 hm²，占13.21%；极重度石漠化土地0.9万 hm²，占2.48%。

岩溶峡谷地貌，轻度石漠化土地5.2万 hm²，占该地貌面积的62.58%；中度石漠化土地2.7万 hm²，占32.51%；重度石漠化土地0.4万 hm²，占4.91%。

岩溶山地地貌，轻度石漠化土地6.8万 hm²，占该地貌面积的47.20%；中度石漠化土地6.8万 hm²，占46.95%；重度石漠化土地0.8万 hm²，占5.27%；极重度石漠化土地839.3 hm²，占0.58%（表3-10）。

表 3-10　各岩溶地貌石漠化程度统计表

岩溶地貌	合计		轻度石漠化		中度石漠化		重度石漠化		极重度石漠化	
	面积/hm²	比例/%	面积/hm²	比例/%	面积/hm²	比例/%	面积/hm²	比例/%	面积/hm²	比例/%
四川省	669926.53	100.00	297222.73	44.37	283829.25	42.37	77716.39	11.60	11158.16	1.67
峰丛洼地	4096.14	100.00	3043.21	74.29	938.92	22.92	114.01	2.78		
孤峰残丘及平原	4548.05	100.00	3420.04	75.20	967.22	21.27	160.79	3.54		
岩溶丘陵	85240.76	100.00	38224.66	44.84	25652.18	30.09	19683.61	23.09	1680.31	1.97

续表

岩溶地貌	合计		轻度石漠化		中度石漠化		重度石漠化		极重度石漠化	
	面积/hm²	比例/%	面积/hm²	比例/%	面积/hm²	比例/%	面积/hm²	比例/%	面积/hm²	比例/%
岩溶槽谷	348865.03	100.00	132594.19	38.01	161552.21	46.31	46083.00	13.21	8635.63	2.48
岩溶峡谷	82682.17	100.00	51743.21	62.58	26877.81	32.51	4058.21	4.91	2.94	0.00
岩溶山地	144494.38	100.00	68197.42	47.20	67840.91	46.95	7616.77	5.27	839.28	0.58

4. 各土地利用类型石漠化程度状况

石漠化程度按土地利用类型分，林地中，轻度石漠化土地22.3万 hm²，占该土地利用类型面积的62.01%；中度石漠化土地12.4万 hm²，占34.65%；重度石漠化土地1.2万 hm²，占3.31%。

耕地中，轻度石漠化土地5.9万 hm²，占该土地利用类型面积的35.79%；中度石漠化土地10.6万 hm²，占64.21%。

草地中，轻度石漠化土地1.5万 hm²，占该土地利用类型面积的30.31%；中度石漠化土地3.2万 hm²，占63.06%；重度石漠化土地0.3万 hm²，占6.62%。

未利用地中，中度石漠化土地2.2万 hm²，占22.66%；重度石漠化土地6.2万 hm²，占65.47%；极重度石漠化土地1.1万 hm²，占11.60%（表3-11）。

表3-11 各土地利用类型石漠化程度统计表

土地利用类型	合计		轻度石漠化		中度石漠化		重度石漠化		极重度石漠化	
	面积/hm²	比例/%	面积/hm²	比例/%	面积/hm²	比例/%	面积/hm²	比例/%	面积/hm²	比例/%
四川省	669926.53	100.00	297222.73	44.37	283829.25	42.37	77716.39	11.60	11158.16	1.67
林地	358888.38	100.00	222562.82	62.01	124348.94	34.65	11887.75	3.31	88.87	0.02
耕地	165083.07	100.00	59085.15	35.79	105997.92	64.21				
草地	50517.26	100.00	15312.12	30.31	31858.59	63.06	3346.55	6.62		
未利用地	95437.82	100.00	262.64	0.28	21623.80	22.66	62482.09	65.47	11069.29	11.60

（三）石漠化土地的植被类型状况

石漠化土地按植被类型分，乔木型土地19.6万 hm²，占四川省石漠化土地面积的29.30%；灌木型土地14.6万 hm²，占21.84%；草丛型土地8.9万 hm²，占13.36%；旱地作物型土地16.5万 hm²，占24.64%；无植被型土地7.3万 hm²，占10.86%（图3-13）。

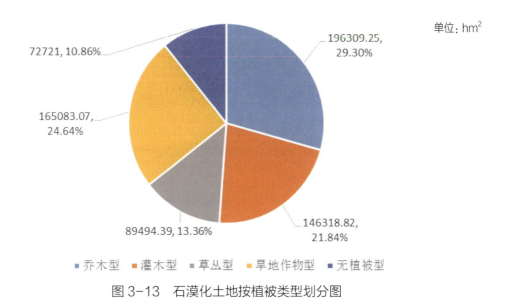

图 3-13 石漠化土地按植被类型划分图

三、潜在石漠化土地现状

三期监测显示,四川省潜在石漠化土地82.2万 hm^2,潜在石漠化率为29.53%。

(一)潜在石漠化土地状况

潜在石漠化土地按行政区划分,凉山州43.2万 hm^2,占四川省潜在石漠化面积的52.62%;泸州市9.7万 hm^2,占11.78%;雅安市8.9万 hm^2,占10.84%;宜宾市6.1万 hm^2,占7.39%;甘孜州4.1万 hm^2,占4.95%;广安市3.3万 hm^2,占4.05%;乐山市3.3万 hm^2,占4.02%;攀枝花市1.8万 hm^2,占2.15%;眉山市1.6万 hm^2,占1.91%;内江市0.2万 hm^2,占0.29%(图3-14)。

图 3-14 各市(州)潜在石漠化土地现状图

（二）各流域潜在石漠化土地状况

潜在石漠化土地按流域分，石鼓以下干流区域面积33.5万 hm²，占四川省潜在石漠化土地面积的40.83%；雅砻江流域21.4万 hm²，占25.99%；大渡河流域23.7万 hm²，占28.84%；渠江流域3.3万 hm²，占4.05%；沱江流域0.2万 hm²，占0.29%（图3-15）。

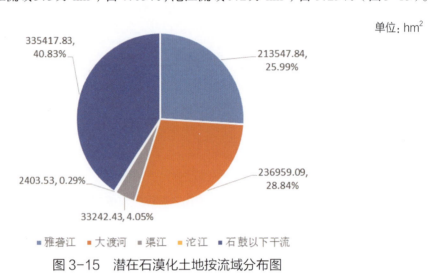

图 3-15　潜在石漠化土地按流域分布图

（三）各岩溶地貌潜在石漠化土地状况

潜在石漠化土地按岩溶地貌分，峰丛洼地面积0.8万 hm²，占四川省潜在石漠化土地面积的0.99%；孤峰残丘及平原0.8万 hm²，占0.99%；岩溶丘陵10.4万 hm²，占12.66%；岩溶槽谷30.2万 hm²，占36.77%；岩溶峡谷15.2万 hm²，占18.56%；岩溶山地24.7万 hm²，占30.04%（图3-16）。

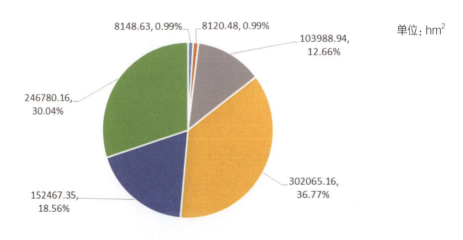

图 3-16　潜在石漠化土地按岩溶地貌分布图

（四）各土地利用类型潜在石漠化土地状况

潜在石漠化土地按土地利用类型分，林地74.2万 hm^2，占四川省潜在石漠化土地的90.34%；耕地7.0万 hm^2，占8.49%；草地1.0万 hm^2，占1.17%（图3-17）。

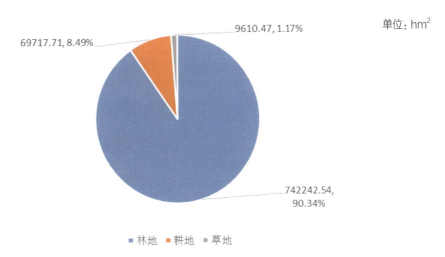

图3-17　潜在石漠化土地按土地利用类型划分图

（五）各区域地貌潜在石漠化土地状况

潜在石漠化土地按区域地貌分，川西南山地区潜在石漠化面积60.0万 hm^2，占四川省潜在石漠化土地面积的73.04%；川南盆地边缘区潜在石漠化面积18.6万 hm^2，占22.62%；川东平行岭谷区潜在石漠化面积3.3万 hm^2，占4.05%；川中丘陵区潜在石漠化面积0.2万 hm^2，占0.29%（图3-18）。

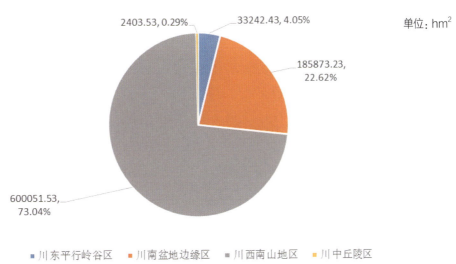

图3-18　潜在石漠化土地按区域地貌分布图

第三节 石漠化特点和分布规律

一、石漠化分布广泛又相对集中

四川省的岩溶区主要分布于10个市（州）46个县（市、区），岩溶区面积278.2万 hm^2，占四川省土地面积的5.7%。其中石漠化面积67.0万 hm^2，占岩溶区面积的24.08%，分布在44个县（市、区），石漠化土地面积较大且分布广泛。

石漠化土地按区域地貌大致可分为川西南山地区、川南盆地边缘区、川东平行岭谷区、川中丘陵区，以川西南山地区和川南盆地边缘区为主，川西南山地区石漠化面积46.7万 hm^2，占四川省石漠化土地面积的69.72%；川南盆地边缘区石漠化面16.9万 hm^2，占25.24%，石漠化土地分布又相对集中。

二、轻度、中度石漠化土地多，重度、极重度少

轻度石漠化土地29.7万 hm^2，占四川省石漠化土地面积的44.37%；中度石漠化土地28.4万 hm^2，占42.37%。轻度、中度石漠化占到石漠化面积的86.74%，重度、极重度石漠化土地仅占总石漠化面积的13.26%，石漠化程度以轻度、中度为主，重度、极重度少。

三、土地利用类型以林地和耕地为主，其他较少

石漠化土地中林地35.9万 hm^2，占石漠化土地的53.57%；耕地16.5万 hm^2，占24.64%。林地、耕地占石漠化面积的78.21%，其他地类仅占21.79%，土地利用类型以林地和耕地为主，其他较少。

四、石漠化分布区多属少数民族聚居区、边远山区、贫困地区，区域生态建设压力大

四川省岩溶区有少数民族县20个，居住着彝族、藏族、苗族、土家族等30多个民族，少数民族人口约271.7万人，约占全省少数民族总人口68%。少数民族聚居区石漠化土地面积40.5万 hm^2，占全省石漠化土地总面积60.41%。

因石漠化分布区多地处边远，交通不便，信息闭塞，经济发展滞后，使得该地区生产、生活方式相对落后，对土地的依赖程度高，区域生态建设压力大。据统计，岩溶区中马边县、康定市、木里县、盐源县等15个县（市、区）是全省深度贫困县，岩溶区深度贫困县占全省深度贫困县的33.3%，成为全省经济发展落后、贫困面最大的地区之一。

五、石漠化土地岩溶地貌以岩溶槽谷和岩溶山地为主

石漠化土地中岩溶地貌类型岩溶槽谷34.9万 hm^2，占52.08%；岩溶山地14.5万 hm^2，占21.57%。这两种岩溶地貌占石漠化面积的73.65%，其他地类仅占26.35%，岩溶地貌以岩溶槽谷、岩溶山地为主，其他较少。

第四章　四川省岩溶区石漠化动态变化及原因分析

第一节　石漠化状况总体动态变化

一、动态监测总体情况

2005年岩溶区第一次石漠化监测，监测岩溶土地面积276.4万 hm^2，其中石漠化土地77.5万 hm^2，占岩溶区面积的28.0%；潜在石漠化土地73.7万 hm^2，占26.7%；非石漠化土地125.2万 hm^2，占45.3%。

2011年岩溶区第二次石漠化监测，监测岩溶土地面积277.7万 hm^2，其中石漠化土地73.2万 hm^2，占岩溶区面积的26.36%；潜在石漠化土地76.9万 hm^2，占27.68%；非石漠化土地127.7万 hm^2，占45.96%。

2016年岩溶区第三次石漠化监测，监测岩溶土地面积278.2万 hm^2，其中石漠化面积67.0万 hm^2，占岩溶区面积的24.08%；潜在石漠化面积82.2万 hm^2，占29.53%；非石漠化面积129.1万 hm^2，占46.39%。

经过3次石漠化监测，11年间岩溶区石漠化土地由2005年的77.5万 hm^2减少为2016年的67.0万 hm^2，减少面积10.5万 hm^2，变动率为-13.56%；潜在石漠化土地由2005年73.7万 hm^2增加为2016年的82.2万 hm^2，增加面积8.5万 hm^2，变动率为11.50%；非石漠化土地由2005年125.2万 hm^2增加为2016年的129.1万 hm^2，增加面积3.8万 hm^2，变动率为3.04%。岩溶区石漠化监测土地总体动态变化情况表4-1。

表4-1　岩溶区石漠化监测土地总体动态变化情况表

监测期	监测岩溶面积	石漠化土地	潜在石漠化土地	非石漠化土地
2005年第一次监测 /hm^2	2764322.0	775022.5	736863.8	1252435.7
2011年第二次监测 /hm^2	2777267.7	731926.3	768797.1	1276544.3
2016年第三次监测 /hm^2	2782006.58	669926.53	821570.72	1290509.33
2016年与2005年相比 /hm^2	17684.58	-105095.97	84706.92	38073.63
变动率 /%	0.64	-13.56	11.50	3.04

监测数据表明：整体上，石漠化土地减少，潜在石漠化、非石漠化土地增加，岩溶区生态系统呈现顺向演替发展的趋势。

二、监测第一间隔期（2005~2011年）内动态变化

第一间隔期内（2005~2011年）岩溶区监测面积变动幅度为增加1.3万 hm^2，增加幅

度0.47%。其中：石漠化土地面积减少4.3万 hm², 减少幅度5.56%; 潜在石漠化土地面积增加3.2万 hm², 增加幅度4.33%; 非石漠化土地面积增加2.4万 hm², 增加幅度1.92%（表4-2）。

表4-2　石漠化状况监测结果动态变化表

年度	监测面积	石漠化	潜在石漠化	非石漠化
2005年（一期）/hm²	2764322	775022.5	736863.8	1252435.7
2011年（二期）/hm²	2777267.7	731926.3	768797.1	1276544.3
与2005年相比变化量 /hm²	12945.7	-43096.2	31933.3	24108.6
变动率 /%	0.47	-5.56	4.33	1.92

三、监测第二间隔期（2011~2016年）内动态变化

第二间隔期内（2011~2016年）岩溶区监测面积变动幅度为增加0.5万 hm², 增加幅度为0.17%。其中，石漠化土地面积减少6.1万 hm², 减少幅度8.41%; 潜在石漠化土地面积增加5.2万 hm², 增加幅度6.79%; 非石漠化土地面积增加1.4万 hm², 增加幅度1.09%（表4-3）。

表4-3　岩溶区土地总体动态变化情况表

年度	岩溶土地	石漠化	潜在石漠化	非石漠化
2011年（二期）/hm²	2777387.79	731422.84	769308.00	1276656.95
2016年（三期）/hm²	2782006.58	669926.53	821570.72	1290509.33
与二期相比变化量 /hm²	4618.79	-61496.31	52262.72	13852.38
变动率 /%	0.17	-8.41	6.79	1.09

说明：后文分析石漠化动态变化原因，只针对第二次和第三次石漠化监测结果作对比。石漠化土地动态变化分析中，为使第二、三次数据对比具有合理性，三期监测面积均去除了新增监测范围内的岩溶面积，使两期岩溶土地面积保持一致。即，三期对比岩溶区面积277.7万 hm², 石漠化土地面积66.7万 hm², 潜在石漠化土地面积82.0万 hm², 非石漠化土地面积129.0万 hm²。

第二节　石漠化状况动态变化及原因

石漠化状况动态变化包括由二期石漠化土地顺向转变为潜在石漠化土地7.7万 hm², 转变为非石漠化土地1.1万 hm²; 由二期潜在石漠化土地逆向转变为石漠化土地2.2万 hm², 顺向转变为非石漠化土地1.7万 hm²; 由二期非石漠化土地逆向转变为石漠化土地0.2万 hm², 转变为潜在石漠化土地1.3万 hm²（表4-4）。

表 4-4　石漠化状况动态转移统计表（单位：hm²）

三期石漠化状况	二期石漠化状况			
	三期合计	石漠化	潜在石漠化	非石漠化
二期合计	2777387.79	731422.84	769308.00	1276656.95
石漠化	666808.36	643375.91	21533.19	1899.26
潜在石漠化	820365.65	77203.89	730436.95	12724.81
非石漠化	1290213.78	10843.04	17337.86	1262032.88

一、石漠化土地动态变化及原因

监测结果显示：二期石漠化土地面积73.1万 hm²，三期石漠化土地面积66.7万 hm²，较二期减少6.5万 hm²，减少幅度8.83%。

石漠化土地面积总体减少的原因与近年来实施了石漠化综合治理工程、天然林保护工程治理以及退耕还林还草工程、大规模绿化全川行动等生态建设工程密切相关。

石漠化土地顺向转变为潜在石漠化土地7.7万 hm²，其中按工程类别来统计总面积为2.8万 hm²，主要是由于实施了石漠化综合治理工程治理1.0万 hm²、生态公益林保护工程治理0.9万 hm²、天然林保护工程治理0.5万 hm²、退耕还林还草工程治理0.2万 hm²、野生动植物保护及自然保护区建设工程治理1084.4 hm²。

石漠化土地顺向转变为非石漠化土地1.1万 hm²，其中按工程类别来统计总面积为989.8 hm²，主要是由于实施了生态公益林保护工程治理594.6 hm²（表4-5）。

监测显示，尚有9.3万 hm²石漠化土地中有部分虽实施了工程治理措施，但尚未得到转化，说明其成效不是一朝一夕能得到彻底扭转的。但通过工程治理，其石漠化程度会逐步减轻。

表 4-5　石漠化土地动态转移按工程类别统计（单位：hm²）

工程类别	三期石漠化状况			
	合计	石漠化	潜在石漠化	非石漠化
工程类别合计	122682.95	93235.3	28457.84	989.81
石漠化综合治理工程	43681.2	33194.95	10163.57	322.68
森林抚育工程	260.05	258.03	2.02	
其他重点工程	1371.41	1139.9	169.36	62.15
巩固退耕还林成果专项工程	430.61	356.11	64.13	10.37
生态公益林保护工程	22997.48	13007.14	9395.73	594.61
退耕还林还草工程	14702.4	12584.5	2117.9	
天然林保护工程	30989.5	25528.75	5460.75	
野生动植物保护及自然保护区建设工程	6667.25	5582.87	1084.38	
农业综合开发工程	1583.05	1583.05		

各市（州）石漠化土地变化中，石漠化土地减少较大的市（州）分别是凉山州、泸州市、雅安市，减少面积分别为37362.81 hm²、10022.74 hm²、4730.39 hm²（表4-6）。

表4-6　各市（州）石漠化土地变化情况表

地区	二期 /hm²	三期 /hm²	变化量 /hm²	变化率 /%
四川省	731422.84	666808.36	−64614.48	−8.83
攀枝花市	7042.40	6445.01	−597.39	−8.48
泸州市	153659.13	143636.39	−10022.74	−6.52
内江市	4095.93	3523.65	−572.28	−13.97
乐山市	19677.70	16008.09	−3669.61	−18.65
眉山市	4056.73	3581.22	−475.51	−11.72
宜宾市	24748.17	21670.14	−3078.03	−12.44
广安市	34242.16	30241.02	−4001.14	−11.68
雅安市	51274.23	46543.84	−4730.39	−9.23
甘孜州	3364.56	3259.98	−104.58	−3.11
凉山州	429261.83	391899.02	−37362.81	−8.7

二、潜在石漠化土地动态变化及原因

监测结果显示：二期潜在石漠化土地面积76.9万 hm²，三期潜在石漠化土地面积82.0万 hm²，潜在石漠化面积共计增加了5.1万 hm²，整体增加了6.64%。

潜在石漠化土地面积总体增加与石漠化土地面积总体减少是相对应的，如上文分析，二期石漠化土地顺向转变为潜在石漠化土地7.7万 hm²，是导致潜在石漠化面积增加的主要原因。其中，主要是由于实施了石漠化综合治理工程治理1.0万 hm²、生态公益林保护工程治理9395.7 hm²、天然林保护工程治理5460.8 hm²、退耕还林还草工程治理2117.9 hm²、野生动植物保护及自然保护区建设工程治理1084.4 hm²。

潜在石漠化土地也有部分顺向转变为非石漠化土地420.4 hm²，其中，主要是由于实施了石漠化综合治理工程治理280.6 hm²、农业综合开发工程治理116.7 hm²。总体上，潜在石漠化面积增加（表4-7）。

监测显示，尚有1364.9 hm²石漠化土地中有部分虽实施了工程治理措施，但尚未得到转化，说明其成效不是一朝一夕能得到彻底扭转的。但通过工程治理，其石漠化程度会逐步减轻。

表4-7　潜在石漠化土地动态转移按工程类别统计（单位：hm²）

工程类别	三期石漠化状况			
	合计	石漠化	潜在石漠化	非石漠化
工程类别合计	127571.16	1364.89	125785.88	420.39
石漠化综合治理工程	21027.57	129.04	20617.97	280.56

续表

工程类别	三期石漠化状况			
	合计	石漠化	潜在石漠化	非石漠化
森林抚育工程	337.54		337.54	
其他重点工程	5708.01		5704.7	3.31
巩固退耕还林成果专项工程	26.83		18	8.83
生态公益林保护工程	29289.89	353.82	28925.05	11.02
地震灾害植被恢复工程	39.78		39.78	
退耕还林还草工程	15405.1	260.75	15144.35	
天然林保护工程	30274.08	589.66	29684.42	
野生动植物保护及自然保护区建设工程	24198.4		24198.4	
农业综合开发工程	1263.96	31.62	1115.67	116.67

各市（州）潜在石漠化土地变化中，均有不同程度增加或减少，其中，内江市、甘孜州、宜宾市为减少，其他各市（州）均增加，凉山州、泸州市增加面积较大（表4-8）。

表4-8　各市（州）潜在石漠化土地变化情况表

地区	二期 /hm²	三期 /hm²	变化量 /hm²	变化率 /%
四川省	769308.00	820365.65	51057.65	6.64
攀枝花市	15957.16	16476.60	519.44	3.26
泸州市	87615.26	96805.67	9190.41	10.49
内江市	2716.45	2403.53	−312.92	−11.52
乐山市	30715.42	33000.50	2285.08	7.44
眉山市	15265.12	15692.24	427.12	2.8
宜宾市	61039.28	60733.63	−305.65	−0.5
广安市	30431.00	33242.43	2811.43	9.24
雅安市	85428.17	89075.87	3647.70	4.27
甘孜州	42169.44	40657.81	−1511.63	−3.58
凉山州	397970.70	432277.37	34306.67	8.62

三、非石漠化土地动态变化及原因

监测结果显示：二期非石漠化土地面积127.7万 hm²，三期监测非石漠化土地面积129.0万 hm²，非石漠化面积共计增加了1.3万 hm²，整体增加了1.06%。

非石漠化面积整体增加，如上文分析，包括石漠化土地顺向转变为非石漠化土地1.1万 hm²，潜在石漠化土地顺向转变为非石漠化土地1.7万 hm²。非石漠化土地总体面积增加主要是近年来石漠化综合治理工程，以及退耕还林工程、天保工程、大规模绿化全川行动等其他生态建设工程治理成效显著。

另外，还有水域和建设用地面积的增加，导致非石漠化土地面积增加。其中面积较大的，如古蔺县水域增加250 hm²，来自2012年古蔺县观文水库和2014年朝门水库建设；建设用地增加438 hm²，来自古蔺新城建设。峨边县、峨眉山市建设用地分别增加414.27 hm²、581 hm²，来自新城市建设、新农村建设以及精准扶贫安置房建设工程。汉源县水域增加698 hm²，来自大渡河深溪沟水电站全面投产、永定桥水库建成；建设用地增加1823 hm²，来自城区灾后重新新增建设用地以及汉源工业园区建设。石棉县水域增加380 hm²，主要因为近年新建小型水电站较多。木里县水域增加1345 hm²，主要由于雅砻江卡拉水电站、杨房沟水电站截留成功。盐源县水域增加825 hm²，主要因为雅砻江锦屏水电站建成投产。宁南县水域增加326 hm²，主要因为白鹤滩水电站建设，截流蓄水。布拖县建设用地增加640 hm²，主要因为精准扶贫、贫困居民安置房大量修建以及城区扩建。金阳县和雷波县水域增加2000 hm²，主要因为溪洛渡水电站全面投产，增加淹没区面积。康定市建设用地增加1500 hm²，主要由于技术原因，二期未区划出城区及重要乡镇。

各市（州）非石漠化土地变化中，均有不同程度增加，凉山州、宜宾市、甘孜州非石漠化土地增加面积较大，分别为3056.14 hm²、3383.68 hm²、1616.21 hm²（表4-9）。

表4-9 各市（州）非石漠化土地变化情况表

地区	二期/hm²	三期/hm²	变化量/hm²	变化率/%
四川省	1276656.95	1290213.78	13556.83	1.06
攀枝花市	6759.74	6837.69	77.95	1.15
泸州市	89140.63	89972.96	832.33	0.93
内江市	8887.74	9772.94	885.20	9.96
乐山市	129838.51	131223.04	1384.53	1.07
眉山市	3904.96	3953.35	48.39	1.24
宜宾市	64104.10	67487.78	3383.68	5.28
广安市	13991.94	15181.65	1189.71	8.50
雅安市	93001.63	94084.32	1082.69	1.16
甘孜州	17.09	1633.30	1616.21	9457.05
凉山州	867010.61	870066.75	3056.14	0.35

第三节　石漠化程度动态变化

三期石漠化面积66.7万 hm²，较二期减少6.5万 hm²，减少8.83%。其中，轻度石漠化土地面积较二期增加11.9万 hm²，变化率为67.06%；中度石漠化土地面积较二期减少12.2万 hm²，变化率为-30.16%；重度石漠化土地面积较二期减少5.0万 hm²，变化率为-39.59%；极重度石漠化土地面积较二期减少1.2万 hm²，变化率-51.47%（表4-10）。

表 4-10　不同石漠化程度总体动态变化情况统计表

项目	石漠化面积	轻度石漠化	中度石漠化	重度石漠化	极重度石漠化
2011年（二期）/hm^2	731422.84	177817.61	403310.10	127302.75	22992.38
2016年（三期）/hm^2	666808.36	297060.91	281680.64	76908.65	11158.16
与2011年相比变化量 /hm^2	-64614.48	119243.30	-121629.46	-50394.10	-11834.22
变化率/%	-8.83	67.06	-30.16	-39.59	-51.47

监测数据表明：轻度石漠化土地明显增加，中度、重度、极重度石漠化土地减少，石漠化土地呈现顺向演替发展的趋势。

一、不同石漠化程度总体动态变化情况

石漠化程度总体动态变化包括：二期轻度石漠化土地顺向转变为潜在石漠化土地2.8万hm^2、非石漠化土地0.3万hm^2，逆向转变为中度石漠化土地0.7万hm^2、极重度石漠化土地1.5hm^2；二期中度石漠化土地顺向转变为潜在石漠化土地4.0万hm^2、非石漠化土地0.6万hm^2、轻度石漠化土地14.0万hm^2，逆向转变为重度石漠化土地15.6hm^2；二期重度石漠化土地顺向转变为潜在石漠化土地0.7万hm^2、非石漠化土地0.2万hm^2、轻度石漠化土地1.1万hm^2、中度石漠化土地3.7万hm^2；二期极重度石漠化土地顺向转变为潜在石漠化土地1302.2hm^2、非石漠化土地779.1hm^2、轻度石漠化土地391.4hm^2、中度石漠化土地0.3万hm^2、重度石漠化土地0.6万hm^2（表4-11）。

表 4-11　不同石漠化程度动态转移统计表（单位：hm^2）

三期石漠化程度状况	二期石漠化程度状况						
	合计	轻度石漠化	中度石漠化	重度石漠化	极重度石漠化	潜在石漠化	非石漠化
合计	2777387.79	177817.61	403310.10	127302.75	22992.38	769308.00	1276656.95
轻度石漠化	297060.91	139593.65	139905.83	10605.18	391.38	5533.74	1031.13
中度石漠化	281680.64	7435.27	217388.82	36839.12	3167.44	15985.57	864.42
重度石漠化	76908.65	0.00	15.59	70679.76	6200.29	9.30	3.71
极重度石漠化	11158.16	1.53	0.00	0.00	11152.05	4.58	
潜在石漠化	820365.65	27986.57	40497.76	7417.39	1302.17	730436.95	12724.81
非石漠化	1290213.78	2800.59	5502.10	1761.30	779.05	17337.86	1262032.88

二、轻度石漠化土地动态变化

二期轻度石漠化土地面积17.8万hm^2，三期轻度石漠化土地面积29.7万hm^2，轻度石漠化面积共计增加了11.9万hm^2。

与二期相比，轻度石漠化土地面积稳定型14.0万 hm^2，从二期中度、重度、极重度石漠化土地中顺向转变面积分别为14.0万 hm^2、1.1万 hm^2、391.4 hm^2；从二期潜在石漠化、非石漠化土地中逆向转变面积分别为5533.7 hm^2、1031.1 hm^2；从二期轻度石漠化土地顺向转变为潜在、非石漠化面积分别为2.8万 hm^2、2800.6 hm^2，逆向转变为中度、极重度石漠化土地面积7435.3 hm^2、1.5 hm^2。

各市（州）轻度石漠化面积总体均有不同程度的增加，其中凉山州、雅安市增加面积较多，眉山市增加最少（表4-12）。

表4-12 各市（州）轻度石漠化土地变化情况（单位：hm^2）

地区	变化情况	二期	三期
四川省	119243.30	177817.61	297060.91
攀枝花市	963.97	1559.15	2523.12
泸州市	3293.36	41481.89	44775.25
内江市	1438.65	1037.92	2476.57
乐山市	203.85	11285.08	11488.93
眉山市	15.46	1416.46	1431.92
宜宾市	4296.46	9900.28	14196.74
广安市	3627.20	16094.30	19721.50
雅安市	15708.69	17920.14	33628.83
甘孜州	63.55	221.77	285.32
凉山州	89632.11	76900.62	166532.73

三、中度石漠化土地动态变化

二期中度石漠化土地面积40.3万 hm^2，三期中度石漠化土地面积28.2万 hm^2，中度石漠化面积共计减少了约12.2万 hm^2。

与二期相比，中度石漠化土地面积稳定型21.7万 hm^2。从二期重度、极重度石漠化土地中顺向转变面积分别为3.7万 hm^2、3167.4 hm^2，从轻度、潜在石漠化、非石漠化土地中逆向转变面积分别为7435.3 hm^2、1.6万 hm^2、864.4 hm^2；从二期中度石漠化土地顺向转变为轻度、潜在石漠化、非石漠化面积分别为14.0万 hm^2、4.0万 hm^2、5502.1 hm^2，逆向转变为重度石漠化土地面积15.6 hm^2。

各市（州）中度石漠化面积除泸州市面积增加，其他市（州）均不同程度减少，凉山州减少量最多（表4-13）。

表4-13 各市（州）中度石漠化土地变化情况（单位：hm²）

地区	变化情况	二期	三期
四川省	-121629.46	403310.10	281680.64
攀枝花市	-1250.61	4521.09	3270.48
泸州市	6888.01	91096.28	97984.29
内江市	-1497.98	2530.50	1032.52
乐山市	-2957.79	5828.68	2870.89
眉山市	-490.97	2640.27	2149.30
宜宾市	-6127.71	13099.07	6971.36
广安市	-6665.19	16526.31	9861.12
雅安市	-11064.07	22899.83	11835.76
甘孜州	-168.13	3142.79	2974.66
凉山州	-98295.02	241025.28	142730.26

四、重度石漠化土地动态变化

二期重度石漠化土地面积12.7万 hm²，三期重度石漠化土地面积7.7万 hm²，重度石漠化面积共计减少了5.0万 hm²。

与二期相比，重度石漠化土地面积稳定型7.1万 hm²，从二期极重度石漠化土地中顺向转变面积为0.6万 hm²，从二期中度、潜在石漠化、非石漠化土地中逆向转变面积分别为15.6 hm²、9.3 hm²、3.7 hm²；从二期重度石漠化土地顺向转变为轻度、中度、潜在石漠化、非石漠化面积分别为1.1万 hm²、3.7万 hm²、0.7万 hm²、0.2万 hm²。

各市（州）重度石漠化土地除眉山市、甘孜州保持不变（二期、三期均无重度石漠化土地），乐山市增加外，其他市（州）均不同程度减少，其中凉山州、泸州市减少较多（表4-14）。

表4-14 各市（州）重度石漠化土地变化情况（单位：hm²）

地区	变化情况	二期	三期
四川省	-50394.10	127302.75	76908.65
攀枝花市	-310.75	962.16	651.41
泸州市	-18464.34	19254.34	790.00
内江市	-480.28	494.21	13.93
乐山市	155.57	1273.38	1428.95
眉山市			
宜宾市	-1239.84	1731.50	491.66
广安市	-946.66	1563.34	616.68
雅安市	-8220.01	9296.88	1076.87
甘孜州			
凉山州	-20887.79	92726.94	71839.15

五、极重度石漠化土地动态变化

二期极重度石漠化土地面积2.3万 hm^2，三期极重度石漠化土地面积1.1万 hm^2，极重度石漠化面积共计减少了1.2万 hm^2。

与二期相比，极重度石漠化土地面积稳定型1.1万 hm^2，从二期轻度、潜在石漠化土地中逆向转变面积分别为1.5 hm^2、4.6 hm^2；从二期极重度顺向转变为轻度、中度、重度、潜在石漠化、非石漠化面积分别为391.4 hm^2、3167.4 hm^2、6200.3 hm^2、1302.2 hm^2、779.1 hm^2。

各市（州）极重度石漠化土地除攀枝花市、眉山市、甘孜州保持不变外（二期、三期均无极重度石漠化土地），其他市（州）均不同程度减少，其中凉山州减少最多（表4-15）。

表4-15 各市（州）极重度石漠化土地变化情况（单位：hm^2）

地区	变化情况	二期	三期
四川省	-11834.22	22992.38	11158.16
攀枝花市			
泸州市	-1739.77	1826.62	86.85
内江市	-32.67	33.30	0.63
乐山市	-1071.24	1290.56	219.32
眉山市			
宜宾市	-6.94	17.32	10.38
广安市	-16.49	58.21	41.72
雅安市	-1155.00	1157.38	2.38
甘孜州			
凉山州	-7812.11	18608.99	10796.88

第四节 耕地石漠化土地动态变化

二期耕地石漠化土地面积22.2万 hm^2，三期耕地石漠化土地面积16.5万 hm^2，耕地石漠化土地共计减少了约5.8万 hm^2。

各市（州）耕地石漠化土地除攀枝花市、甘孜州略有增加外，其他市（州）均不同程度减少，其中凉山州减少最多（表4-16）。

表4-16 耕地石漠化土地动态变化统计表（单位：hm^2）

地区	变化情况	二期	三期
四川省	-57729.22	222404.94	164675.72
攀枝花市	2.98	723.37	726.35
泸州市	-15915.23	98957.88	83042.65

续表

地区	变化情况	二期	三期
内江市	−6.39	2051.54	2045.15
乐山市	−1260.44	3072.61	1812.17
眉山市	−15.88	189.54	173.66
宜宾市	−2754.50	13315.34	10560.84
广安市	−1382.38	5637.70	4255.32
雅安市	−2767.78	5071.80	2304.02
甘孜州	15.02		15.02
凉山州	−33644.62	93385.16	59740.54

耕地石漠化土地减少的原因，一是实施退耕还林等生态治理工程后，原先的耕地均转化为林地，林地植被盖度增加；二是因为土地整理，原先的耕地含石（砂）量减少，从而石漠化土地转化为潜在或非石漠化土地。

第五节 石漠化演变状况

除技术因素和二期误判后，全省共有28.74万 hm^2 岩溶土地石漠化演变类型发生变化，其中顺向演替28.65万 hm^2，占99.67%；逆向演替957.05 hm^2，占0.33%。演变类型中，明显改善10.81万 hm^2，占37.64%；轻微改善17.83万 hm^2，占62.03%；严重加剧型957.05 hm^2，占0.33%（表4-17）。

表4-17 石漠化演变类型按照原因统计

变化原因	顺向演替 /hm^2			逆向演替 /hm^2			面积总计 /hm^2	原因占比 /%
	小计	明显改善	轻微改善	小计	退化加剧	退化严重加剧		
总计	286516.70	108198.87	178317.83	957.05		957.05	287473.75	100.00
演替占比 /%	99.67	37.64	62.03	0.33		0.33	100.00	
过度樵采				144.26	144.26		144.26	0.05
其他破坏因素				255.19	255.19		255.19	0.09
地质灾害				419.40	419.40		419.40	0.15
工程建设	3119.44	3115.71	3.73				3119.44	1.09
自然修复	22788.76	11900.63	10888.13				22788.76	7.93
封山管护	50769.42	26768.23	24001.19				50769.42	17.66
封山育林（草）	40670.85	13106.15	27564.70				40670.85	14.15
人工造林	77522.08	19348.89	58173.19	138.20		138.20	77660.28	27.01

续表

变化原因	顺向演替 /hm²			逆向演替 /hm²			面积总计 /hm²	原因占比 /%
	小计	明显改善	轻微改善	小计	退化加剧	退化严重加剧		
林分改良	0.62	0.62					0.62	
人工种草	3.89	1.24	2.65				3.89	
草地改良	32.98	29.56	3.42				32.98	0.01
其他林草措施	2946.10	1324.48	1621.62				2946.10	1.02
保护性耕作	18024.52	9871.32	8153.20				18024.52	6.27
间作	35493.07	7425.38	28067.69				35493.07	12.35
轮作	23514.90	5878.26	17636.64				23514.90	8.18
其他农业技术措施	6261.20	4578.69	1682.51				6261.20	2.18
坡改梯工程	1048.78	909.30	139.48				1048.78	0.36
客土改良	263.38	184.65	78.73				263.38	0.09
小型水利水保工程	84.03	84.03					84.03	0.03
其他工程措施	3972.68	3671.73	300.95				3972.68	1.38

导致顺向演替的面积共有 28.7 万 hm², 按照原因统计, 人工造林的比例最大, 为 27.0%, 其次是封山管护 17.7%, 封山育林（草）14.2%, 间作 12.4%, 轮作 8.2%, 自然修复 7.9%, 耕作 6.3%, 这几项原因共占到总数的 93.9%（图 4-1）。

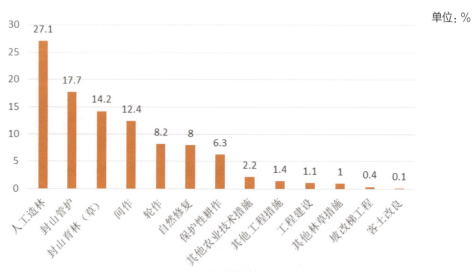

图 4-1 石漠化顺向演替按原因分布图

导致逆向演替的面积共有 957.05 hm², 按照原因统计, 地质灾害导致逆向演替的比例最大, 为 43.8%; 其他破坏因素导致逆向演替的比例为 26.7%, 过度樵采导致逆向演替的比例为15.1%。由于采用幼树幼苗人工造林，使得原先高覆盖度的灌木林地植被盖度降低，从而导致逆向演替的比例为14.4%（图4-2）。

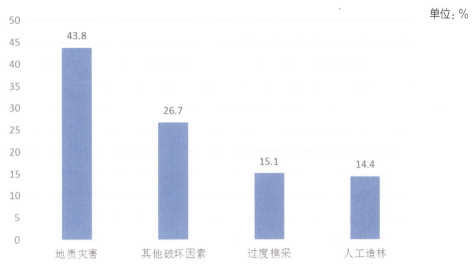

图4-2　石漠化逆向演替按原因分布图

第六节　石漠化动态变化原因分析

除技术因素和二期误判后，全省共有28.7万 hm² 岩溶土地石漠化状况（程度）发生变化。石漠化土地面积占石漠化状况变化土地总面积的66.95%，其中轻度石漠化51.44%，中度石漠化13.43%，重度石漠化2.08%；潜在石漠化土地占石漠化状况变化土地总面积的25.03%；非石漠化土地占石漠化状况变化土地总面积的8.02%（表4-18）。

表4-18　石漠化变化按照原因统计

变化原因	石漠化土地 /hm²					潜在石漠化 /hm²	非石漠化 /hm²	面积总计 /hm²	原因占比 /%
	合计	轻度石漠化	中度石漠化	重度石漠化	极重度石漠化				
总计	192454.98	147875.18	38603.50	5971.72	4.58	71957.28	23061.49	287473.75	100.00
石漠化状况占比/%	66.95	51.44	13.43	2.08		25.03	8.02	100.00	
过度樵采	64.95	54.80	10.15			79.31		144.26	0.05
其他人为因素	103.51	12.45	91.06			151.68		255.19	0.09
地质灾害	419.40	412.85	1.97		4.58			419.40	0.15
其他工程建设	3.73			3.73			3115.71	3119.44	1.09
自然修复	11735.68	9678.30	1630.54	426.84		10622.89	430.19	22788.76	7.93

续表

变化原因	石漠化土地 /hm²					潜在石漠化 /hm²	非石漠化 /hm²	面积总计 /hm²	原因占比 /%
	合计	轻度石漠化	中度石漠化	重度石漠化	极重度石漠化				
封山管护	25901.87	12624.54	9032.03	4245.30		20557.32	4310.23	50769.42	17.66
封山育林（草）	31441.17	20116.12	10656.11	668.94		8881.97	347.71	40670.85	14.15
人工造林	60127.62	54894.86	4691.68	541.08		17172.21	360.45	77660.28	27.01
低产低效林改造							0.62	0.62	
人工种草	3.89		1.24	2.65				3.89	
草地改良	3.42	3.42					29.56	32.98	0.01
其他林草措施	1818.07	1107.49	638.89	71.69		444.92	683.11	2946.10	1.02
耕作	8663.54	7598.70	1064.84			5799.77	3561.21	18024.52	6.27
间作	30554.89	25922.38	4632.51			2062.02	2876.16	35493.07	12.35
轮作	18854.60	13176.62	5677.98			2914.71	1745.59	23514.90	8.18
其他农业技术措施	2239.48	1769.88	469.60			2362.95	1658.77	6261.20	2.18
坡改梯工程	139.48	139.48				893.96	15.34	1048.78	0.36
客土改良	78.73	78.73					184.65	263.38	0.09
小型水利水保工程							84.03	84.03	0.03
其他工程措施	300.95	284.56	4.90	11.49		13.57	3658.16	3972.68	1.38

导致石漠化变化的原因中，人工造林的比例最大，为27.01%，其次是封山管护17.66%，封山育林（草）14.15%，间作12.35%，轮作8.18%，自然修复7.93%，耕作6.27%，这几项原因共占到总数的93.55%（图4-3）。

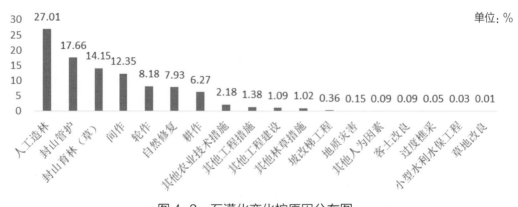

图4-3 石漠化变化按原因分布图

第七节 石漠化动态变化极端情况分析

一、石漠化动态变化极端情况

三期监测石漠化面积除攀枝花市西区增加、乐山市犍为县不变,其他县均不同程度减少,乐山市五通桥区石漠化面积减少率为100%(表4-19)。

表4-19 石漠化土地动态变化极端变化统计表

地区	变化情况/hm²	三期石漠化面积/hm²	二期石漠化面积/hm²	变动率/%
攀枝花市西区	3303.42	4639.59	1336.17	247.23
乐山市犍为县	0	0	0	0
乐山市五通桥区	-387.37	0	387.37	-100

二、极端情况原因分析

(一)攀枝花市西区石漠化面积增加

攀枝花市西区格里坪镇,在第一期监测调查时遗漏了部分石漠化土地,第二期监测进行了调查并申请增加,但因没有足够的支撑资料,没有增加。三期监测攀枝花市西区再次申请增加监测范围,省级监测人员到现地进行了核实,并拍摄了照片,所提出的增加石漠化面积属实,导致攀枝花市整体石漠化面积增加。

(二)乐山市犍为县石漠化面积不变

犍为县二期监测已没有石漠化土地,三期调查结果与二期一致。

(三)乐山市五通桥区石漠化面积减少率为100%

根据乐山市五通桥区林业局的实地调查,三期该区域的石漠化土地由于封山育林、人工造林、土地整治等治理措施,植被恢复情况良好,石漠化土地已全部转为潜在石漠化土地,三期监测无石漠化土地。

第五章 四川岩溶区石漠化治理

第一节 岩溶区石漠化治理管理概况

一、组织管理

石漠化治理由国家发展和改革委员会牵头负责工程建设的综合协调，年度投资计划的审查和综合平衡，会同有关部门下达年度投资计划；统筹研究石漠化治理中的重大问题和相应的政策措施，指导规划的编制及组织实施。财政部、科技部、自然资源部、水利部、农业部、环保部、林草局、西部开发办、扶贫办、税务总局和中国人民银行等各成员单位按照职能分工，各司其职，各负其责。

四川省比照中央的做法，建立相应的协调机制，成立以省发改委、省林草局、农业厅、畜牧厅、水利厅、财政厅等部门为成员的四川省石漠化综合治理领导小组，加强对本省石漠化综合治理工作的领导和组织协调。

石漠化治理实行地方各级人民政府负责制，岩溶区石漠化综合治理工程开展以来，各县（市、区）均成立了以各县政府主要负责人为第一责任人，发展改革、财政、林业、农业、畜牧、水利、审计等部门负责人为成员的石漠化综合治理工程领导小组，建立了分工明确、组织有序的管理体系。并抽调各部门精干人员组成领导小组管理办公室，行使日常管理工作，统一调配各部门资源，统筹提调各部门工程建设和资金拨付等工作，保障综合治理工作有力推进。

各项目县政府与各实施乡镇和相关部门负责人签订目标责任书，出台考核办法，做到组织落实，责任落实。

二、项目管理

各县（市、区）的石漠化综合治理工程要严格按国家有关工程建设管理的法律法规和规定的基本建设程序组织开展项目建设，按照制定的石漠化相关规划、实施方案、作业设计等组织实施。

强化工程管理，工程类建设实行招投标，要择优选具有相应资质的工程设计单位，履行工程项目设计质量负责制。所有建设项目施工和货物采购实行合同制管理。施工单位必须依据批准的设计文件，严格按技术规范进行施工。严格按照国家有关工程建设管理的法律法规，对项目的建设质量、工程进度、资金管理和生产安全负责。

实行建设工程监理制，由相应资质的监理单位负责监督施工质量和进度。建设单位要接受对工程实施质量的监理监督。

建立项目法人责任制，项目法人对工程质量负全责。各级政府对工程质量指定专人负责，有关单位进行责任分工，将责任分解落实到人，保证工程质量涉及的各个环节均有人负责。

将石漠化治理纳入各级行政领导干部政绩考核内容。建立健全行政领导干部任期目标责任制，签订责任状，将石漠化防治纳入各级行政领导干部政绩考核内容，加强各级行政部门对于石漠化防治工作的重视程度。

加强各部门的协调配合。石漠化治理具有长期性、艰巨性和复杂性，涉及多个方面、多个部门，各有关部门依据职能，各司其职，密切配合，形成工作合力，才能共同做好石漠化防治工作。

严格进行核查验收。国家和省级要定期对工程进展情况进行监督检查，严格按照《四川省岩溶区石漠化综合治理工程项目验收办法（试行）》对工程进行验收，对实施中出现的问题进行研究，对工程质量进行稽查，对弄虚作假等行为坚决查处。推动四川石漠化综合治理工程管理规范化和项目竣工验收工作，提高工程质量、确保治理成效。

加强建后管护机制建设。积极探索灵活、有效的管护机制，推行专业队伍管护、承包管护、林农自管等多种管护模式，落实管护措施，确保项目建设成果得到巩固，长期发挥效益。

三、计划管理

省发改革、林草、农牧、水利部门依据岩溶区石漠化综合治理的实际，编制当年和未来几年拟石漠化综合治理规划。按照轻重缓急和投资可能，组织县级林业、农牧、水利等主管部门及时开展作业设计或实施方案编制等工作。

工程项目建设投资，财政资金计划的安排，依据批准的工程实施方案或年度作业设计进行，年度基本建设投资计划和财政专项资金按有关规定编制、上报、下达。年度基本建设投资计划和年度财政专项资金计划未经批准任何单位不得擅自调整。如确需调整，需报请省政府审批。

四、资金管理

严格执行国家基本建设投资计划和财政预决算制度，严格按照批准的相关规划、实施方案或作业设计的建设内容进行施工。

资金实行专户专储，专款专用，单独建账和核算，任何单位不得挤占、截留、挪用、强行划转或抵押各种贷款本息、税金等各种债务。

实行报账制，以工程检查验收结果作为支付工程资金的依据。结合《四川省岩溶区石漠化综合治理试点工程项目管理实施细则》，按照工程建设进度，根据单项工程检查验收结果和有关财务凭证予以报账。工程会计核算要严格按照有关规定执行，严禁虚列开支，编外设账。

各级主管部门要加强对资金使用情况的监督检查，跟踪管理，发现问题，及时纠正。

严格资金用途管理。工程建设资金用于工程建设所需物资、材料、种苗等的购置，机械作业费、劳务费，不得以任何理由挤占、截留、挪用，不得改变用途。

实行建设项目法人责任制和工程主管负责人离任审计制度，对违规使用资金的要追究所在单位领导及当事人的责任；情节严重构成犯罪的，依法追究其法律责任。

五、档案管理

加强石漠化治理相关档案资料的管理，包括石漠化治理的相关规划、作业设计方案、检查验收资料、资金审批和审计报告、工程监理报告、统计数据、工作总结、会议记录、照片和录像资料、各级收发文等，做到及时整理归档、分类保存，并由专人负责，严格管理。电子资料收集整理之后建专项文件夹保存。

此外，石漠化监测成果会定期发布，实行向社会公开制，但在发布成果之前，要做好相关数据的保密工作，任何组织和个人不得擅自公开未经发布的石漠化监测数据。

第二节　岩溶区石漠化综合治理规划

一、岩溶区石漠化综合治理规划大纲（2006~2015 年）

四川省有10个市（州）46个县（市、区）纳入了国家《岩溶区石漠化综合治理规划大纲（2006—2015年）》（以下简称《一期规划》）（表5-1）。规划治理岩溶土地27643.2 km²，石漠化土地7749.36 km²。

规划的主要建设内容包括封山育林232110 hm²，人工造林65640 hm²；草地建设11080 hm²，建设棚圈68540 m²，青贮窖82370 m³，饲草机械1410台套；实施坡改梯143900 hm²，蓄水池35510口，沉砂池69860个，排灌沟渠3739 km，拦沙坝6930座，谷坊6870座，小水池、塘68170个。

表5-1 《一期规划》治理范围表

省份	县（市、区）名称	县数
四川	攀枝花市（4）：仁和区、西区、米易县、盐边县；泸州市（2）：古蔺县、叙永县；广元市（1）：广安区；内江市（2）：资中县、威远县；乐山市（7）：峨边彝族自治县、马边彝族自治县、五通桥区、金口河区、犍为县、沐川县、峨眉山市；宜宾市（6）：兴文县、长宁县、珙县、筠连县、高县、屏山县；广安市（2）：华蓥市、邻水县；眉山市（1）：洪雅县；雅安市（3）：石棉县、芦山县、汉源县；甘孜藏族自治州（1）：康定县；凉山彝族自治州（17）：冕宁县、甘洛县、会东县、会理县、木里藏族自治县、西昌市、金阳县、雷波县、美姑县、宁南县、普格县、喜德县、越西县、昭觉县、盐源县、布拖县、德昌县	46

2008年以来,四川先后有宁南、华蓥、汉源等17个县(市、区)作为重点县启动实施了岩溶区石漠化综合治理一期工程(表5-2)。17个县(市、区)岩溶土地18163.9km^2,占其土地面积42.42%,石漠化面积6038.22km^2,占其岩溶面积33.24%。17个县(市、区)总人口752.8万人,占纳入《一期规划》46个县(市、区)人口总数45.31%;工程区涉及4个国家级扶贫工作重点县,4个省级扶贫工作重点县,贫困人口100.9万人,占总人口的13.4%;工程区涉及12个少数民族县或少数民族待遇县,少数民族人口总计85.03万人,占总人口的11.98%。

表5-2 《一期规划》建设重点县名单

省份	县(市、区)名称	县数
四川	攀枝花市(1):仁和区;泸州市(2):古蔺县、叙永县;内江市(1):威远县;乐山市(1):峨边彝族自治县;宜宾市(3):兴文县、长宁县、筠连县;广安市(3):华蓥市、邻水县、前锋区;雅安市(2):石棉县、汉源县;凉山彝族自治州(4):金阳县、木里藏族自治县、宁南县、甘洛县	17

全省46个纳入《一期规划》的石漠化县(市、区)积极整合相关涉农项目,集中打捆使用资金,合力推进石漠化土地治理。整合石漠化综合治理工程、天保工程、退耕还林工程、农业综合开发工程、林业产业基地建设造林和改造、森林抚育补贴试点项目等项目资金,有力地推动石漠化土地治理。截至2014年年底,共整合相关涉农项目中央投资79.21亿元,其中,17个重点治理县整合投资43.91亿元,29个非重点治理县整合投资35.3亿元。

二、岩溶区石漠化综合治理工程"十三五"建设规划

为更好地推进石漠化治理工作,提升中央预算内专项投资使用效益,遵循国家生态建设要集中治理、突出重点的原则,"十三五"期间,中央预算内专项资金每年将重点用于200个重点县的治理工作。对于其余的255个石漠化县(市、区),由于其石漠化面积较小(不足全国石漠化面积的17%),其治理投资主要由各地统筹防护体系建设、退耕还林、水土保持等现有渠道投资,以及采取措施吸引社会资本等方式多渠道筹集。

根据《岩溶区石漠化综合治理工程"十三五"建设规划》(2016年1月)(以下简称《二期规划》),四川省共有10个市(州)45个县(市、区)纳入了岩溶区石漠化综合治理范围(表5-3)。其中,10个县(市、区)作为《二期规划》明确的重点县(表5-4),规划治理岩溶土地25万hm^2、石漠化土地10万hm^2。

表 5-3 《二期规划》治理范围表

省份	县（市、区）名称	县数
四川	攀枝花市（4）：西区、仁和区、米易县、盐边县；泸州市（2）：叙永县、古蔺县；内江市（2）：威远县、资中县；乐山市（6）：五通桥区、金口河区、沐川县、峨边彝族自治县、马边彝族自治县、峨眉山市；眉山市（1）：洪雅县；宜宾市（6）：长宁县、高县、珙县、筠连县、兴文县、屏山县；广安市（3）：广安区、邻水县、华蓥市；雅安市（3）：汉源县、石棉县、芦山县；甘孜藏族自治州（1）：康定县；凉山彝族自治州（17）：西昌市、木里藏族自治县、盐源县、德昌县、会理县、会东县、宁南县、普格县、布拖县、金阳县、昭觉县、喜德县、冕宁县、越西县、甘洛县、美姑县、雷波县	45

表 5-4 岩溶区石漠化综合治理工程"十三五"建设重点县名单

省份	县（市、区）名称	县数
四川	泸州市（2）：叙永县、古蔺县；广安市（1）：华蓥市；雅安市（1）：石棉县；凉山彝族自治州（6）：盐源县、会东县、宁南县、金阳县、越西县、甘洛县	10

第三节 石漠化综合治理工程实施情况

一、石漠化综合治理工程治理措施

（一）生物措施

1. 人工造林

根据生态区位，结合地貌、自然、经济、技术等条件及石漠化土地特点，因地制宜，科学营造生态公益林、经济林和薪炭林。按照适地适树的原则，对立地条件差的地块，选择适宜的乡土树种营造生态林；对营造乔木林比较困难的陡坡、侵蚀沟、干旱河谷，以及水土流失严重、岩石裸露度高、植被稀少的地段，在保护现有植被的前提下植灌种草，培育灌、草、藤相结合的灌木林；对立地条件较好、适宜营造商品林的地块，选择优质、高产、高效的用材、经济和薪材树种，积极培育商品林，增加农民收入，解决农民烧柴、用材困难。

2. 封山育林

封山育林是利用自然修复力改善岩溶区生态环境的重要手段，封山育林主要针对岩溶区的无林地、疏林地、郁闭度在0.3~0.5的低质低效的有林地和有培育前途的灌木林地。建设内容包括设立封山育林标志、标牌，落实管护人员，实施封育措施和管护措施。

3. 现有林管护

现有林管护对象为未纳入国家生态公益林补偿范围，目前需要重点保护的有林地、灌木林地等。现有林管护内容包括划定管护区、落实管护责任、开展巡护工作等。

4. 草地建设

按照"治用结合"的方针，在岩溶区实施草地建设，发展畜牧业，对提高植被覆盖率，增加农民收入，巩固治理成果具有重要意义。草地建设的主要内容包括围栏封育、人工种草、基本草场建设、草种基地建设、棚圈和青贮窖建设。

（二）工程措施

1. 坡改梯

按国家相关技术规范和坡耕地治理要求，采取建生物埂、培地埂、筑沟头埂等措施进行坡改梯。同时根据坡地梯田面积和水源情况，合理布设池、塘、堰等蓄水和渠系工程。对坡度较为平缓的轻度石漠化坡耕地和潜在石漠化坡耕地，通过种植绿肥、秸秆还田、实施有机肥等改土培肥措施，提高土地生产力。

2. 小型水利水保工程

围绕林草植被恢复与重建，建设以投资少、见效快的小型微型水利水保工程，合理布设各类拦、蓄、积、灌、排工程，努力提高有效灌溉面积，增强抵御自然灾害的能力，形成多功能的防治体系。

二、石漠化综合治理工程治理规模及投资

2008~2018年，四川有宁南、华蓥、汉源等20个县（市、区）实施了岩溶区石漠化综合治理工程，共治理岩溶面积4427.34 km^2。其中，一期（2008~2015年）治理面积3227.34 km^2；二期（2016~2018年）治理面积1200 km^2。总投资108021万元，其中中央投资89980万元，地方投资18041万元。一期总投资71850万元，其中中央投资59980万元，地方投资11870万元；二期投资36171万元，其中中央投资30000万元，地方投资6171万元。

植被建设和保护75208.03 hm^2，其中封山育林育草46169.58 hm^2，人工造林23274.74 hm^2，草地建设5763.71 hm^2；建设牲畜棚圈94417.50 m^2，购置饲草机械897台，青贮窖12143 m^3；实施坡改梯692.30 hm^2，建排灌沟渠515.24 km，沟道整治工程65.69 km，建拦沙坝、谷坊89座，沉砂池1396口，新建蓄水池、水窖1886口，新建田间生产道579.33 km，输水管606.68 km。总投资59864.40万元，其中中央投资48980万元，地方配套10884.40万元（表5-5）。

表5-5 石漠化综合治理工程2008-2018年投资及治理面积情况

市(州)	县(市、区)	投资/万元										治理岩溶面积/km²		
		总投资			2008-2015年投资			2016-2018年投资				总计	2008-2015年治理岩溶面积	2016-2018年治理岩溶面积
		总计	中央	地方	总计	中央	地方	总计	中央	地方				
总计		108021	89980	18041	71850	59980	11870	36171	30000	6171		4427.3	3227.34	1200
攀枝花市	仁和区	2673	2400	273	2673	2400	273					128.5	128.5	
泸州市	叙永县	8246	6780	1466	4826	3930	896	3420	2850	570		323.6	209.6	114
	古蔺县	8211	6680	1531	4791	3830	961	3420	2850	570		324.02	210.02	114
内江市	威远县	3284	2580	704	3284	2580	704					142.6	142.6	
乐山市	峨边县	2856	2380	476	2856	2380	476					131	131	
宜宾市	筠连县	3596	2680	916	3596	2680	916					153.84	153.84	
	长宁县	4056	3380	676	4056	3380	676					184	184	
	兴文县	6557	5630	927	6557	5630	927					306	306	
广安市	华蓥市	12380	10480	1900	6980	5980	1000	5400	4500	900		491.57	311.57	180
	邻水县	3976	3280	696	3976	3280	696					164	164	
	前锋区	1776	1480	296	1776	1480	296					74	74	
雅安市	石棉县	6747	5480	1267	3156	2630	526	3591	2850	741		245.5	131.5	114
	汉源县	5673	4930	743	5673	4930	743					275.06	275.06	
	金阳县	6216	5180	1036	2976	2480	496	3240	2700	540		239	131	108
凉山州	木里县	4296	3580	716	4296	3580	716					179	179	
	宁南县	9792	8380	1412	6372	5530	842	3420	2850	570		431.5	317.5	114
	甘洛县	7427	6130	1297	4007	3280	727	3420	2850	570		292.15	178.15	114
	越西县	3420	2850	570				3420	2850	570		114		114
	会东县	3420	2850	570				3420	2850	570		114		114
	盐源县	3420	2850	570				3420	2850	570		114		114

三、石漠化综合治理工程成效

总体来看，岩溶区石漠化扩展态势得到初步遏制，生态修复得到明显加强，民生得到有效改善，经济得到较快发展。

一是工程区生态环境得到了明显改善。各石漠化县（市、区）始终坚持以小流域为单元，根据流域的特点和水土流失的程度，合理布设综合治理措施，通过封山育林、人工造林、草地改良、人工种草等生物措施和修建引水渠、排洪沟、蓄水池、沉砂池等小型水利水保设施等工程措施，工程区林草植被盖度得到显著增加、水土流失得到初步遏制，生态环境初步改善。岩溶区森林覆盖率比治理前提高近2.07个百分点，林草植被综合盖度提高3.4个百分点，年减少土壤流失4733万t，年新增蓄水量6742万 m^3。

二是工程区生产生活条件得到改善。以改善农民生产、生活条件为着力点，解决民生难题，夯实农业发展基础。修建生产便道、蓄水池、沉砂池，配套了渠系、管网工程，拦蓄径流，解决人畜饮用水及农作物、林木灌溉用水。通过整合沼气池和节能灶等项目建设，解决农户烧柴问题和改善农村环境卫生条件，同时减小薪伐压力。农民人均可支配收入比治理前提高79.6%。

三是工程区农民增收渠道进一步拓宽。各治理县（市、区）以产业结构调整为切入点，积极培育特色经果林、农家乐、乡村旅游等产业，拓展农民增收致富渠道。在干旱缺水的荒坡地带种植耐干旱、耐瘠薄的红椿、花椒、核桃等树种和多年生牧草，以治理水土流失为主，兼顾农民经济效益，提高农民营林积极性和适度发展草食畜牧业。在坡耕地通过土地整理、坡改梯、引水管网，引导农民种植甜樱桃、黄果柑、布朗李、药材、苜蓿等经济林、灌、草，提高土地产出；推广人工种草，修建棚圈、户用沼气，促进草食畜牧业发展，带动农民增收。通过工程带动，新增了就业岗位，扶持当地群众发展生态旅游和观光农业为主的农家乐产业，促进剩余劳动力向二、三产业转移。

第四节　石漠化公园——四川兴文峰岩国家石漠公园

目前，四川省经国家批复的石漠化公园有1处，即四川兴文峰岩国家石漠公园，目前正在加紧建设中。

四川兴文峰岩国家石漠公园位于乌蒙山区四川兴文县东南部，东起罗瓦沟村棬子林，西至双河村落岩河月亮田，南到落岩河与芭蕉沟交汇口，北及峰岩村老熊洞，地理坐标为东经105°12′22″~105°14′48″，北纬28°10′40″~28°13′57″，规划面积939.22 hm^2。

公园所在兴文县是四川省最大的苗族聚居县、乌蒙山特困片区县、革命老区县，荣获"中国绿色名县""中国低碳生态示范县""全国农民林业专业合作社示范县""第二批国家全域旅游示范区创建县""四川省绿化模范县"等荣誉；又是国家石漠化综合治理工程试点县，探索出岩桂生态修复与扶贫发展治理模式，试点成效显著。

兴文县是全国岩溶地貌发育最完善最典型的地区之一，是四川省岩溶分布集中区，有岩溶山地、溶丘等地貌，石漠化问题突出，是2008年四川省5个首批进入国家石漠化综合治理试点的县之一，石漠化治理任务困难而艰巨。据石漠化调查数据显示，全县有石漠化土地面积12730.8 hm^2，潜在石漠化土地10086.95 hm^2。其中轻度石漠化土地7978.57 hm^2，中度石漠化土地4324.93 hm^2，重度石漠化土地427.3 hm^2。自2008年以来，大河乡和麒麟乡一直是兴文县石漠化防治的核心区域，已对项目区及周边地区开展了一系列石漠化综合治理工作，并取得了一定的成效，总结出了一些经验，如岩桂模式、茵红李模式等。

作为四川省最大的苗族聚居县、乌蒙山区贫困县、革命老区县，兴文县素有岩溶王国之美誉，县内拥有四川省首家世界地质公园、国家风景名胜区——兴文石海，石漠公园紧邻世界地质公园、省级风景名胜区——僰王山等，旅游资源的丰度较高。区域分布有石芽、溶洞、峰丛、落水洞、漏斗、半面山、石笋、千丘田等典型的岩溶地貌形态，岩溶区独特的双层水文结构，决定了区域生态环境的脆弱性；又处于大娄山水源涵养与生物多样性保护重要区的外围和长江中上游生态屏障之中，生态地位突出。

2016年11月，兴文县成功入选国家第二批全域旅游示范区创建单位，兴文县将加快建设川南旅游大县和全省旅游经济强县作为未来的发展方向和奋斗目标，将旅游产业培育为苗乡兴文的战略性支柱产业。为了保护兴文境内自然资源，发展生态旅游，同时帮助地区脱贫，在考察了湖南安化云台山国家石漠公园后，兴文县人民政府提出要将峰岩及周边区域申报成四川省第一家国家石漠公园。

公园内有维管束植物89科197属248种，其中有南方红豆杉、篦子三尖杉、红椿、天竺桂、楠木等9种国家重点保护植物，有香樟、山核桃等古树；还有在岩溶瘠薄土壤上自然演替发育的原生态植被群落，是石漠化土地自然修复的天然参照物。有野生脊椎动物5纲26目68科169种，包括大鲵、仓鸮、红腹锦鸡、大灵猫等7种国家重点保护动物，区域生物多样性丰富，具有科学研究与保护价值。

公园内的峰岩村是苗族主要聚居地，苗族花山节、大坝高装文化等影响深远，在此代代相传；消失已久的古僰人，在此留下神秘的印记后便难觅踪迹；红军长征经过时，这里的人民用生命捍卫了红色的火种，谱写了一首可歌可泣的诗篇；锣峰生态李子园的发展见证了乌蒙山区百姓自强不息、攻坚脱贫的决心，展现了农民合作社实施精准扶贫的丰硕果实。

峰岩绝壁，壁立千仞，气势恢宏，巍峨壮观；两合岩峭壁对峙，中天一现；金鸡报晓惟妙惟肖，堪为一绝；将军石英姿飒爽，雄震一方；此外峰岩大洞、猴洞、狮子山、鹰嘴岩等景观均让人啧啧称奇。还有那变幻莫测的云海日出、万紫千红的石李桃林、郁郁葱葱的岩溶森林植被、虬曲苍劲的百年古树、水平如镜的丰收水库、神秘悠久的苗族文化、焕然一新的苗族村寨，构成了一幅"山水林田湖"人文和谐相依的秀美画卷。随着成贵高铁、宜（叙）遵铁路、宜叙高速、纳黔高速等陆续建成通车，公园将释放出更大的生态旅游服务价值。

以生态文明建设理念为指引，秉承"科学规划、保护优先、合理利用、持续发展"的基本方针，以独特岩溶地貌、丰富的生物资源及悠久的苗族文化为基础，以岩溶森林生态系统与生物多样性保护为核心，以科普宣教与生态文化建设为内涵，以生态旅游与经果林培育为主要利用途径，将公园区划为生态保育区、体验区、宣教展示区和管理服务区4个功能区10个功能小区。

生态保育区面积724.41 hm^2，占公园总面积的77.13%，以岩溶地貌、岩溶原生植被保护为核心，构建公园良好的生态基质，重点实施岩溶森林植被保护、典型地质地貌资源保护、石漠化土地治理及桃李特色经果林产业培育等生态工程；体验区围绕溶洞康养、石李桃林采摘、峰岩苗寨民俗风情体验等开展生态旅游，完善公园旅游服务接待设施；宣教展示区围绕"一区一带多点"布局，完善科普宣教设施，弘扬生态文化、民俗文化和石漠化防治知识；管理服务区围绕"一区两点"的布局，建设保护管理设施，提升保护、管理和服务功能。

第五节 石漠化防治形势分析

一、防治形势分析

石漠化是我国石山地区土地退化、生态恶化的一种极端形式，是我国除水土流失、荒漠化外的又一大生态环境问题，对经济社会发展和人民群众生产生活造成了严重危害，石漠化问题一直以来是我国岩溶区的生态问题之一，严重制约着这些地区的经济社会的可持续发展，逐渐成为了社会问题和经济问题，引起了全社会的重视。

党中央、国务院也高度重视石漠化防治工作，党的十八大将生态文明建设纳入社会主义现代化建设"五位一体"的战略布局，提到了前所未有的高度。并明确提出，要实施重大生态修复工程，增强生态产品生产能力，推进荒漠化、石漠化、水土流失综合治理，扩大森林、湖泊、湿地面积，保护生物多样性。十八届五中全会以及十二届全国人大四次会议上通过的政府工作报告和《全国"十三五"规划纲要》都提出，要推进荒漠化、石漠化和水土流失综合治理。习近平在重庆召开推动长江经济带发展座谈会时强调，当前和今后相当长一个时期，要把修复长江生态环境摆在压倒性位置。

四川地处长江上游，是长江流域重要的生态屏障，生态区位极其重要。省内岩溶区石漠化土地分布范围广、面积大，如不治理，将存在蔓延、恶化的趋势，严重威胁长江流域生态安全，制约全省经济社会稳步快速发展。中共四川省委十届八次全会审议通过《中共四川省委关于推进绿色发展建设美丽四川的决定》，明确提出"加强凉山、宜宾、泸州等岩溶区石漠化综合治理，有效提升林草植被盖度"。《大规模绿化全川筑牢长江上游生态屏障总体规划（2016—2020年）》明确提出"以石漠化治理为重点手段进行岩溶区综合治理"。实施石漠化综合治理工程以来，四川省各石漠化县认真开展各项生态治理与保护工程建设，对石漠化土地进行综合治理，石漠化情况得到明显改善，治理区林草植被得到恢复和增加，水源涵养能力得到提高，水土流失减少；人民群众生产生活条件得以改善，产业结构得到调整，农民收入得到了增加。但是防治形势依旧严峻，防治工作依然存在许多问题。

二、存在的主要问题

（一）缺乏足够的资金投入

目前石漠化治理突出问题是缺乏治理资金，大多数地区的石漠化生态治理工作还处于示范试点阶段，大规模的石漠化生态治理工作有待开展。石漠化治理多依托其他生态工程，尽管生态工程建设取得了长足的进步，生态建设工程也覆盖了石漠化县（市、区），但是，四川省岩溶区生态问题仍然严峻。首先，岩溶区生态建设难度大，由于土薄、缺水易旱，是最难啃的"硬骨头"。其次，工程区劳动力短缺现象日益明显，用工成本增加，再加之物价上涨，导致工程建设成本逐年上升。四川省生态建设普遍存在投入不足、单价较低的局面。治理的投入不能满足石漠化治理的需要，部分地方采取了治理措施，但没有达到治理目的，水土流失依然严重。

（二）治理任务重、难度大

2008~2015年岩溶区石漠化综合治理一期工程按照先易后难的原则，对自然条件较好、交通条件便利的地段优先实施了治理。三期监测结果显示，全省依然有重度和极重度石漠化土地近9万hm^2，"十三五"石漠化治理地段山高坡陡、基岩裸露度高，缺土少水、立地条件差的问题更加突出，治理难度越来越大。

（三）技术支撑力度不够

就四川省而言，石漠化综合治理基础研究依然薄弱，技术支撑程度尚不能满足实际工程建设的需要，个别地方在具体实施过程中仍有违背自然规律的现象。随着治理工程建设的持续推进，石漠化区域立地造林困难，生态经济型树种、草种筛选，坡耕旱地系统整治等一些关键性技术问题亟待解决，基础技术与应用推广研究有待大力加强。

（四）部门之间有机配合协调不够

石漠化综合治理涉及农、林、水、土及环保等多个部门，在开展综合治理时，部门之间沟通协调不够，资金统筹整合力度不足，一定程度影响了工程建设进展和成效。

(五)群众参与度不足

岩溶区大多地处少数民族居多的边远山区,由于自然条件恶劣、历史人口基数大、区域经济贫困、长期文化闭塞和传统文化的影响,以及社会保障体制的不完善,导致长期贫困,思想守旧,观念落后,生产生活方式落后,加上治理涉及面宽、难度很大,地方政府及基层干部对石漠化治理的重要性、必要性和紧迫性认识不够,群众对石漠化防治缺乏信心,"等、要、看、靠"思想严重,"吃饭靠救济,花钱靠扶贫"观念在不少群众中根深蒂固。石漠化山区人民为了解决温饱问题,扩大粮食耕种面积,当地群众不断毁林开垦,开垦坡度逐年加大,开垦地段土层越来越薄,植被破坏范围逐年加大。

近年来,随着国家重点生态工程的启动实施和稳步推进,对该地区农业结构调整起到了一定促进作用。但由于人口多、密度大,文化与生态素质普遍偏低,岩溶土地自身环境容量有限,而许多群众还未从根本上改变"刀耕火种,广种薄收,毁林开垦,遍山放牧"等生产生活方式。许多重点工程的实施,没有建立群众广泛参与的管理机制,防治形势依然严峻。

第六节 石漠化防治对策与建议

石漠化治理是一项复杂的系统工程,必须结合区域地质条件、自然植被、农林经济结构等方面,从治理水土流失、促进当地经济社会发展等问题着手,实施石漠化综合治理。同时,需要建立政府引导、全民参与的治理机制,坚持以防为主,防治并重,开展石漠化综合治理规划,高效推进石漠化治理工作。

一、因地制宜,分区治理

石漠化监测与区划工作是石漠化治理与预防工作的基础。依据石漠化土地分布范围、岩溶区地貌类型、岩溶发育条件,四川省分为川南盆地边缘区、川西南山地区、川东平行岭谷区、川中丘陵区、川东北盆地边缘区5大石漠化土地治理区。

在各个治理区内,应以地表水—地下水系统分级和功能分区为基础,以流域石漠化小流域为单元,按照调查区的石漠化程度等级,分析探讨石漠化成因、危害以及石漠化的发展趋势,并结合水土流失现象来评价各项影响因子的权重,找出各地段石漠化的主导因子,进而根据石漠化面积、石漠化程度、区位状况、岩溶地貌条件、石漠化危害程度、二期治理程度、贫困程度等,因地制宜部署实施综合治理工程,进行分区治理。

二、配套工程,综合治理

生态系统具有整体性。岩溶区的山间盆、谷、洼、台、峰往往不是孤立的,而是被地下河系统所串联。岩溶区的植被发育也受到水资源、矿物养分条件的影响。因此,石漠化治理应全面考虑物质和能量传输以及人为作用影响的空间范围和时间周期。落实到石漠化治理工程的建设实施，则需联合发改委、林业、农业、畜牧、水利、环保、国土资源等多部门协调配合，开展综合治理。

石漠化治理应综合开展林草建设工程、草食畜牧业工程、水利水保设施工程等建设，实施封山育林、人工种草、人工造林、牲畜棚圈养、坡改梯及配套田间生产道路、引水渠、排涝沟、沉砂池、蓄水池等坡面和沟道水利水保设施的建设，实时监测和掌握区域石漠化发展、变化及治理效果。通过提高土地的林草覆盖面积，以资源的合理配置与利用为条件，合理调整与配置农林产业结构，改善农林土地生产条件，充分考虑民众的长远生计，在合理开发利用地下水资源、解决干旱缺水问题、水土流水问题和改善区域生态功能的同时，发展生态产业，实现精准扶贫，达到生态与经济协调发展。

三、加强科研，科学治理

石漠化综合治理应切实落实调查研究和监测工作，保证治理工作和效益评估的科学性，应进一步加强对岩溶区的基础研究和防治技术应用研究。基础研究包括岩溶生态系统耦合机理、水土流失与漏失途径和过程、植被演替过程、石漠化时空演化过程、石漠化环境下植物的胁迫适应机理等；防治技术应用研究包括坡地集蓄水技术、节水灌溉技术、土壤改良技术、地下水水质净化技术、特色经济作物与林果良种选育、引种栽培技术等。石漠化治理要重视开发新技术、新材料、新品种的应用，提高石漠化治理的科技含量。

另一方面，石漠化治理不单是纯粹的自然科学问题，更是以人为本的社会经济发展的复杂的系统工程，建议加强相关的社会科学研究，使社会科学与自然科学交叉融合，协调好人与自然的关系。

四、完善投入政策，加大项目资金整合

完善财政支持政策，研究完善岩溶区生态修复投入机制，加大各级公共财政对石漠化治理的投入，足额落实国家重点生态工程配套资金，引导岩溶区地方人民政府加大重点生态功能区转移支付用于沙漠化治理的力度。

加大项目资金整合力度，优先将岩溶区陡坡耕地纳入新一轮退耕还林范围，在岩溶区开展以小流域为单元的治理项目资金整合试点，推动建立以地灾防治、工程治山和林草植被修复为主的综合治理机制。

五、创新工程建管机制

一是创新治理技术模式，组织开展岩溶区生态修复重大关键共性技术、可持续治理模式研究与示范。二是积极引进国外近自然恢复和工程治山等先进生态修复技术。三是加强项目管理，研究提出加强岩溶区营造林类项目管理意见。四是鼓励营造林专业技术力量强、长期从事生态建设重点工程的森工企业、国有林场参与治理项目建设。

六、巩固成果,加强群众参与度

为使石漠化治理模式具备可持续性,需要充分重视作为区域生态环境演化作用主体的农户,要遵循循序渐进的模式,充分重视农户的主体作用。首先,要高效合理利用岩溶区有限的水土资源,满足农户的温饱需求。其次,以生态经济林为核心的岩溶区植被恢复和保育为关键内容,缓解农户生活贫困问题。再次,加速农村人口城镇化转移和农户替代性生计的建设发展,使农户生计发展逐步脱离对土地的依赖。从次,实现人口与资源承载力之间的协调发展,生态经济林逐步向天然植被过渡,最终实现区域人口环境的可持续发展。最后,推动建立岩溶区治理重点工程成果巩固机制,积极争取提高森林生态效益补偿,建立群众广泛参与的后期管护机制。

总之,加快石漠化治理,在推进生态文明建设进程中具有重要意义,在推动经济社会发展和推进扶贫开发战略中发挥了举足轻重的作用,监测作为基础工作一定要夯实,才能科学引领石漠化防治工作上新台阶、新水平。

第六章 四川岩溶区分区研究

第一节 四川岩溶区分区

一、分区原则

在充分利用岩溶区分区研究成果的基础上，结合石漠化治理的需要确定如下分区原则：

①同一区的岩溶地质、地貌、水文地质结构条件和岩溶生态环境问题具有相似性；
②同一区的水土资源、气候资源、生物资源及经济社会条件基本一致；
③同一区导致石漠化的主要因素大致相同，石漠化治理的技术措施基本相似；
④区划界线与自然边界保持一致性，尽可能地照顾行政区域的完整性和地域的连续性。

二、分区结果

依据分区原则，依据石漠化土地分布范围，考虑到碳酸盐岩的类型、岩性组合特征对岩溶地貌塑造的影响，以及不同岩溶地貌对区域环境和水土资源的制约、石漠化在不同地貌条件下的形成、发育的特征等因素，将石漠化监测区域分为川南盆地边缘区、川西南山地区、川东平行岭谷区、川中丘陵区共4大区域，各个区包括的县（市、区）见表6-1。

表6-1 石漠化土地分区表

分区	县（市、区）名称	县数
川南盆地边缘区	叙永县、古蔺县、乐山五通桥区、峨眉山市、犍为县、沐川县、洪雅县、长宁县、高县、珙县、筠连县、兴文县、屏山县	13
川西南山地区	攀枝花西区、攀枝花仁和区、米易县、盐边县、峨边彝族自治县、马边彝族自治县、乐山金口河区、汉源县、石棉县、芦山县、西昌市、木里藏族自治县、盐源县、德昌县、会理县、会东县、宁南县、普格县、布拖县、金阳县、昭觉县、喜德县、冕宁县、越西县、甘洛县、美姑县、雷波县、康定市	28
川东平行岭谷区	广安市前锋区、邻水县、华蓥市	3
川中丘陵区	威远县、资中县	2

全省石漠化监测县域土地面积11.6万 km^2，监测区岩溶面积2.8万 km^2，其中石漠化土地面积0.7万 km^2，占本省岩溶面积的24.08%。其中，川东平行岭谷区的石漠化土地

在该区域的岩溶土地中面积比例较大，石漠化发生率最高；川西南山地区的石漠化土地面积在全省是面积比例最大的，人口密度相对较低，是石漠化治理的重点区域（表6-2）；川南盆地边缘区石漠化程度代表性中等；川中丘陵区石漠化率占全省比例最低。

表6-2 各区石漠化土地情况表

石漠化治理分区	县域土地面积/km²	石漠化监测区岩溶面积/km²	石漠化土地		
			面积/km²	占本区岩溶面积比例/%	占全省石漠化总面积比例/%
川南盆地边缘区	20126.14	5651.01	1690.60	29.92	25.24
川西南山地区	90437.63	21225.40	4671.02	22.01	69.72
川东平行岭谷区	2878.08	786.65	302.41	38.44	4.51
川中丘陵区	3024.00	157.00	35.24	22.44	0.53
合计	116465.85	27820.06	6699.27	24.08	100.00

第二节 川南盆地边缘区

一、区域概况

该区位于四川盆地南缘，是四川盆地向云贵高原的过渡地带，地貌以低山为主，属亚热带湿润季风气候区，降水丰富，岩溶区主要土壤为黄壤、黄色石灰土和黑色石灰土，地带性植被为亚热带常绿阔叶林。区内石灰岩广泛出露，是四川岩溶地貌发育最完整的地区，有大型岩溶槽谷和平坝，溶洞、落水洞、暗河伏流等十分发育，地下水资源丰富。

该区包括泸州市叙永县、古蔺县2个县，宜宾市长宁县、高县、珙县、筠连县、兴文县、屏山县6个县，乐山市五通桥区、峨眉山市、犍为县、沐川县4个县（市、区），以及眉山市洪雅县，共计13个县（市、区）。县域土地面积20126.14 km²，石漠化监测区岩溶面积5651.01 km²，其中石漠化土地面积1690.60 km²，占本区岩溶面积的29.92%，占全省石漠化总面积的25.24%。该区人口密度大，对自然资源利用的依存度高，岩溶区水土流失较重。

二、石漠化现状

据第三次石漠化监测显示，川南盆地边缘区石漠化土地面积16.9万 hm²，石漠化率为29.92%。

（一）石漠化土地分布状况

1. 石漠化土地状况

石漠化土地按行政区划分，叙永县4.2万 hm²，占该区域石漠化面积的24.99%；

古蔺县10.1万hm²，占59.98%；沐川县119.3hm²，占0.07%；峨眉山市53.3hm²，占0.03%；洪雅县3581.2hm²，占2.12%；长宁县1456.5hm²，占0.86%；高县269.6hm²，占0.16%；珙县4352.8hm²，占2.57%；筠连县2805.5hm²，占1.66%；兴文县1.3万hm²，占7.53%；屏山县55.0hm²，占0.03%。目前，该区域13个石漠化监测县（市、区）中，乐山市五通桥区、犍为县已无石漠化土地分布（图6-1）。

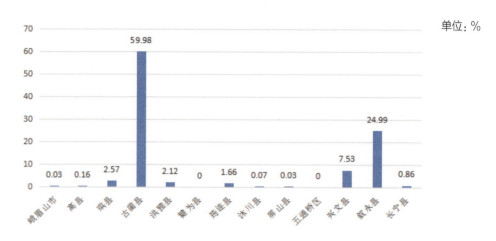

图6-1 川南盆地边缘区石漠化土地按行政区划分布图

2. 各流域石漠化土地状况

石漠化土地按流域分，石鼓以下干流区域面积16.5万hm²，占该区域石漠化土地面积的97.78%；大渡河流域3753.8hm²，占2.22%（表6-3）。

表6-3 川南盆地边缘区石漠化土地按流域分布情况表

石漠化治理分区	流域名称	石漠化土地面积/hm²	比例/%
川南盆地边缘区	石鼓以下干流	165306.53	97.78
	大渡河	3753.81	2.22
	合计	169060.34	100

3. 各土地利用类型石漠化土地状况

石漠化土地按土地利用类型分，林地面积7.4万hm²，占该区域石漠化土地的43.51%；耕地9.4万hm²，占55.48%；草地208.4hm²，占0.12%；未利用地1488.5hm²，占0.88%（图6-2）。

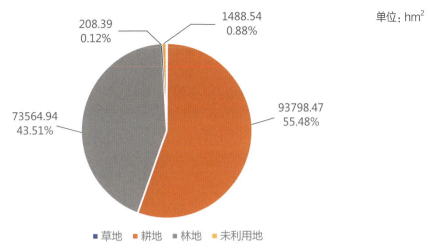

图 6-2　川南盆地边缘区石漠化土地按土地利用类型分布图

（二）石漠化程度状况

1. 石漠化程度状况

石漠化土地按程度分，轻度石漠化土地 6.0 万 hm^2，占该区域石漠化土地面积的 35.76%；中度石漠化土地 10.7 万 hm^2，占 63.42%；重度石漠化土地 1287.1 hm^2，占 0.76%；极重度石漠化土地 97.2 hm^2，占 0.06%（表 6-4）。

表 6-4　川南盆地边缘区各流域石漠化土地情况表

石漠化治理分区	石漠化程度	面积 /hm^2	比例 /%
川南盆地边缘区	轻度	60460.13	35.76
	中度	107215.93	63.42
	重度	1287.05	0.76
	极重度	97.23	0.06
	总计	169060.34	100

2. 各流域石漠化程度状况

石漠化程度按流域分，大渡河流域，轻度石漠化土地 1488.1 hm^2，占大渡河流域面积的 39.64%；中度石漠化土地 2260.3 hm^2，占 60.21%；重度石漠化土地 5.4 hm^2，占 0.14%。

石鼓以下干流流域，轻度石漠化土地 5.9 万 hm^2，占石鼓以下干流流域面积的 35.67%；中度石漠化土地 10.5 万 hm^2，占 63.49%；重度石漠化土地 1281.7 hm^2，占 0.78%；极重度石漠化土地 97.2 hm^2，占 0.06%（表 6-5）。

表 6-5　川南盆地边缘区各流域石漠化程度情况表

石漠化治理分区	流域名称	石漠化程度	面积 /hm²	比例 /%
川南盆地边缘区	大渡河	轻度	1488.14	39.64
		中度	2260.28	60.21
		重度	5.39	0.14
	小计		3753.81	100
	石鼓以下干流	极重度	97.23	0.06
		轻度	58971.99	35.67
		中度	104955.65	63.49
		重度	1281.66	0.78
	小计		165306.53	100
	合计		169060.34	

3. 各土地利用类型石漠化程度状况

石漠化程度按土地利用类型分，林地中，轻度石漠化土地 5.0 万 hm²，占该土地利用类型面积的 68.58%；中度石漠化土地 2.3 万 hm²，占 30.74%；重度石漠化土地 489.1 hm²，占 0.66%；极重度石漠化土地 15.9 hm²，占 0.02%。

耕地中，轻度石漠化土地 9980.2 hm²，占该土地利用类型面积的 10.64%；中度石漠化土地 83818.3 hm²，占 89.36%。

草地中，轻度石漠化土地 30.4 hm²，占该土地利用类型面积的 14.57%；中度石漠化土地 178.0 hm²，占 85.43%。

未利用地中，中度石漠化土地 609.2 hm²，占该土地利用类型面积的 40.92%；重度石漠化土地 798.0 hm²，占 53.61%；极重度石漠化土地 81.4 hm²，占 5.47%（表 6-6）。

表 6-6　川南盆地边缘区各土地利用类型石漠化程度表

土地利用类型	合计		轻度石漠化		中度石漠化		重度石漠化		极重度石漠化	
	面积/hm²	比例/%	面积/hm²	比例/%	面积/hm²	比例/%	面积/hm²	比例/%	面积/hm²	比例/%
川南盆地边缘区	169060.34	100.00	60460.13	35.76	107215.93	63.42	1287.05	0.76	97.23	0.06
草地	208.39	100.00	30.37	14.57	178.02	85.43				
耕地	93798.47	100.00	9980.19	10.64	83818.28	89.36				
林地	73564.94	100.00	50449.57	68.58	22610.39	30.74	489.1	0.66	15.88	0.02
未利用地	1488.54	100.00			609.24	40.92	797.95	53.61	81.35	5.47

（三）石漠化土地的植被类型状况

石漠化土地按植被类型分，乔木型土地 5.2 万 hm², 占该区域石漠化土地面积的 30.76%；灌木型土地 2.0 万 hm², 占 12.07%；草丛型土地 1961.7 hm², 占 1.16%；旱地作物型土地 9.4 万 hm², 占 55.49%；无植被型土地 885.2 hm², 占 0.52%（图 6-3）。

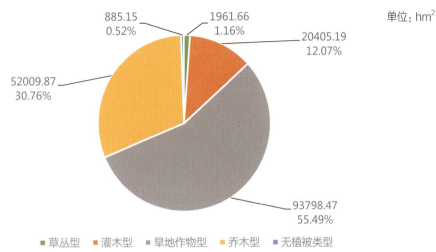

图 6-3　川南盆地边缘区石漠化土地按植被类型分布图

三、潜在石漠化土地现状

据第三次石漠化监测显示，川南盆地边缘区潜在石漠化土地面积 18.6 万 hm²，潜在石漠化率为 32.89%。

（一）潜在石漠化土地状况

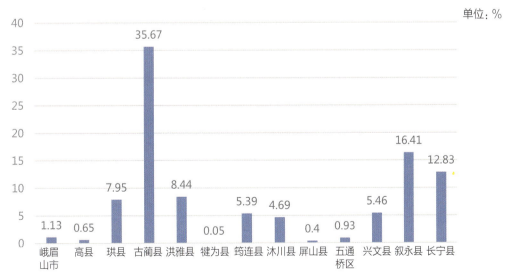

图 6-4　川南盆地边缘区各监测县潜在石漠化土地分布图

潜在石漠化土地按行政区划分，叙永县3.1万 hm²，占该区域潜在石漠化面积的16.41%；古蔺县6.6万 hm²，占35.67%；五通桥区1731.8 hm²，占0.93%；犍为县93.6 hm²，占0.05%；沐川县8712.7 hm²，占4.69%；峨眉山市2103.6 hm²，占1.13%；洪雅县1.6万 hm²，占8.44%；长宁县2.4万 hm²，占12.83%；高县1212.6 hm²，占0.65%；珙县1.5万 hm²，占7.95%；筠连县1.0万 hm²，占5.39%；兴文县1.0万 hm²，占5.46%；屏山县749.9 hm²，占0.4%（图6-4）。

（二）各流域潜在石漠化土地状况

潜在石漠化土地按流域分，石鼓以下干流区域面积15.8万 hm²，占该区域潜在石漠化土地面积的84.76%；大渡河流域2.8万 hm²，占15.24%。

（三）各土地利用类型潜在石漠化土地状况

潜在石漠化土地按土地利用类型分，林地17.5万 hm²，占该区域潜在石漠化土地的94.01%；耕地1.1万 hm²，占5.93%；草地104.0 hm²，占0.06%（图6-5）。

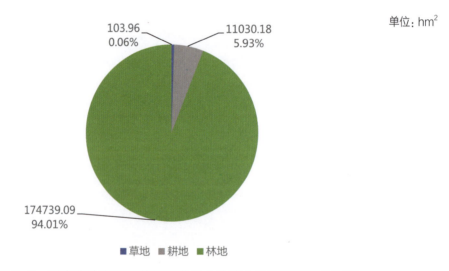

图6-5 川南盆地边缘区潜在石漠化土地按土地利用类型分布图

四、治理方向

严格保护现有林草植被，因地制宜采取林草植被恢复措施，积极探索、推广生态经济兼顾的治理模式，加强坡耕地治理和小型水利水保工程建设。

对石漠化区域内现有的低效有林地、疏林地、灌木林地实施封山育林。对具有一定数量的母树、幼苗或较强萌芽能力根蘖的潜在石漠化、轻度石漠化和重度石漠化区域，实施封山育林，落实封育措施和管护措施，采取"见缝插针、见土补植"的方式，进行补植补播，严禁人畜破坏。

对轻度、中度石漠化区，可实施人工造林地段，尽量不破坏原有植被的条件下，不炼山，鱼鳞坑整地，可营造部分生态林或生态型经济林。对25°以上的坡耕地实施退耕还林。生态林可选择杉木、柳杉、马尾松、刺槐、桤木等乡土树种，生态型经济林可选择岩桂、杜仲、金银花等。岩桂是川南盆地边缘区造林的重要生态经济树种之一。岩桂属樟科樟属常绿乔木，是材、叶两用树种，是世界目前发现的唯一枝叶富含黄樟油素的树种。分布于海拔500~1500m具岩溶区地貌的石灰岩山地。生长快、萌发力强、枝叶富含芳香油，鲜叶含量达3%~5%，主要成分黄樟油素，含量95%以上，在国际市场具有极强的竞争力。

狠抓以改造坡耕地配套坡面排、引、蓄等水系工程（微型水利工程）为重点，建设高标准基本农田，提高粮食产量。加强以沼气池、节能灶为主的农村能源建设，以减少对森林植被的破坏。

第三节　川西南山地区

一、区域概况

该区地处四川省西南缘，山地面积占总面积70%以上，以中山地貌为主，属亚热带半湿润气候区，河谷地带焚风效应显著，土壤主要为石灰土、黄壤和黄棕壤。海拔1500m以下主要是干旱河谷植被，1500~2000m以偏干性常绿阔叶林植被为主。区内碳酸盐岩主要为三叠系、二叠系灰岩及石灰系、泥盆系、寒武系灰岩、白云岩等，岩溶发育强烈。

该区包括攀枝花市西区、仁和区、米易县、盐边县4个县（区），凉山彝族自治州西昌市、木里县、盐源县、德昌县、会理县、会东县、宁南县、普格县、布拖县、金阳县、昭觉县、喜德县、冕宁县、越西县、甘洛县、美姑县、雷波县17个县（市）、乐山市金口河区、峨边彝族自治县、马边彝族自治县3个县（区），雅安市汉源县、石棉县、芦山县3个县以及甘孜藏族自治州康定市，共计28个县（市、区）。

该区县域土地面积90437.63 km²，石漠化监测区岩溶面积21225.40 km²，其中石漠化土地面积4671.02 km²，占本区岩溶面积的22.01%，占全省石漠化总面积的69.72%。该区岩溶区生态环境十分脆弱，水土流失严重。该区既是四川省石漠化面积最大、程度最深的地区，也是区域经济相对落后的地区，是全省岩溶区贫困人口、少数民族人口聚居最多的地区。

二、石漠化现状

据四川省第三次石漠化监测显示，川西南山地区石漠化土地面积4.7万 hm²，石漠化率为 22.01%。

(一) 石漠化土地分布状况

1. 石漠化土地状况

石漠化土地按行政区划分，攀枝花市西区 4639.6 hm², 占该区域石漠化面积的 0.99%；攀枝花市仁和区 863.5 hm², 占 0.18%；米易县 1744.2 hm², 占 0.37%；盐边县 2315.9 hm², 占 0.5%；乐山市金口河区 6328.3 hm², 占 1.35%；峨边彝族自治县 5107.2 hm², 占 1.09%；马边彝族自治县 4400.0 hm², 占 0.94%；汉源县 5359.1 hm², 占 1.15%；石棉县 4.0 万 hm², 占 8.48%；芦山县 1562.6 hm², 占 0.33%；康定市 3260.0 hm², 占 0.7%；西昌市 1353.8 hm², 占 0.29%；木里藏族自治县 19.6 万 hm², 占 41.97%；盐源县 1.8 万 hm², 占 3.94%；德昌县 16.3 hm²；会理县 2291.3 hm², 占 0.49%；会东县 21522.1 hm², 占 4.61%；宁南县 3.1 万 hm², 占 6.63%；普格县 7916.2 hm², 占 1.69%；布拖县 582.5 hm², 占 0.12%；金阳县 2.5 万 hm², 占 5.36%；昭觉县 6171.2 hm², 占 1.32%；喜德县 7601.5 hm², 占 1.63%；冕宁县 1.3 万 hm², 占 2.68%；越西县 1.9 万 hm², 占 4.0%；甘洛县 2.7 万 hm², 占 5.84%；美姑县 1.4 万 hm², 占 3.02%；雷波县 1486.2 hm², 占 0.32%（图 6-6）。

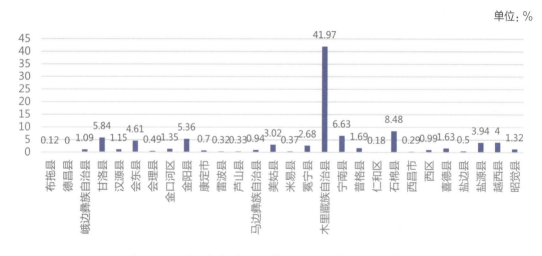

图 6-6 川西南山地区石漠化土地按行政区划分布图

2. 各流域石漠化土地状况

石漠化土地按流域分，石鼓以下干流区域面积 11.6 万 hm², 占该区域石漠化土地面积的 24.76%；大渡河流域 11.2 万 hm², 占 23.89%；雅砻江流域 24.0 万 hm², 占 51.36%（图 6-7）。

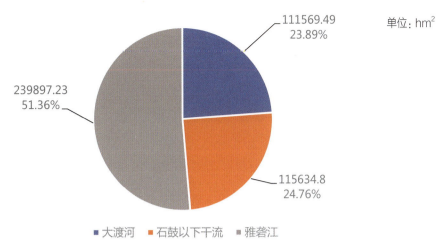

图6-7 川西南山地区石漠化土地按流域分布图

3. 各土地利用类型石漠化土地状况

石漠化土地按土地利用类型分，林地面积25.8万hm^2，占该区域石漠化土地的55.24%；耕地6.5万hm^2，占13.91%；草地5.0万hm^2，占10.74%；未利用地9.4万hm^2，占20.1%（表6-7）。

表6-7 川西南山地区石漠化土地按土地利用类型分布情况表

石漠化治理分区	土地利用类型	面积/hm^2	比例/%
川西南山地区	草地	50184.23	10.74
	耕地	64984.13	13.91
	林地	258039.56	55.24
	未利用地	93893.6	20.1
	合计	467101.52	100.00

（二）石漠化程度状况

1. 石漠化程度状况

石漠化土地按程度分，轻度石漠化土地21.5万hm^2，占该区域石漠化土地面积的45.94%；中度石漠化土地16.6万hm^2，占35.48%；重度石漠化土地7.6万hm^2，占16.23%；极重度石漠化土地1.1万hm^2，占2.36%（表6-8）。

表6-8 川西南山地区石漠化土地按土地利用类型分布情况表

石漠化治理分区	石漠化程度	面积/hm^2	比例/%
川西南山地区	轻度	214564.53	45.94
	中度	165719.68	35.48
	重度	75798.73	16.23

续表

石漠化治理分区	石漠化程度	面积/hm²	比例/%
川西南山地区	极重度	11018.58	2.36
	合计	467101.52	100.00

2. 各流域石漠化程度状况

石漠化程度按流域分，大渡河流域，轻度石漠化土地7.2万hm²，占大渡河流域面积的64.41%；中度石漠化土地3.5万hm²，占30.97%；重度石漠化土地4711.2hm²，占4.22%；极重度石漠化土地444.8hm²，占0.4%。

石鼓以下干流流域，轻度石漠化土地5.0万hm²，占石鼓以下干流流域面积的43.22%；中度石漠化土地5.6万hm²，占48.27%；重度石漠化土地8473.9hm²，占7.33%；极重度石漠化土地1367.3hm²，占1.18%。

雅砻江流域，轻度石漠化土地9.3万hm²，占雅砻江流域面积的38.66%；中度石漠化土地7.5万hm²，占31.41%；重度石漠化土地6.3万hm²，占26.1%；极重度石漠化土地0.9万hm²，占3.84%（表6-9）。

表6-9　川西南山地区石漠化土地各流域分布情况表

石漠化治理分区	流域名称	石漠化程度	面积/hm²	比例/%
川西南山地区		合计	467101.52	
	大渡河	极重度	444.75	0.4
		轻度	71858.44	64.41
		中度	34555.14	30.97
		重度	4711.16	4.22
		小计	111569.49	100.00
	石鼓以下干流	极重度	1367.34	1.18
		轻度	49973.58	43.22
		中度	55819.97	48.27
		重度	8473.91	7.33
		小计	115634.8	100.00
	雅砻江	极重度	9206.49	3.84
		轻度	92732.51	38.66
		中度	75344.57	31.41
		重度	62613.66	26.1
		小计	239897.23	100.00

3. 各土地利用类型石漠化程度状况

石漠化程度按土地利用类型分，林地中，轻度石漠化土地15.5万hm²，占该土地利用类型面积的60.12%；中度石漠化土地9.2万hm²，占35.66%；重度石漠化土地1.1万hm²，占4.19%；极重度石漠化土地72.4hm²，占0.03%。

耕地中，轻度石漠化土地4.4万hm²，占该土地利用类型面积的67.57%；中度石漠化土地2.1万hm²，占32.43%。

草地中，轻度石漠化土地1.5万hm²，占该土地利用类型面积的30.38%；中度石漠化土地3.2万hm²，占63.03%；重度石漠化土地3309.2hm²，占6.59%。

未利用地中，轻度石漠化土地262.6hm²，占该土地利用类型面积的0.28%；中度石漠化土地2.1万hm²，占22.38%；重度石漠化土地6.2万hm²，占65.68%；极重度石漠化土地1.1万hm²，占11.66%（表6-10）。

表6-10 川西南山地区石漠化程度按土地利用类型分布情况表

土地利用类型	合计		轻度石漠化		中度石漠化		重度石漠化		极重度石漠化	
	面积/hm²	比例/%	面积/hm²	比例/%	面积/hm²	比例/%	面积/hm²	比例/%	面积/hm²	比例/%
合计	467101.52	100.00	214564.53	45.94	165719.68	35.48	75798.73	16.23	11018.58	2.36
草地	50184.23	100.00	15247.12	30.38	31627.89	63.03	3309.22	6.59		
耕地	64984.13	100.00	43906.77	67.57	21077.36	32.43				
林地	258039.56	100.00	155148	60.12	92005.09	35.66	10814.11	4.19	72.36	0.03
未利用地	93893.6	100.00	262.64	0.28	21009.34	22.38	61675.4	65.68	10946.22	11.66

（三）石漠化土地的植被类型状况

石漠化土地按植被类型分，乔木型土地12.5万hm²，占该区域石漠化土地面积的26.88%；灌木型土地11.8万hm²，占25.18%；草丛型土地8.7万hm²，占18.67%；旱地作物型土地6.5万hm²，占13.91%；无植被型土地7.2万hm²，占15.36%（图6-8）。

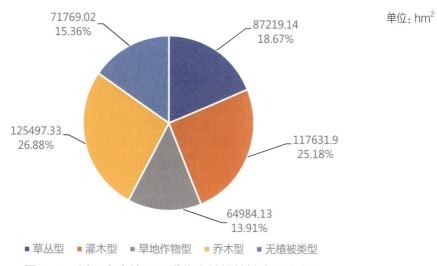

图6-8 川西南山地区石漠化土地按植被类型分布图

三、潜在石漠化土地现状

据四川省第三次石漠化监测显示,川西南山地区潜在石漠化土地面积60.0万 hm^2,潜在石漠化率为28.27%。

(一)潜在石漠化土地状况

潜在石漠化土地按行政区划分,攀枝花市西区2324.8hm^2,占该区域潜在石漠化面积的0.39%;攀枝花市仁和区9271.5hm^2,占1.55%;米易县1621.8hm^2,占0.27%;盐边县4463.6hm^2,占0.74%;乐山市金口河区4182.3hm^2,占0.7%;峨边彝族自治县3546.0hm^2,占0.59%;马边彝族自治县1.3万hm^2,占2.1%;汉源县5238.7hm^2,占0.87%;石棉县8.1万hm^2,占13.55%;芦山县2500.8hm^2,占0.42%;康定市4.1万hm^2,占6.78%;西昌市4610.9hm^2,占0.77%;木里藏族自治县12.8万hm^2,占21.35%;盐源县4.5万hm^2,占7.53%;德昌县11.1hm^2;会理县444.5hm^2,占0.07%;会东县2221.0hm^2,占0.37%;宁南县5.4万hm^2,占9.06%;普格县1.0万hm^2,占1.7%;布拖县3.0万hm^2,占5.07%;金阳县4.2万hm^2,占6.96%;昭觉县751.1hm^2,占0.13%;喜德县1.9万hm^2,占3.21%;冕宁县1.0万hm^2,占1.74%;越西县3.4万hm^2,占5.75%;甘洛县2.4万hm^2,占4.01%;美姑县1.6万hm^2,占2.62%;雷波县1.0万hm^2,占1.71%(表6-11)。

表6-11 川西南山地区潜在石漠化土地按行政区划分布情况表

县(市、区)	潜在石漠化土地面积/hm^2	比例/%
布拖县	30406.16	5.07
德昌县	11.06	0
峨边彝族自治县	3545.95	0.59
甘洛县	24047.24	4.01
汉源县	5238.69	0.87
会东县	2220.96	0.37
会理县	444.48	0.07
金口河区	4182.26	0.7
金阳县	41741.62	6.96
康定市	40657.81	6.78
雷波县	10271.23	1.71
芦山县	2500.79	0.42
马边彝族自治县	12630.6	2.1
美姑县	15734.34	2.62
米易县	1621.84	0.27

续表

县（市、区）	潜在石漠化土地面积 /hm²	比例 /%
冕宁县	10469.71	1.74
木里藏族自治县	128106.93	21.35
宁南县	54357.82	9.06
普格县	10202.56	1.7
仁和区	9271.49	1.55
石棉县	81336.39	13.55
西昌市	4610.86	0.77
西区	2324.77	0.39
喜德县	19252.54	3.21
盐边县	4463.57	0.74
盐源县	45163.38	7.53
越西县	34485.43	5.75
昭觉县	751.05	0.13
总计	600051.53	100.00

（二）各流域潜在石漠化土地状况

潜在石漠化土地按流域分，大雅砻江流域21.4万 hm²，占该区域潜在石漠化土地面积的35.59%；石鼓以下干流区域面积17.8万 hm²，占29.64%；大渡河流域20.9万 hm²，占34.77%（图6-9）。

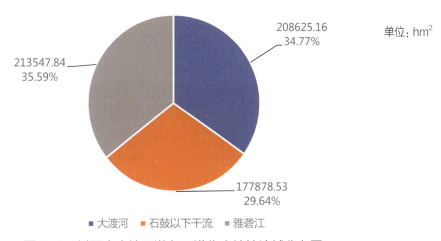

图6-9　川西南山地区潜在石漠化土地按流域分布图

（三）各土地利用类型潜在石漠化土地状况

潜在石漠化土地按土地利用类型分，林地53.5万 hm²，占该区域潜在石漠化土地的

89.12%；耕地 5.6 万 hm²，占 9.3%；草地 9492.0hm²，占 1.58%（图 6-10）。

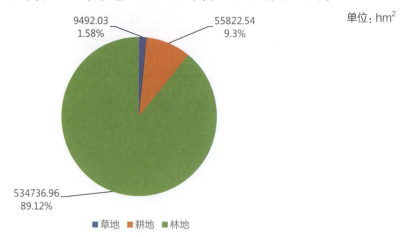

图 6-10　川西南山地区潜在石漠化土地按土地利用类型分布图

四、治理方向

严格保护现有林草植被，实行"先绿化，后改造，先覆盖，再提高"的治理方针，在条件适宜地区，以建立水土保持生态经济林为主；积极开展坡耕地治理，大力建设小型水利水保工程，积极开展小流域综合治理；加强草地建设。

对潜在石漠化、轻度石漠化土地，能进行人工造林地段，不炼山，采用鱼鳞坑整地，尽量保证在不破坏原有植被的前提下，进行人工植苗造林，恢复植被。主要造林树种有：云南松、杉木、柳杉、麻栎、桤木、桦木、山合欢、新银合欢、苏木、任豆、直杆蓝桉、青花椒、杜仲、油桐、紫穗槐、核桃、剑麻、车桑子等乡土树种。直杆蓝桉为桉树的一种，主要用途为用生叶提取香料，目前生叶价格约 0.24~0.40 元 /kg，每亩收入可达 200 多元，当年种植当年可采叶出售，是一项经营粗放、见效快的种植项目。金阳青椒素以香麻齐徊，麻味浓长著称，居全省首位。金阳青椒，古时被誉为"贡椒"，颗粒青绿、辛香鲜麻、口味纯正等优点，是居家调味养生之佳品。

对具有一定数量的母树、幼苗或较强萌芽能力根蘖的潜在石漠化、轻度石漠化和重度石漠化区域，实施封山育林，落实封育措施和管护措施，进行补植补播，并列入禁伐区。

对石漠化区域内现有的有林地、疏林地、灌木林地实施封山管护，严禁人畜破坏。在潜在石漠化与轻度石漠化区，且靠近村庄的地段，可适当营造部分薪炭林，封育方式为轮封；也可种植经济林，但要注意水保措施。经济条件允许和生态景观要求高的局部地段，可采取工程治理与生物治理相结合的治理模式。

要大力发展木质能源的替代品，如使用煤、兴建沼气池、发展太阳能等。

要大力推广使用新技术、新工艺，如采用容器苗、切根苗、保水剂、使用地膜覆盖技术等，提高造林成活率。

对于特贫困区一边改善生态环境,一边进行扶贫开发,包括辅助设施的建设和科技扶贫,如建蓄水池、引水渠等,提高土地的生产力。对于生态环境特别恶劣和特别重要的地区,可实施生态移民。

第四节　川东平行岭谷区

一、区域概况

该区地处四川盆地东部,以低山、丘陵地貌为主,属亚热带湿润季风气候区,岩溶区土壤以石灰土和黄壤为主,地带性植被为亚热带常绿阔叶林。岩溶地貌发育以三叠系嘉陵江组石灰岩为主,地下水较为丰富。

该区涉及广安市前锋区、邻水县、华蓥市3个县(区),县域土地面积2878.08 km^2,石漠化监测区岩溶面积786.65 km^2,其中石漠化土地面积302.41 km^2,占本区岩溶面积的38.44%,占全省石漠化总面积的4.51%。该区经济社会发展相对较好,人口密集,石漠化面积小,但发生率高。

二、石漠化现状

据四川省第三次石漠化监测显示,川东平行岭谷区石漠化土地面积3.0万 hm^2,石漠化率为38.44%。

(一)石漠化土地分布状况

1.石漠化土地状况

石漠化土地按行政区划分,广安市前锋区3284.1 hm^2,占该区域石漠化面积的10.86%;邻水县1.7万 hm^2,占56.44%;华蓥市9890.2 hm^2,占32.7%(图6-11)。

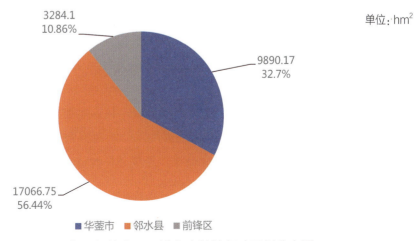

图6-11　川东平行岭谷区石漠化土地按行政区划分布图

2. 各流域石漠化土地状况

石漠化土地按流域分，全为渠江流域，面积为3.0万hm^2。

3. 各土地利用类型石漠化土地状况

石漠化土地按土地利用类型分，林地面积2.6万hm^2，占该区域石漠化土地的85.37%；耕地4255.3hm^2，占14.07%；草地116.5hm^2，占0.39%；未利用地53.3hm^2，占0.18%（图6-12）。

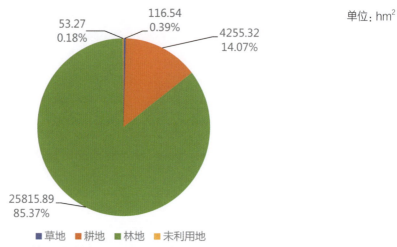

图6-12 川东平行岭谷区石漠化土地按土地利用类型分布图

（二）石漠化程度状况

1. 石漠化程度状况

石漠化土地按程度分，轻度石漠化土地2.0万hm^2，占该区域石漠化土地面积的65.21%；中度石漠化土地9861.1hm^2，占32.61%；重度石漠化土地616.7hm^2，占2.04%；极重度石漠化土地41.7hm^2，占0.14%（图6-13）。

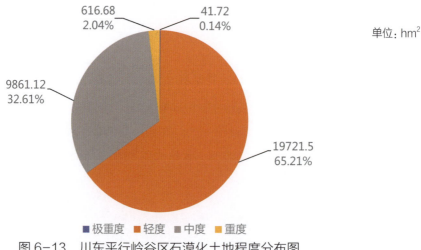

图6-13 川东平行岭谷区石漠化土地程度分布图

2. 各流域石漠化程度状况

石漠化程度按流域分，渠江流域，轻度石漠化土地2.0万hm^2，占该区域石漠化土地面积的65.21%；中度石漠化土地9861.1hm^2，占32.61%；重度石漠化土地616.7hm^2，占2.04%；极重度石漠化土地41.7hm^2，占0.14%。

3. 各土地利用类型石漠化程度状况

石漠化程度按土地利用类型分，林地中，轻度石漠化土地1.6万hm^2，占该土地利用类型面积的62.22%；中度石漠化土地9183.3hm^2，占35.57%；重度石漠化土地570.6hm^2，占2.21%。

耕地中，轻度石漠化土地3633.0hm^2，占该土地利用类型面积的85.37%；中度石漠化土地622.4hm^2，占14.63%。

草地中，轻度石漠化土地26.5hm^2，占该土地利用类型面积的22.76%；中度石漠化土地52.7hm^2，占45.21%；重度石漠化土地37.3hm^2，占32.03%。

未利用地中，中度石漠化土地2.8hm^2，占该土地利用类型面积的5.28%；重度石漠化土地8.7hm^2，占16.41%；极重度石漠化土地41.7hm^2，占78.31%（表6-12）。

表6-12 川东平行岭谷区各土地利用类型石漠化程度情况表

土地利用类型	合计		轻度石漠化		中度石漠化		重度石漠化		极重度石漠化	
	面积/hm^2	比例/%	面积/hm^2	比例/%	面积/hm^2	比例/%	面积/hm^2	比例/%	面积/hm^2	比例/%
小计	30241.02	100.00	19721.5	65.21	9861.12	32.61	616.68	2.04	41.72	0.14
草地	116.54	100.00	26.53	22.76	52.68	45.21	37.33	32.03		
耕地	4255.32	100.00	3632.97	85.37	622.35	14.63				
林地	25815.89	100.00	16062	62.22	9183.28	35.57	570.61	2.21		
未利用地	53.27	100.00			2.81	5.28	8.74	16.41	41.72	78.31

（三）石漠化土地的植被类型状况

石漠化土地按植被类型分，乔木型土地1.8万hm^2，占该区域石漠化土地面积的58.63%；灌木型土地7951.0hm^2，占26.29%；草丛型土地257.2hm^2，占0.85%；旱地作物型土地4255.3hm^2，占14.07%；无植被型土地49.4hm^2，占0.16%（图6-14）。

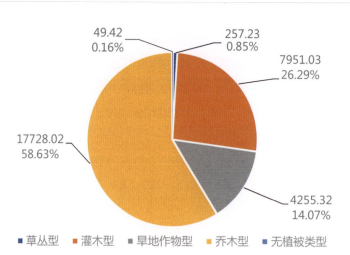

图6-14 川东平行岭谷区石漠化土地按植被类型分布图

三、潜在石漠化土地现状

据四川省第三次石漠化监测显示,川东平行岭谷区潜在石漠化土地面积3.3万 hm^2,潜在石漠化率为42.26%。

(一)潜在石漠化土地状况

石漠化土地按行政区划分,广安市前锋区7875.5 hm^2,占该区域石漠化面积的23.69%;邻水县1.9万 hm^2,占57.87%;华蓥市6128.7 hm^2,占18.44%(图6-15)。

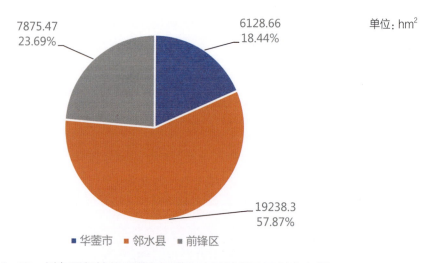

图6-15 川东平行岭谷区潜在石漠化土地按行政区划分布图

(二)各流域潜在石漠化土地状况

潜在石漠化土地按流域分,全为渠江流域,面积3.3万 hm^2。

（三）各土地利用类型潜在石漠化土地状况

潜在石漠化土地按土地利用类型分，林地3.1万hm^2，占该区域潜在石漠化土地的93.11%；耕地2277.6hm^2，占6.85%；草地14.5hm^2，占0.04%（表6-13）。

表6-13　川东平行岭谷区潜在石漠化土地按土地利用类型分布表

石漠化治理分区	土地利用类型	面积/hm^2	比例/%
川东平行岭谷区	草地	14.48	0.04
	耕地	2277.55	6.85
	林地	30950.4	93.11
	合计	33242.43	100.00

四、治理方向

加快植被恢复，大力配套水利水保工程，实施农业基础设施改造，坚持生态恢复与产业发展并重、生态保护与助农增收并举。

对石漠化区域内现有的有林地、疏林地、灌木林地实施封山育林。对具有一定数量的母树、幼苗或较强萌芽能力根蔸的潜在石漠化、轻度石漠化和重度石漠化区域，实施封山育林，落实封育措施和管护措施，采取"见缝插针、见土补植"的方式，进行补植补播，严禁人畜破坏。

对轻度、中度石漠化区，可实施人工造林地段，尽量不破坏原有植被的条件下，不炼山，鱼鳞坑整地，可营造部分生态林或生态型经济林。对坡耕地实施退耕还林。生态林可选择柏木、马尾松、杉木、柳杉、银桦、漆树、白蜡、刺槐、桤木、车桑子等乡土树种，生态型经济林可选择杜仲、黄柏、金银花等。

狠抓以改造坡耕地配套坡面排、引、蓄等水系工程（微型水利工程）为重点，建设高标准基本农田，提高粮食产量。加强以沼气池、节能灶为主的农村能源建设，以减少对森林植被的破坏。

第五节　川中丘陵区

一、区域概况

该区地处四川盆地中部，地势低矮、丘陵广布、溪沟纵横，属亚热带湿润季风气候区。岩溶区土壤主要为石灰土、黄壤，地带性植被为亚热带常绿阔叶林。岩溶地貌发育以三叠系石灰岩为主。

该区涉及内江市威远县、资中县2个县，县域土地面积3024km^2，石漠化监测区岩溶面积157km²,其中石漠化土地面积35.24km²,占本区岩溶面积的22.44%,占全省石漠化总面积的0.53%。该区经济社会发展相对较好,人口密集,人地矛盾突出,岩溶区石漠化面积较小,但由于地表扰动强烈,水土流失严重。

二、石漠化现状

据四川省第三次石漠化监测显示,川中丘陵区石漠化土地面积3523.7hm²,石漠化率为22.44%。

(一)石漠化土地分布状况

1.石漠化土地状况

石漠化土地按行政区划分,威远县1640.1hm²,占该区域石漠化面积的46.54%;资中县1883.6hm²,占53.46%。

2.各流域石漠化土地状况

石漠化土地按流域分,全为沱江流域,面积3523.7hm²。

3.各土地利用类型石漠化土地状况

石漠化土地按土地利用类型分,林地面积1468.0hm²,占该区域石漠化土地的41.66%;耕地2045.2hm²,占58.04%;草地8.1hm²,占0.23%;未利用地2.4hm²,占0.07%(表6-14)。

表6-14 川中丘陵区石漠化土地按土地利用类型分布情况表

石漠化治理分区	土地利用类型	面积/hm²	比例/%
川中丘陵区	草地	8.1	0.23
	耕地	2045.15	58.04
	林地	1467.99	41.66
	未利用地	2.41	0.07
	合计	3523.65	100.00

(二)石漠化程度状况

1.石漠化程度状况

石漠化土地按程度分,轻度石漠化土地2476.6hm²,占该区域石漠化土地面积的70.28%;中度石漠化土地1032.5hm²,占29.3%;重度石漠化土地13.9hm²,占0.4%;极重度石漠化土地0.6hm²,占0.02%(表6-15)。

表 6-15 川中丘陵区石漠化土地石漠化程度分布情况表

石漠化治理分区	石漠化程度	面积 /hm²	比例 /%
川中丘陵区	极重度	0.63	0.02
	轻度	2476.57	70.28
	中度	1032.52	29.3
	重度	13.93	0.4
	合计	3523.65	100.00

2. 各流域石漠化程度状况

石漠化程度按流域分，沱江流域，轻度石漠化土地2476.6hm²，占该区域石漠化土地面积的70.28%；中度石漠化土地1032.5hm²，占29.3%；重度石漠化土地13.9hm²，占0.4%；极重度石漠化土地0.6hm²，占0.02%。

3. 各土地利用类型石漠化程度状况

石漠化程度按土地利用类型分，林地中，轻度石漠化土地903.3hm²，占该土地利用类型面积的61.53%；中度石漠化土地550.2hm²，占37.48%；重度石漠化土地13.9hm²，占0.95%；极重度石漠化土地0.6hm²，占0.04%。

耕地中，轻度石漠化土地1565.2hm²，占该土地利用类型面积的76.53%；中度石漠化土地479.9hm²，占23.47%。

草地中，轻度石漠化土地8.1hm²，占该土地利用类型面积的100%。

未利用地中，中度石漠化土地2.4hm²，占该土地利用类型面积的100%（表6-16）。

表 6-16 川中丘陵区各土地利用类型石漠化程度情况表

土地利用类型	合计		轻度石漠化		中度石漠化		重度石漠化		极重度石漠化	
	面积 /hm²	比例 /%	面积 /hm²	比例 /%	面积 /hm²	比例 /%	面积 /hm²	比例 /%	面积 /hm²	比例 /%
小计	3523.65	100.00	2476.57	70.28	1032.52	29.30	13.93	0.40	0.63	0.02
草地	8.1	100.00	8.1	100						
耕地	2045.15	100.00	1565.22	76.53	479.93	23.47				
林地	1467.99	100.00	903.25	61.53	550.18	37.48	13.93	0.95	0.63	0.04
未利用地	2.41	100.00			2.41	100				

（三）石漠化土地的植被类型状况

石漠化土地按植被类型分，乔木型土地1074.0hm²，占该区域石漠化土地面积的30.48%；灌木型土地330.7hm²，占9.39%；草丛型土地56.4hm²，占1.6%；旱地作物型土地2045.2hm²，占58.04%；无植被型土地17.4hm²，占0.49%（图6-16）。

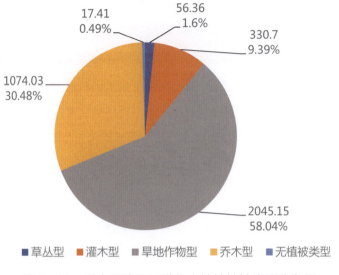

图 6-16 川中丘陵区石漠化土地按植被类型分布图

三、潜在石漠化土地现状

据四川省第三次石漠化监测显示，川中丘陵区潜在石漠化土地面积2403.5hm²，潜在石漠化率为15.31%。

（一）潜在石漠化土地状况

潜在石漠化土地按行政区划分，威远县1646.6hm²，占该区域石漠化面积的68.51%；资中县757.0hm²，占31.49%。

（二）各流域潜在石漠化土地状况

潜在石漠化土地按流域分，全为沱江流域，面积2403.5hm²。

（三）各土地利用类型潜在石漠化土地状况

潜在石漠化土地按土地利用类型分，林地1816.1hm²，占该区域潜在石漠化土地的75.56%；耕地587.4hm²，占24.44%。

四、治理方向

严格管理岩溶区土地，降低人为干扰，加强小型水利水保工程建设，将石漠化治理与区域特色种植业、特色现代农业、生态畜牧业、特色种养殖业有机结合，提高石漠化土地利用率。

对石漠化区域内现有的有林地、疏林地、灌木林地实施封山育林。对具有一定数量的母树、幼苗或较强萌芽能力根蔸的潜在石漠化、轻度石漠化和重度石漠化区域，实施封山育林，落实封育措施和管护措施，采取"见缝插针、见土补植"的方式，进行补植补播，严禁人畜破坏。

对轻度、中度石漠化区，可实施人工造林地段，尽量不破坏原有植被的条件下，不炼山，鱼鳞坑整地，可营造部分生态林或生态型经济林。对坡耕地实施退耕还林。生态林可选择柏木、马尾松、刺槐、桉树、桤木等乡土树种，生态型经济林可选择花椒、杜仲、核桃、板栗等。

狠抓以改造坡耕地配套坡面排、引、蓄等水系工程（微型水利工程）为重点，建设高标准基本农田，提高粮食产量。加强以沼气池、节能灶为主的农村能源建设，以减少对森林植被的破坏。

第七章 四川省岩溶区石漠化治理典型案例

川南盆地边缘区、川西南山地区和川东平行岭谷区是四川省岩溶区石漠化程度较高的区域，经过多年的摸索与实践，在这些区域的石漠化治理过程中出现了许多典型案例和成功的治理模式，这些治理模式对全省乃至全国相同区域内的石漠化治理工作有很好的借鉴和推广意义。

第一节 川南盆地边缘区治理模式

一、石漠化治理典型案例——宜宾市兴文县

（一）工作成效

兴文县岩溶区以世界地质公园——兴文石海风景名胜区中心景区和万寿镇等地区最为典型。地层古老、构造复杂、断层较多，区内二叠系、三叠系石灰岩广泛出露，岩溶地貌极为发育，地表千姿百态，奇峰异石、雄伟壮观，地表以下有大量溶洞分布，纵横交错，暗河密布。这些地方主要特点是地表怪石林立，基岩裸露度大，一般都在70%左右，土壤瘠薄，多在20cm以内，分布于石缝之间，水蚀、风蚀现象严重。地表植被多为旱地作物、灌木和草丛。农作物单产极低，土壤肥力差。近年来部分地方退耕还林效果明显，石漠化综合治理工程成效突出，种植酸枣、红椿等阔叶树，杉木、柳杉等针叶树，油茶、岩桂、茵红李等经济树种，长势较好。竹子以黄竹表现较佳。

通过石漠化治理工程，项目区林草面积增加2433.6 hm^2 以上，小流域林草覆盖率提高近5个百分点，植被得到恢复，有效地遏制石漠化程度的加剧。小型水利水保项目实施，极大解决了项目区植被灌溉、人畜饮水。同时通过疏通沟道，又防止石漠化区域水土流失。项目水土流失率大幅降低，生态环境和耕作条件得到很大提升。

（二）典型治理模式

石旮旯地土壤瘠薄，保水性能差，选用生长快、投产早、适应性强、对气候土壤要求不严、粗放管理、有较高经济价值的岩桂、茵红李为主要树种。既调动林农造林积极性，又真正发挥生态、经济和社会效益。经过探索和实践，栽植岩桂、茵红李取得了成功，创建了一个生态经济型的产业模式，治理了水土流失，同时也为林农带来良好的经济收入，解决当地民工就业，产生了一定的经济效益和社会效益。

1. 岩桂产业经营模式

主要技术措施有以下几个方面。

造林地选择：岩桂要达到速生丰产，选地是关键。根据岩桂生物学特性，选择石灰岩发育的黄色石灰土为宜，海拔500~1000m。

整地方式：整地是保证造林成效的重要技术措施。整地在有利于水土保持的前提下进行。由于石灰岩区域岩石多，栽植岩桂是在其有土壤的局部地方和岩石凹处，所以，整地采用局部块状整地，在岩石凹处部分适宜栽植岩桂的地方，用锄头将栽植穴周围土壤挖松即可。

由于石灰岩地区，杂草丛生，灌木多，在整地前的7~9月份清理植被，不能利用的剩余物，实行堆烧或铺烧。考虑到岩桂幼林耐荫，不耐干旱，所以在清理植被时，保留部分杂灌，可给岩桂幼苗提供遮荫保护，利于水土保持，从而达到较高成活率和保存率。植树宜在整地时随挖随栽，一年生苗，栽植穴40cm×40cm×30cm；二年生苗，栽植穴60cm×60cm×60cm。

造林密度：采用1m×1m或1m×1.5m株行距。

造林时间、方法：造林时间以当年秋季最佳，也可采用冬季和春季造林。造林方法以植苗为主，尽量采用一年生苗造林，对两年生大苗造林应适当修剪部分枝叶，以减少植株对水分的需求，有利于成活和抵御干旱。栽植时做到"苗正、根伸、分层复土、深栽捶紧"，使根系与土壤紧密接触。

幼林抚育：幼林抚育是巩固造林成效，促进林木生长的重要环节。

造林后连续抚育3年，每年抚育2次，幼林抚育包括除草、清除杂灌、松土、正苗、培土、补植、施肥等。抚育时间每年4~5月和8~9月。第一年的抚育宜搞窝抚，以保护遮阴植物，有利于岩桂苗木生长，第三年以清除杂灌为主。

土壤管理：施肥是岩桂丰产的重要措施。合理施肥，可提前两年投产。造林时施底肥（过磷酸钙）500g/株，造林第二年4~5月结合抚育施一次追肥，施肥量尿素100g/株＋人畜粪500g/株。

施肥方法：在植物周围30cm挖环形沟（沟宽20cm，深15cm）均匀施入肥料，并复土盖肥。

2. 茵红李产业经营模式

石旮旯地土壤瘠薄、保水性能差，选用生长快、投产早、果实品质优良、适应性强、对气候土壤要求不严且粗放管理、有较高经济价值的茵红李为主要造林树种，打造以经果林基地为依托的生态旅游产业，既调动林农的造林积极性，又真正发挥生态、经济和社会效益。

主要技术措施有以下几个方面。

改良土壤：茵红李对土壤要求不严，土壤pH值5~8均可，选择地势向阳，不积水坡地为宜。

苗木选择：一般用一年生嫁接苗，苗高60cm以上，地径0.5cm以上的健壮苗木。

栽植时间及密度：该品种从9月至次年5月均可栽植，以9~11月栽植为最佳。亩栽密度90株，株行距3m×2.5m。

栽植方法：定植时按株行距挖好定植穴或定植沟，每穴施复合肥或枯肥1kg。有机肥以草皮、农家肥或渣肥为主，分2~3层施压。苗木栽植好后留好植盘，栽后施足定根水，保留苗干高40~60cm，以上部分全部剪除。

管护：主要包括肥水管理，整形修剪和病虫害防治。

肥水管理：栽植后第一年的管理，苗木栽植后为尽快形成树冠，第一年管理是关键，在施肥上按"勤施薄施"的原则，3~8月苗木生长期内每月施肥应不低于2次。肥料以速效氮肥、人畜粪为主，同时搞好除草、松土等管理工作。

栽后管理：该品种在投产后需肥量较大，第二年开始每年不少于3次施肥。萌芽肥占全年10%~20%，以速效氮肥为主，配合使用农家肥；施肥时间在2月中下旬为宜。壮果肥施肥量占全年的30%，以磷、钾肥为主；施肥时间在5月中旬至6月上旬为宜。采果肥施肥量占全年的50%~60%，以施复合肥、枯肥和农家肥为主，目的是恢复树势，促进营养积累；在生产上可结合土壤耕翻、清园等工作，施肥时间以8~9月为宜。

整形修剪：在整形修剪上主要采取自然开心形或"V"字形整枝。苗木定干后，对发出的主枝有20cm时进行摘心处理。应连续进行3~5次主枝摘心，促发侧芽，提早形成结果树冠。修剪上宜采用回缩长枝，促进短果枝形成，并合理疏剪、短截，及时剪除虫、枯枝等，使树体分布合理。修剪时间以冬季为主，夏季修剪为辅。

病虫防治：芽虫，主要危害叶片、枝梢，在3月份展叶时，及时喷洒杀虫剂，可用氧化乐果1000倍液喷雾防治。蚧壳虫，该虫以若虫聚集在枝干上吸食汁液，枝干被害后，轻者生长减弱，重者枯死。防治方法，冬季清园时喷波美3°~5°石硫合剂杀灭成虫；在成虫第一、二代若虫孵化盛期（5~6月）可选用1000倍40%氧化乐果喷雾防治，每周防治1次，连续防治2~3次；人工剪除虫枝，集中烧毁。

茵红李生长快，投产早，嫁接苗定植第二年即可挂果，第三年亩产可达500kg，第四年进入盛产期，亩产可达2000kg以上；果实品质优良，平均单果重40g，最大果重可达60g，果肉黄绿色、汁多、肉脆、皮薄、离核，于7月中旬成熟，较耐贮运，市场供不应求，经济价值高。

3."猪沼草"经营模式

"猪沼草"模式是一种绿色生态种养模式，在项目区内有计划地发展生猪养殖示范户，实施标准化圈舍建设，推广林下种草。利用优质牧草饲养生猪，配套沼气池建设，沼渣和沼液用于林下作肥料，从而形成"猪沼草"三位一体的生态种养石漠化产业发展模式。

主要技术措施有以下几个方面。

圈舍：实施圈舍标准化，有效改善农户养殖环境，提高生猪养殖水平、增加养猪收入。

草种：选择营养价值高、生态作用明显的草种开展林下种草。选用营养价值高的多年生豆科牧草紫花苜蓿和产量高、适口性好的一年生黑麦草为主要草种。加强水肥管理，提高牧草产量。

沼气池：推广养猪农户配套使用沼气，实现猪沼结合，提高养猪农户的生活质量，保护和改善农村生态环境，推动养猪业的发展，促进了林下种草养畜的可持续发展。

项目区农户平均每年出栏商品猪20头，可直接增加养猪收入2000元以上。农户使用沼气做饭、炒菜，每户年节省燃料开支至少1000元。利川沼液、沼渣施于林下牧草或农作物，每年可节省化肥开支至少500元以上。林下种草、林草结合，地面覆盖度大，在改良土壤理化性，增加透水性，拦阻径流，防止冲刷，保持坡面，减少水土流失的作用十分显著。紫花苜蓿还具有豆科植物生物固氮解磷的特殊功能，林下苜蓿能有效提高土壤有机质含量，增加氮、磷等速效养分，极大地改善树木对水肥的需求，促进林木健康生长。

"猪沼草"模式适合在平坝和丘陵岩溶区推广应用，在半山区或山区可推广"牛（羊）沼草"模式发展草食牲畜，更有利于增加农户养殖经济效益。

4. 方竹治理模式

为治理石漠化土地，还乡亲们一个山清水秀的美好环境，县林业部门抓住了天保和退耕还林工程、世行贷款工程、宜宾市两期千万元绿化工程以及其他绿化造林工程，通过当地群众不断努力，以乡土树种方竹为治理树种，对兴文县高海拔地区的石漠化土地进行了广泛深入的治理，至今已取得了显著成效。方竹根系发达，萌生繁殖力强，适生于海拔1000m以上的山林中，其竹笋品质上乘，是上等的山珍，历来为人们所喜爱，是川南地区特产。全县原有野生方竹林1.3万亩，主要集中分布在海拔1000m以上的仙峰苗族乡和兴文县林场。随着各项绿化工程特别是天保和退耕还林"两大工程"的实施，兴文县在仙峰苗族乡岩溶区人工营造方竹林0.4万亩，方竹主要栽植于山上部的石漠化土地中，由于根系发达，生长发笋迅速，很快便形成了良好的植被层，且方竹笋食用价值高，经济效益明显，据已成林的方竹林测算，亩产量可达600kg，产值达900元/亩。群众已自愿在自家石漠化土地上大量种植方竹，栽植方竹后，岩溶区的水土流失得到了明显遏制，山变绿了，水变清了，群众经济收益增加了。治理效果明显。

5. "以水养水"治理

该治理区位于兴文县大河苗族乡、麒麟苗族乡、大坝苗族乡、古宋镇的4个小流域，包括省管河道1条，县管河道2条，小二型水库4个，山坪塘130口，蓄水能力200万 m^3。项目区山顶是以竹子和杉树为主的生态林，山脚为槽坝、河谷多为农地，而平均海拔300~800m多为坡地石漠化，土壤涵水能力差，降雨后径流大，水土流失快，已建水利工程不能覆盖（由于石漠化区域无耕田，基本未建设水利工程），每年4~5月份春旱时栽种缺水，7、8月份时洪水淹没农田，冲毁庄稼，严重影响该区域群众的基本生活。

合理利用已建水利工程，充分发挥石漠化资金的作用，配套渠道和山坪塘维修整治、建设少量水池和管网，较好地解决岩溶区群众的生产、生活用水。

主要技术措施有以下几个方面。

山坪塘：山坪塘主要建于20世纪60~70年代，80年代农村责任制到户后基本无人管理，现已不能蓄水，无法发挥其调蓄作用。按水利部《集雨灌溉工程规划指南》技术要求，对塘坝的内外边坡进行设计，对塘坝和三边漏水区域进行处理，坝体土壤黏性较差的用土工膜防渗，使塘坝加固防渗，恢复蓄水能力。

渠道：按渠道流量和降雨量进行设计，主渠按0.8m×0.8m的断面，支渠按0.4m×0.4m断面，渠墙用M7.5砂浆，块石浆砌，渠底C15护底0.10m，陡坡地段设沉砂池、减速带，中途设放水孔。

水池：选择地势稳定的地方，修建地埋式水池，进水口设沉砂池，出水口设闸阀，池内设梯步。

管网：根据需水量，主管用PVC管径110mm，支管用PVC管径50mm，PVC管径32mm管材。将填埋管道土壤开挖0.6~0.7m深，管道连接试压后再覆土回填，深度不足的地段用C10砼包裹。

后续管理：按照"谁受益，谁管护"的原则，对建设工程进行产权移交。一是蓄水池投入使用后，发放《兴文县小型水利工程产权证》，明确受益农户对蓄水池的使用权和继承权。山坪塘由村（社）实施经营权分离，对外承包，将承包费用用于该塘和配套渠道的日常维护，达到"以塘蓄水，以水养塘"的目的。

项目区已完成整治山坪塘5口，配套蓄水池74口，新增蓄水能力40000m^3，安装管网17.4km，整治防渗渠道14718m，基本满足了区内群众生产、生活用水的要求。山坪塘由承包人发展养殖业，一般群众利用蓄水池和山坪塘蓄水发展农产品初加工。河堤、渠道整治后，农田能排能灌，变化为保水田地，由一季中稻改为菜—菜—稻，增加群众收入。

二、石漠化治理典型案例——泸州市叙永县

（一）工作成效

叙永县自开展石漠化治理工作以来，以治理改善生态环境为重点，实行以改土、修路、治水、造林等为主的综合治理措施，累计治理石漠化面积74.1万亩，其中封山育林32.93万亩，人工造林39.82万亩。同步实施圈舍改造、农村安全饮水、坡改梯等。通过治理，使项目区森林面积达到93.33万亩。通过石漠化治理，项目区实现了"四增一减"目标，水土流失得到明显遏制，生态环境得到有效改善，洪涝灾害逐年减少，农村饮水难

问题得到缓解，生产生活条件得到明显改观，项目区农业综合生产能力得到提升，有效地促进了现代农业的发展，促进了农民增收。

（二）典型治理模式

经过多年的治理，取得了许多成功经验，探索除了一整套有效的治理模式。

1. 封造结合生态修复模式

对石漠化和潜在石漠化土地采取封山育林和人工造林相结合的方式恢复森林植被。对疏林地和灌木林地，该地类相当部分是石质荒山荒地，其间多石质，表层长有杂草和灌丛等植被，主要采取全面封禁措施和补植措施；对荒山荒地主要采取人工造林措施，恢复森林植被。

2. 林畜沼气循环经济模式

在轻度和中度岩溶区，通过种植经济林、发展养殖业、发酵沼气形成良性循环模式。根据石漠化区土壤和气候情况分类施策，按照"一乡一品"的原则种植经济林，低山地区种植甜橙、李子、核桃等经济林，半高山地区种植香椿、绵竹等。由于岩溶区缺林少草，草食牲畜发展受限，畜牧业发展以养猪业为主，通过养猪不仅能为经济林种植提供优质农家底肥，而且可以发酵沼气，有利于解决当地农村薪材短缺的问题，并在有条件地区加大太阳能以及节柴灶等能源替代项目的推广应用。

3. 水土治理恢复耕地模式

主要针对公路、铁路、河流等通道两侧石漠化土地。该地区交通便利，耕地面积大，农户较为集中，土地耕作频繁，生态区位重要，对适宜于耕作的25°以下的坡耕地，主要采用生物埂、培地埂、筑沟头埂等措施坡改梯，进行等高耕作，达到治理石漠化的目的。对河流两岸坡度较大，洪水季节水土流失严重，土地保水能力低的地区，采取拦河蓄水，兴修沟渠，发展小水塘、小水池等集雨工程和提灌工程等措施，解决农耕地和林地的浇灌问题。

4. 分地域治理模式

海拔低于800m的地区，雨水充沛，热量充足，适合丛生竹生长，全县大力发展以纸浆材为主的竹产业政策，该区以绵竹为主的纸浆竹林进行治理，栽植密度为33丛/亩。

海拔高于800m的地区，水分充沛，热量偏低，是主要的人工杉木用材林基地，结合当地林农有经营生漆、坑木的习惯，以种植杉木、柳杉、檫木、漆树等树种为主的生态林进行治理，栽植密度为220株/亩和110株/亩。

赤水河干热河谷地区，光照充足，干旱严重，在交通、水源较好地区采取保水措施后种植以水果和麻疯树为主的经济林基地，其余地区以点播松树、棕榈、刺槐、马桑等耐干旱、贫瘠树种进行治理。

三、石漠化治理典型案例——泸州市古蔺县

（一）工作成效

通过石漠化项目建设，古蔺县林草植被达到1970.2 km²，比2010年末增长121 km²，增长了6.6%，森林覆盖率比2010年末提高了1.5个百分点；水土流失面积减少250 km²。项目建成后，各治理区初步形成乔、灌、草相结合的多层次、多功能防护体系，土壤理化性能得到有效改善，加之通过小型水利水保工程的蓄、引、拦、排作用，基本实现"土不下山、水不乱流"的良性局面，达到了保持水土、涵养水源、调节径流、减轻水旱灾害、减少了流入赤水河的泥沙量，水土保护效益明显提高，对构筑长江上游生态屏障起到了积极作用。

（二）经验做法

2011年以来，古蔺县把石漠化治理工作作为促进经济社会发展、扶贫攻坚和生态建设的重要抓手，由县长总牵头、分管副县长具体负责，从县级有关部门抽调专人组成石漠化治理项目办公室，统筹发力，集中攻坚，持续推进全县石漠化治理工程。

健全制度。为保障石漠化工作规范有序推进，古蔺县结合省市要求及实际制定了《古蔺县岩溶区石漠化综合治理工程绩效评价办法（试行）》《古蔺县石漠化综合治理工程资金管理办法》，规范石漠化专项资金的监督管理，加强资金使用绩效评价，提高石漠化专项资金的使用效益。

细化措施。制定了《古蔺县石漠化综合治理联席会议制度》及会商制度，每月定期研究、汇总、统筹安排全县石漠化综合治理工作，及时会商解决工程推进中的困难和问题，形成部门比学赶超态势。建立健全了"五个一"管理机制，暨"一个县领导、一个具体负责部门、一套工作班子、一套考核办法、一抓到底"的推进机制。在项目实施上，由发改委总牵头，财政、林业、农业、水利等部门配合制定了管理办法、实施方案编制指南和多个部门的技术规程，保证了项目的统一完整和科学合理，有力调动了部门的积极性，促进了项目的快速推进。强化督查考核，将石漠化治理工作纳入县委"三抓三主动"（"三抓"，即抓发展、抓党建、抓安全；"三主动"，即主动向上使力、主动向外借力、主动向下发力）和县政府工作的督查督办，确保工程保质保量按期完工。

强化监管。在资金管理上，由发改委、财政、审计牵头，制定资金管理办法，实行发改委总牵头审核，资金直拨项目部门的管理办法。各项目实施单位均设立专户，统一实行报账制，专账核算，严格资金用途管理，严禁截留和挪用，同时实施跟踪审计制度，确保资金使用安全。在档案管理上，按照相关要求，做到了专人专管，确保了档案的安全性和完整性。在工程质量管理上，严格实行监理制，由监理单位对石漠化建设项目实行全过程监理，同时领导组办公室会同相关行业主管部门经常深入现场，通过巡视、检查或者

重点抽查的方式,加强工程监管力度,确保工程质量。

整合资源。在开展项目规划过程中,由发改委牵头,带领相关部门和规划专家,结合三年规划,深入项目乡镇,通过实地调研,征求群众实际需求和意见,科学合理编制年度实施方案。通过整合新村建设、扶贫开发、水利、交通、以工代赈、畜牧等项目资金,提高资金的使用效益,"十二五"期间,古蔺县完成大寨、石宝等6个乡镇6条小流域的综合治理,共投入中央和省级财政石漠化专项资金7860万元,整合扶贫、交通等其他部门资金82950万元,社会投资1970万元,资金拉动比达到1:10.7。通过大力发展核桃、脆红李、烤烟、生态肉牛、羊等主导产业,重点打造石漠化资金整合平台,集中力量办大事,将分散的、单一工程措施的治理向集中连片的、多工程措施集成配置的系统化治理转变,形成由点及面的、由分散向系统治理的过渡,极大提高了小流域综合治理成效。

着眼长远。根据项目建设的实际情况,将封山育林及经济林建设内容移交给受益农户,小型水利水保工程移交给乡镇及受益村民委会员。通过一事一议,制订了人工造林、封山育林管护公约及制度,加强对项目实施区农户的培训和项目后期管理,着力发挥工程效益。

(三)典型治理模式——分地域治理模式

古蔺县石漠化治理区域普遍降雨量少,热量较大,造林成活率较低,成本较高,重点采取先封育,然后在适当区域再辅以人工造林。

低山河谷区:该区域海拔300~800m,降雨量小,热量大,主要采取封育的形式,在合适地段再辅以人工造林,主要种植树种有橙、柚、桃、李、柏、松、刺槐等。

低山槽谷区:该区域海拔800~1000m,降雨量小,热量大,主要采取封育的形式,在合适地段再辅以人工造林,主要种植树种有核桃、松、杉、柏、杨树等。

中山区:该区域海拔1000~1200m,主要采取封育的形式,在合适地段再辅以人工造林,主要种植树种有杉、柏、杨树、竹类等。

四、其他典型治理模式

(一)宜宾市筠连县春风村立体生态经济治理模式

宜宾筠连县腾达镇春风村,是一个"地无三尺平,山无三寸泥"的典型岩溶山区,20世纪50、60年代森林植被遭到严重破坏,水土流失严重,生态环境恶化,石漠化面积占土地总面积52.7%,旱涝灾害频繁,粮食产量低而不稳,群众生活十分贫困。

该村从20世纪70年代开始,特别是1999年实施退耕还林和天然林保护工程以来,在林业部门指导下,因地制宜地发展以红椿、香桂、名优李树为主的生态经济林。将石山划分为3个种植带,山坡上部种林木,山腰种茶,山下部以及房前、屋后种果树,林下种植蔬菜。通过努力,全村共营造生态林1609亩(其中茶叶600亩),新种、改造名特优李树、梨树825亩。形成了"山顶林，山腰茶，山下果，地上粮"的立体生态经济种植模式。目前，全村森林覆盖率由70年代初期的13.5%增加到现在的46.8%，基本遏制了石漠化扩展趋势，生态环境得到显著改善。如今的春风村，山坡上已是郁郁葱葱，森林涵养水源能力增强。特别是在每年李花梨花盛开、枝头挂满果实的时候，观花赏果的游人络绎不绝。

成功的"林果蔬"立体生态经济模式，也给春风村农民带来许多发展机遇。一是带动了"农家乐"的兴起。春风村从无到有、从少到多发展到现在的8家，旅游年收入达30万元，2006年达到40万元。二是成立农民林果协会，大大提高了林农收入。从2004年开始，林果年收入达到20万元。三是改善了交通条件。近年来，该村为适应林果产业发展的需要，新修村级公路13km，并与县级公路接通；新修水泥便民路22km，改善了村民的生产、生活条件和人居环境。四是被县上列为新农村建设示范村。农民人均纯收入由1995年的不足1300元增加到2005年的2980元，一般果树种植户年均收入1000元，最高达到10000元以上。2006年全村农民人均纯收入达到了3200元。

如今，腾达镇春风村已成为岩溶区生态治理、经济社会持续发展的新农村建设典范。

（二）宜宾市珙县岩桂治理模式

珙县土地面积1149.5km^2，是典型的盆周山区县，岩溶区面积464.41km^2，占土地面积的40.4%，经过"大跃进"和"文革"两个时期的严重破坏，生态环境失调，水土流失严重，旱涝灾害加剧，全县石漠化土地达213.4km^2，特别是生活在岩溶区的群众大多数广种薄收，粮食产量低，群众生活十分贫困，1996年人均年纯收入仅1100元。从1996年开始，在岩溶区石漠化土地上种植岩桂，通过十来年的努力，目前已种植岩桂4.5万亩，现已发挥出良好的生态效益和经济效益，岩桂种植区域的生态环境得到很好的改善，同时岩桂已成为当地群众增收致富的主要骨干产业，农民的生产、生活得到很好的改善，人均年纯收入已超过全县3000元的平均水平。如上罗镇麻柳村、底洞镇普新村、罗渡乡天堂村等，利用岩桂枝叶加工黄樟油，经济效益高，同时具有良好的生态效益，所以深受当地群众和政府的拥护，群众积极性相当高。根据规划，珙县将继续在岩溶区石漠化土地上种植岩桂，规模达10万亩以上，以便更好地治理石漠化土地，以改善当地生态环境，提高群众的生活质量水平。

第二节 川西南山地区治理模式

一、石漠化治理典型案例——凉山州宁南县

（一）工作成效

在生态效益方面，一是有效控制了水土流失，提高了植被覆盖率和固土保土能力；

二是改善了治理区范围内的生态环境，有效提高水资源和土地资源的承载力，促进项目区生态环境的自我恢复；三是建设堰沟整治和坡改梯工程，增加了地表拦蓄径流量，减少土壤养分含量的流失，有效地缓解区域用水矛盾。

在社会效益方面，一是为项目区的剩余劳动力提供了大量的就业机会，增加农民收入，有利于农民群众脱贫致富；二是使土地利用结构逐步优化，生产条件得以改善，减少以破坏生态环境换来经济发展的代价，促进人与自然的良性循环；三是有效改善群众生产生活环境，人畜饮水困难得到一定程度缓解，群众生活水平明显提高。

在经济效益方面，核桃到挂果期时，预计每年新增产值4300万元。草地改良每亩草地产鲜草量可提高120kg，年增加鲜草产量228万kg，按0.2元/kg计，新增牧草产值达45.6万元。项目区人均牧业纯收入预计增加120元。

（二）经验做法

加强领导，保障有力。宁南县成立了以县长为组长，分管农口和发改的副县长为副组长，相关部门、乡镇为成员的宁南县岩溶区石漠化综合治理领导小组，明确了相关部门、乡镇的职能职责。领导小组下设办公室，负责石漠化综合治理工程的综合协调和管理，农业、林业、水务、畜牧等行业部门负责具体组织实施。根据国家《岩溶区石漠化综合治理试点工程管理办法》，宁南县制定了《宁南县岩溶区石漠化综合治理工程管理办法》，同时将治理项目纳入全县年度重大重点项目计划进行监管，进一步加强了县级领导联系项目制度，确保项目无障碍推进。

因地制宜，科学规划。各项目责任部门织相关行业的技术人员按因地制宜和产业调整相结合的原则，对石漠化严重的灌木林地、疏林地实行封山育林进行自然修复；对坡度平缓土层瘠薄的坡耕地种植核桃等经济林，调整农业生产结构，增加农民收入。加强配套设施建设，巩固治理成果。为确保经济林木的成活率，在项目区等配套修建小水窖、蓄水池，在水土流失严重的地段建拦沙谷坊等。以综合治理为主，注重治理模式的多样化相结合。农林部分主要采取"以封为主，封、造、育、护"相结合的方法。水利水保部分则采取"拦、引、排、沉、蓄"等方式，多种治理措施有效结合，使其相辅相成，充分发挥综合治理的优势。

加强资金管理。在资金管理上，实行专户存储，专账管理，严守财经纪律，严格资金用途管理，严禁截留和挪用，确保了资金安全。建设资金的使用严格《按基本建设财务管理规定》执行，根据工程形象进度分期拨付，统一实行县级报账制管理。

调动农民积极性。宁南县岩溶区自然条件恶劣，农民生产生活水平低。为实现生态效益和经济效益的有机结合，宁南县石漠化综合治理工程建设根据项目区实际，采取调整种植结构，合理利用严重石漠化土地资源，大力发展以核桃等为主的林果业，不仅满足了石漠化生态治理的要求，同时解决了群众增收问题，充分调动了群众参与石漠化治理的积极性，进一步加快了社会主义新农村建设的进程。

严格基本建设程序，加强建设质量管理，认真做好竣工程验收及移交、管护等工作。对项目建设中技术要求较高的项目，根据《中华人民共和国招标投标法》、七部委30号令和省政府197-1号令的相关规定，通过比选确定施工队伍。工程质量和安全管理上，严格按照国家相关行业标准执行，对不符合质量要求的工程责令返工，严格整改，认真落实安全生产责任制，及时解决工程中出现的安全隐患问题，确保了施工安全；对需要进行竣工验收的项目，由项目实施责任单位在自查验收合格的基础上完善建设资料，提出验收申请，由县石漠化办组织监察、财政、审计及行业主管部门等相关单位组成验收组项目进行正式验收。加强对档案资料的收集归档。工程验收合格后，按照"谁治理，谁管护，谁受益"的原则，及时办理与乡镇、村、组的移交手续，明确产权，落实各项工程运行管护主体和管护责任，制定管护制度，建立档案，确保工程长期发挥效益。

（三）典型治理模式

1."育草促畜"产业发展模式

该治理区位于四川省宁南县黑水河和金沙江沿岸，山高坡陡，耕地全部为旱地，农业生产条件差，石漠化情况严重。属金沙江干热河谷气候，立体气候特征明显。

通过禁牧、封山育草、草地改良等多种措施，不断提高草地植被覆盖率，减少雨水对土壤的直接冲刷，防止水土流失；实施林下种草与草场建设，推进草食畜牧业发展，调整农村产业结构，促进农民增收，遏制石漠化发展。

主要技术措施有以下几个方面。

禁牧、封山育草：在草地植被覆盖度较低的石淡化区域，进行封山育草，制定禁牧、封山育草的管理措施，严禁牲畜进入，让草地休养生息，封育期限为3～5年。

草地改良：在天然草地中补播优质牧草，特别是对裸露土地补播草种，主要草种有白三叶、苇状羊茅、紫花苜蓿、多年生黑麦草，根据草地改良面积统一划定管护责任区域，落实管护人员，播种后严禁牲畜践踏和破坏。

人工种草：为确保禁牧封山后养畜农户的经济收入，减轻天然草地的放牧压力，鼓励农户开展林下种草与高效草场建设，种植紫花苜蓿和矮象草，农户户均种植人工牧草面积为0.5～3亩不等。

秸秆再利用：指导项目区内农户科学合理利用农副秸秆，通过小型秸秆铡草机将秸秆铡碎。采用青贮、氨化、微贮等技术，提高农副秸秆的饲口性和营养价值，为农户牛羊养殖提供精饲料。

建设标准化圈舍：2008年，按设计标准由农户自行修建，验收合格后按农户圈舍面积给予150元/m^2的补助；2009年，采用招投标方式，统一由施工队修建标准化牛羊圈舍。农户有了圈养的基础条件和人工种草和秸秆利用技术，从根本上改变了传统的放养方式，全部实行圈养,从而使天然草地植被得以快速恢复。

项目宣传和技术培训:通过各种会议和广播电视等形式对该项目实施的目的、意义进行了广泛宣传;通过举办培训班和现场指导等形式对农户进行实用技术培训;共举办种草、秸秆处理、肉牛肉羊品种改良及饲养管理,疫病防治等技术培训15期,发放技术资料4000余份,参训人员达3300人次,使项目区农户受训率达到100%。

通过项目试点实施,已完成草地改良面积4950亩,草地植被覆盖度由治理前的31%提高到57%,项目区减少水土流失量9288.7t/年,草地年均地表径流量减少18.7万 m^3,草地年均侵蚀数减少9300t/km^2,草地年均水源涵养能力增加18.7万t,草地年均固碳能力增加658.6t,制造氧气411.6t,草地生态环境明显改善,有效遏制了石漠化扩展,改善了农业基础设施条件。

2. 新银合欢+余甘子人工造林治理模式

大同乡治理区位于四川省宁南县东南部,为金沙江干热河谷典型区域,属亚热带季风气候,旱、雨季分明,年均降雨量不足900mm,年均蒸发量大于1600mm,区域内海拔高差大,海拔处于680~2250m,气候垂直递变规律明显。岩溶地貌典型,石灰岩遍布,基岩裸露率高,水土流失严重,石漠化比重高。土壤主要为红褐土、山原红壤。主要地带植被为干热河谷稀树草原带,群落结构简单,土层较薄,干旱缺水,造林树种选择面窄,成为生态治理的难点。

根据模式区自然生态环境,以人工造林为核心,"造、封、管"多措并举,尽快提高林草覆盖度,遏制水土流失和石漠化。

主要技术措施有以下几个方面。

树种选择:选择耐干旱、耐带薄、根系发达、萌芽能力强、生长快、具有一定经济效益的新银合欢、余甘子等树种造林。新银合欢为二年生播种苗,截干后35~40cm,地径0.7cm以上;余甘子采用营养袋百日苗。

林地清理:为保护原生植被,避免形成新的水土流失,采用块状清理,割除杂灌,规格1m×1m。

整地:穴状整地,规格50cm×50cm×40cm,"品"字形排列,时间为造林前1~2个月。

造林方法:栽植时先表土回填,后心土盖面,打细土、踩紧、踏实,深浅适度,覆土位置超过原根径约1cm左右。造林时间在降水集中的7月份,选择阴雨天或下雨前进行造林。

栽植密度:株行距2m×2m,造林密度167株/株,新银合欢、余甘子按1:1混交配置。

幼林抚育:加强造林地管护,严禁牲畜践踏和人为破坏。在第二年夏季进行松土、除草、施肥等幼林抚育,施肥使用尿素,施肥量1.5kg/亩,同时对死苗空穴进行及时补植。

该模式实施后，项目区净增森林面积2200亩，林草覆盖率提高了16个百分点，水土流失得到明显治理，土地石漠化得到有效控制；5年后余甘子挂果，余甘子产量250kg/亩，收入达250元/亩；10年后进入盛果期，余甘子产量1000kg/亩，收入达1000元/亩；新银合欢10年后每3年截干1次，可产薪材4t/亩，收入达1200元/亩，群众生产生活显著改善，生活水平明显提高。

3. 农业综合开发治理模式

该治理区位于四川省宁南县东南部的大同乡的金沙江、黑水河畔沟谷地区，属亚热带季风气候，光热资源优越，适宜水稻、小麦、玉米、甘薯等粮食作物和甘蔗、蚕桑、烤烟、亚热带水果等经济作物种植。境内山高坡陡、沟壑纵横，是典型的山区地貌。石漠化区森林覆盖率低，水土流失较严重，夏秋季暴雨容易引发山洪、滑坡、泥石流等地质灾害。主要以坡耕旱地种植为主，机械化程度低，耕作强度大。农用地中缺少机耕道，基本上靠肩挑背扛，劳动强度大。坡陡路滑，雨季农事操作十分不便。

在大力提高林草植被覆盖率的基础上，加强坡改梯建设和田间引排灌渠道修建，因地制宜配套田间生产便道，以防治水土流失，保护耕地，建设高标准基本农田，减轻农民劳动强度。

主要技术措施有以下几个方面。

高标准建设坡改梯。在大同乡梅家官山治理区，对600亩坡地进行整治，通过大弯随弯、小弯取直、修筑地埂等技术措施，改造成耕作面相对,平整的标准梯地，减轻雨水冲刷，有效保护耕地。

地埂栽桑植树。在大同乡治理区坡改梯完工后，及时将地埂栽种桑树，既有利于蚕业生产发展，增加农民收入，又充分利用植物护埂，提高地表植被覆盖，增加抗冲刷能力。

完善配套措施。在治理区内，根据地形地貌，设计平坦型和梯步型2种生产便道。横坡平坦型便道可通行小型农用机械、三轮车、摩托车等小型机，利于群众运输农用物资和农产品；纵向梯步型便道方便群众步行进入田地，路面平稳、防滑。同时，合理配置蓄水池及灌溉渠道，确保水源供给，由"跑水地"变成"保水地"。

通过对石漠化坡耕地实施坡改梯工程，配套田间排灌渠道和生产便道，有效防止项目区水土流失，提高项目区农业机械化水平和生产条件，方便群众的生产和生活，促进产业结构调整，增产增收，提高农民收入水平。据监测，坡改梯后粮食产量增加100kg/亩以上，每农户养蚕可增收80元，经济效益可观。

4. 二半山地区核桃种植与林下养殖结合的治理模式

因地制宜选准产业，产业选择决定着产业发展的成败。二半山地区种植核桃的产业选择是针对当地不适宜传统粮食作物种植的现状做出的，当地海拔、气温、日照、热量、雨量等条件非常适宜核桃生长，满山遍布的岩石通过反射和漫射阳光，对核桃生长又具有特殊的光合作用，形成品质优良的核桃产品，深受市场欢迎。过去制约发展的石旮旯成了核桃种植重要的有利因素，而核桃树根系发达，能深入石缝之中，不但能抵御干旱，还起到较好的固土保水作用，使石漠化治理的效果十分突出。"二半山核桃"模式之所以成功，原因之一就是突出特色、特产，走产业化发展道路，使治理工作显现了勃勃生机与活力。

5. 河谷地区种桑养蚕治理模式

宁南县地处凉山州东南部，年均气温19.3℃，全年无霜期321d，丰富年均日照时数2257.7h，光热资源极其丰富，被国内外专家誉为"发展蚕桑不可多得的一块宝地"。按照宜桑则桑的原则，宁南在全县海拔1300m以下区域，打破土地的行政界限，着力发展集中连片的"6215"套种桑园，打造数个万亩桑园现代蚕业基地。在养蚕模式专业化方面，宁南将重点培育"户有8亩桑，养蚕30张，收入10万元"的现代蚕业家庭农场，集中打造一批设施更加齐全、功能更加完善的规模化养蚕工厂，提高蚕业集约化、工厂化、专业化饲养水平。

二、石漠化治理典型案例——雅安市汉源县

（一）工作成效

汉源县石漠化治理以改善岩溶区生态环境、遏制土地石漠化对于该地区社会经济发展的不利影响、构建和谐社会为主要目的，以小流域为治理单元，实施了封山育林（草）、人工造林、特色经济林发展、基本农田建设、草地建设、草食畜牧业发展等措施，共治理岩溶区面积317.5 km^2，治理石漠化面积41.90 km^2。项目实施完成，提高了全县森林覆盖率0.97%，提高植被覆盖率1.07%；初步治理水土流失面积15947.0 hm^2，年增加土壤蓄水能力227.5 m^3，年减少土壤侵蚀量17.36万t；减少有机质、氮、磷、钾的损失量分别为29306.0t、10841.2t、3168.0t和2695.5t。石漠化治理带来了巨大的经济效益，调整了农业产业结构和促进地方经济发展，提高了群众生活水平和生活质量，提高了农民生产技能和管理水平以及生态安全。

（二）经验做法

2008~2015年，汉源县作为全国首批石漠化综合治理试点县，通过8年工程试点建设，汉源县石漠化综合治理取得了较好的效果，积累了宝贵的经验，治理经验总结如下几点。

政府重视、群众参与。治理水土流失，改善生态环境，提高人民生活水平，是汉源县历届县委、县政府的奋斗目标，也是全县各族人民的共同愿望。汉源县地方政府将石漠

化治理纳入国民经济和社会发展全局，摆上重要议事日程，随着财力的增强，政府不断加大投资和政策扶持力度。岩溶区石漠化土地的形成是特殊的自然因素与人为因素综合作用的结果，其中人为不合理的经营活动起主导作用。过度砍伐森林、破坏林草植被、陡坡开垦、超载放牧等活动，导致水土流失加剧，基岩大面积裸露，砾石堆积成山，岩石、土地逐渐石漠化。因此，石漠化治理应该以防为主，这就需要群众的积极参与。汉源县通过广泛宣传和政策引导，充分调动群众参与石漠化治理。

因地制宜、综合治理。汉源县重视石漠化综合治理规划，坚持规划先行。县发改委和林、农、畜、水等业务部门的专家和领导在充分调研的基础上，根据石漠化区域内地形地貌、气候特点、水土流失程度、植被状况、产业需求和群众愿望等实际情况，遵循自然规律和经济规律，立足实际，分类施策，实行宜封则封、宜治则治，同时兼顾与农民生产生活相关的能源、供水等建设内容。提出了"大封禁，小治理，预防与保护兼顾"的治理策略，并遵循生态优先，产业为龙头的基本思路。

各负其责、齐抓共管。石漠化综合治理是一项涉及多部门、多行业的复杂工程，汉源县县委、县政府高度重视这项系统工程。在项目实施过程中，汉源县成立石漠化综合治理工作领导小组和专业指导小组，各小组成员在石漠化治理工作中充分发挥各自作用，按照分工，各负其责，密切配合，协调一致，通力合作。由于政府的主导、各部门的配合，加上群众的自觉参与，形成了领导苦抓、部门苦帮、群众苦干的汉源"三苦"精神，使石漠化综合治理得以顺利实施。

科技先行、科学治理。汉源县与四川省内有关科研院所及大专院校对县域内石漠化形成机理、植被退化与恢复、流域治理、造林树种筛选、种草品种选择和治理模式等方面做了大量卓有成效的研究，为石漠化治理提供了有力的科技支撑。在治理区内积极采用了省内外先进适用的成熟技术和符合当地实际的石漠化治理模式，使汉源县石漠化治理区的生态与环境得到了极大改善。

兼顾生态效益、经济效益和社会效益。石漠化防治必须与当地经济、社会发展和农民增收相结合，与调整产业结构和改进生产方式相结合。汉源县石漠化的治理以生态恢复优先，通过自然恢复、封山育林、人工造林种草提高植被覆盖。加强草食畜牧发展，修建羊舍，转变饲养方式，变敞放为圈养，切实保护林草植被。石漠化区域土薄地瘦、干旱缺水，项目建设要因地施肥，积极开辟肥源，以水为突破口，加强小型水利水保工程建设，发展灌溉农业和经济林果业，解决部分群众人畜饮水问题，提高当地群众受益。通过综合治理，保护和改善生态环境，解决好生态建设与农民当前利益的矛盾，农民传统习惯与生产生活方式快速转变的矛盾，经济社会发展的迫切需求与当地资源承载力有限的矛盾，大力发展生态产业，实现生态效益、经济效益与社会效益的协调统一发展。

(三)典型治理模式——石漠化土地综合治理

因地制宜,统筹规划,以产业基地建设为依托,以流域治理为单元,以改善生态环境、促农增收为目的,对岩溶高山、荒山实施生态治理和恢复,平坝与耕地石漠化区实施经济发展战略,通道与旅游环线周边石漠化着重景观提质改造,形成特色鲜明的石漠化治理体系。

主要技术措施与做法有以下几个方面。

强化组织管理。由县发改委牵头,在林业、水电、财政等相关部门及试点乡镇通力配合下,共同开展作业设计、工程实施、检查验收等工作,形成强大合力。

宣传培训到位。为确保石漠化建设质量,全县培训石漠化治理技术人员1000人次以上,掌握先进防治实用技术;依托电视、报纸、网络、杂志等媒体宣传石漠化治理的重要性和防治科技知识,全面提高群众参与度,增强群众防治信心。

强化工程设计与施工。工程设计邀请四川省林业科学院承担,技术措施科学、可行;施工以专业队伍为主,行业部门技术力量现场抓落实,严格按技术标准执行,确保工程建设质量。

强化监督管理。分行业成立技术指导小组,对项目实施全过程严格把关;同时各实施乡镇建立相关制度,严格执行种苗"五制",按照"边造林,边验收"原则,技术人员实时对造林地块进行预验收,及时查漏补缺,严格要求实施乡镇限期整改和补植补造;对工程措施严格按设计方案进行检查验收,确保按质按量完成。

模式区2008年、2009年人工种植核桃、花椒、黄果柑面积4700亩,封山育林面积5100亩,2010年底项目区植被综合盖度较治理前提高6%,生态功能明显增强;核桃、花椒、黄果柑长势喜人,盛果期时将成为当地群众的"摇钱树",深受群众喜欢,实现了经济效益、生态效益、社会效益的完美结合。

三、石漠化治理典型案例——攀枝花市仁和区

(一)封山育林生态修复

1. 自然条件概况

该治理区属南亚热带半干旱季风气候,干燥、炎热、日照长、气温日变化大、年变化小、干雨季分明、蒸发量大,海拔1300m以下的低山河谷地区基本上无霜冻,集南方热量、北方光照于一身,被誉为"天然温室"。该治理区属典型的干热河谷气候,山高坡陡,岩溶地貌发育,原生植被破坏,次生林灌稀疏,生物多样性较差,山体中上部基岩裸露率高,石质坚硬,土层瘠薄,水土流失严重,大面积人工造林困难。

2. 治理思路

采取全面封禁的技术措施,减少人为活动和牲畜破坏,防止水土流失,促进土壤积

累；保护林内的原生林木和植被，采用人工措施促进林木生长与恢复，逐步提高石漠化土地林草植被覆盖率，增强植被保持水土、涵养水源的能力。

3. 主要技术措施

封山育林类型为乔灌型，林地内主要树种有云南松、栎类、青香树、车桑子及其他地带性岩溶灌木等，采取半封方式，封育年限为5年。封育区作业措施有以下几个方面。

人工促进措施：主要是对植被稀疏地段进行合理补植补造，补植树种采用岩溶区乡土适生树种，如云南松、栎类、百香树、车桑子，尽量用营养袋苗造林，随整随造，并用石块、枯枝落叶覆盖。

人工巡护：根据封育范围大小和人畜危害程度，划定封育区，设专职或兼职护林员，层层签订管护责任书，加强封育区巡护管理。每个封山育林区设置1个护林员。在封禁区内禁止采伐、放牧、砍柴和其他一切非林业生产活动。护林员每个月巡护不得少于25d，每次巡护要填写护林日记。

封育保护：根据"预防为主，因害设防，综合治理"的原则，加强宣传教育，制定护林公约，以确保管护成效。特别是在森林防火期，护林员加强巡护和防火宣传，对人为活动频繁地段严格把守，一旦发生山火，及时组织扑救，把火灾损失控制在最小范围内。

病虫害防治：加强病虫害防治工作，搞好预测预报，随时掌握虫情病情动态，一旦发现，积极采取物理、化学、生物等方法进行科学防治，将虫害病害消灭于萌芽状态。

设置标志：在封育区主要路口树立永久性标碑（牌）1块。

技术培训：在封育作业实施前，对有关的技术管理人员、施工人员和生产工人进行技术培训，尽量保护好原生乔灌木植被。

后期管理：作业实施后，做好施工记录，按工序进行质量检查、验收，对不合格的责令整改，直至验收合格为止；严禁在封山育林区砍柴、割草、放牧，在防火期内严禁带火种上山，加大对纵火者和违禁砍柴、放牧者的查处力度，确保封育成效。

4. 案例成效分析

模式区自2008年实施以来，共完成封山育林面积1万亩，到如今林草植被覆盖度比治理前提高了2%，生态环境有了一定改善，水土流失得到初步遏制，石漠化扩展的趋势得到了控制。

（二）芒果经济型治理

1. 自然条件概况

该治理区属川西南山地偏干性常绿阔叶林亚热带河谷植被区，海拔1300m以下低山河谷区基本上无霜冻，集南方热量、北方光照于一身，被誉为"天然温室"，南亚热带到温带的作物均可种植，具有发展特色林果业的优势和潜力。该治理区位于大龙潭彝族乡拉鲊村金沙江干热河谷地区，最高海拔2100m，最低海拔960m。年均气温20.3℃，年均降雨量800mm，无霜期300d，垂直气候差异明显，小气候复杂多样。耕地面积5317亩，陡坡耕地多，耕作方式不合理，种植结构简单，水土流失严重，土地石漠化突出，现有植被稀疏，生长状况较差。该村属少数民族聚居区，经济发展相对滞后，农业生产基本条件较差，农民收入基本依靠粮食作物。

2. 治理思路

充分利用当地光、热优势和特色资源，遵循因地制宜、适地适树的原则，以恢复岩溶植被，增加群众收入和转变发展方式为目的，以石漠化坡耕地水土综合整治为重点，探索以芒果种植为特色的产业发展方式，发展农村经济新的增长点，加快产业结构调整，把石漠化综合治理与农村产业发展有机结合，打造干热河谷绿色产业。

3. 主要技术措施

土地整治：针对石漠化土地缺土少水的实际，实施坡改梯工程，并合理配置水窖、引水渠等水利水保设施，提高土地生产力。

品种选择：根据当地的气候条件、品种的特性和市场情况，确定主栽品种为攀枝花本地适宜的晚熟芒果品种凯特。

种苗：采用良种实生苗木，苗木品种纯度优良、品质好、无病虫害、健壮，苗高50cm、地径1cm以上，具有"两证一签"的合格苗木。

造林技术：穴状整地，植苗造林，根据品种、地势、土壤状况确定合理种植密度。

后期管理：除开展正常的除草施肥后期管理外，采用摘顶修枝的方法，削弱顶端优势，促进分枝，使幼树迅速成形，提早达到理想的开花结果树形。

4. 案例成效分析

通过对石漠化坡地沿等高线实施坡改梯，兴建高标准芒果种植基地1300亩，完善产业配套基础设施建设，减少了水土流失，有效遏制了石漠化扩展，带动区域芒果特色产业发展，促进了项目区群众增收。预期经过4~5年栽培管理，可达到初果期，预计产量1200~1800kg/亩，收入可达6000~9000元/亩，经济效益显著。

（三）小型水利水保工程治理

1. 自然条件概况

该模式位于四川省西南部攀枝花市仁和区，以山地地貌为主，山谷相间，山高谷深，属南亚热带半干旱季风气候，干雨季分明，气温年较差小，日较差大，年降雨量700~900mm，年蒸发量2009.4mm，雨季在6~10月，其余月份雨较少，为干季；年均日照2760h，无霜期300d。年均水资源总量为3.427亿m³，因多为高山河谷，岩溶区渗漏严重，水资源流失快，利用率低，农业用水只能依靠河谷地表水资源，水资源季节性匮乏严重。

2. 治理思路

确定水利方向为以蓄为主，提引结合，积极修建引水渠、拦砂谷坊、小水窖、沉砂池、蓄水池、管网等综合小型水利水保工程，削能截砂，拦截地表径流，减少水土流失，发展农业生产和农林经济；实施蓄灌配套，解决生产用水和部分人畜饮水。

3. 主要技术措施

结合实施区地形条件，科学规划布局。在坡面集水沟较低一端和蓄水池的出水段以下布设灌溉（排水）沟，灌溉（排水）沟与坡面排水沟相接，沿等高线按1%~2%的比降布置，在连接处做好防冲措施，起到排灌沟和排洪沟的作用。在坡面局部低凹处，根据地形有利、岩性良好（无裂缝暗穴、砂砾层等）、施工方便等因素，布设小水窖、蓄水池、沉砂池等小型水利水保设施。沉砂池布设在蓄水池进水口的上游附近3~5m。小水窖、蓄水池的分布与容量，根据坡面径流总量、蓄排关系和修建省工、使用方便等原则，因地制宜，合理确定，设计蓄水池容量30~100 m^3 等不同规格。水土流失严重的山沟，在基础坚硬无滑坡、泥石流地段布设拦砂谷坊。根据水窖和水池位置结合林地位置确定管网路线，管道路线沿线布置保证管路平直，以减小水头损失。

将设施落实到山头地块，按设计规范施工。严格按规划、布置路线进行施工放样，按设计位置和尺寸进行开挖，预留足够施工面。引水渠道小水窖、拦砂谷坊、蓄水池、沉砂池地基由于岩性变化较大，其压缩性具有不均匀性的特点，基础开挖至坚硬岩基上或在地基结构上采取石灰改土法，改土厚度不低于40cm，使土壤和石块混合充分并分层夯实，增强基础刚度，以避免基础不均匀沉降。

砌筑、钢筋盘扎、混凝土浇筑等重要工艺流程严格按相关技术规范执行，符合行业设计施工规范。

4. 案例成效分析

小型水利水保工程治理模式能有效地防止水土流失，改善耕作、灌溉条件，解决岩溶区严重的生产生活缺水现象。特别是在旱季，一个30m^3的小水窖可以解决1~2亩的经果林用水。灌溉（排水）沟渠可拦、蓄、引地表径流，防止水土流失和防渗，节约有限的水资源。

四、其他典型治理模式

（一）雅安市石棉县石漠化综合治理模式

石棉县石漠化治理工程位于大渡河及其支流沿岸，总面积126434.1hm^2，涉及16个乡镇95个行政村89000人。项目区是典型的岩溶干热河谷地带，岩溶区分布面积占总面积的41.22%，石漠化面积52094hm^2，年均温度17.1℃，平均年降雨量790mm，森林覆盖率49.48%，人均粮食产量220kg，人均纯收入1351元，群众生活长期处于贫困状态。

为改变生态恶化、经济落后的状况,全县近年来对石漠化的治理主要是采取以小流域为单元,以治理水土流失、抢救土地资源、防止土地石漠化,促进生态环境与社会经济持续发展,实现人与自然和谐共处为目标。采用生物措施、工程措施和生态农业措施相结合的方法,对山、水、林、田、路、畜牧、交通、能源等进行综合治理。一是对人工治理困难的区域,加强管护、减少人为干扰,充分发挥大自然的生态自我修复能力恢复植被,项目区累计实施封山育林15224.31 hm^2。二是种植经果林。累计种植核桃、板栗、花椒、枇杷、柑桔等具有市场优势经果林2837.5 hm^2,将石漠化治理与调整农村产业结构相结合,增加群众收入。三是修建小型水利水保工程。修建了蓄水池56口,容积3.12万 m^3,铺设了输水管道6.0km。

通过综合治理,项目区石漠化扩展趋势得到有效遏制,群众生产、生活条件明显改善,取得了良好的生态、经济和社会效益。与2002年相比,项目区贫困人口由32100人减少到16400人,粮食总产、单产稳步提高,人均粮食产量由220kg增加到280kg,农业人均纯收入由1351元提高到2300多元,土壤侵蚀量减少了65%以上,森林覆盖率提高了4.08个百分点。本区域81%以上的群众已基本解决温饱。

(二)乐山市马边县国营林场石漠化治理模式

马边国营林场土地总面积786.7 hm^2,1998年以前其范围内有320.3 hm^2石漠化土地,石漠化较为严重。2002年,通过天保工程实施封山育林249.2 hm^2,并补植桦木20.5 hm^2。目前,森林植被得到有效恢复,石漠化土地减少到141.6 hm^2。这种以封山育林为主的石漠化治理模式,在全县范围内得到普遍推广应用。岩溶区内的大风顶自然保护区、大王山林场、觉罗豁林场全部实行封山育林,高卓营乡的雷公坪、袁家溪乡的大丫口、水碾坝乡的水碾坝等都相继实施了封山植树,取得了明显成效,植被综合覆盖度平均增长了10%,全县石漠化程度普遍降低了8%。

(三)乐山市峨边县石漠化综合治理模式

峨边彝族自治县岩溶区土地面积5605.3 hm^2,其中石漠化土地4464.6 hm^2,占80%;潜在石漠化土地面积1140.7 hm^2,占20%,分布在全县的勒乌等18个乡镇。岩溶区环境恶劣,人均纯收入远低于全县平均水平,群众生活长期处于贫困状态。

为改变岩溶区生态恶化、经济落后的状况,县委、县政府确定了山、水、林、田、路综合治理的方案,采取了以下措施:一是加大封山育林力度。对人工治理难度大的区域,加强管护、减少人为干扰,严禁钻探、挖土、炸石,严禁放牧,严禁毁林开荒,充分利用大自然的生态自我修复能力恢复植被。二是与退耕还林、天保工程相结合。利用全县实施退耕还林、天保工程的契机,加大人工治理的力度。根据岩溶区的自然环境,宜林则林,宜灌则灌,在树种选择上尽可能选择一些耐干旱、适性强的树种。三是与改土工程相结合。充分利用改土工程的坡改梯项目,以坡耕地的综合治理为突破口,在土层相对较厚的缓耕地实施坡改梯。四是与农业结构调整相结合。在石漠化程度较低的缓耕地区将石漠化治理与调整农村产业结构相结合,种栽经果林,增加群众收入。

通过综合治理,岩溶区石漠化扩展趋势得到了有效遏制,群众生产、生活条件明显改善,取得了良好的生态、经济和社会效益。

(四)乐山市金口河区永和镇石漠化治理模式

金口河区永和镇在20世纪90年代中期还是一个石漠化严重,生态脆弱的贫困乡镇。90年代末,天保和退耕还林"两大工程"相继实施,区、镇两级政府非常重视该地的生态建设和经济发展。针对该镇地形地势复杂、岩溶山地典型,充分结合本地的自然气候特点,积极依托林业"两大工程",大力发展以乡土树种为主的植树造林活动。重点搞了以下几个模式:一是在高山岩溶区种植"老鹰茶"、木姜子等生态经济树种。二是在中山石质山地种植花椒、核桃等经济树种。三是在低山区种植香樟、花椒等树种。并依托农业综合开发等项目,加强坡改梯、土壤改良等改土工程,兴修蓄水池、输水管等引水灌田、人畜饮水设施。

通过治理,该镇石漠化得到了一定程度的遏制,极大地改善了该镇的生态环境和农民群众的生产、生活条件,促进了区域产业结构调整和经济建设。

第三节 川东平行岭谷区治理模式

一、石漠化治理典型案例——广安市华蓥市

(一)工作成效

生态环境明显改善。5年来,华蓥市有效治理石漠化土地56.27 km^2;有林地面积较2010年增加到5782 hm^2,森林覆盖率提高13.5个百分点达到58.3%;年固定二氧化碳20.3万 t,释放氧气16.03万 t,2015年华蓥市空气质量优良天数达341 d,达标率93.4%,较2012年提高16.8个百分点。

农民收入持续增长。5年来,华蓥市依托山地资源优势,在石漠化治理区的10个乡镇(街道)23个村连片发展产业带,建成"两带四基地四产业",有效带动经果林、畜牧及乡村旅游业融合发展,使项目区25.75万人得到了真正的实惠,项目区贫困人口较2010年减少2266人,茶园村、伍家坳村两个省定贫困村年内即将脱贫摘帽。2015年,项目区农民人均可支配收入达到12182元,较2010年增加5638元,项目区有集体经济的村较2010年增加12个达到16个。

社会发展更趋和谐。5年来,华蓥市加大项目区基础设施建设力度,新修排灌沟渠

41.23km、蓄水池100口、沉砂池131口、坡改梯82.6hm^2、生产便道42.58km，新建棚圈2600m^2，新修青贮窖1550m^3，项目区饮水难、出行难、就业难、增收难等问题得到有效解决，生产生活条件明显改善，项目区群众基本实现安居乐业，干群关系进一步融洽。

（二）经验做法

凝心聚力，共管协建，治理力量从单兵作战向整体联动转变。为彻底扭转石漠化治理初期石漠办孤军奋战的被动局面，华蓥市将石漠化治理上升为市政府"一把手"工程，从组织领导、制度管理、宣传发动等方面发力，凝心聚力，共管协建，动员各方力量参与治理，政民互动、整体联动的工作格局基本形成。一是强化组织保障。成立以市长为组长的市岩溶区石漠化综合治理工程领导小组，下设办公室于发改委，并抽调水利、国土、农业、畜牧、林业等部门专业人才组成石漠化治理工程专家组，具体负责项目规划、技术指导及统筹协调事宜。以乡镇（街道）划分治理片区，每个治理片区成立3人以上的工作组，具体负责项目实施，确保项目高效有序推进。二是构建监管体系。出台《华蓥市岩溶区石漠化综合治理试点工程项目管理办法的通知》等系列重要文件，建立健全领导责任制度、项目法人责任制度、工程建设招投标制度、工程监理制度、工程合同管理制度、后期管护制度、定期议事协调制度，层层签订综合治理责任书；主动邀请纪检监察、审计、财政等部门和项目所在地镇村干部群众参与工程监管，做到了工程设计不走样、工程质量不降低、工程效果不减弱。三是广泛宣传发动。开展石漠化治理进社区、进院坝、进学校、进企业、进机关"五进"工作，5年来，共计发放宣传资料2万余份，举办讲座20余期，立项目宣传碑和公示碑25个（座），组织石漠化治理志愿者植树造林1000余人次，营造了全社会参与支持石漠化治理工作的良好氛围。

全面挖潜，统筹资源，治理资金从多点分散向打捆整合转变。如何破解资金短缺瓶颈是石漠化治理的一大课题。华蓥市在用好用活石漠化治理资金的同时，大胆创新，开源节流，有效整合项目资金，积极吸纳民间资本，全力争取金融支持，政府主导、业主主体、多元整合的资金投入体系日趋完善。一是有效整合项目资金。充分发挥石漠化治理资金的牵引作用，按照"资金渠道不变、隶属关系不变、资金用途不变"原则，有效整合天保工程、退耕还林工程、地质灾害区环境恢复治理、小流域治理、秦巴山区连片扶贫等项目资金1.2亿元，最大限度发挥了资金的规模效应和集群效应。二是积极吸纳民间资本。按照"谁投入，谁受益，谁管护"的原则，积极引导涉农企业出资、治理区农户出力共同参与治理，广泛吸纳社会资本6000万元投入建设，实现了政府、企业、农户三方互利共赢。三是全力争取金融支持。组建广华林业投资公司，设立生态保护与建设专项基金3000万元，撬动金融信贷参与石漠化治理等生态保护工程，5年来实现融资2000余万元。

因地制宜，差异治理，治理方式从原始粗放型向聚焦精准型转变。为有效解决"一个版本绘到底"的原始粗放型治理存在的有效治理率低、经济效益低、管护难度大等突出问题，华蓥市因地制宜，结合石漠化区域等级、地质土壤结构等开展差异治理，相继实施生态家园、基础惠农、产业兴农3大工程，聚焦样本、精准施策的工作方法基本成熟。一是实施"生态家园"工程。在重度石漠化区域和人为可及度低的深山、远山地带的石漠化区域，采取全封闭自然恢复和封山育林管理方式，禁止任何形式的采伐，逐步恢复区域生态环境。"十二五"期间，共实施封山育林1824.7 hm^2，采石场植被恢复3处，人工造林1507.69 hm^2。二是实施"基础惠农"工程。在人口较为集中、水土流失较为严重的中、轻度石漠化区域重点实行退耕还林（草），大力实施坡改梯工程，栽植巨桉、柳杉、刺槐、香樟等经果林固土，适当发展林下养殖业；同步完善沟、池、路、渠等基础设施，有序推进基本农田建设，有效解决了群众饮水难、出行难、就业难、增收难等问题。三是实施"产业富农"工程。将潜在石漠区域发展纳入全市产业布局中去规划、去推进，把天池、高兴、阳和、古桥、禄市镇的潜在石漠化区域作为华蓥市现代农业发展示范区进行打造，大力发展速生林、优质经果林和草食性畜牧业产业，建成天池花椒、禄市优质蜜梨和兔业、阳和古桥巨桉、高兴圣源核桃4大产业基地，组建专业合作社11个，带动2万余农户近8万人增收致富。

创新驱动，释放活力，后期管护从政府托底向群众主体转变。后期管护是石漠化治理成败的关键所在。政府托底的管护模式不仅财政资金压力明显，而且管护质量难以有效保证。因此，华蓥市积极探索"返租倒包""复三七利益链接"等以群众为主体的新机制，在后期经营管护方面作出了大胆尝试。一是探索实施"返租倒包"机制。在石漠化治理连片发展的产业带，招引业主（承包方）成立专业公司实施经营管理，鼓励农民以土地和劳动力入股，联合组成专业合作社。当专业合作社达到一定规模和收益额时，业主将成熟的产业带分片返包给有能力的农户自主经营，自负盈亏，公司负责提供技术支撑和营销服务，从而实现利益共享，达到有效管护。如禄市蜜梨基地专业合作社，参与农户已达36户，"返租倒包"面积近2000亩，平均每亩蜜梨助农增收1000元以上。二是探索实施"复三七利益链接"机制。围绕精准扶贫大政方针，创新村级集体经济发展思路，鼓励农户将撂荒地和荒山荒坡交由村集体统一实施治理，连片发展花椒、桃李、核桃等经果林产业，土地提供者和村集体分别按三七分成获取产业收益；村集体将对所获收益进行再次分配，30%平均分配给村内贫困户，剩余70%用于壮大集体经济和村级公共事务，实现了农民增收和治理管护的双赢。如石漠化生态扶贫重点村——伍家拗村，自实施"复三七利益链接"机制以来，有效解决了石漠化治理中的土地资源配置问题，很好地破解了贫困村集体经济发展难题，年内即将实现脱贫摘帽。

（三）典型治理模式

1. 天池湖小流域森林生态旅游发展

（1）自然条件概况

模式区位于四川省东部华蓥市,属岩溶槽谷石漠化地貌,包括天池湖流域天池镇、清溪河流域华龙街道办事处、华蓥河流域观音溪镇3个乡镇,属四川盆地亚热带湿润季风气候区,气候温和,雨量充沛,四季分明,年平均气温17℃,有效积温5315℃,无霜期280d,年均日照1240h,年均降水1282mm,属山地、浅丘、台地与平坝相间的地貌形态,土壤多为冷沙黄泥和矿子黄泥,土壤呈微酸性,适宜多种植物生长。项目区岩溶区土地总面积6.9万亩,其中石漠化土地面积为4.4万亩,占岩溶区土地总面积的63.99%,生态环境有待提高。模式区川东最大的天然岩溶湖泊——天池和华蓥山旅游资源优势,是华蓥市生态旅游的重要区域,发展潜力巨大。

(2)治理思路

以华蓥旅游总体开发为契机,充分利用川东最大的天然岩溶湖泊——天池和华蓥山旅游资源优势,加强石漠化土地的生态修复与景观营建,着力解决水利设施,改善生产条件等基础要素,积极引导群众发展以农家乐为载体的生态旅游和生态观光农业,使村民由山上经营转变为山下经营、由粮食生产转变为经营林果和旅游服务业。

(3)主要技术措施

封山育林:对天池伍家坳、仁和、向和等岩石裸露、立地条件差的中度以上石漠化区域,在疏林地、宜林地及低质低效灌木林地、有林地采用自然生态恢复和人工促进措施,实施封山育林面积3900亩,以全封方式进行管理。设立封山育林育草标志,落实了管护人员和管护措施。

人工造林:结合华蓥市的生态旅游建设布局、近郊观光休闲,重点在天池镇仁和村、伍家坳村栽植优质桃、优质李等营养价值较高的经济林,在华龙上坝桥村、观音溪李子垭村、田坝子村栽植速生林;在荒坡地带栽植耐干旱、耐瘠薄的刺槐、黄花决明、柳杉等树种;在天池湖周、观音溪天(池)石(林)旅游廊道栽植香樟、垂柳、柳杉、女贞等常年绿色植物,形成四季林相景观各异的风景林,实现石漠化土地的治理,同时,打造天池湖、石林景区等旅游自然景观,提高旅游景区的生态环境与景观质量。

配套措施:加强对旅游区内的基础设施与服务设施建设,并引导周边群众大力发展以农家乐和观光农林业,增强农村经济发展动力。

(4)案例成效分析

通过采取封山育林和人工造林相结合的生态修复,模式区在近10年来,林草植被得以大量恢复,目前已治理和保护面积达4.8万亩,森林覆盖率提高12.8%,有林地面积增加8.1%。项目区每年减少土壤侵蚀量达9280t,年固定二氧化碳15.3万t,释放氧气13.4万t。已种植的林木进入采伐期后,预计每年增加木材5.6万t,年增产值725万元。项目建设促进了天池湖-石林景区沿线及中部区域农家乐和相关服务业(餐饮、住宿等)发展,预计每年可增加7万游客至华蓥旅游观光,按人均消费200元/d,以2d计算,每年将增加旅游收入2800万元,经济效益显著。工程实施大规模林草植被建设,带动基地及林果业、畜牧业及旅游服务业等相关产业的发展,将为农村剩余劳动力提供更多的就业机会,有利于社会和谐安定。同时,在项目实施过程中,对项目区群众进行各类专业技术培训,使其熟练掌握一、二门实用技术,极大地提高群众生产技能和管理水平。

2. 天池镇仁和村石漠化分区治理模式

华蓥市天池镇仁和村位于华蓥市国家级4A级景区天池湖北岸,总人口1442人,总面积11800亩,由于1958年的"大炼钢铁",造成植被严重破坏,水土流失严重。仁和村属川东地区典型的岩溶地貌,石漠化极为严重,石漠化发生率达95%以上,生态环境恶劣,农民长期处于贫困状态,为了改变这一贫穷落后的现状,增加农民收入。自1996年以来,华蓥市开始对仁和村实行生态治理,利用飞播造林、退耕还林、天保工程等工程项目,采取分区治理的模式进行治理。如在山上立地条件较差的在土缝栽植刺槐、柏木、车桑子等耐干旱生态林并实行封育措施,加强管护,减少人为破坏。在农民房前屋后栽植香樟、李、桃等,以尽量减少水土流失,在湖边海拔483~485m处栽植保土能力较强的柳树、银桦等高大乔木,以提高旅游景观,对海拔485m至山脚下中间部分的贫瘠农耕地利用退耕还林工程、天保工程等工程项目栽植梨、桃、李、葡萄等经济林木,以提高农民收入。

通过综合治理,天池镇仁和村的石漠化扩展趋势得到有效遏制,群众生产、生活条件明显改善,取得了良好的生态、经济和社会效益,如今的仁和村成为了旅游、度假胜地,涌现出了诸如天龙山庄、葡萄山庄等一大批农家旅游示范点,项目区贫困人口从1990年以前的1220人减少到现在的103人,人均纯收入由625元提高到现在的2400多元,土壤侵蚀量减少了85%以上,森林覆盖率提高了16个百分点。

3. "草圈养"产业发展

(1) 自然条件概况

该治理区位于华蓥市观音溪镇,地处华蓥山脉中段西缘的中低山区,土地总面积47km^2,石漠化面积9.90km^2,基岩裸露率高,土壤瘠薄,地被主要以杂灌为主,"乱石旮旯地,牛都进不去,春耕一大坡,秋收几小箩",是当地生产生活条件的真实写照,农村缺乏增收渠道。

(2) 治理思路

以实施"种草+圈养牲畜"为突破口,采取"政府引导、业主运作、以场带户、利益共享"的运作机制,发展林下种草,提高植被覆盖度,防止水土流失;配套建设棚圈,带动草食畜牧业发展,促进农民增收。

(3) 主要技术措施

草种:选择抗旱耐寒能力强、根系发达、分蘖力强、生长迅速、耐割耐牧、再生能力强、保水保土性能好的黑麦草作为主要草种。

种植：采用撒播及条播相结合的方式种植。

圈养：根据项目实施村的养殖实际情况，建设便于粪便清扫，保持圈舍干燥的高床式羊圈，实施山羊圈养，遏制牲畜啃食项目区植被现象的发生。

水利水保设施：配套蓄水池、管网等小型水利水保设施，保障种植、养殖用水，提高土地生产力。

能源工程：整合沼气项目，处理牲畜粪便，沼渣沼液用于林下种植，实现清洁、循环发展，保护了生态环境。

（4）案例成效分析

用高效优质牧草饲养牲畜，改良肉质品质，降低饲料成本，提高养殖的经济效益。林下种草，林草结合，提高植被盖度，拦阻径流，防止地表冲刷和水土流失。沼气池的合理利用，减少森林资源消耗，巩固了植被保护的成果。

4. 天池镇石漠化土地综合治理

（1）自然条件概况

该治理区位于华蓥山脉中段西缘的华蓥市天池镇天池湖流域，土地面积5.8万亩；属四川盆地亚热带湿润季风气候区，气候温和，雨量充沛，四季分明，年均气温16.9℃，年均降水1282mm，有效积温5315℃，无霜期280d，年均日照1240h；治理区内土壤多为冷沙黄泥和矿子黄泥，土壤呈微酸性，适宜多种植物生长，但土层瘠薄，保水、保肥能力较差，石漠化严重，多为石旮旯地。

（2）治理思路

以改善治理区人民生产生活条件为出发点和落脚点，坚持治理与旅游开发相结合，与增加林草植被、改善生态环境与提高农户收入相结合，建立区域、类型两优化，生态、经济效益两提高的治理模式，提高治理效果；通过加强人工造林、封山育林、增加植被覆盖度，遏制水土流失，同时抓好蓄、引、排、灌等基础设施建设，提高治理区人民的生产生活水平，实现生态、经济、社会效益统一协调发展。

（3）主要技术措施

树种选择：在土层瘠薄的荒坡，选择耐旱树种造林，主要种植窄冠刺槐、黄花槐等；在土层较深厚的地段主要种植优质桃、李、核桃等特色经果林，在环天池湖公路以外发展优质李，环天池湖公路以内及沈家梁子发展优质桃，峨风庵发展优质核桃；在天池湖及湖心月亮岛、沈家梁子周围的洪水水位线以上10m宽范围内营建香樟、垂柳防护林带。

整地：根据造林地现状，主要穴状整地。整地时应尽可能地保留造林地上的原有植被。

植苗造林：裸根苗造林为主。栽植时要保持苗木立直，栽植深度适宜，苗木根系伸展充分，填土一半后提苗踩实，再填土踩实，最后覆上虚土有利于排水、蓄水保墒。造林时间选在2~3月或9~10月。

抚育管理：一是幼林抚育。新造林连续抚育3年以上直至郁闭成林；主要包括除草、松土、培土、正苗等；每年抚育2次，第一次在5~6月，对幼苗进行窝抚，主要是松土施肥，铲除幼苗周围80~100cm范围内的杂草；第二次抚育一般在8~9月进行砍抚，砍除幼苗地内的杂草、杂灌。二是施肥。经济林施用基肥采用充分腐熟的有机肥；基肥要1次施足，在栽植前结合整地施于穴底，施肥时应当与土搅拌均匀，并回填盖2~3cm土壤，栽植时苗木根系不能与肥料接触，防止肥料烧苗；追肥根据根系分布特点，将肥料施在根系分布层内稍深、稍远处，诱导根系向深度、广度生长，形成强大根系，增强树体抗逆性。灌溉的时间、次数、数量和方法，根据治理区气候条件、土壤水分状况及林木生长发育情况而定。护林防火，落实人员，加强巡山护林，防止人畜践踏和森林火灾发生。三是病虫防治。加强监测预警，发生林业有害生物危害时，按病虫害防治相关技术标准进行除治。

配套措施：实施封山育林，建设羊、牛圈舍，实施林下种草，减少草食牲畜对林草植被的破坏，修建蓄水池、沉砂池、截水沟、灌（排）渠、生产道路等小型水利水保工程，减少水土流失，提高土地生产力。

（4）案例成效分析

通过3年综合治理，完成石漠化土地治理面积5.0万亩，有效遏制7700亩潜在石漠化土地的扩展趋势。新增林地面积4130亩，预计提高森林覆盖率19.94个百分点。此外，开展林下种草面积450亩，增强了林草植被的生态防护功能，促进生态环境的尽快改善；治理水土流失面积近1.2万亩，每年可减少土壤侵蚀11231t，增加蓄水能力12.69万m^3；每年可固定二氧化碳11.71万t，释放氧气9.4万t；每年可吸收二氧化硫932.4t。各项工程治理措施全部发挥效益后，每年增加林果产值246.88万元，实现种草圈养后，养羊数量增加800只以上，新增产值48万元；项目建设将带动天池湖生态旅游业和相关服务业（餐饮、住宿等）发展，据华蓥市旅游局预测，每年将多吸引5万游客，按人均消费200元／d计，每年将增收入1000万元。同时，增加农村劳动力就业机会，有利于社会和谐安定。

第八章 四川省石漠化研究及政策综述

第一节 四川省岩溶区石漠化土地植被恢复应用技术研究

一、研究概论

（一）研究背景与意义

1. 国内外研究现状

（1）国外研究现状

近30多年来，世界上许多国家都十分重视对岩溶环境问题的研究。1979年H.E.Legrad首次提出了岩溶区的生态环境问题。1983年在美国科学促进会第149届年会上，正式把岩溶和沙漠边缘地区等同地列为脆弱环境。国外早期的岩溶研究侧重地质成因、地貌特征、水文特征及发育过程，结合经济社会发展需要，对岩溶水文地质、工程地质、地球物理勘探、岩溶洞穴、岩溶发育理论等做了大量研究。目前比较关注岩溶环境的理论基础和应用研究，诸如退化岩溶生态系统的恢复重建，生物多样性保护，岩溶区人口—资源—环境与区域经济发展等。但因世界其他各国石漠化发生几率小，且分布相对零散、面积小、危害轻，因而在国际上针对岩溶区石漠化土地植被恢复开展的专题研究不多。

（2）国内研究现状

长期以来，我国岩溶区的自然环境与社会经济活动之间处于不协调状态，石漠化给社会和生态环境带来了严重的影响。20世纪90年代，开始重视石漠化研究，逐步开展了岩溶区石漠化现状、成因、过程、危害和机制研究。特别是近年来，开展了以水土保持、植被恢复及生态重建为目标的预防和治理示范工作，取得了一些成效。

王德炉（2005）根据岩性、小生境种类及组合、土壤特性等基本特征，将石漠化土地划分为2大类型，即显性石漠化和隐性石漠化。也有学者按照岩性和地貌类型组合（周政贤等，2002）或仅按地貌类型组合（熊康宁，2002），将石漠化划分为不同的类型区，这种划分主要是从植被恢复的角度出发，着眼于土地利用方向的研究。

石漠化现状评价是对石漠化现在状态客观、准确地综合描述，是持续研究及治理工作的基准尺度。目前石漠化现状评价体系一种是以植被因子为主体构建，同时包括土壤和地质因子（王德炉，2003；李瑞玲等，2004）；另一种是以植被和土壤盖度为主，包括基岩裸露度、坡度、土壤厚度组成的指标体系（熊康宁等，2002）。

石漠化危险性评价是根据干扰类型、强度、频度和持续时间等因素对石漠化土地的发展趋势进行预测。胡宝清（2004）对石漠化的预警体系从地表形态、生态过程、人类诱发作用、灾害时空分布规律、地质和生态环境进行了研究。李瑞玲等（2004）提出了坡度、岩性、地貌、人口密度和陡坡耕地率等指标对石漠化危险性进行了评价。目前石漠化危险性评价研究尚处于开始阶段。

根据近年来石漠化治理试点示范的主要经验，以退化土地系统为对象，提出了一系列综合治理措施和模式（甘露，2001；钟爱平，2000；苏维词，1998；王克林，1999）。高瑞华等（2011）根据贵州省地质地貌条件的特殊性，研究建立了贵州省强度石漠化土地立地分类系统。梅再美等（2004）分析了贵州喀斯特石漠化土地的主要类型和形成过程，提出了不同强度等级石漠化土地的植被恢复途径与对策，以及不同强度石漠化土地的植被恢复技术。王进杰（1985）探讨了福泉县岩溶区植被恢复途径，并对适宜于该县的造林树种作出了选择。

2. 研究的意义

四川省岩溶区石漠化土地具有面积大、程度深、分布广和区域特点明显等特征，其日趋恶化的脆弱生态环境制约了区域经济和社会的发展，岩溶区的人口、生存、能源、发展等诸多问题摆在了各级党委和政府面前。

近年来，党和国家领导人不仅明确指示"要加大石漠化治理力度"，还多次提出"要扎实搞好石漠化治理工程"，并于2008年2月由国务院批复了《岩溶区石漠化综合治理规划大纲（2006—2015年）》，国家发展和改革委员会在"十一五""十二五"期间安排了300个县（市、区）的石漠化综合治理试点工程，其中四川省有16个试点县（市、区）。岩溶区是一特殊区域，在试点工程实施过程中，没有系统全面的植被恢复技术可采用，包括立地分类系统，植被恢复适生树（草）种选择，植被恢复模型典型设计等应用技术。本研究正是基于石漠化综合治理试点工程中这一技术空白而开展，具有很强的针对性和目的性，研究成果不仅能够为相关部门开展石漠化治理提供技术支撑，也能为其他生态脆弱区植被恢复与重建和生态综合治理提供借鉴。因此，四川省岩溶区石漠化土地植被恢复应用技术研究具有十分重要的现实和长远意义。

（二）研究目标与内容

1. 研究目标

鉴于四川省岩溶区石漠化土地具有分面积、大布广、程度深等特点，且涉及川中丘陵区、川南盆地边缘区、川东平行岭谷区和川西南山地区等区域，分布于雅砻江、金沙江、岷江、嘉陵江、沱江等流域，研究的总目标是：在对四川省岩溶区全面深入调查分析研究、深刻认识的基础上，对不同区域、不同立地条件和不同程度的石漠化土地采用不同的植被恢复技术措施，为实现石漠化程度减轻，并向潜在石漠化或非石漠化土地的逆转提供一套完整、系统的应用技术。

2. 研究内容

目前国内石漠化土地治理有生物治理、工程治理和生物与工程相结合的治理措施。研究以四川省岩溶区石漠化土地植被恢复技术措施研究为目的，包括岩溶区石漠土地立地分类系统建立、树（草）种选择、植被恢复等技术。主要研究内容如下：

①岩溶区石漠化土地特征分析；

②岩溶区生态环境脆弱性评价；

③岩溶区生态环境与植被恢复的关联性分析；

④岩溶区立地类分类研究；

⑤石漠化土地植被恢复的乔、灌、草、竹、藤等树（草）种选择；

⑥石漠化土地植被恢复模型典型设计。

（三）技术路线与研究方法

1. 技术路线

在全面掌握四川省岩溶区石漠化状况的基础上，结合石漠化土地治理过程中植被恢复存在的实际问题，综合运用地貌学、地质学、气候学、生态学、土壤学、植物学、造林学等多学科知识，采取调查研究与分析评价、归纳总结相结合的方式，开展本项研究。其技术路线见图8-1。

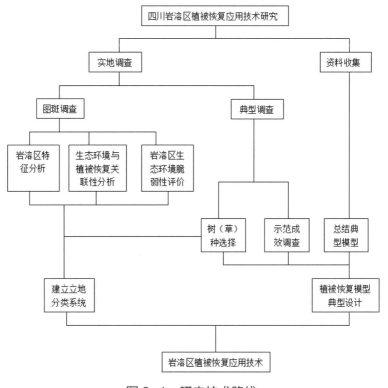

图8-1 研究技术路线

2. 研究方法

（1）外业调查

①图斑调查

按照《岩溶区石漠化监测技术规定》（国家林业局，2011年修订）规定的方法开展图斑区划与调查，其主要方法是"3S"技术与地面调查相结合，以地面调查为主。运用遥感（RS）、全球定位系统（GPS）进行图斑区划。在区划的基础上，通过地面调查调查相关因子，获取岩溶区石漠土地相关信息。主要包括岩溶区土地类型调查、石漠化程度调查、土地利用类型调查、环境因子调查。采用地理信息系统（GIS）进行图斑与数据信息管理。

a. 岩溶区土地类型调查

岩溶区土地分为石漠化土地、潜在石漠化土地和非石漠化土地3大类。

b. 石漠化程度调查

石漠化分为轻度石漠化（Ⅰ）、中度石漠化（Ⅱ）、重度石漠化（Ⅲ）和极重度石漠化（Ⅳ）4级。

c. 土地利用类型调查

调查岩溶区土地的利用类型，包括林地（有林地、疏林地、灌木林地、未成林造林地、无立木林地、宜林地等）、耕地（水田、旱地）、草地（天然草地、改良草地、人工草地）、建设用地、水域、未利用地（裸岩、荒草地、干沟和其他未利用地）。

d. 环境因子调查

环境因子调查主要包括地貌、岩溶地貌、海拔、坡度、坡向、基岩、基岩裸露度、土壤（类型、厚度、质地）、植被（植被类型、优势植物种类、起源、盖度、植被生长状况）。

e. 植被恢复措施调查

调查图斑石漠化土地的治理状况，主要调查治理所采用的树（草）种、造林技术措施、幼林抚育措施等。

②典型调查

选取典型调查点布设标准地开展调查。立地因子调查，调查各标准地地貌（含岩溶地貌）、坡度、坡向、海拔、基岩、母质、土壤类型、土层厚度、基岩裸露度、植被盖度、主要植物种类（乔、灌、草、竹、藤等）、植被类型等。植被恢复技术措施调查，对岩溶区近年人工造林（种草）实施地块进行调查，记载立地条件、造林树（草）种、混交方式及比例、整地方式及规格、造林方式、造林时间、种苗情况、初植密度（株行距）、补植株数、施肥情况（种类、用量）、灌溉情况，以及幼林抚育情况等。调查人工造林（种草）成活情况、保存情况、生长状况。

③资料收集

收集岩溶区气候、地质、地貌、土壤、水文、水土流失、社会经济状况等专项资料。收集试点工程县历年石漠化综合治理工程实施方案，过往相关研究资料及论文，营造林技术总结等资料。

（2）内业分析及成果编制

①岩溶区石漠化土地特征及生态环境脆弱性评价

根据图斑调查资料，结合收集的水土流失和社会经济状况资料，统计分析岩溶区石漠化土地存在的特征，并采用指数分析方法，选择生态脆弱性评价指标，构建起岩溶区生态脆弱性评价指标体系，再利用GIS的空间叠加功能，通过模型的空间识别、运算，对岩溶区生态环境脆弱性进行评价，并开展岩溶区生态环境与植被恢复的关联性分析。

②立地分类

采用综合分析法，运用图斑调查资料、典型调查资料和收集的相关资料，综合分析岩溶区不同区域的特征和岩溶区的立地特征，确定各级立地单元分类（区）的主导因子，划分立地区、立地类型组、立地类型，建立岩溶区立地分类系统。

③树（草）种选择

采用综合归纳、典型对比等方法选择岩溶区的适生树（草）种。运用图斑调查资料、典型调查资料和近年来石漠化综合治理实施方案等资料，结合树（草）种本身的生物学、生态学特性，综合分析树草种的适宜性，并与同一树（草）种在优良地块上的表现对比，确定岩溶区适生的树（草）种。

④植被恢复模型设计

定性与定量结合：定性分析是对国内外已有的岩溶区石漠化治理植被恢复成果、植被恢复技术、各地的植被恢复经验进行总结、分析和归纳，从中寻找符合岩溶区立地条件的各项植被恢复技术。定量分析则通过收集和整理典型调查资料，将有关因子进行量化处理，提出有关植被恢复技术和典型设计的技术标准和规范。

典型对比分析：将林木生长好、生态效益高的调查样地和林木生长差、生态效益低的样地进行对比分析，探寻适宜的植被恢复技术措施。

综合归纳法：将调查、收集的资料和上述方法分析的结果，结合立地条件综合归纳，以图、表、文相结合方式设计出各植被恢复模型。

二、四川省岩溶区生态环境脆弱性评价

（一）指标体系的构建

岩溶区生态系统具有复杂性、多样性、不确定性等特征。因而，针对不同的评价尺度和评价目的，选择合适的评价指标是正确评价岩溶区生态环境脆弱性的关键，指标必须具有以下特征：相关性，与脆弱环境紧密相关；可理解性，能理解指标的含义；可靠性，能准确描述岩溶生态环境；数据易得性，数据容易获取，并能提供适时信息。根据以上原则，选择基岩类型、基岩裸露度、地形坡度、土层厚度、地貌类型（岩溶地貌）、水土流失、

植被类型、植被盖度、土壤类型、旱涝灾害承灾能力、石漠化程度和土地利用类型等为评价指标。指标可分为影响指标、状态指标和响应指标3类。

影响指标与环境受到不同方面的压力、制约、威胁、损害有关,包括形成区域生态环境的自然条件影响,与自然条件有关的指标包括基岩类型、岩溶地貌和地形坡度;与人为因素有关的指标包括土地承载力、土地利用类型(方式)等。

状态指标是指在人为因素和自然因素的作用下,生态环境的退化状态或某一方面的状况。这类指标与环境质量有关,用自然环境的物理特征来描述。分为土壤和植被2类,土壤类包括土壤类型、土层厚度和基岩裸露度;植被类有植被类型、植被覆盖度等。

响应指标是各种驱动力和影响因素对岩溶环境作用的结果,如石漠化程度、水土流失和对洪涝灾害的承灾能力等。指标体系见表8-1。

表8-1 岩溶区生态环境脆弱性评价指标

指标类型	类别	指标	参数
影响指标	基岩	基岩类型	
	地貌	地貌类型	岩溶地貌
		地形坡度	坡度
	社会因素	土地利用类型	
		土地承载力	
状态指标	土壤	土壤条件	土壤类型、土层厚度
		基岩裸露度	岩石裸露度
	植被	植被覆盖度	植被综合覆盖度
		植被类型	植被群落结构
响应指标	石漠化程度	石漠化程度	轻度、中度、重度、极重度
	自然灾害	洪涝灾害	自然环境对灾害的承灾能力
	水土流失		岩溶区水土流失严重范围的分布状况

(二)评价指标特征分析

根据2011年四川省岩溶区石漠化监测数据和《岩溶区石漠化监测技术规定》,统计分类整理得到四川省岩溶区石漠化土地生态环境脆弱性指标评价分组区间基础数据,各指标整理后的分组基础数据如下。

1. 基岩类型

四川省岩溶区基岩以石灰岩为主,面积达265.7万 hm^2,占岩溶区面积的95.66%,其次是白云岩(表8-2)。

表8-2 岩溶区基岩类型面积统计表

基岩类型	面积/hm^2	占岩溶区面积比例/%
合计	2777267.7	100.00
白云岩	120580.8	4.34
石灰岩	2656686.9	95.66

由于岩溶区基岩主要为碳酸盐类的石灰岩,其主要成分具可溶性,而其成土过程极其缓慢,从而导致土层浅薄,土被不连续,碳酸盐类基岩是岩溶生态环境脆弱的背景条件。

2. 基岩裸露度

基岩裸露度是岩溶区土地石漠化和判定石漠化程度的重要依据,是岩溶生态环境脆弱性的主要评价指标之一。统计表明,四川省岩溶区非石漠化土地(基岩裸露度<30%)占岩溶区土地面积的45.97%,潜在石漠化和石漠化土地占岩溶区面积的54.03%。其中,基岩裸露度30%~39%的面积占岩溶区面积26.66%,40%~49%占14.99%。各基岩裸露度范围面积和占岩溶区面积的百分比见表8-3、图8-2。

表 8-3 岩溶区基岩裸露度面积统计表

基岩裸露度	面积 /hm²	占岩溶区面积的比例 /%
合计	2777267.7	100.00
30% 以下	1276544.3	45.97
30%~39%	740543.6	26.66
40%~49%	416203.8	14.99
50%~59%	194779.4	7.02
60%~69%	102505.6	3.69
70% 以上	46691.0	1.67

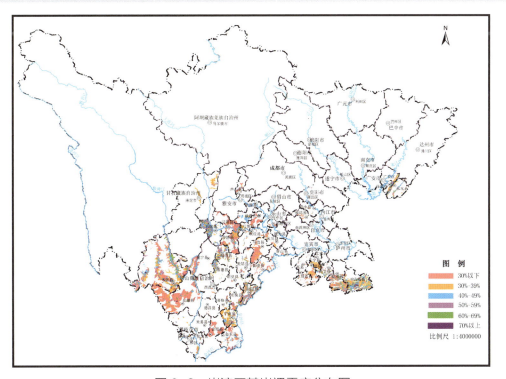

图 8-2 岩溶区基岩裸露度分布图

3. 岩溶地貌类型

四川省岩溶区岩溶地貌主要有6种类型，即峰丛洼地、孤峰残丘及平原、岩溶槽谷、岩溶丘陵、岩溶山地和岩溶峡谷。岩溶山地和岩溶槽谷分布面积最大，两者面积达190.0万 hm^2，占岩溶区面积的68.42%，面积最小的是峰丛洼地、孤峰残丘及平原，两者仅占岩溶区面积的1.16%。岩溶地貌是岩溶区生态环境脆弱的直观表现（表8-4、图8-3）。

表 8-4 岩溶地貌面积统计表

岩溶地貌	面积 /hm^2	占岩溶区面积比例 /%
合计	2777267.7	100.00
峰丛洼地	16555.1	0.60
孤峰残丘及平原	15550.1	0.56
岩溶槽谷	913306.8	32.89
岩溶丘陵	240605.2	8.66
岩溶山地	986678.7	35.53
岩溶峡谷	604571.8	21.77

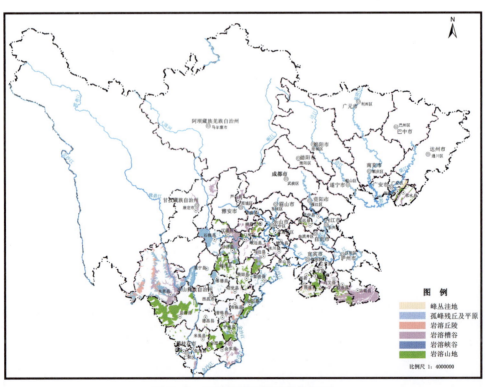

图 8-3 岩溶区岩溶地貌分布图

4. 地形坡度

根据《岩溶区石漠化监测技术规定》，四川省岩溶区地形坡度划分为平坡（＜5°）、缓坡（5°~14°）、斜坡（15°~24°）、陡坡（25°~34°）、急坡（35°~44°）、险坡（≥45°）6个等级。岩溶区土地面积按坡度级分布情况为斜坡＞陡坡＞急坡＞缓坡＞险坡＞平坡，各坡度级面积依次为93.4万 hm²、87.0万 hm²、41.7万 hm²、32.1万 hm²、17.3万 hm²、6.3万 hm²，分别占岩溶区土地面积的33.62%、31.32%、15.02%、11.55%、6.24%、2.26%（表8-5、图8-4）。坡度与水土流失、植被恢复与生长关系密切，不同的坡度级在一定程度上可以体现生态环境不同的脆弱等级，坡度越大环境越脆弱。

表8-5 岩溶区土地坡度级面积统计表

坡度级	面积 /hm²	占岩溶区面积比例 /%
合计	2777267.7	100.00
平坡	62709.8	2.26
缓坡	320660.7	11.55
斜坡	933748.1	33.62
陡坡	869704.6	31.32
急坡	417187.6	15.02
险坡	173256.9	6.24

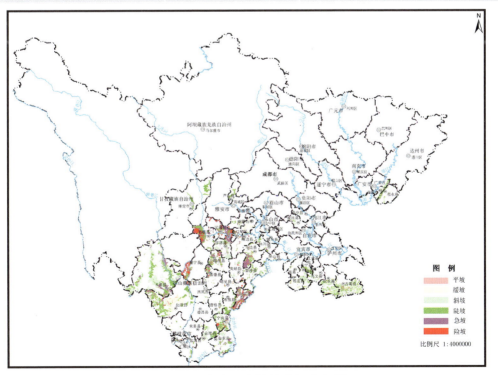

图8-4 岩溶区土地坡度级分布图

5. 土地利用类型

四川省岩溶区土地利用类型以林地和耕地为主，耕地以旱地居多。在岩溶区内耕地面积占岩溶区县（市、区）面积和岩溶区面积的37.98%、20.80%，林地面积占岩溶区县（市、区）面积和岩溶区面积的31.94%、70.36%（表8-6、图8-5）。土地利用强度与土地石漠化密切相关，开垦和过度利用耕地，导致生态环境越来越脆弱。

表8-6 岩溶区土地利用分类面积统计表

土地利用类型	岩溶县（市、区）面积 /hm²	岩溶区面积 /hm²	占岩溶县（市、区）面积比例 /%	占岩溶区面积比例 /%
合计	10477967.8	2777267.7	26.51	100.00
耕地	1520922.8	577715.6	37.98	20.80
林地	6117340.8	1954090.6	31.94	70.36
草地	1638861.7	102313.2	6.24	3.68
建设用地	196049.4	16653.2	8.49	0.60
水域	212558.2	9863.2	4.64	0.36
未利用地	792235.0	116631.9	14.72	4.20

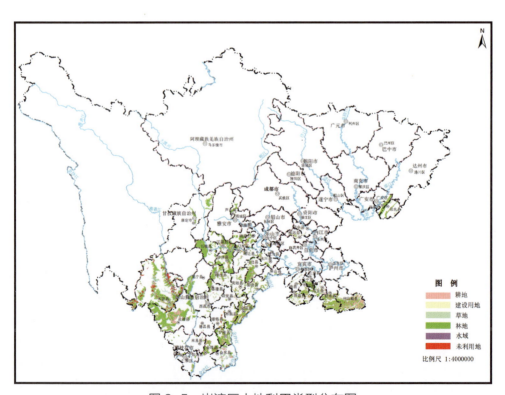

图8-5 岩溶区土地利用类型分布图

6. 土地承载力

根据调查资料统计，岩溶区粮食单产小于 3 t/hm² 的有 12 个县（市、区），3~7 t/hm² 的有 14 个县（市、区），大于 7 t/hm² 的有 14 个县（市、区），粮食单产较高的县主要集中在川中丘陵区和川南盆地边缘区，川西南山地区单产最低。胡衡生等（2001）对土地人口承载力分析表明，土地人口承载力可以以人均消费粮食水平的高低来衡量，联合国粮农组织和世界卫生组织认为满足人们正常生理活动需要的最低热量标准为平均每人 8.78×10^6 J；中国营养学会专家计算人均摄入量的正常值为 1×10^7 J，最低 8.78×10^6 J，如以 8.78×10^6 J 作为个人每天维持生存的最低摄入量，人均 400 kg 粮食可满足 1×10^7 J 热量，人均 210 kg 粮食可满足 8.78×10^6 J 热量。按照该标准，人均粮食大于 400 kg 则属于载量富余地区；人均粮食介于 300~400 kg 则属于临界地区；人均粮食介于 210~300 kg 则属于超载地区；人均粮食小于 210 kg 则属于严重超载地区。图 8-6 所示，四川省岩溶区富余地区有 8 个县（市、区），临界地区有 7 个县（市、区），超载地区有 8 个县（市、区），严重超载地区有 21 个县（市、区），严重超载县最多。

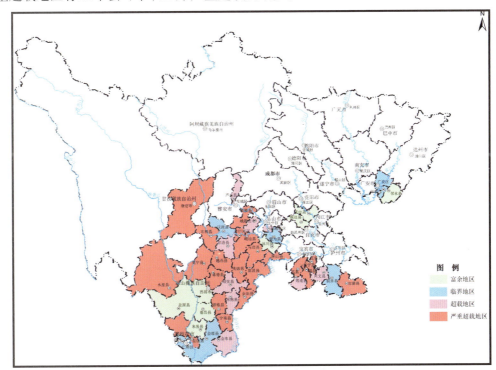

图 8-6 岩溶区土地承载力示意图

7. 土层厚度

根据《岩溶区石漠化监测技术规定》土层厚度的划分标准，土层厚度划分为中厚（≥40 cm）、薄（20~39 cm）、较薄（10~19 cm）和极薄（<10 cm）4 个等级，四川省岩溶区土地土层厚度以薄层和较薄层为主，其中薄层土面积 102.9 万 hm²，占岩溶区土地面积的 37.05%；较薄层土面积 80.2 万 hm²，占岩溶区土地面积的 28.89%。另外，极薄层

土面积66.8万 hm^2，占到岩溶区土地面积的24.05%（表8-7、图8-7）。

表8-7 岩溶区土壤土层厚度面积统计表

土层厚度	面积/hm^2	占岩溶区面积比例/%
合计	2777267.7	100.00
中厚	278119.2	10.01
薄	1028929.3	37.05
较薄	802261.5	28.89
极薄	667957.7	24.05

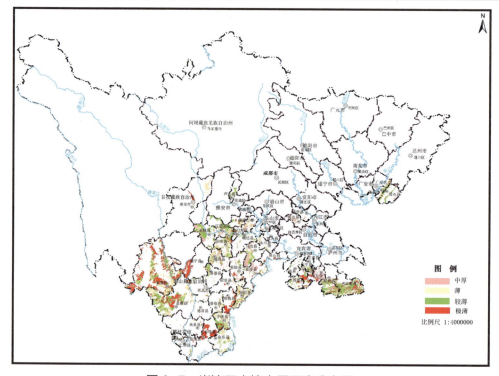

图8-7 岩溶区土壤土层厚度分布图

8. 土壤类型

四川省岩溶区土壤覆盖区面积263.4万 hm^2，占岩溶区面积94.85%，非土壤覆盖区（水域、建设用地、裸岩等）面积14.3万 hm^2，占岩溶区面积的5.15%。岩溶区土壤类型主要有黄壤、黄色石灰土、黑色石灰土、红色石灰土和棕色石灰土。其中，黄壤在岩溶区均有分布，黄色石灰土和黑色石灰土主要分布在川中丘陵地区、平行岭谷区和川南盆地边缘山地区，红色石灰土和棕色石灰土主要分布在川西南山地区。黄壤、黄色石灰土、黑色石灰土、红色石灰土、棕色石灰土面积分别占岩溶区土壤面积的18.36%、24.43%、6.34%、7.84%、43.03%（表8-8、图8-8）。

表 8-8 岩溶区土壤类型面积统计表

土壤名称	土壤覆盖区面积 /hm²	占土壤覆盖区面积比例 /%
合计	2634119.4	100.00
黑色石灰土	167124.9	6.34
红色石灰土	206606.1	7.84
黄色石灰土	643535.4	24.43
棕色石灰土	1133339.5	43.03
黄壤	483513.5	18.36

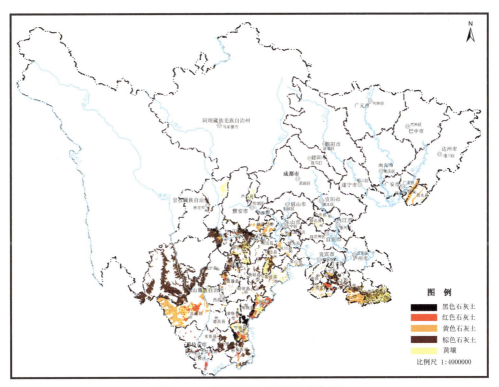

图 8-8 岩溶区土壤类型分布图

9. 植被盖度

岩溶区土地植被盖度是衡量土地石漠化程度的一个重要指标,也是生态环境脆弱程度的客观表现形式之一。四川省岩溶区土地植被综合盖度主要在30%~69%,约占45.05%(表8-9、图8-9)。

表 8-9 岩溶区土地植被盖度面积统计表

植被综合盖度	面积 /hm²	占岩溶区面积的比例 /%
合计	2777267.7	100.00

续表

植被综合盖度	面积 /hm²	占岩溶区面积的比例 /%
10% 以下	59095.3	2.13
10%~29%	80094.5	2.88
30%~49%	533849.4	19.22
50%~69%	717272.6	25.83
70% 以上	809240.3	29.13
30%~49%（耕地）	577715.6	20.81

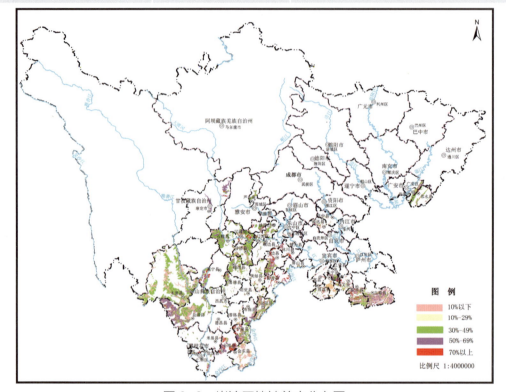

图 8-9　岩溶区植被盖度分布图

10. 植被类型

四川省岩溶区植被类型主要有乔木型、灌木型、草丛型、旱地作物型和无植被型 5 类，以乔木型为主，面积 116.4 万 hm²，占岩溶地面积的 41.92%；其次是灌木型，灌木型面积 72.9 万 hm²，占岩溶区面积的 26.26%（表 8-10、图 8-10）。

表 8-10　岩溶区植被类型及面积统计表

植被类型	岩溶区面积 /hm²	占岩溶区面积比例 /%
合计	2777327.7	100.00
草丛型	161237.3	5.81

续表

植被类型	岩溶区面积 /hm²	占岩溶区面积比例 /%
灌木型	729588.7	26.26
旱地作物型	548677.6	19.76
乔木型	1164146.0	41.92
无植被型	173678.1	6.25

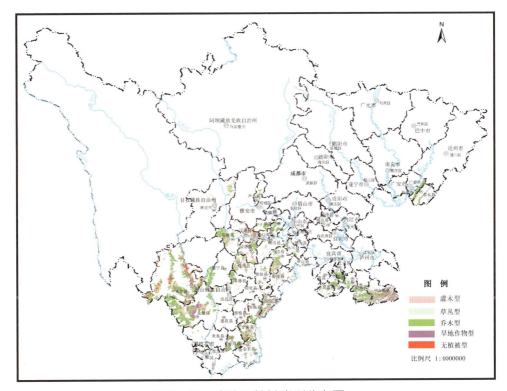

图 8-10　岩溶区植被类型分布图

11. 石漠化程度

四川省岩溶区石漠化土地面积73.2万 hm²，按石漠化程度分，轻度石漠化、中度石漠化、重度石漠化和极重度石漠化土地面积分别为17.7万 hm²、40.5万 hm²、12.7万 hm² 和 2.3 万 hm²，分别占石漠化土地面积的24.2%、55.2%、17.4% 和 3.2%（表8-11、图8-11）。

表 8-11　岩溶区各县石漠化面积统计表（单位：hm²）

合计	石漠化					潜在石漠化	非石漠化
	小计	轻度石漠化	中度石漠化	重度石漠化	极重度石漠化		
2777267.7	731926.3	177120.4	404334.9	127422.2	23048.8	768797.1	1276544.3

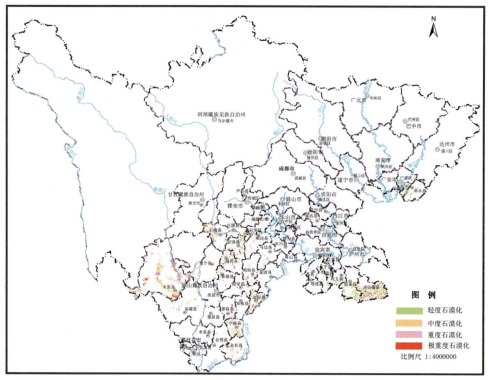

图 8-11　岩溶区石漠化土地石漠化程度分布图

12. 水土流失

水土流失是评价岩溶区生态环境功能必不可少的指标。岩溶区有众多的地下河、洞穴，因此，土壤的流失除了地表流失外，还通过暗河、溶洞等地下通道流失。水土流失不仅减少了土壤，降低土壤养分和有机质的多样性及丰富程度，影响植被、农作物的生长，还造成严重的地质灾害等环境问题，如堵塞河道、水库等（图8-12）。

13. 旱涝灾害承灾力

旱涝灾害是岩溶区生态环境脆弱的重要特征之一，岩溶发育形成了双层岩溶水文地质，地表水留不住，地下水深埋，农田普遍季节性干旱，而大雨来临时，由于排水不畅，在岩溶洼（槽）谷地区易形成涝灾。资料表明，盆地东部所有涝年（包含特涝、大涝、偏涝，下同）出现的频率为25.5%，所有旱年（包含特旱、大旱、偏旱，下同）出现的频率约为34%；盆地中部所有涝年出现的频率为29.8%，所有旱年出现的频率约为31.9%；川西南山地区所有涝年出现的频率为25.5%，所有旱年出现的频率约为31.9%。

有了致灾因子并不意味着某种灾害就一定存在，只有在某种灾害有可能危害承灾体时，才能认为该区域存在该灾害的风险。根据四川省暴雨洪涝灾害风险区划，岩溶区暴雨洪涝灾害承灾体易损性的区域空间分布图8-13。

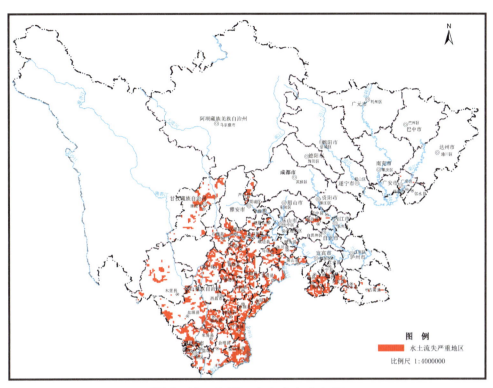

图 8-12　岩溶区水土流失分布图

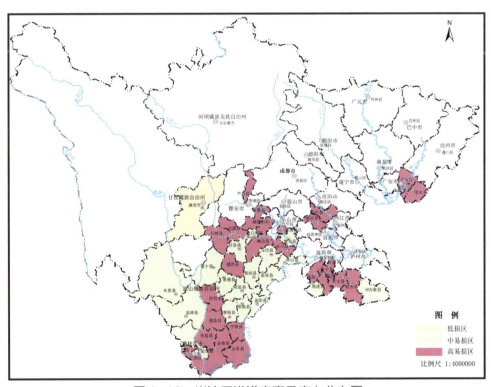

图 8-13　岩溶区洪涝灾害承灾力分布图

（三）评价指标权重确定

采用层次分析法评价岩溶区生态环境的脆弱性。层次分析法是由美国数学家（T.L.Saaty）提出，是一种定性分析和定量分析相结合的综合评判方法，在社会、经济和自然科学等各个领域得到广泛应用。本次评价以长期从事岩溶研究的专家打分为基础，采用1~9及其倒数的标准打分，构造判断矩阵，用方根法计算判断矩阵的特征根及其特征向量，此特征向量就是各评价因子的重要性排序，即权重的分配（表8-12）。

表8-12　评价指标权重表

类别	基岩		地形		土地				植被		灾害		
合计	0.15		0.14		0.31				0.1		0.3		
指标	基岩裸露度	基岩类型	地貌类型	坡度	土地利用类型	土地承载力	土层厚度	土壤类型	植被盖度	植被类型	石漠化程度	土壤侵蚀	旱涝灾害承灾能力
权重	0.05	0.1	0.07	0.07	0.13	0.07	0.07	0.04	0.07	0.03	0.1	0.05	0.15

（四）指标量化处理

依据在评价体系中设定的因子，制作各评价因子的专题信息图件，如数字化基岩、基岩裸露度、地貌类型、地形坡度、土地利用类型、土地承载力、土层厚度等矢量图层，并把矢量数据图层转换成栅格数据图层。所有数据均为100m×100m的栅格，每一栅格为一个基本评价单元。对地形坡度图层，利用地形等高线构造TIN模型，再由高程数据得到坡度数据集，利用GIS的空间分析功能将评价因子的专题信息集成到相应的评价单元。本次数据集成运算采用栅格结构，为了保证不同的专题数据层面具有良好的空间重合性，各数据层采用统一的坐标系和投影系统。

量化指标，由于各评价因子为不同量纲的数据集，不具有可比性，为了合并这些数据集，需要进行量化处理，即给评价因子设置相同的等级体系。这个相同的等级体系就是每一个单元的生态脆弱程度。给定每项指标的分值，易脆弱的属性赋予较高的分值（表8-13）。

表8-13　评价指标分值表

分值	5	4	3	2	1	0
地貌类型	峰丛洼地 峰林洼林	岩溶山地	岩溶峡谷	岩溶槽谷	岩溶丘陵	孤峰残丘及平原
基岩类型	石灰岩	白云岩				
岩石裸露度	>70%	60%~69%	50%~59%	40%~49%	30%~39%	<30%
地形坡度	险坡（>46°）	急坡（36°~45°）	陡坡（26°~35°）	斜坡（16°~25°）	缓坡（6°~15°）	平坡（0~5°）
土地利用类型	未利用地	其他林地、草地	灌木林地	乔木林地	旱地	水域、水田、建筑用地
土地承载力	严重超载地区		超载地区		临界地区	富余地区
土层厚度	极薄		薄		较薄	中厚

续表

分值	5	4	3	2	1	0
土壤类型	棕色石灰土	黄色石灰土	红色石灰土	黑色石灰土	黄壤	
植被综合盖度	<10%	10%~29%	30%~49%	50%~69%	>70%	
植被类型	无植被型	草丛型	灌木型	乔木型	旱地作物型	
石漠化程度	极重度石漠化	重度石漠化	中度石漠化	轻度石漠化	潜在石漠化	非石漠化
土壤侵蚀	剧烈侵蚀	极强侵蚀	强度侵蚀	中度侵蚀	轻度侵蚀	
旱涝灾害承灾能力	高易损区		中易损区		低易损区	

模型运算：各指标重分类后，各个数据集都统一到相同的等级体系之内，根据层次分析法求得的结果，对不同的图层赋权值进行数据集加权合并运算。计算结果显示了各个单元了的脆弱程度，值越高表示环境越脆弱。

$$D_i = \sum_{j=1}^{n}(W_j \times R_j)$$

式中，D_i 为 i 单元的脆弱性评价指数；W_j 为指标 j 的权重，R_j 为指标 j 分值；n 为指标个数。

脆弱性分级：

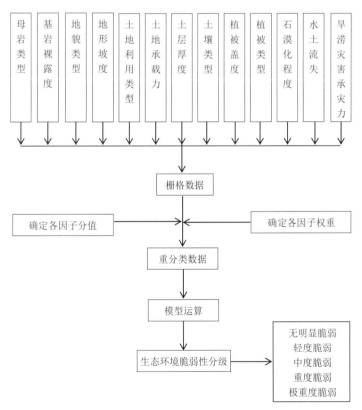

图 8-14 GIS 空间分析模型示意图

由于目前对岩溶区生态环境脆弱性分级尚无统一的标准，没有普遍认可的评价依据，通过在评价模型中设定的规则，把岩溶区生态环境脆弱性划分为无明显脆弱、轻度脆弱、中度脆弱、重度脆弱、极重度脆弱5个等级。结果值 $D\leqslant 1.5$ 为无明显脆弱区，$1.5<D\leqslant 2.0$ 为轻度脆弱区，$2.0<D\leqslant 2.5$ 为中度脆弱区，$2.5<D\leqslant 3.0$ 为重度脆弱区，$D>3.0$ 为极重度脆弱区。

（五）生态环境脆弱性评价结果

根据模型运算，将各脆弱性指标值落实到每一个图斑，以便清楚地反映各图斑的生态脆弱等级，以利于有针对性的采取植被恢复措施和确定利用方向，同时脆弱等级和其他图斑属性同时纳入了四川省岩溶区石漠化土地信息管理系统。结果表明，岩溶区58159个图斑中，极重度脆弱图斑14381个，面积41.5万 hm^2，占岩溶区土地面积的14.94%；重度脆弱24849个，面积89.8万 hm^2，占岩溶区土地面积的32.34%；中度脆弱图斑16381个，面积88.0万 hm^2，占岩溶区土地面积的31.69%；轻度脆弱图斑2072个，面积43.5万 hm^2，占岩溶区土地面积的15.67%；无明显脆弱图斑476个，面积13.9万 hm^2，占岩溶区土地面积的5.36%。面积以重度脆弱和中度脆弱为主，占岩溶区面积的64.03%，其次是轻度脆弱和极重度脆弱。

不同区域脆弱等级面积比例也有一定的差异，川西南山地区，各脆弱区面积分布由大到小为中度＞重度＞轻度＞极重度＞无明显，分别占该区面积的30.19%、26.68%、21.68%、14.46%、6.99%；盆地边缘区，各脆弱区面积分布由大到小为重度＞中度＞极重度＞轻度＞无明显，分别占该区面积的43.70%、34.17%、17.33%、3.12%、1.68%；川中丘陵区，各脆弱区面积分布由大到小为重度＞中度＞极重度＞轻度＞无明显，分别占该区面积的52.16%、37.72%、4.89%、4.04%、1.19%；川东平行岭谷区，各脆弱区面积分布由大到小为重度＞中度＞极重度＞无明显＞轻度，分别占该区面积的49.29%、41.76%、4.39%、4.22%、0.35%。四川岩溶区生态环境脆弱程度分区数据表8-14。

表8-14 岩溶区生态环境脆弱性面积统计表（单位：hm^2）

区域	合计	无明显脆弱	轻度脆弱	中度脆弱	重度脆弱	极重度脆弱
合计	2777267.7	138868.0	435174.3	880239.4	898039.1	414946.9
川西南山地区	1888547.2	132015.0	409477.3	570058.4	503939.0	273057.5
盆地边缘区	794430.2	13352.9	24790.6	271436.3	347174.8	137675.6
川中丘陵区	15702.0	186.3	633.8	5923.3	8190.9	767.7
川东平行岭谷区	78588.3	3313.8	272.6	32821.4	38734.4	3446.1

（六）岩溶区生态环境与植被恢复的关联性分析

前述生态环境脆弱性分析表明，四川省岩溶区生态环境以重度和中度脆弱为主，两者面积之和达177.8万 hm^2，占岩溶区面积的64.03%。生态环境脆弱导致其自身修复能力差，以致岩溶区植被破坏容易恢复困难。自然环境恶劣程度高，植被恢复成功的难度大。生物多样性指数低，动植物群落丰富度不高，生态系统结构简单，以致于植被恢复的环境容量不足、承载力低。

1. 小生境脆弱

岩溶区土地基岩裸露高，基岩裸度≥30%的图斑51302个，占岩溶区图斑数的88.21%，面积150.1万 hm^2，占岩溶区土地面积的54.03%。原本是森林植被和土壤覆盖的土地变成了岩石或仅剩浅薄的土壤；原来可以发挥强大生态功能的森林消失，这就导致植被生长的小生境发生变化，变得十分脆弱。土壤微生物减少或消失，生态系统物质循环、能量流动和信息交流不畅，不利于森林植被的恢复，即便是恢复，人工植物群落二期的稳定性也很差。

2. 立地条件差

岩溶区地表形态崎岖破碎，多为岩溶槽谷、岩溶山地和岩溶峡谷，坡度一般较大，水土流失严重。据统计，岩溶区坡度15°~34°的斜坡和陡坡土地面积达180.3万 hm^2，占岩溶区面积的64.94%。坡度大还极易造成水土流失，前述脆弱性分析表明，岩溶区几乎与水土流失严重区相重叠。土壤瘠薄，生产力低，岩溶区土壤土层以薄层（20~39cm）、较薄层（10~19cm）为主，面积达183.1万 hm^2，占岩溶区面积的65.94%，中厚层（≥40cm）土较少，仅有27.8万 hm^2，占岩溶区面积的10.01%。岩溶区土壤以石灰土为主，氮、磷、钾缺乏，高钙，是其土壤养分的主要特征。立地条件差导致森林植被长势差、生长速度慢、生物产量低，人工植被不能快速郁闭成林。

3. 树（草）种选择困难

因其特殊的地貌、地质和土壤条件，岩溶区树（草）种选择困难。岩溶区旱、涝灾害频发，土壤保水性能差，降水很快渗入地下，随暗河、溶洞等地下通道流失，因此对于不耐干旱特别是季节性干旱的树（草）种不宜选择。岩溶区土壤土层大多浅薄，甚至土壤很少，因此对土层厚度求高的深根性树种不宜选择。岩溶区土壤由石灰岩、白云岩发育而成，大多继承了一些基岩和母质的碱性特征，因而对只适应酸性土壤的树草（种）不宜选择。如此多的不宜就大大的缩小了植被恢复树草（种）的选择空间。

4. 集中成片恢复植被困难

岩溶区土地垦殖指数高，石漠化土地中尚有22.3万 hm^2 耕地。耕地呈块状分布于石漠化土地地块之间，而岩溶区人民对耕地的依赖度很高。因此，不利于集中连片恢复植被，难以构建区域良好的森林生态系统。

三、四川岩溶区石漠化土地立地分类研究

立地分类是根据自然属性的相似性和分异性，划分或组合成不同等级的立地单元。本研究从植被恢复角度出发，针对岩溶区石漠化土地地貌、地质、土壤、植被和生态环境的特殊性研究岩溶区立地分类。立地分类是四川省岩溶区石漠土地植被恢复的基础工作，关系到植被恢复的成败和质量。在分类的基础上通过对立地特征的描述，把握立地的本质特征，选择立地的最佳植被恢复方式和技术措施，达到植被恢复的最佳效果。

（一）立地分类原则

依据四川省岩溶区的自然地理条件，四川岩容区立地分类遵循以下原则。

1. 分区分类的原则

分区具有地域区划的特征和特定的地理位置和空间，是分类系统中高级控制单位。分类是对相似和相异地段进行归并和划分，这些地段可重复出现，在地域上不连续。分区分类是同一立地分类系统中不同水平级的划分。

2. 主导因素原则

岩溶区土地石漠化受多种因素的作用，有自然因素，也有社会因素。以自然因素为立地分类的依据已广泛被人们接受和采用，包括地貌（含岩溶地貌）条件、地形条件、气候条件、石漠化状况、土壤条件等。按不同的分类等级确定一、二个主要因素，划分各级立地单元。

3. 相关性原则

选择的立地因子，必须与植被恢复措施与决定植物生长的因素有关，能客观地反映立地的生产力水平。

4. 科学实用性原则

选择的立地因子必须具有明确的科学含义，且可以直观识别，易于掌握和判定，具有一定的空间尺度。

（二）立地分类等级

分类等级遵循实用性原则，即确定的分类单位应适用于岩溶区石漠化土地植被恢复技术措施的落实。根据岩溶区的自然地理特点，在立地分类原则指导下，对四川省岩溶区石漠土地立地分类采用以下三级分类单位。

1. 立地区（一级）

立地区是立地分类系统中的最高分类单位，它是较大范围的地理区域划分，划分主要依据能反应不同区域特征的因子。划分出的具体区域是一个较大的、完整的生态系统，是由构造地貌形成的大地貌单元。不同立地区之间彼此毗连或相离。立地区代号用罗马

数字表示，如"Ⅰ，Ⅱ，Ⅲ……"。

2. 立地类型组（二级）

立地类型组是分类系统中分类的重要单位，是立地类型的组合，没有特定的地理位置，在同一立地区内可能重复出现。立地类型组代号在立地区代号后加两位数的阿拉伯数字表示，如"Ⅰ-01"表示第Ⅰ立地区第1立地类型组。

3. 立地类型（三级）

立地类型是立地分类的基本单位，也是落实植被恢复技术的基本单位，立地类型之间的差异，就是生态系统的局部差异。一个立地类型即为一个小生境，同一个立地类型，其小地形、土壤特征、石漠化特征、小气候、适宜树种及限制条件都基本相同，并具有相似的生产力。立地类型代号在立地类型组代号后加两位数的阿拉伯数字表示，如"Ⅰ-01-01"表示第Ⅰ立地区第1立地类型组第1立地类型。

（三）立地区的划分

1. 立地区划分依据

地貌条件：地貌即地球表面各种形态的总称。地表形态是多种多样的，成因也不尽相同，是内、外力地质作用对地壳综合作用的结果。内力地质作用造成了地表的起伏，控制了海陆分布的轮廓及山地、高原、盆地和平原的地域配置，决定了地貌的构造格架。而外营力（流水、风力、太阳辐射能、大气和生物的生长和活动）通过多种方式地质作用，对地壳表层物质不断进行风化、剥蚀、搬运和堆积，从而形成了地面的各种形态。地貌是自然地理环境中的一项基本要素，它与气候、水文、土壤、石漠化、植被等有着密切的联系。四川省岩溶区有多种地貌类型出现，主要为丘陵、低山和中山等大地貌。

气候条件：气候是某一地区多年时段大气的一般状态，是该时段各种天气过程的综合表现。气象要素（温度、降水、风等）的各种统计量（均值、极值、概率等）是表述气候的基本依据。由于太阳辐射在地球表面分布的差异，以及陆地、山脉、森林等不同性质的下垫面在到达地表的太阳辐射作用下所产生的物理过程不同，使气候除具有温度大致按纬度分布的特征外，还具有明显的地域性特征。因此气候条件可以反映地域大尺度的差异。四川省岩溶区均属于亚热带，按水平分布可细分为中亚热带和南亚热带（少部分地区），随着地形起伏和海拔高度的不同，有的区域具有北亚热带的特征。

岩溶区石漠化土地分布：四川省岩溶区石漠化土地分布具有明显的区域特征。主要分布在川中丘陵区、川南盆地边缘山地区、川东平行岭谷区和川西南山地区，彼此区域基本不相连，形成了自然分区。

2. 立地区划分结果

按照上述立地区划分的依据，将四川省岩溶区划分为分川中丘陵岩溶立地区、川南盆地边缘岩溶立地区、川东平行岭谷岩溶立地区、川西南山地岩溶立地区。各区主要特征分异见表 8-15。

表 8-15 岩溶区各立地区主要特征

项目	川中丘陵岩溶立地区（Ⅰ）	川南盆地边缘岩溶立地区（Ⅱ）	川东平行岭谷岩溶立地区（Ⅲ）	川西南山地岩溶立地区（Ⅳ）
面积 /hm^2	15702.0	794430.2	78588.3	1888547.2
占岩溶区面积	0.57%	28.60%	2.83%	68.00%
大地貌	丘陵为主	低山为主	丘陵和低山为主	中山为主
海拔高度	400~900m	400~2000m	200~1650m	600~2000m
基岩类型	石灰岩	石灰岩、白云岩	石灰岩	石灰岩、白云岩
气候	亚热带湿润季风气候	亚热带湿润季风气候	亚热带湿润季风气候	亚热带气候
年均温	15~17℃	15~17℃	15~17℃	11~21℃
≥10℃积温	5500~5700℃	5200~5800℃	5000~5700℃	3600~7000℃
年降水量	800~1000mm	1100~1300mm	1000mm 左右	750~1100mm
地下水类型	孔隙水为主	岩溶泉、暗河为主	裂隙水、岩溶水为主	岩溶水、孔隙水为主
地带性植被	常绿阔叶林	常绿阔叶林	常绿阔叶林	偏干性常绿阔叶林
土壤类型	黄色石灰土、黄壤为主	黄色石灰土、黑色石灰土、黄壤为主	黄色石灰土、黄壤为主	红色石灰土、棕色石灰土、黄壤为主
环境脆弱性	重度、中度为主	重度、中度为主	重度、中度为主	中度、重度为主

（1）川中丘陵岩溶立地区

本区包括资中、威远 2 县，属于典型的丘陵地貌，岩溶区面积 1.6 万 hm^2。其主要特征是地势低矮，丘陵广布，溪沟纵横，相对高差小，海拔一般在 400~900m。岩溶地貌发育以三叠系石灰岩为主。

该区气候温和、雨量丰富、热量充足、无霜期长。冬暖夏热，年平均气温 15~17℃，1 月平均气温 6~8℃，7 月平均气温 26~28℃，极端最高气温 41℃，极端最低气温 -5.4℃，≥10℃积温 5500~5700℃。该区热量资源丰富，年总日照时数 1100~1300h，无霜期达 330d。全年有霜日数一般 4~8d，灾害性天气以干旱为主，旱涝交替出现；低温、风、暴雨时有发生。全年气候有明显的冬干春旱现象，夏旱伏旱也时有发生。年降雨量 800~1000mm，多集中在夏季，约占全年降雨量的 60%。

本区自然植被中有典型的亚热带偏湿性常绿阔叶林、竹林和亚热带针叶林分布。除有慈竹、毛竹、大头茶、樟树、马尾松、柏木、杉木、国外松等人工栽培植被外，自然植被几无保存。

（2）川南盆地边缘岩溶立地区

本区包括叙永县、古蔺县、乐山市五通桥区、峨眉山市、犍为县、沐川县、洪雅县、高县、长宁县、筠连县、珙县、兴文县、屏山县13个县（市、区），岩溶区面积79.4万hm²。地势南高北低，是云贵高原向四川盆地的过渡地带，岩溶区石灰岩广泛出露，岩溶地貌普遍发育，岩溶丘陵、峰丛、峰林、漏斗、盆地、槽谷、落水洞、悬泉等岩溶地貌齐全，形成奇峰、异洞等多种岩溶地貌景观，是川南盆地边缘区重要的地貌特征。

该区属亚热带湿润气候区，南部山区立体气候明显。气温较高，日照充足，雨量充沛，四季分明，无霜期长，温、光、水同季，季风气候明显，春秋季暖和，夏季炎热，冬季不冷。但受四川盆地地形影响，夏季多雷雨，冬季多连绵阴雨，全年少有大风，多为0～2m/s的微风。

本区植被中亚热带常绿阔叶林分布面积最大，群落结构复杂。除常绿阔叶林外，亚热带针叶林分布极为普遍，杉木林广泛分布于海拔1500m以下的低山丘陵区，马尾松多分布在土层瘠薄、向阳的低山丘陵顶部，其组成常有多种栎类伴生。竹林的组成种类和类型丰富，不仅分布广泛，面积也很大。竹林中除箭竹属一些种类外，其他四川省所产竹类应有尽有，主要有刚竹属、慈竹属、刺竹属、方竹属、大节竹属、苦竹属和箬竹属等竹类。

该区水系以长江为主脉，河流多、密度大、水量丰富。河流以南向北作不对称的南多北少状河网分布，南部支流多发源于崇山峻岭，故滩多水急；北部支流多发源于丘陵区，水势平缓，岸势开阔。

（3）川东平行岭谷岩溶立地区

本区涉及华蓥山区广安市的广安区、华蓥市、邻水县3个县（市、区），岩溶区面积7.9万hm²。该区地表起伏不大，沟壑纵横分割。华蓥山、铜锣山、明月山三山之间为2个狭长宽缓的槽谷。岩溶地貌发育以三叠系嘉陵江组石灰岩为主。山脉多呈北东走向，其地貌特征是背斜山地陡而窄，背斜山两侧多为单斜中丘或部分高丘；向斜轴部多发育着方山或桌状低山或部分中丘。区内河流属长江的支流——嘉陵江、渠江、大洪河、白水河、芭蕉河水系。流域面积大于5000hm²的河流28条。

本区自然植被由刺果米储林、马尾松林、柏木林和竹林组成，其中以砂页岩或石灰岩发育的山地酸性黄壤上的常绿阔叶林最为典型，混生有大苞木荷、四川大头茶、虎皮楠等。常绿阔叶林被破坏后取而代之的是马尾松林。土层较薄地区则有麻栎、栓皮栎、白栎等为主的低山落叶阔叶林，这种群落经破坏后形成栎类灌丛。在土壤厚而湿润的酸性黄壤上有杉木林分布。在丘陵地段有柏木林，沟谷分布着竹林，主要有慈竹、硬头黄、刚竹和白夹竹林。

（4）川西南山地岩溶立地区

本区包括凉山州、甘孜州、攀枝花市、雅安市、乐山市的28个县（市、区），岩溶区面积188.9万hm²。区内地势起伏，峰峦重叠，断裂构造地貌发育，出露岩层比较齐全，以中山地貌为主。岩溶区岩石以白垩系、侏罗系、三叠系、二叠系、志留系的石灰岩为主。该区新构造运动活跃，地震、泥石流、滑坡、崩塌比较严重。由于不同的地形条件，影响水热再分配，从而使植被、土壤及其组合方式，以及土地资源的环境条件有很大差异，并形成十分明显的区域性特点和区域土地资源开发利用方式。

全区河流纵横，水系发达，除安宁河、大渡河、雅砻江、金沙江外，多数为山地河流，本区地下水资源丰富，以岩溶水、孔隙水为主。

该区主要分布偏干性植被群落，在海拔1000m以下的干热河谷地段，分布为稀树草丛，乔木树种单纯、稀疏，有木棉、红棟子、番石榴、酸角、山麻黄和云南黄杞等。灌木矮小而稀疏，以余甘子、清香木、车桑子和羊蹄甲等为主。草本以喜热耐旱的禾草为主，主要有黄茅、香茅、旱茅、双花草、棕茅和拟金茅等。在海拔1000～1400（1600）m的干热河谷地段（在雅砻江流域可分布至海拔2000m），为干旱河谷灌丛植被，灌木层植被稀疏，有余甘子、清香木、车桑子、白刺花、小角柱花、华西小石积、香茶菜和羊蹄甲。草本以黄茅、香茅和黄背草为主，在江边岩石缝隙或坡积砾石堆上，还有以霸王鞭和仙人掌为主构成的旱生肉质有刺灌丛。在海拔1400（1500）～2400（2500）m的阴坡或半阴坡，温湿沟谷地段，生长着偏干性常绿阔叶林，主要由高山栲、元江栲、滇青冈、黄毛冈组等成，樟科及山茶科植物甚少。野核桃、白辛树、化香、云南泡花树和亮叶桦也有分布。区内较干燥的地方有大面积云南松林纯分布，也有与常绿树种形成的混交林，与落叶栎类形成的松栎混交林。

（四）立地类型组的划分

1. 立地类型组划分依据

在立地分区的基础上，根据各区的特点综合分析确定立地组划分的主导因子。不同岩溶地貌条件不仅对立地条件的差异有较强的指示作用，而且可以直观判别，易于掌握。土壤是立地地段的本质特征，是对气候和地貌条件综合反映的实体，土壤的质量和容量是确定立地资源利用方向的主要因素。土壤类型在地域上通常具有较大尺度，作为立地类型组划分的依据较为适宜。因此立地组划分以岩溶地貌和土壤类型（土壤亚类）为依据。

（1）岩溶地貌

岩溶地貌是岩溶区最显著的地貌特征，是地表水和地下水对可溶性岩石的破坏和改造作用产生的地上和地下的各种特殊的地表形态。调查表明，四川岩溶地貌有峰丛洼地、峰林洼地、孤峰残丘及平原、岩溶丘陵、岩溶槽谷、岩溶峡谷、岩溶山地，岩溶地貌的分异构成了各自不同的地形条件，不同的地形条件以及同一地形条件在不同的地貌中具有不同的物理特性，影响水热再分配，影响地表物质的积累和转移，所产生的作用对植被有明显的影响。四川省岩溶区各立地区的岩溶地貌分布又不尽相同，在川中丘陵岩溶立地区内主要是岩溶丘陵，极少的孤峰残丘及平原；川南盆地边缘岩溶立地区内主要是岩溶槽谷、岩溶丘陵和岩溶山地；川东平行岭谷岩溶立地区内主要是岩溶槽谷、岩溶丘陵和岩溶山地以及极少的峰丛洼地；川西南山地岩溶立地区主要为岩溶槽谷、岩溶山地、岩溶峡谷。

峰丛洼地：指峰丛与洼地的岩溶地貌组合，峰丛间有洼地、谷地及漏斗等。峰丛指基部相连的石峰所构成，相对高度最大可达600m。

孤峰残丘及平原：以岩溶平原为主体和特色的地貌组合，平原上有零星分散的低矮峰林及残丘分布，石峰相对高度在100m以下。

岩溶丘陵：经岩溶作用所形成，地势起伏不大，相对高差通常小于100m，坡度小于45°，已不具峰林形态。

岩溶槽谷：指凸起与凹陷交互出现的长条形岩溶地貌，凸起区构成长条形山脊，凹陷区则形成槽状谷地，其发育主要受构造、岩性控制。

岩溶峡谷：指由构造抬升和河流切割作用所形成的高山峡谷地貌组合，岩溶作用极其微弱，地势险峻，河流切割剧烈，高山峡谷地貌明显。

岩溶山地：属岩溶作用极弱的碳酸盐岩分布区，主要由中山、低山与其山谷组成，与非碳酸盐岩区的地貌差别不明显，地势宽缓，河流切割作用较小。

（2）土壤类型

土壤类型的不同代表着土壤肥力和承载力强度的不同，其植被恢复措施也有所不同。四川省岩溶区土壤主要由易风化的石灰岩、白云岩发育而来，受成土时间和气候条件的影响较大。调查表明，岩溶区主要土壤类型有黄壤、黄色石灰土、黑色石灰土、棕色石灰土和红色石灰土。在自然和人为因素干扰下，表层土壤容易流失。

黄壤在各立地区均有分布，主要分布在海拔300~1700m的石灰岩溶蚀盆地、槽谷、洼地和山坡一带。由各个地层时代的石灰岩经轻度或强度化学风化的坡残积母质发育而成，剖面上下多层黄色、黄棕色，含有大量岩石碎屑。质地较黏重，为砾质中壤土至重壤土，物理粘粒变化在32%~55%，pH值在5.5~8.1，变幅较大，磷、钾养分含量虽高，但速效磷缺乏。

黄色石灰土主要分布于川中丘陵岩溶立地区、川东平行岭谷岩溶立地区、川南盆地边缘岩溶立地区，常与黄壤呈复区，面积小。由于区域气候条件温暖湿润，土壤受水的作用，氧化铁多被水化，表层呈暗黄色，B层呈棕黄色或褐色，游离氧化铁含量较高。土壤pH值在6.0~7.5，自上而下渐增，碳酸盐反应也有同样的趋势。

黑色石灰土分布于川南盆地边缘岩溶立地区中的石灰岩山坡坡腰、坡麓地带的石牙、溶沟地形上，由堆积于溶蚀沟、坑中的石灰岩残积物发育而成的富含有机质及碳酸盐的土壤。土壤暗棕至灰黑色，有机质侵染层厚20~30cm，团粒、粒状结构。碳酸钙淋溶较弱，土壤中性至微碱性，土层厚薄不一，土体脱钾不明显，是发育较浅的土壤。

棕色石灰土主要分布在川西南山地岩溶立地区中山山麓或微起伏的山间谷地。由于土壤排水良好，土壤中的碳酸钙淋溶较强烈，除接近母质的土壤外，大多无石灰反应。土壤表层呈暗灰棕色，小块状结构，质地黏重，土层较深厚，B层紧实，块状或棱块状结构，多胶膜淀积，有铁锰结核，具有一定程度的富铝化作用。

红色石灰土分布在川西南山地岩溶立地区的金沙江、雅砻江河谷石灰岩出露较多地段，常与棕色石灰土呈复区，海拔多在1000~2000m，成土母质由石灰岩和古风化壳发育而成，土壤发育具有脱硅富铝、粘粒下移等特征。分布区温差大，矿物风化强，盐基淋溶，铁铝富集。由于有钙质补充，延缓了风化淋溶作用，不仅使土壤呈中性或微碱性，而且还积累了一定数量的碳酸钙。在石灰岩碎屑覆盖或石灰质水浸渍下，复钙作用明显，土体中出现石灰华或砂姜。红色石灰土有机质积累较少，全氮含量低，全磷因土质而异，一般磷素都较缺。

综合分析表明，上述岩溶地貌和土壤类型（土壤亚类）作为划分岩溶区立地组的依据较为适宜，很好地反映了岩溶区立地条件的本质特征、自然属性和分异规律。同时，不同的岩溶地貌之间有明显的差异，不同的土壤类型之间虽有一些共性，但其分布区域及其理化性质，差异也是也十分明显，如pH值、石灰反应（碳酸盐反应）、土壤结构等。岩溶地貌中峰丛洼地和孤峰残丘及平原具有小地形特征，尺度较小，且面积不大，因此将峰丛洼地归入岩溶槽谷，孤峰残丘及平原归入岩溶丘陵。

2. 立地类型组划分结果

根据前述立地类型组划分的依据，分别不同的立地区划分了26个立地类型组，其中川中丘陵岩溶立地区2个，川南盆地边缘岩溶立地区9个，川东平行岭谷岩溶立地区6个，川西南山地岩溶立地区9个（表8-16）。

表8-16 立地类型组划分结果表

立地区		立地类型组	
名称	代号	名称	代号
川中丘陵岩溶立地区	Ⅰ	岩溶丘陵黄壤组	Ⅰ-01
		岩溶丘陵黄色石灰土组	Ⅰ-02
川南盆地边缘岩溶立地区	Ⅱ	岩溶槽谷黄壤组	Ⅱ-01
		岩溶槽谷黄色石灰土组	Ⅱ-02
		岩溶槽谷黑色石灰土组	Ⅱ-03
		岩溶丘陵黄壤组	Ⅱ-04
		岩溶丘陵黄色石灰土组	Ⅱ-05
		岩溶丘陵黑色石灰土组	Ⅱ-06
		岩溶山地黄壤组	Ⅱ-07
		岩溶山地黄色石灰土组	Ⅱ-08
		岩溶山地黑色石灰土组	Ⅱ-09

续表

立地区		立地类型组	
名称	代号	名称	代号
川东平行岭谷岩溶立地区	Ⅲ	岩溶槽谷黄壤组	Ⅲ-01
		岩溶槽谷黄色石灰土组	Ⅲ-02
		岩溶丘陵黄壤组	Ⅲ-03
		岩溶丘陵黄色石灰土组	Ⅲ-04
		岩溶山地黄壤组	Ⅲ-05
		岩溶山地黄色石灰土组	Ⅲ-06
川西南山地岩溶立地区	Ⅳ	岩溶槽谷黄壤组	Ⅳ-01
		岩溶槽谷红色石灰土组	Ⅳ-02
		岩溶槽谷棕色石灰土组	Ⅳ-03
		岩溶山地黄壤组	Ⅳ-04
		岩溶山地红色石灰土组	Ⅳ-05
		岩溶山地棕色石灰土组	Ⅳ-06
		岩溶峡谷黄壤组	Ⅳ-07
		岩溶峡谷红色石灰土组	Ⅳ-08
		岩溶峡谷棕色石灰土组	Ⅳ-09

（五）立地类型的划分

1. 立地类型划分依据

立地类型是立地分类中最小立地单元，在相同地貌类型和土壤类型控制下，基岩裸露度、土层厚度较为客观地反映了立地石漠化现状和生产力水平，不同的基岩裸露度和土层厚度植被恢复树（草）种选择和技术措施也有较大差异，也是决定石漠化土地小生境脆弱性的主要因素。同时，这两个因子概念明确、直观，易于现地判别和掌握，已为广泛采用和生产者接受。因此，选择了基岩裸露度、土层厚度作为立地类型划分的依据。

2. 指标分级

基岩裸露度（或石砾含量）：轻度30%~49%；中度50%~69%；重度≥70%。

土层厚度：中厚≥40cm；薄20~39cm；极薄＜20cm。

3. 立地类型划分结果

根据不同立地区的特点和各立地组的特征，共划分了127个立地类型。

（1）川中丘陵岩溶立地区

川中丘陵岩岩溶区划分了10个立地类型，各立地类型见表8-17。

表 8-17 川中丘陵岩溶立地区立地类型表

立地类型组		立地类型	
名称	代号	名称	代号
岩溶丘陵黄壤组	Ⅰ-01	岩溶丘陵轻度裸露中厚层黄壤型	Ⅰ-01-01
		岩溶丘陵轻度裸露薄层黄壤型	Ⅰ-01-02
		岩溶丘陵中度裸露薄层黄壤型	Ⅰ-01-03
		岩溶丘陵中度裸露极薄层黄壤型	Ⅰ-01-04
		岩溶丘陵重度裸露极薄层黄壤型	Ⅰ-01-05
岩溶丘陵黄色石灰土组	Ⅰ-02	岩溶丘陵轻度裸露中厚层黄色石灰土型	Ⅰ-02-01
		岩溶丘陵轻度裸露薄层黄色石灰土型	Ⅰ-02-02
		岩溶丘陵中度裸露薄层黄色石灰土型	Ⅰ-02-03
		岩溶丘陵中度裸露极薄层黄色石灰土型	Ⅰ-02-04
		岩溶丘陵重度裸露极薄层黄色石灰土型	Ⅰ-02-05

（2）川南盆地边缘岩溶立地区

川南盆地边缘岩溶立地区划分了45个立地类型，各立地类型名称见表8-18。

表 8-18 川南盆地边缘岩溶立地区立地类型表

立地类型组		立地类型	
名称	代号	名称	代号
岩溶槽谷黄壤组	Ⅱ-01	岩溶槽谷轻度裸露中厚层黄壤型	Ⅱ-01-01
		岩溶槽谷轻度裸露薄层黄壤型	Ⅱ-01-02
		岩溶槽谷中度裸露中厚层黄壤型	Ⅱ-01-03
		岩溶槽谷中度裸露薄层黄壤型	Ⅱ-01-04
		岩溶槽谷重度裸露极薄层黄壤型	Ⅱ-01-05

续表

立地类型组		立地类型	
名称	代号	名称	代号
岩溶槽谷黄色石灰土组	Ⅱ-02	岩溶槽谷轻度裸露中厚层黄色石灰土型	Ⅱ-02-01
		岩溶槽谷轻度裸露薄层黄色石灰土型	Ⅱ-02-02
		岩溶槽谷中度裸露中厚层黄色石灰土型	Ⅱ-02-03
		岩溶槽谷中度裸露薄层黄色石灰土型	Ⅱ-02-04
		岩溶槽谷重度裸露极薄层黄色石灰土型	Ⅱ-02-05
岩溶槽谷黑色石灰土组	Ⅱ-03	岩溶槽谷轻度裸露中厚层黑色石灰土型	Ⅱ-03-01
		岩溶槽谷轻度裸露薄层黑色石灰土型	Ⅱ-03-02
		岩溶槽谷中度裸露中厚层黑色石灰土型	Ⅱ-03-03
		岩溶槽谷中度裸露薄层黑色石灰土型	Ⅱ-03-04
		岩溶槽谷中度裸露黑色石灰土型	Ⅱ-03-05
岩溶丘陵黄壤组	Ⅱ-04	岩溶丘陵轻度裸露中厚层黄壤型	Ⅱ-04-01
		岩溶丘陵轻度裸露薄层黄壤型	Ⅱ-04-02
		岩溶丘陵中度裸露薄层黄壤型	Ⅱ-04-03
		岩溶丘陵中度裸露极薄层黄壤型	Ⅱ-04-04
		岩溶丘陵重度裸露极薄层黄壤型	Ⅱ-04-05
岩溶丘陵黄色石灰土组	Ⅱ-05	岩溶丘陵轻度裸露中厚层黄色石灰土型	Ⅱ-05-01
		岩溶丘陵轻度裸露薄层黄色石灰土型	Ⅱ-05-02
		岩溶丘陵中度裸露薄层黄色石灰土型	Ⅱ-05-03
		岩溶丘陵中度裸露极薄层黄色石灰土型	Ⅱ-05-04
		岩溶丘陵重度裸露极薄层黄色石灰土型	Ⅱ-05-05
岩溶丘陵黑色石灰土组	Ⅱ-06	岩溶山地轻度裸露中厚层黑色石灰土型	Ⅱ-06-01
		岩溶山地轻度裸露薄层黑色石灰土型	Ⅱ-06-02
		岩溶山地中度裸露薄层黑色石灰土型	Ⅱ-06-03
		岩溶山地中度裸露极薄层黑色石灰土型	Ⅱ-06-04
		岩溶山地重度裸露极薄层黑色石灰土型	Ⅱ-06-05

续表

立地类型组		立地类型	
名称	代号	名称	代号
岩溶山地黄壤组	Ⅱ-07	岩溶山地轻度裸露中厚层黄壤型	Ⅱ-07-01
		岩溶山地轻度裸露薄层黄壤型	Ⅱ-07-02
		岩溶山地中度裸露薄层黄壤型	Ⅱ-07-03
		岩溶山地中度裸露极薄层黄壤型	Ⅱ-07-04
		岩溶山地重度裸露极薄层黄壤型	Ⅱ-07-05
岩溶山地黄色石灰土组	Ⅱ-08	岩溶山地轻度裸露中厚层黄色石灰土型	Ⅱ-08-01
		岩溶山地轻度裸露薄层黄色石灰土型	Ⅱ-08-02
		岩溶山地中度裸露薄层黄色石灰土型	Ⅱ-08-03
		岩溶山地中度裸露极薄层黄色石灰土型	Ⅱ-08-04
		岩溶山地重度裸露极薄层黄色石灰土型	Ⅱ-08-05
岩溶山地黑色石灰土组	Ⅱ-09	岩溶山地轻度裸露中厚层黑色石灰土型	Ⅱ-09-01
		岩溶山地轻度裸露薄层黑色石灰土型	Ⅱ-09-02
		岩溶山地中度裸露薄层黑色石灰土型	Ⅱ-09-03
		岩溶山地中度裸露极薄层黑色石灰土型	Ⅱ-09-04
		岩溶山地重度裸露极薄层黑色石灰土型	Ⅱ-09-05

（3）川东平行岭谷岩溶立地区

川东平行岭谷岩溶立地区划分了30个立地类型，各立地类型见表8-19。

表8-19 川东平行岭谷岩溶立地区立地类型表

立地类型组		立地类型	
名称	代号	名称	代号
岩溶槽谷黄壤组	Ⅲ-01	岩溶槽谷轻度裸露中厚层黄壤型	Ⅲ-01-01
		岩溶槽谷轻度裸露薄层黄壤型	Ⅲ-01-02
		岩溶槽谷中度裸露中厚层黄壤型	Ⅲ-01-03
		岩溶槽谷中度裸露薄层黄壤型	Ⅲ-01-04
		岩溶槽谷重度裸露极薄层黄壤型	Ⅲ-01-05

续表

立地类型组		立地类型	
名称	代号	名称	代号
岩溶槽谷黄色石灰土组	Ⅲ-02	岩溶槽谷轻度裸露中厚层黄色石灰土型	Ⅲ-02-01
		岩溶槽谷轻度裸露薄层黄色石灰土型	Ⅲ-02-02
		岩溶槽谷中度裸露中厚层黄色石灰土型	Ⅲ-02-03
		岩溶槽谷中度裸露薄层黄色石灰土型	Ⅲ-02-04
		岩溶槽谷重度裸露极薄层黄色石灰土型	Ⅲ-02-05
岩溶丘陵黄壤组	Ⅲ-03	岩溶丘陵轻度裸露中厚层黄壤型	Ⅲ-03-01
		岩溶丘陵轻度裸露薄层黄壤型	Ⅲ-03-02
		岩溶丘陵中度裸露薄层黄壤型	Ⅲ-03-03
		岩溶丘陵中度裸露极薄层黄壤型	Ⅲ-03-04
		岩溶丘陵重度裸露极薄层黄壤型	Ⅲ-03-05
岩溶丘陵黄色石灰土组	Ⅲ-04	岩溶丘陵轻度裸露中厚层黄色石灰土型	Ⅲ-04-01
		岩溶丘陵轻度裸露薄层黄色石灰土型	Ⅲ-04-02
		岩溶丘陵中度裸露薄层黄色石灰土型	Ⅲ-04-03
		岩溶丘陵中度裸露极薄层黄色石灰土型	Ⅲ-04-04
		岩溶丘陵重度裸露极薄层黄色石灰土型	Ⅲ-04-05
岩溶山地黄壤组	Ⅲ-05	岩溶山地轻度裸露中厚层黄壤型	Ⅲ-05-01
		岩溶山地轻度裸露薄层黄壤型	Ⅲ-05-02
		岩溶山地中度裸露薄层黄壤型	Ⅲ-05-03
		岩溶山地中度裸露极薄层黄壤型	Ⅲ-05-04
		岩溶山地重度裸露极薄层黄壤型	Ⅲ-05-05
岩溶山地黄色石灰土组	Ⅲ-06	岩溶山地轻度裸露中厚层黄色石灰土型	Ⅲ-06-01
		岩溶山地轻度裸露薄层黄色石灰土型	Ⅲ-06-02
		岩溶山地中度裸露薄层黄色石灰土型	Ⅲ-06-03
		岩溶山地中度裸露极薄层黄色石灰土型	Ⅲ-06-04
		岩溶山地重度裸露极薄层黄色石灰土型	Ⅲ-06-05

（4）川西南山地岩溶立地区

川西南山地岩溶立地区划分了42个立地类型，各立地类型见表8-20。

表 8-20　川西南山地岩溶立地区立地类型表

立地类型组		立地类型	
名称	代号	名称	代号
岩溶槽谷黄壤组	Ⅳ-01	岩溶槽谷轻度裸露中厚层黄壤型	Ⅳ-01-01
		岩溶槽谷轻度裸露薄层黄壤型	Ⅳ-01-02
		岩溶槽谷中度裸露中厚层黄壤型	Ⅳ-01-03
		岩溶槽谷中度裸露薄层黄壤型	Ⅳ-01-04
		岩溶槽谷重度裸露极薄层黄壤型	Ⅳ-01-05
岩溶槽谷红色石灰土组	Ⅳ-02	岩溶槽谷轻度裸露中厚层红色石灰土型	Ⅳ-02-01
		岩溶槽谷轻度裸露薄层红色石灰土型	Ⅳ-02-02
		岩溶槽谷中度裸露中厚层红色石灰土型	Ⅳ-02-03
		岩溶槽谷中度裸露薄层红色石灰土型	Ⅳ-02-04
		岩溶槽谷重度裸露极薄层红色石灰土型	Ⅳ-02-05
岩溶槽谷棕色石灰土组	Ⅳ-03	岩溶槽谷轻度裸露中厚层棕色石灰土型	Ⅳ-03-01
		岩溶槽谷轻度裸露薄层棕色石灰土型	Ⅳ-03-02
		岩溶槽谷中度裸露中厚层棕色石灰土型	Ⅳ-03-03
		岩溶槽谷中度裸露薄层棕色石灰土型	Ⅳ-03-04
		岩溶槽谷重度裸露极薄层棕色石灰土型	Ⅳ-03-05
岩溶山地黄壤组	Ⅳ-04	岩溶山地轻度裸露中厚层黄壤型	Ⅳ-04-01
		岩溶山地轻度裸露薄层黄壤型	Ⅳ-04-02
		岩溶山地中度裸露薄层黄壤型	Ⅳ-04-03
		岩溶山地中度裸露极薄层黄壤型	Ⅳ-04-04
		岩溶山地重度裸露极薄层黄壤型	Ⅳ-04-05
岩溶山地红色石灰土组	Ⅳ-05	岩溶山地轻度裸露中厚层红色石灰土型	Ⅳ-05-01
		岩溶山地轻度裸露薄层红色石灰土型	Ⅳ-05-02
		岩溶山地中度裸露薄层红色石灰土型	Ⅳ-05-03
		岩溶山地中度裸露极薄层红色石灰土型	Ⅳ-05-04
		岩溶山地重度裸露极薄层红色石灰土型	Ⅳ-05-05

续表

立地类型组		立地类型	
名称	代号	名称	代号
岩溶山地棕色石灰土组	Ⅳ-06	岩溶山地轻度裸露中厚层棕色石灰土型	Ⅳ-06-01
		岩溶山地轻度裸露薄层棕色石灰土型	Ⅳ-06-02
		岩溶山地中度裸露薄层棕色石灰土型	Ⅳ-06-03
		岩溶山地中度裸露极薄层棕色石灰土型	Ⅳ-06-04
		岩溶山地重度裸露极薄层棕色石灰土型	Ⅳ-06-05
岩溶峡谷黄壤组	Ⅳ-07	岩溶峡谷轻度裸露中厚层黄壤型	Ⅳ-07-01
		岩溶峡谷轻度裸露薄层黄壤型	Ⅳ-07-02
		岩溶峡谷中度裸露极薄层黄壤型	Ⅳ-07-03
		岩溶峡谷重度裸露极薄层黄壤型	Ⅳ-07-04
岩溶峡谷红色石灰土组	Ⅳ-08	岩溶峡谷轻度裸露中厚层红色石灰土型	Ⅳ-08-01
		岩溶峡谷轻度裸露薄层红色石灰土型	Ⅳ-08-02
		岩溶峡谷中度裸露极薄层红色石灰土型	Ⅳ-08-03
		岩溶峡谷重度裸露极薄层红色石灰土型	Ⅳ-08-04
岩溶峡谷棕色石灰土组	Ⅳ-09	岩溶峡谷轻度裸露中厚层棕色石灰土型	Ⅳ-09-01
		岩溶峡谷轻度裸露薄层棕色石灰土型	Ⅳ-09-02
		岩溶峡谷中度裸露薄层棕色石灰土型	Ⅳ-09-03
		岩溶峡谷重度裸露极薄层棕色石灰土型	Ⅳ-09-04

(六)岩溶区立地分类系统的建立

依据确定的立地分类（区）主导因子，划分各级立地单元，建立四川省岩溶区立地分类系统。该系统分别不同的尺度大小，将岩溶区石漠化土地划分成不同的立地区、立地类型组和立地类型3个等级。根据地貌、气候条件的相似性和石漠化土地分布，将岩溶区划分为4个立地区，这是最大尺度区域的划分；在4个立地区的控制下，依据岩溶地貌和土壤类型（土壤亚类）的相同性，将岩溶区石漠化土地划分为26个立地类型组；在26个立地类型组的控制下，依据基岩裸露度、土层厚度，将岩溶区石漠化土地划分为127个立地类型。这一不同的划分尺度构成了岩溶区立地分类系统，各立地类型见表8-21。在立地类型表中，对每一个立地类型，综合调查监测资料对其特征进行了简要描述，便于生产实践应用。

表 8-21　岩溶区立地类型表

立地区		立地类型组		立地类型		立地特征
名称	代号	名称	代号	名称	代号	
川中丘陵岩溶立地区	I	岩溶丘陵黄壤组	I-01	岩溶丘陵轻度裸露中厚层黄壤型	I-01-01	海拔一般＜900m，相对高差一般在50~100m，黄壤；基岩裸露度30%~49%，土层厚度≥40cm，坡度一般≤35°
				岩溶丘陵轻度裸露薄层黄壤型	I-01-02	海拔一般＜900m，相对高差一般在50~100m，黄壤；基岩裸露度30%~49%，土层厚度20~39cm，坡度一般≤35°
				岩溶丘陵中度裸露薄层黄壤型	I-01-03	海拔一般＜900m，相对高差一般在50~100m，黄壤；基岩裸露度50%~69%，土层厚度20~39cm，坡度一般≤35°
				岩溶丘陵中度裸露极薄层黄壤型	I-01-04	海拔一般＜900m，相对高差一般在50~100m，黄壤；基岩裸露度50%~69%，土层厚度＜20cm，坡度一般≤35°
				岩溶丘陵重度裸露极薄层黄壤型	I-01-05	海拔一般＜900m，相对高差一般在50~100m，黄壤；基岩裸露度≥70%，土层厚度＜20cm，坡度一般≤35°
		岩溶丘陵黄色石灰土组	I-02	岩溶丘陵轻度裸露中厚层黄色石灰土型	I-02-01	海拔一般＜900m，相对高差一般在50~100m，黄色石灰土；基岩裸露度30%~49%，土层厚度≥40cm，坡度一般≤35°
				岩溶丘陵轻度裸露薄层黄色石灰土型	I-02-02	海拔一般＜900m，相对高差一般在50~100m，黄色石灰土；基岩裸露度30%~49%，土层厚度20~39cm，坡度一般≤35°
				岩溶丘陵中度裸露薄层黄色石灰土型	I-02-03	海拔一般＜900m，相对高差一般在50~100m，黄色石灰土；基岩裸露度50%~69%，土层厚度20~39cm，坡度一般≤35°
				岩溶丘陵中度裸露极薄层黄色石灰土型	I-02-04	海拔一般＜900m，相对高差一般在50~100m，黄色石灰土；基岩裸露度50%~69%，土层厚度＜20cm，坡度一般≤35°
				岩溶丘陵重度裸露极薄层黄色石灰土型	I-02-05	海拔一般＜900m，相对高差一般在50~100m，黄色石灰土；基岩裸露度≥70%，土层厚度＜20cm，坡度一般≤35°

续表

立地区		立地类型组		立地类型		立地特征
名称	代号	名称	代号	名称	代号	
川中丘陵岩溶立地区	Ⅱ	岩溶槽谷黄壤组	Ⅱ-01	岩溶槽谷轻度裸露中厚层黄壤型	Ⅱ-01-01	黄壤；基岩裸露度30%~49%，土层厚度≥40cm，坡度一般≤35°
				岩溶槽谷轻度裸露薄层黄壤型	Ⅱ-01-02	黄壤；基岩裸露度30%~49%，土层厚度20~39cm，坡度一般≤35°
				岩溶槽谷中度裸露中厚层黄壤型	Ⅱ-01-03	黄壤；基岩裸露度50%~69%，土层厚度≥40cm，坡度一般≤35°
				岩溶槽谷中度裸露薄层黄壤型	Ⅱ-01-04	黄壤；基岩裸露度50%~69%，土层厚度20~39cm，坡度一般≤35°
				岩溶槽谷重度裸露极薄层黄壤型	Ⅱ-01-05	黄壤；基岩裸露度≥70%，土层厚度<20cm，坡度一般≤35°
		岩溶槽谷黄色石灰土组	Ⅱ-02	岩溶槽谷轻度裸露中厚层黄色石灰土型	Ⅱ-02-01	黄色石灰土；基岩裸露度30%~49%，土层厚度≥40cm，坡度一般≤35°
				岩溶槽谷轻度裸露薄层黄色石灰土型	Ⅱ-02-02	黄色石灰土；基岩裸露度30%~49%，土层厚度20~39cm，坡度一般≤35°
				岩溶槽谷中度裸露中厚层黄色石灰土型	Ⅱ-02-03	黄色石灰土；基岩裸露度50%~69%，土层厚度≥40cm，坡度一般≤35°
				岩溶槽谷中度裸露薄层黄色石灰土型	Ⅱ-02-04	黄色石灰土；基岩裸露度50%~69%，土层厚度20~39cm，坡度一般≤35°
				岩溶槽谷重度裸露极薄层黄色石灰土型	Ⅱ-02-05	黄色石灰土；基岩裸露度≥70%，土层厚度<20cm，坡度一般≤35°

续表

立地区		立地类型组		立地类型		立地特征
名称	代号	名称	代号	名称	代号	
川中丘陵岩溶立地区	Ⅱ	岩溶槽谷黑色石灰土组	Ⅱ-03	岩溶槽谷轻度裸露中厚层黑色石灰土型	Ⅱ-03-01	黑色石灰土；基岩裸露度30%~49%，土层厚度≥40cm，坡度一般≤35°
				岩溶槽谷轻度裸露薄层黑色石灰土型	Ⅱ-03-02	黑色石灰土；基岩裸露度30%~49%，土层厚度20~39cm，坡度一般≤35°
				岩溶槽谷中度裸露中厚层黑色石灰土型	Ⅱ-03-03	黑色石灰土；基岩裸露度50%~69%，土层厚度≥40cm，坡度一般≤35°
				岩溶槽谷中度裸露薄层黑色石灰土型	Ⅱ-03-04	黑色石灰土；基岩裸露度50%~69%，土层厚度20~39cm，坡度一般≤35°
				岩溶槽谷重度裸露黑色石灰土型	Ⅱ-03-05	黑色石灰土；基岩裸露度≥70%，土层厚度<20cm，坡度一般≤35°
		岩溶丘陵黄壤组	Ⅱ-04	岩溶丘陵轻度裸露中厚层黄壤型	Ⅱ-04-01	海拔一般<600m，相对高差一般在50~100m；黄壤；基岩裸露度30%~49%，土层厚度≥40cm，坡度一般≤35°
				岩溶丘陵轻度裸露薄层黄壤型	Ⅱ-04-02	海拔一般<600m，相对高差一般在50~100m；黄壤；基岩裸露度30%~49%，土层厚度20~39cm，坡度一般≤35°
				岩溶丘陵中度裸露薄层黄壤型	Ⅱ-04-03	海拔一般<600m，相对高差一般在50~100m；黄壤；基岩裸露度50%~69%，土层厚度20~39cm，坡度一般≤35°
				岩溶丘陵中度裸露极薄层黄壤型	Ⅱ-04-04	海拔一般<600m，相对高差一般在50~100m；黄壤；基岩裸露度50%~69%，土层厚度<20cm，坡度一般≤35°
				岩溶丘陵重度裸露极薄层黄壤型	Ⅱ-04-05	海拔一般<600m，相对高差一般在50~100m；黄壤；基岩裸露度≥70%，土层厚度<20cm，坡度一般≤35°

续表

立地区		立地类型组		立地类型		立地特征
名称	代号	名称	代号	名称	代号	
川中丘陵岩溶立地区	Ⅱ	岩溶丘陵黄色石灰土组	Ⅱ-05	岩溶丘陵轻度裸露中厚层黄色石灰土型	Ⅱ-05-01	海拔一般＜600m，相对高差一般在50~100m；黄色石灰土；基岩裸露度30%~49%，土层厚度≥40cm，坡度一般≤35°
				岩溶丘陵轻度裸露薄层黄色石灰土型	Ⅱ-05-02	海拔一般＜600m，相对高差一般在50~100m；黄色石灰土；基岩裸露度30%~49%，土层厚度20~39cm，坡度一般≤35°
				岩溶丘陵中度裸露薄层黄色石灰土型	Ⅱ-05-03	海拔一般＜600m，相对高差一般在50~100m；黄色石灰土；基岩裸露度50%~69%，土层厚度20~39cm，坡度一般≤35°
				岩溶丘陵中度裸露极薄层黄色石灰土型	Ⅱ-05-04	海拔一般＜600m，相对高差一般在50~100m；黄色石灰土；基岩裸露度50%~69%，土层厚度＜20cm，坡度一般≤35°
				岩溶丘陵重度裸露极薄层黄色石灰土型	Ⅱ-05-05	海拔一般＜600m，相对高差一般在50~100m；黄色石灰土；基岩裸露度≥70%，土层厚度＜20cm，坡度一般≤35°
		岩溶丘陵黑色石灰土组	Ⅱ-06	岩溶山地轻度裸露中厚层黑色石灰土型	Ⅱ-06-01	海拔一般＜600m，相对高差一般在50~100m；黑色石灰土；基岩裸露度30%~49%，土层厚度≥40cm，坡度一般≤35°
				岩溶山地轻度裸露薄层黑色石灰土型	Ⅱ-06-02	海拔一般＜600m，相对高差一般在50~100m；黑色石灰土；基岩裸露度30%~49%，土层厚度20~39cm，坡度一般≤35°
				岩溶山地中度裸露薄层黑色石灰土型	Ⅱ-06-03	海拔一般＜600m，相对高差一般在50~100m；黑色石灰土；基岩裸露度50%~69%，土层厚度20~39cm，坡度一般≤35°
				岩溶山地中度裸露极薄层黑色石灰土型	Ⅱ-06-04	海拔一般＜600m，相对高差一般在50~100m；黑色石灰土；基岩裸露度50%~69%，土层厚度＜20cm，坡度一般≤35°
				岩溶山地重度裸露极薄层黑色石灰土型	Ⅱ-06-05	海拔一般＜600m，相对高差一般在50~100m；黑色石灰土；基岩裸露度≥70%，土层厚度＜20cm，坡度一般≤35°

续表

立地区		立地类型组		立地类型		立地特征
名称	代号	名称	代号	名称	代号	
川中丘陵岩溶立地区	II	岩溶山地黄壤组	II-07	岩溶山地轻度裸露中厚层黄壤型	II-07-01	海拔一般>500m,相对高差较大(一般>200m);黄壤;基岩裸露度30%~49%,土层厚度≥40cm,坡度一般≤35°
				岩溶山地轻度裸露薄层黄壤型	II-07-02	海拔一般>500m,相对高差较大(一般>200m);黄壤;基岩裸露度30%~49%,土层厚度20~39cm,坡度一般≤35°
				岩溶山地中度裸露薄层黄壤型	II-07-03	海拔一般>500m,相对高差较大(一般>200m);黄壤;基岩裸露度50%~69%,土层厚度20~39cm,坡度一般≤35°
				岩溶山地中度裸露极薄层黄壤型	II-07-04	海拔一般>500m,相对高差较大(一般>200m);黄壤;基岩裸露度50%~69%,土层厚度<20cm,坡度一般≤35°
				岩溶山地重度裸露极薄层黄壤型	II-07-05	海拔一般>500m,相对高差较大(一般>200m);黄壤;基岩裸露度≥70%,土层厚度<20cm,坡度一般≤35°
		岩溶山地黄色石灰土组	II-08	岩溶山地轻度裸露中厚层黄色石灰土型	II-08-01	海拔一般>500m,相对高差较大(一般>200m);黄色石灰土;基岩裸露度30%~49%,土层厚度≥40cm,坡度一般≤35°
				岩溶山地轻度裸露薄层黄色石灰土型	II-08-02	海拔一般>500m,相对高差较大(一般>200m);黄色石灰土;基岩裸露度30%~49%,土层厚度20~39cm,坡度一般≤35°
				岩溶山地中度裸露薄层黄色石灰土型	II-08-03	海拔一般>500m,相对高差较大(一般>200m);黄色石灰土;基岩裸露度50%~69%,土层厚度20~39cm,坡度一般≤35°
				岩溶山地中度裸露极薄层黄色石灰土型	II-08-04	海拔一般>500m,相对高差较大(一般>200m);黄色石灰土;基岩裸露度50%~69%,土层厚度<20cm,坡度一般≤35°
				岩溶山地重度裸露极薄层黄色石灰土型	II-08-05	海拔一般>500m,相对高差较大(一般>200m);黄色石灰土;基岩裸露度≥70%,土层厚度<20cm,坡度一般≤35°

续表

立地区		立地类型组		立地类型		立地特征
名称	代号	名称	代号	名称	代号	
川中丘陵岩溶立地区	Ⅱ	岩溶山地黑色石灰土组	Ⅱ-09	岩溶山地轻度裸露中厚层黑色石灰土型	Ⅱ-09-01	海拔一般＞500m，相对高差较大（一般＞200m）；黑色石灰土；基岩裸露度30%~49%，土层厚度≥40cm，坡度一般≤35°
				岩溶山地轻度裸露薄层黑色石灰土型	Ⅱ-09-02	海拔一般＞500m，相对高差较大（一般＞200m）；黑色石灰土；基岩裸露度30%~49%，土层厚度20~39cm，坡度一般≤35°
				岩溶山地中度裸露薄层黑色石灰土型	Ⅱ-09-03	海拔一般＞500m，相对高差较大（一般＞200m）；黑色石灰土；基岩裸露度50%~69%，土层厚度20~39cm，坡度一般≤35°
				岩溶山地中度裸露极薄层黑色石灰土型	Ⅱ-09-04	海拔一般＞500m，相对高差较大（一般＞200m）；黑色石灰土；基岩裸露度50%~69%，土层厚度＜20cm，坡度一般≤35°
				岩溶山地重度裸露极薄层黑色石灰土型	Ⅱ-09-05	海拔一般＞500m，相对高差较大（一般＞200m）；黑色石灰土；基岩裸露度≥70%，土层厚度＜20cm，坡度一般≤35°
川东平行岭谷岩溶立地区	Ⅲ	岩溶槽谷黄壤组	Ⅲ-01	岩溶槽谷轻度裸露中厚层黄壤型	Ⅲ-01-01	黄壤；基岩裸露度30%~49%，土层厚度≥40cm，坡度一般≤35°
				岩溶槽谷轻度裸露薄层黄壤型	Ⅲ-01-02	黄壤；基岩裸露度30%~49%，土层厚度20~39cm，坡度一般≤35°
				岩溶槽谷中度裸露中厚层黄壤型	Ⅲ-01-03	黄壤；基岩裸露度50%~69%，土层厚度≥40cm，坡度一般≤35°
				岩溶槽谷中度裸露薄层黄壤型	Ⅲ-01-04	黄壤；基岩裸露度50%~69%，土层厚度20~39cm，坡度一般≤35°
				岩溶槽谷重度裸露极薄层黄壤型	Ⅲ-01-05	黄壤；基岩裸露度≥70%，土层厚度＜20cm，坡度一般≤35°

续表

立地区		立地类型组		立地类型		立地特征
名称	代号	名称	代号	名称	代号	
川东平行岭谷岩溶立地区	Ⅲ	岩溶槽谷黄色石灰土组	Ⅲ-02	岩溶槽谷轻度裸露中厚层黄色石灰土型	Ⅲ-02-01	黄色石灰土；基岩裸露度30%~49%，土层厚度≥40cm，坡度一般≤35°
				岩溶槽谷轻度裸露薄层黄色石灰土型	Ⅲ-02-02	黄色石灰土；基岩裸露度30%~49%，土层厚度20~39cm，坡度一般≤35°
				岩溶槽谷中度裸露中厚层黄色石灰土型	Ⅲ-02-03	黄色石灰土；基岩裸露度50%~69%，土层厚度≥40cm，坡度一般≤35°
				岩溶槽谷中度裸露薄层黄色石灰土型	Ⅲ-02-04	黄色石灰土；基岩裸露度50%~69%，土层厚度20~39cm，坡度一般≤35°
				岩溶槽谷重度裸露极薄层黄色石灰土型	Ⅲ-02-05	黄色石灰土；基岩裸露度≥70%，土层厚度<20cm，坡度一般≤35°
		岩溶丘陵黄壤组	Ⅲ-03	岩溶丘陵轻度裸露中厚层黄壤型	Ⅲ-03-01	海拔一般<600m，相对高差一般在50~100m；黄壤；基岩裸露度30%~49%，土层厚度≥40cm，坡度一般≤35°
				岩溶丘陵轻度裸露薄层黄壤型	Ⅲ-03-02	海拔一般<600m，相对高差一般在50~100m；黄壤；基岩裸露度30%~49%，土层厚度20~39cm，坡度一般≤35°
				岩溶丘陵中度裸露中厚层黄壤型	Ⅲ-03-03	海拔一般<600m，相对高差一般在50~100m；黄壤；基岩裸露度50%~69%，土层厚度≥40cm，坡度一般≤35°
				岩溶丘陵中度裸露薄层黄壤型	Ⅲ-03-04	海拔一般<600m，相对高差一般在50~100m；黄壤；基岩裸露度50%~69%，土层厚度20~39cm，坡度一般≤35°
				岩溶丘陵重度裸露极薄层黄壤型	Ⅲ-03-05	海拔一般<600m，相对高差一般在50~100m；黄壤；基岩裸露度≥70%，土层厚度<20cm，坡度一般≤35°

续表

立地区		立地类型组		立地类型		立地特征
名称	代号	名称	代号	名称	代号	
川东平行岭谷岩溶立地区	Ⅲ	岩溶丘陵黄色石灰土组	Ⅲ-04	岩溶丘陵轻度裸露中厚层黄色石灰土型	Ⅲ-04-01	海拔一般＜600m，相对高差一般在50~100m；黄色石灰土；基岩裸露度30%~49%，土层厚度≥40cm，坡度一般≤35°
				岩溶丘陵轻度裸露薄层黄色石灰土型	Ⅲ-04-02	海拔一般＜600m，相对高差一般在50~100m；黄色石灰土；基岩裸露度30%~49%，土层厚度20~39cm，坡度一般≤35°
				岩溶丘陵中度裸露薄层黄色石灰土型	Ⅲ-04-03	海拔一般＜600m，相对高差一般在50~100m；黄色石灰土；基岩裸露度50%~69%，土层厚度20~39cm，坡度一般≤35°
				岩溶丘陵中度裸露极薄层黄色石灰土型	Ⅲ-04-04	海拔一般＜600m，相对高差一般在50~100m；黄色石灰土；基岩裸露度50%~69%，土层厚度＜20cm，坡度一般≤35°
				岩溶丘陵重度裸露极薄层黄色石灰土型	Ⅲ-04-05	海拔一般＜600m，相对高差一般在50~100m；黄色石灰土；基岩裸露度≥70%，土层厚度＜20cm，坡度一般≤35°
		岩溶山地黄壤组	Ⅲ-05	岩溶山地轻度裸露中厚层黄壤型	Ⅲ-05-01	海拔一般＞500m，相对高差较大（一般＞200m）；黄壤；基岩裸露度30%~49%，土层厚度≥40cm，坡度一般≤35°
				岩溶山地轻度裸露薄层黄壤型	Ⅲ-05-02	海拔一般＞500m，相对高差较大（一般＞200m）；黄壤；基岩裸露度30%~49%，土层厚度20~39cm，坡度一般≤35°
				岩溶山地中度裸露薄层黄壤型	Ⅲ-05-03	海拔一般＞500m，相对高差较大（一般＞200m）；黄壤；基岩裸露度50%~69%，土层厚度20~39cm，坡度一般≤35°
				岩溶山地中度裸露极薄层黄壤型	Ⅲ-05-04	海拔一般＞500m，相对高差较大（一般＞200m）；黄壤；基岩裸露度50%~69%，土层厚度＜20cm，坡度一般≤35°
				岩溶山地重度裸露极薄层黄壤型	Ⅲ-05-05	海拔一般＞500m，相对高差较大（一般＞200m）；黄壤；基岩裸露度≥70%，土层厚度＜20cm，坡度一般≤35°

续表

立地区		立地类型组		立地类型		立地特征
名称	代号	名称	代号	名称	代号	
川东平行岭谷岩溶立地区	Ⅲ	岩溶山地黄色石灰土组	Ⅲ-06	岩溶山地轻度裸露中厚层黄色石灰土型	Ⅲ-06-01	海拔一般＞500m，相对高差较大（一般＞200m）；黄色石灰土；基岩裸露度30%~49%，土层厚度≥40cm，坡度一般≤35°
				岩溶山地轻度裸露薄层黄色石灰土型	Ⅲ-06-02	海拔一般＞500m，相对高差较大（一般＞200m）；黄色石灰土；基岩裸露度30%~49%，土层厚度20~39cm，坡度一般≤35°
				岩溶山地中度裸露薄层黄色石灰土型	Ⅲ-06-03	海拔一般＞500m，相对高差较大（一般＞200m）；黄色石灰土；基岩裸露度50%~69%，土层厚度20~39cm，坡度一般≤35°
				岩溶山地中度裸露极薄层黄色石灰土型	Ⅲ-06-04	海拔一般＞500m，相对高差较大（一般＞200m）；黄色石灰土；基岩裸露度50%~69%，土层厚度＜20cm，坡度一般≤35°
				岩溶山地重度裸露极薄层黄色石灰土型	Ⅲ-06-05	海拔一般＞500m，相对高差较大（一般＞200m）；黄色石灰土；基岩裸露度≥70%，土层厚度＜20cm，坡度一般≤35°
川西南山地岩溶立地区	Ⅳ	岩溶槽谷黄壤组	Ⅳ-01	岩溶槽谷轻度裸露中厚层黄壤型	Ⅳ-01-01	海拔＜2000m；黄壤；基岩裸露度30%~49%，土层厚度≥40cm，坡度一般≤35°
				岩溶槽谷轻度裸露薄层黄壤型	Ⅳ-01-02	海拔＜2000m；黄壤；基岩裸露度30%~49%，土层厚度20~39cm，坡度一般≤35°
				岩溶槽谷中度裸露中厚层黄壤型	Ⅳ-01-03	海拔＜2000m；黄壤；基岩裸露度50%~69%，土层厚度≥40cm，坡度一般≤35°
				岩溶槽谷中度裸露薄层黄壤型	Ⅳ-01-04	海拔＜2000m；黄壤；基岩裸露度50%~69%，土层厚度20~39cm，坡度一般≤35°
				岩溶槽谷重度裸露极薄层黄壤型	Ⅳ-01-05	海拔＜2000m；黄壤；基岩裸露度≥70%，土层厚度＜20cm，坡度一般≤35°

续表

立地区		立地类型组		立地类型		立地特征
名称	代号	名称	代号	名称	代号	
川西南山地岩溶立地区	IV	岩溶槽谷红色石灰土组	IV-02	岩溶槽谷轻度裸露中厚层红色石灰土型	IV-02-01	海拔＜2000m；红色石灰土；基岩裸露度30%~49%，土层厚度≥40cm，坡度一般≤35°
				岩溶槽谷轻度裸露薄层红色石灰土型	IV-02-02	海拔＜2000m；红色石灰土；基岩裸露度30%~49%，土层厚度20~39cm，坡度一般≤35°
				岩溶槽谷中度裸露中厚层红色石灰土型	IV-02-03	海拔＜2000m；红色石灰土；基岩裸露度50%~69%，土层厚度≥40cm，坡度一般≤35°
				岩溶槽谷中度裸露薄层红色石灰土型	IV-02-04	海拔＜2000m；红色石灰土；基岩裸露度50%~69%，土层厚度20~39cm，坡度一般≤35°
				岩溶槽谷重度裸露极薄层红色石灰土型	IV-02-05	海拔＜2000m；红色石灰土；基岩裸露度≥70%，土层厚度＜20cm，坡度一般≤35°
		岩溶槽谷棕色石灰土组	IV-03	岩溶槽谷轻度裸露中厚层棕色石灰土型	IV-03-01	海拔＜2000m；棕色石灰土；基岩裸露度30%~49%，土层厚度≥40cm，坡度一般≤35°
				岩溶槽谷轻度裸露薄层棕色石灰土型	IV-03-02	海拔＜2000m；棕色石灰土；基岩裸露度30%~49%，土层厚度20~39cm，坡度一般≤35°
				岩溶槽谷中度裸露中厚层棕色石灰土型	IV-03-03	海拔＜2000m；棕色石灰土；基岩裸露度50%~69%，土层厚度≥40cm，坡度一般≤35°
				岩溶槽谷中度裸露薄层棕色石灰土型	IV-03-04	海拔＜2000m；棕色石灰土；基岩裸露度50%~69%，土层厚度20~39cm，坡度一般≤35°
				岩溶槽谷重度裸露极薄层棕色石灰土型	IV-03-05	海拔＜2000m；棕色石灰土；基岩裸露度≥70%，土层厚度＜20cm，坡度一般≤35°

续表

立地区		立地类型组		立地类型		立地特征
名称	代号	名称	代号	名称	代号	
川西南山地岩溶立地区	IV	岩溶山地黄壤组	IV-04	岩溶山地轻度裸露中厚层黄壤型	IV-04-01	海拔一般<2000m；黄壤；基岩裸露度30%~49%，土层厚度≥40cm，坡度一般≤35°
				岩溶山地轻度裸露薄层黄壤型	IV-04-02	海拔一般<2000m；黄壤；基岩裸露度30%~49%，土层厚度20~39cm，坡度一般≤35°
				岩溶山地中度裸露薄层黄壤型	IV-04-03	海拔一般<2000m；黄壤；基岩裸露度50%~69%，土层厚度20~39cm，坡度一般≤35°
				岩溶山地中度裸露极薄层黄壤型	IV-04-04	海拔一般<2000m；黄壤；基岩裸露度50%~69%，土层厚度<20cm，坡度一般≤35°
				岩溶山地重度裸露极薄层黄壤型	IV-04-05	海拔一般<2000m黄壤；基岩裸露度≥70%，土层厚度<20cm，坡度一般≤35°
		岩溶山地红色石灰土组	IV-05	岩溶山地轻度裸露中厚层红色石灰土型	IV-05-01	海拔一般<2000m；红色石灰土；基岩裸露度30%~49%，土层厚度≥40cm，坡度一般≤35°
				岩溶山地轻度裸露薄层红色石灰土型	IV-05-02	海拔一般<2000m；红色石灰土；基岩裸露度30%~49%，土层厚度20~39cm，坡度一般≤35°
				岩溶山地中度裸露薄层红色石灰土型	IV-05-03	海拔一般<2000m；红色石灰土；基岩裸露度50%~69%，土层厚度20~39cm，坡度一般≤35°
				岩溶山地中度裸露极薄层红色石灰土型	IV-05-04	海拔一般<2000m；红色石灰土；基岩裸露度50%~69%，土层厚度<20cm，坡度一般≤35°
				岩溶山地重度裸露极薄层红色石灰土型	IV-05-05	海拔一般<2000m；红色石灰土；基岩裸露度≥70%，土层厚度<20cm，坡度一般≤35°

续表

立地区		立地类型组		立地类型		立地特征
名称	代号	名称	代号	名称	代号	
川西南山地岩溶立地区	IV	岩溶山地棕色石灰土组	IV-06	岩溶山地轻度裸露中厚层棕色石灰土型	IV-06-01	海拔一般<2000m；棕色石灰土；基岩裸露度30%~49%，土层厚度≥40cm，坡度一般≤35°
				岩溶山地轻度裸露薄层棕色石灰土型	IV-06-02	海拔一般<2000m；棕色石灰土；基岩裸露度30%~49%，土层厚度20~39cm，坡度一般≤35°
				岩溶山地中度裸露薄层棕色石灰土型	IV-06-03	海拔一般<2000m；棕色石灰土；基岩裸露度50%~69%，土层厚度20~39cm，坡度一般≤35°
				岩溶山地中度裸露极薄层棕色石灰土型	IV-06-04	海拔一般<2000m；棕色石灰土；基岩裸露度50%~69%，土层厚度<20cm，坡度一般≤35°
				岩溶山地重度裸露极薄层棕色石灰土型	IV-06-05	海拔一般<2000m；棕色石灰土；基岩裸露度≥70%，土层厚度<20cm，坡度一般≤35°
		岩溶峡谷黄壤组	IV-07	岩溶峡谷轻度裸露中厚层黄壤型	IV-07-01	海拔一般<2000m；黄壤；基岩裸露度30%~49%，土层厚度≥40cm
				岩溶峡谷轻度裸露薄层黄壤型	IV-07-02	海拔一般<2000m；黄壤；基岩裸露度30%~49%，土层厚度20-39cm
				岩溶峡谷中度裸露极薄层黄壤型	IV-07-03	海拔一般<2000m；黄壤；基岩裸露度50%~69%，土层厚度<20cm
				岩溶峡谷重度裸露极薄层黄壤型	IV-07-04	海拔一般<2000m；黄壤；基岩裸露度≥70%，土层厚度<20cm

续表

立地区		立地类型组		立地类型		立地特征
名称	代号	名称	代号	名称	代号	
川西南山地岩溶立地区	IV	岩溶峡谷红色石灰土组	IV-08	岩溶峡谷轻度裸露中厚层红色石灰土型	IV-08-01	海拔一般<2000m；红色石灰土；基岩裸露度30%~49%，土层厚度≥40cm
				岩溶峡谷轻度裸露薄层红色石灰土型	IV-08-02	海拔一般<2000m；红色石灰土；基岩裸露度30%~49%，土层厚度20~39cm
				岩溶峡谷中度裸露薄层红色石灰土型	IV-08-03	海拔一般<2000m；红色石灰土；基岩裸露度50%~69%，土层厚度<20cm
				岩溶峡谷重度裸露极薄层红色石灰土型	IV-08-04	海拔一般<2000m；红色石灰土；基岩裸露度≥70%，土层厚度<20cm
		岩溶峡谷棕色石灰土组	IV-09	岩溶峡谷轻度裸露中厚层棕色石灰土型	IV-09-01	海拔一般<2000m；棕色石灰土；基岩裸露度30%~49%，土层厚度≥40cm
				岩溶峡谷轻度裸露薄层棕色石灰土型	IV-09-02	海拔一般<2000m；棕色石灰土；基岩裸露度30%~49%，土层厚度20~39cm
				岩溶峡谷中度裸露薄层棕色石灰土型	IV-09-03	海拔一般<2000m；棕色石灰土；基岩裸露度50%~69%，土层厚度<20cm
				岩溶峡谷重度裸露极薄层棕色石灰土型	IV-09-04	海拔一般<2000m；棕色石灰土；基岩裸露度≥70%，土层厚度<20cm

四、四川岩溶区石漠化土地植被恢复技术

（一）岩溶区石漠化土地植被恢技术遵循的基本原则

综合分析调查监测资料和典型调查资料，总结近年来石漠化土地植被恢复成功的经验和失败的教训，溶区石漠化土地植被恢技术遵循以下基本原则。

因地施策。根据岩溶区不同的立地条件，宜乔则乔、宜灌则灌、宜竹则竹、宜草则草、宜藤则藤，达到因害设防、因地施策的目的。

严格树（草）种选择。植被恢复能否取得成功并取得成效，很大程度上取决于树（草）种的选择。首先要注重树（草）的环境适应性，由于岩溶区环境条件特殊，立地条件差且复杂多样，因而要求所选择的树（草）种能适应立地的生态特征，以实现适地适树适种源的客观要求。二是具有成功的把握，所选树（草）种应具有栽培成功的经验和相关技术，对于引种树（草）种必须是经过引种试验，表现稳定且对当地物种不构成威胁，才能选用。三是功能协调性，恢复石漠化土地植被所选树（草）种必须考虑其功能协调性，那就是以控制水土流失改善生态环境为主，兼顾景观和经济效益。四是适度满足当地需求，岩溶区各地老百姓对一些树（草）种有一些偏好，在充分考虑环境适应性和具有成功把握的前提下，适度满足其愿望。

细化植被恢复技术和措施。岩溶区石漠化土地植被恢复难度大，技术要求高，一个技术细节就可能决定植被恢复的成败。这就要求各种技术措施要有很强的针对性，具体化、细化各项技术措施，同时应具有可操作性。

（二）植被恢复技术

1. 树（草）种选择

调查研究表明，岩溶区适生树种多具有以下几个特点：适宜于中性偏碱性和钙质土壤生长；根系发达，趋水趋肥性和穿窜岩石隙缝生长能力强；能忍耐土壤周期性干旱和热量变幅；易成活，生长迅速，具有较强的萌芽更新能力等。根据岩溶区石漠化土地适生树种特点和植被恢复的目标要求，石漠化土地植被恢复的树种选择遵循以下几个原则：乡土树种为主，气候相似性为辅；乔、竹、灌、藤、草因地选择；生态树（草）种、经济林树（草）种兼顾；短期效益和长期效益相结合。

根据岩溶区石漠化土地调查监测图斑和典型调查资料分析，结合16个石漠化综合治理试点工程县实际应用总结，进一步对各植物种类资源分布、生态学特性、生物学特性、经济性状等进行分析，根据各地的气候、立地条件等特点，从中选择适生、生态功能好，经济价值高，生长迅速，根系发达，容易繁殖的树（草）种45个，其中：乔木29个、竹类5个、灌木6个、藤本3个、草本2个；按利用方向分，生态树（草）种36个，经济树种9个。各树（草）种生物学、生态学特性及其区域适宜性见表8-22。

表 8-22 岩溶区石漠化土地主要适生树（草）种特性一览表

序号	树（草）种名称	类型	生物学特性					生态学特性					区域适宜性			
			叶性	根性	整枝性能	生长速度	自然更新或萌发能力	海拔	光照	温度	耐旱性	土壤适宜性	土壤pH值	川中丘陵岩溶立地区	川南盆地边缘岩溶立地区	川东平行岭谷岩溶立地区	川西南山地岩溶立地区
1	马尾松 Pinus massoniana	乔木	常绿针叶	深根性，有菌根共生	较强	快	强	<1000m	强阳性	喜温暖	喜湿润、耐干旱	深厚疏松土、耐瘠薄	4.5~6.5	+	+	+	
2	云南松 Pinus yunnanensis	乔木	常绿针叶	深根性	较强	快	强	1000~2600m	强阳性	喜温暖	喜湿润、耐干旱	深厚疏松土、耐瘠薄	4.5~6.5				++
3	柏木 Cupressus funebris	乔木	常绿针叶	主根浅细、须根发达	较弱	中	强	<1000m	中偏阳	喜温暖	喜湿润、耐干旱	喜肥沃、耐瘠薄	6.0~8.0	++	++	++	
4	侧柏 Platycladus orientalis	乔木	常绿针叶	浅根性、侧须根发达	较弱	慢	强	<1300m	中偏阳	喜温暖	耐干旱	喜肥沃、耐瘠薄	7.0~8.0	+	+	+	+
5	杉木 Cunninghamia lanceolata	乔木	常绿针叶	浅根性、侧须根发达	强	快	强	<1400m	中偏阳	喜温暖	喜湿润、怕风	土厚、肥沃、排水良好	4.5~6.5	+	++	+	
6	柳杉 Cryptomeria fortunei	乔木	常绿针叶	浅根性、侧根发达	较强	快	弱	<1500m	中偏阳	喜温暖	喜湿润、空气湿度大	土厚、疏松的壤土	4.5~6.5	+	++	+	

续表

序号	树（草）种名称	类型	生物学特性					生态学特性						区域适宜性			
			叶性	根性	整枝性能	生长速度	自然更新或萌发能力	海拔	光照	温度	耐旱性	土壤适宜性	土壤pH值	川中丘陵岩溶立地区	川南盆地边缘岩溶立地区	川东平行岭谷岩溶立地区	川西南山南岩溶立地区
7	青冈栎 Cyclobalanopsis glauca	乔木	常绿阔叶	深根性，根系发达	较强	快	强	<2600m	阳性	喜温暖	喜湿润，耐旱	土壤要求不严	6.0~8.5	++	++	++	++
8	麻栎 Quercus acutissima	乔木	落叶阔叶	深根性，根系发达	弱	中	强	<1500m	阳性	喜温暖	喜湿，不耐水湿，耐旱	喜深厚、肥沃、排水良好土壤，耐瘠	6.0~7.5	++	++	++	++
9	漆树 Toxicodendron vernicifluum	乔木	落叶阔叶	主根不明显，侧根发达	中	快	强	<1500m	阳性	喜温暖	喜湿润，怕水渍	喜深厚、肥沃、排水良好土壤	5.5~8.0	+	+	+	
10	桤木 Alnus cremastogyne	乔木	落叶阔叶	浅根性，具有根瘤	弱	快	强	<1400m	阳性	喜温暖	喜湿润，耐水湿	喜深厚、疏松、肥沃土壤	4.5~8.0	++	++	++	
11	西南桤木 Alnus nepalensis	乔木	落叶阔叶	根系发达，有根瘤	弱	快	强	1000~2700m	中偏阳	喜温暖，耐寒力较强	喜湿润，稍耐干旱	喜疏松、肥沃土壤，稍耐瘠薄	5.5~7.5				++
12	檬木 Sapium tsumu	乔木	落叶阔叶	深根性，好通气	强	快	强	<800m	阳性	喜温暖	喜湿润，忌积水	喜深厚、通气、排水良好土壤	4.5~6.5	+	+		
13	光皮桦 Betula luminifera	乔木	落叶阔叶	根系发达，主根深	较强	快	强	500~1500m	阳性	喜温暖，耐寒	喜湿润	要求不严，耐瘠薄	5.0~7.0	+	+		

续表

序号	树（草）种名称	类型	叶性	生物学特性 根性	整枝性能	生长速度	自然更新或萌发能力	生态学特性 海拔	光照	温度	耐旱性	土壤适宜性	土壤pH值	区域适宜性 川中丘陵岩溶立地区	川南盆地边缘岩溶立地区	川东平行岭谷岩溶立地区	川西南山地岩溶立地区
14	直干桉 Eucalyptus maideni	乔木	常绿阔叶	根系发达	强	快	强	1200~2000m	阳性	喜温暖、不耐寒	喜湿润、不耐湿热	喜深厚肥沃土壤	5.0~7.5				+
15	新银合欢 Leucaena Leucocephala	小乔木或灌木	常绿阔叶	根系发达，有根瘤	弱	快	强	<1500m	强阳性	喜温暖	喜湿润、耐旱性强	喜深厚肥沃、耐瘠薄	6.0~8.0				++
16	香樟 Cinnamomum camphora	乔木	常绿阔叶	深根性，主根发达	中	较快	较强	<1300m	中偏阳	喜温暖	喜湿润、不耐劳	喜深厚、疏松、肥沃土壤	5.0~7.5		++	+	+
17	油樟 Cinnamomum longepaniculatum	乔木	常绿阔叶	深根性，主根发达	中	较快	较强	500~2000m	中偏阳	喜温暖、耐荫	喜湿润、不耐劳	喜深厚厚、肥沃土壤	5.0~6.5		++	+	
18	岩桂 Cinnamomum Petrophilum	小乔木或灌木	常绿阔叶	深根性，根系发达	中	较快	较强	<1500m	中偏阳	喜温暖	喜湿润、耐干旱	喜深厚、肥沃、耐瘠薄	5.0~7.5	++	++	++	++
19	香椿 Toona sinensis	乔木	落叶阔叶	深根性	中	快	强	<1500m	阳性	喜温暖	喜湿润、较耐水湿	喜深厚、肥沃、沙壤土	5.0~8.0	++	++	++	++
20	红椿 Toona sureni	乔木	落叶阔叶	深根性	中	快	强	<800m	阳性	喜温暖	喜湿润	喜深厚、疏松、排水良好土壤	5.0~7.5	++	+	++	++
21	刺槐 Robinia pseudoacacia	乔木	落叶阔叶	根系发达，具根瘤	弱	快	强	<1800m	阳性	喜温暖、较耐寒	较耐旱、不耐水湿	喜疏松、排水良好土	6.0~8.0	+	+	+	+

第八章 四川省石漠化研究及政策综述

续表

序号	树（草）种名称	类型	生物学特性					生态学特性					区域适宜性		
			叶性	根性	整枝性能	生长速度	自然更新或萌发能力	海拔	光照	温度	耐旱性	土壤适宜性	土壤pH值	川中丘陵岩溶立地区	川南盆地边缘岩溶立地区	川东平行岭谷岩溶立地区	川西南山地岩溶立地区
22	慈竹 Sinocalmus affinis	大径竹	常绿阔叶	根系发达	中	快	强	<800m	阳性	喜温暖	喜湿润	喜深厚、肥沃、排水良好的壤土	5.0~7.0	++	++	++	
23	硬头黄 Bambusa rigida	大径竹	常绿阔叶	根系发达	中	快	强	<800m	阳性	喜温暖	喜湿润	喜深厚、肥沃、排水良好的壤土	5.0~7.0	++	++	++	
24	麻竹 Dendrocalamus latiflorus	大径竹	常绿阔叶	根系发达	中	快	强	<800m	阳性	喜温暖	喜湿润	深厚、肥沃、湿润、排水好	5.0~7.0	+	+	+	
25	绵竹 Lingnania intermedia	大径竹	常绿阔叶	根系发达	中	快	强	<1300m	阳性	喜温暖	喜湿润	深厚、肥沃、湿润、排水好	5.0~7.0	+	++	+	
26	撑绿竹 Bambusa pervariabilis ×Dendrocalamopsis grandia	大径竹	常绿阔叶	根系发达	中	快	强	<800m	阳性	喜温暖	喜湿润	深厚、肥沃、湿润、排水好	5.0~7.0	+	+	+	
27	杜仲 Eucommia ulmoides	乔木	落叶阔叶	根系发达	中	快	强	<1200m	阳性	喜温暖、耐寒	喜湿润	喜深厚、湿润、肥沃土壤	5.5~7.5	+	+	+	
28	川黄柏 Phellodendron chinense	乔木	落叶阔叶	深根性	中	快	强	900~1700m	阳性	喜温暖、稍耐阴、耐寒	喜潮湿、怕涝、不耐瘠薄	喜深厚肥沃土壤	5.5~7.0	+	+	+	+
29	核桃 Juglans regia	乔木	落叶阔叶	深根性，主根发达	中	快	中	<2000m	阳性	喜温暖、凉爽	喜湿润、不耐旱	喜深厚、疏松、肥沃	6.0~8.0	++	++	++	++

续表

序号	树（草）种名称	类型	叶性	根性	整枝性能	生长速度	自然更新或萌发能力	海拔	光照	温度	耐旱性	土壤适宜性	土壤pH值	川中丘陵岩溶岩溶立地区	川南盆地边缘岩溶岩溶立地区	川东平行岭谷岩溶岩溶立地区	川西南山岩溶岩溶立地区
														生物学特性		生态学特性	区域适宜性
30	板栗 Castanea mollissima	乔木	落叶阔叶	深根性，根系发达	弱	中	强	<2000m	阳性	喜温暖	喜湿、较耐旱	喜深厚、疏松土壤	5.5~6.5		+	+	+
31	枇杷 Eriobotrya japonica	小乔木	常绿阔叶	浅根性，须根发达	弱	慢	中	<1500m	阳性	喜温暖、稍耐荫、不耐严寒	喜温润	喜深厚肥沃、排水良好的土壤	5.5~7.5	+	+	+	+
32	桑树 Morus alba	小乔木	落叶阔叶	主根发达	耐修剪	快	强	<1500m	阳性	喜温暖	喜湿耐旱	喜深厚、湿润、肥沃土壤	5.5~8.0	++	++	++	++
33	李 Prunus salicina Lindl.	小乔木	常绿阔叶	浅根性，须根多	耐修剪	快	强	<1600m	中偏阳	喜温暖、较耐寒	喜湿、怕水涝	喜排水良好的粘壤土	5.5~7.5	++	++	++	++
34	花椒 Zanthoxylum bungeanum Maxim.	灌木	落叶阔叶	主根浅、侧根发达	弱	快	强	<2000m	阳性	喜温暖	较耐旱、最不耐涝	喜深厚、肥沃沙壤土	5.5~8.0	++	++	++	++
35	青花椒 Zanthoxylum schinifolium	灌木	落叶阔叶	主根浅、侧根发达	耐修剪	快	强	<1000m	阳性	喜温暖、耐寒	耐旱、最不耐涝	喜土层深厚肥沃沃壤土、沙壤土	5.5~8.0	++	++	++	++
36	麻疯树 Jatropha curcas	小乔木或灌木	落叶阔叶	根系粗壮发达	弱	快	强	<1800m	阳性	喜温暖	喜湿润、耐干旱	喜深厚、肥沃、疏松土壤、耐瘠薄	5.5~8.0	++	++	++	++
37	紫穗槐 Amorpha fruticosa	灌木	落叶阔叶	根系发达，具瘤菌		快	强	<1000m	阳性	喜温暖	耐旱、耐湿	耐瘠薄	5.5~8.5	++	++	++	++

续表

序号	树（草）种名称	类型	生物学特性					生态学特性							区域适宜性			
			叶性	根性	整枝性能	生长速度	自然更新或萌发能力	海拔	光照	温度	耐旱性	土壤适宜性	土壤pH值	川中丘陵岩溶立地区	川南盆地边缘岩溶立地区	川东平行岭谷岩溶立地区	川西南山地岩溶立地区
38	马桑 Coriaria sinica	灌木	落叶阔叶	深根性，具固氮根瘤菌		快	强	<2000m	阳性	喜温暖	耐干旱	耐瘠薄	6.5~8.5	++	++	++	++
39	黄荆 Vitex negundo	灌木	落叶阔叶	主根浅，侧根发达		快	强	<1200m	阳性	喜温暖	耐旱	耐瘠薄	5.5~8.0	++	++	++	++
40	车桑子 Dodonaea viscosa	灌木	常绿阔叶	深根性，根系发达		快	强	<2000m	阳性	喜温暖	耐旱	耐瘠薄	5.0~7.0	++	++	++	++
41	葛藤 Pueraria lobata	藤本	落叶阔叶	块根肥厚，根深达1m		快	强	<1500m	阳性	喜温暖，耐寒	喜湿耐旱	喜肥沃，耐瘠	4.5~7.0	++	++	++	++
42	爬山虎 Parthenocissus tricuspidata	藤本	落叶阔叶		耐修剪	快	强	<1800m	中偏阳	不怕强光，耐寒	喜湿耐旱	喜疏松肥沃土，耐瘠薄	5.5~8.0	++	++	++	
43	金银花 Lonicera japonica	藤本	落叶或半常绿阔叶	根系稠密，分蘖力强		快	强	<1500m	中偏阳	耐阴、耐寒性强	耐干旱又耐水湿	要求不严，以深厚、湿润、肥沃的沙质壤最好	5.5~8.0	++	++	++	++
44	剑麻 Yucca gloriosa	草本	常绿呈剑形、硬而狭长	须根系发达		快	强	<1600m	强阳性，耐阴	喜高温，耐寒	耐干旱又耐湿	喜排水良好的微碱性肥沃土壤，耐瘠薄	6.0~8.0	++	++	++	++
45	芭茅 Miscanthus floridulus	草本	长披针形	根系发达，散布		快	强	<1600m	阳性	喜温暖	喜水湿，耐旱	喜潮湿沙土	5.0~7.5	++	++	++	++

注："++"适宜，"+"表示较适宜

2. 良种壮苗

把好种子、苗木质量关是石漠化土地植被恢复成功的重要环节，选用良种是提高植被恢复质量的重要措施；植苗造林多选用容器苗，裸根苗、种子直播因地选用。根据造林地的土壤墒情，在土层相对较厚，并能保持土壤水分的地块，可采用裸根苗，裸根苗尽量带土团，并保护好须根不受损伤；在土层较薄，保水能力差的地段，采用容器苗。而在石缝、石隙处，可种子直播。严禁不合格苗上山造林。种子直播造林前应进行防鼠鸟、催芽等处理，减少种子损失，提高种子发芽率和成苗率。

3. 造林密度

合理的造林密度是在有限的环境容量下，发挥最大生态效益、经济效益的重要措施。造林密度过大，不仅大量破坏原生植被，而且林分郁闭早，影响林下植被生长，对林木生长也不利；造林密度过小，林分难以在希望的时间内郁闭，见效慢，甚至达不到理想的效果。根据岩溶区石漠化土地特征，合理确定造林密度重点考虑3个方面。

立地条件方面。土层较厚、基岩裸露度低、水资源较充足、原生植被较好的地段，造林密度可适度偏小；相反，土层瘠薄、基岩裸露高、水资源短缺、原生植被少的地段，为尽快郁闭，造林密度适度偏大。

树种特性方面。在相同条件下，速生树种的造林密度适度偏小，而慢生树种则宜适度偏大；乔木树种造林密度适度偏小，灌木树种适度偏大；针叶树种造林密度宜适度偏大，阔叶树种适度偏小；树冠密度小的树种造林密度宜适度偏大，树冠密度大的树种适度偏小。

培育主要目的方面。在相同条件下，培育目的不同，造林密度应有所区别。通常以生态效益为主要目的，则造林密度适度偏大，以便尽早发挥植被的生态功能。而以经济效益为主要目的，则造林密度适度偏小，以利于林木生长，尽可能发挥其经济效益。

综合分析，由于岩溶区石漠化土地属退化土地，立地条件比非石漠化土地差，植被恢复根本目的是增加区域森林植被，改善自然生态环境，提高防灾减灾能力，因此，造林密度应比非石漠化土地适度偏大，以尽早郁闭成林。

4. 整地方式

由于岩溶区石漠化土地立地条件的特殊性，整地方式应以穴状为主，禁止全面整地，以减少对原生植被的破坏和水土流失。整地时注意以下几点：

①造林地严禁炼山，以保护好原生植被；

②因岩溶区水土流失严重，夏季多暴雨，因此严禁在夏季整地；

③岩溶区土壤相对稀缺，应将表土和生土分别堆放，并捡出土中石块，便于利用；

④应尽可能地保留原生植被，特别是有培育前途的乔木树种；

⑤自然式配置栽植穴。由于石漠化土地基岩裸露度大，有的区域栽植穴不可能像非

石漠化土地那样按标准的株行距整齐划一配置，而应根据现地情况"见缝插绿"自然式配置栽植穴。

5. 造林方式

根据树种的特性差异，采取不同的造林方式。杉木、柳杉、马尾松、柏木等绝大多数乔木树种，采用植苗造林。这种方式能显著地提高造林成活率，林木生长快，郁闭早，根系生长迅速，固土能力强，发挥生态效益快。竹类、草本植物多采用分殖造林，如慈竹、麻竹、芭茅等。马桑、黄荆、栎类、紫穗槐等多采用直播造林。对整地困难，植苗造林难以实施的地块，通常小穴整地，直播马尾松、栎类等。

植苗造林：栽前炼苗（容器苗和裸根苗），随起随栽，宜选择阴雨天或阴天进行栽植。容器苗栽植时将容器去除或撕破容器底部包裹物后植入穴中，苗干竖直，深浅适当；先回填表土，再回填心土；分层填土、扶正、压实，浇足定根水，最后覆上疏松的土壤；覆土面高于容器表面1~2cm。裸根苗栽植要求苗正根伸，适当深栽，细土壅根，不窝根，先回填表土，再回填心土，分层填土、扶正、压实，浇足定根水。土要打细，踩紧踏实，填土稍高过根茎原覆土位置约1cm左右为宜。覆土最好成树盘状，以利于蓄积雨水。

分蔸造林：竹类一般在"休眠"结束，形成笋苞时栽植。栽植时先用表土填穴底，并施足底肥，充分混合后，顺山斜栽母竹，做到竹根舒展，马耳形切口向上，覆土踏实，然后浇足定根水，再盖一层细土，并在穴边做一集水圈，以便蓄积雨水。不宜深栽，但要踏实，覆土以超过竹蔸原来入土深度3cm左右为宜。

直播造林：直播有点播和撒播2种方式。点播采用小锄挖穴，一般穴深3~4cm，随挖随点，覆盖细土1~2cm。点播要求不重不漏，点播穴要杜绝用块状泥土覆盖。点播时应砍去穴周围的灌（草）丛，亮出窝，以利于种子出土发芽生长。撒播则是对实施撒播的地块或点播地块内局部无法实施人工点播的部分，按设计用种量将种子均匀撒播在造林地内。

6. 幼林抚育管理

幼林抚育管理可促进林木生长，使林分尽快郁闭成林或提高植被盖度，是植被恢复重要的技术措施。

穴内松土除草：岩溶区石漠化土地植被恢复的目的是增加植被盖度，为了不影响林下植被发育，又能促进林木生长。松土除草要适时，一般春季造林当年开始抚育，秋季造林第二年开始抚育。幼林一般要连续抚育3年，第一年1次、第二、三年根据实际情况抚育1~2次，未郁闭的第四年继续抚育1次。在进行幼林抚育时只对严重影响幼树生长的灌木、草本进行刀抚。松土时注意培土，修筑集水圈、树盘或鱼鳞坑，以增加保蓄水土能力。

扶苗、正苗：灌木、草本一般不松土，多采用扶苗、正苗促进其生长。因为石漠化土地立地条件都较差，植物难生长，灌、草根系分布不深，松土除草反而会损伤灌、草根系，影响灌、草生长和水土保持能力。

水肥管理：岩溶区石漠化土地保肥保水能力和土壤本身的肥力水平都较低，对经济林木采取严格的水肥管理措施，确保植被恢复成效并取得效益有着重要的意义。如遇干旱时，根据造林地土壤墒情，适时浇水灌溉，保持栽植穴土壤湿度。如果造林地离水源较远或没有水资源，可以使用表面活化剂或保水剂，使土壤得到充分的湿润。石漠化土地土壤养分均较缺乏，施足基肥，合理追肥，及时补充树木需要的各种营养元素，有条件的地方可采用配方施肥方式，有针对性的提高和补充土壤肥力，保障树体养分供给。

修枝整形：对桃、李、花椒等经济树，进行适当修枝整形，可提前挂果，增加产量，提高效益。

补植、补播：造林后连续3年进行成活率检查，对成活率在85%以下的造林地块应按设计密度进行补植、补播，保证造林成效。

平茬、间苗定株：为促进灌木生长，萌发更多枝条，增加覆盖率，应适时对灌木进行平茬。直播造林地，出苗较多时，为避免过度竞争，须适时间苗定株，除弱扶壮，保证合理密度。

加强封山育林（灌、草）：岩溶区石漠化土地植物资源贫乏，生物多样性指数低，历来人畜活动频繁，对原生植被造成严重的破坏，也严重影响植被恢复的成效。因此，植被恢复区应该实行严格的封山育林（灌、草），严禁在封山区内放牧、打柴、开垦、采石等，提高植被盖度和保土、持水能力。

五、研究结论

本研究针对四川省岩溶区石漠化土地植被恢复的特殊性，运用翔实的调查监测资料和典型调查资料，开展了岩溶区石漠化土地特征分析、生态环境脆弱性评价、立地分类、植被恢复树（草）种选择和植被恢复模型典型设计研究，提出了一套系统、完整的植被恢复应用技术。

根据国家林业和草原局确定的监测范围，四川省岩溶区涉及全省10个市（州）46个县（市、区），岩溶区土地面积277.7万 hm^2，其中石漠化土地73.2万 hm^2，潜在石漠化土地76.9万 hm^2，具有面积大、分布范围广、石漠化发育程度深、土地利用类型以林地和耕地为主，及主要分布于少数民族地区等特征。岩溶区石漠化土地植被恢复是四川当前生态建设的重点和难点。

基于GIS的岩溶区生态环境脆弱性评价。采用13个与岩溶区生态环境脆弱性紧密相关的因素，先进行单因素空间指标特征分析，再运用GIS技术和层次分析法对岩溶区生态环境作出脆弱性评价。结果表明，岩溶区58159个图斑中，极重度脆弱图斑14381个，面积41.5万 hm^2，占岩溶区土地面积的14.94%；重度脆弱24849个，面积89.8万 hm^2，占32.34%；中度脆弱图斑16381个，面积88.0万 hm^2，占31.69%；轻度脆弱图斑2072个，面积43.5万 hm^2，占15.67%；无明显脆弱图斑476个，面积13.9万 hm^2，占5.36%。

面积以重度脆弱和中度脆弱为主,占岩溶区面积的64.03%,其次是轻度脆弱和极重度脆弱。不同区域脆弱性土地面积分布有一定的差,在川西南山地区,各脆弱性土地面积分布由大到小为中度>重度>轻度>极重度>无明显,在川南盆地边缘区为重度>中度>极重度>轻度>无明显;在川中丘陵区为重度>中度>极重度>轻度>无明显;在川东平行岭谷区,各脆弱区面积分布由大到小为重度>中度>极重度>无明显>轻度。

建立立地分类系统。在空间指标特征分析和生态环境脆弱性评价的基础上,选择确定划分各级立地单元的主导因子,划分各级立地单元。立地区选用了地貌类型、气候条件和石漠化土地分布为划分依据,立地组选用了岩溶地貌和土壤类型为划分依据,立地类型选择了基岩裸露度、土层厚度为划分依据。依据各级立地单元划分的主导因子将四川省岩溶区划分为4个立地区26个立地类型组127个立地类型。

树(草)种选择。在岩溶生态环境与植被恢复关联性分析的基础上,运用图斑调查资料、典型调查资料和近年来石漠化综合治理实施方案等资料,结合树(草)种本身的生物学、生态学特性,综合分析树(草)种的适宜性,并与同一树(草)种在优良地块上的表现对比,确定岩溶区不同立地区适生的树(草)种45个,其中:乔木29个、竹类5个、灌木6个、藤本3个、草本2个;按利用方向分,生态树(草)种36个,经济树种9个。

第二节 四川省基于社区参与式石漠化监测与评估方案

一、研究概论

(一)参与式理论研究进展

1.产生背景

参与式理论成长于发达国家对发展中国家援助的实践。二次世界大战后到20世纪90年代,国际多边和双边机构对发展中国家技术援助的总额达到3000亿美元。然而到90年代早期,南北在发展上的差距仍在不断地拉大。在探究其原因的过程时,发现技术和资金本身是没有问题的,因此人们对项目设计的哲学,对项目操作程序,对项目执行合作伙伴产生了怀疑,认为:贫困人口和被领导者能够而且应该分析他们所处的真实状况。应当促使村民分享、更新、分析其生活知识和条件,进行计划和采取相应行动。需要所从事的发展项目公开和透明,把发展和机会赋权给目标群体,制衡项目合作伙伴。认识到鼓励和倡导人民大众参与国家或区域的发展项目是至关重要的。需要促进人们自主地组织起来,分担不同的责任,朝着一致的发展目标努力;发展项目的制定者、计划者及执行者之间形成一种有效的平等的"合作人关系"等,这些都发展和丰富了"发展理论"。参与式发展在20世纪60年代开始萌芽,70~80年代早期在东南亚和非洲国家逐步推广和完善,并形成参与式发展一系列方法和工具,如农事系统研究(FSR)、快速农村评估

（RRA）、参与式农村评估（PRA）、参与式评估与计划（PAP）等。

参与式理论与方法首先在1990年传入中国云南省，由福特基金会资助的"中国云南省贫困山区综合开发试验示范项目（YUM）"，特邀英国萨斯克斯大学发展研究所博士罗伯特•查姆伯斯以及加拿大、英国、印度、菲律宾等国家著名学者主讲的"参与式农村调查方法（PRA）"培训班在昆明举行。这是参与式方法和理论在中国的第一粒"种子"，当时参加培训班的40名学员来自北京、宁夏、云南3省（自治区、直辖市）的20个单位，涉及农、林、水、土地管理、社会科学、民族学、妇女工作、卫生健康、教育等多部门多学科。而后，参与式发展理论在中国迅速发展。

2. 国内外研究进展

（1）研究内容

参与式在汲取多种调查方法的优点和做法的基础上，在研究内容方面进行了自己的创造和拓展，在实践中强调以下几点。

协助他们做：协助农村居民自己调查、分析、做出报告和学习，这样他们既提供信息又拥有调查结果，并且学习它。这种称为"移交指挥棒"的方式常常需要外来者开个头，然后坐着、回去或走开，而不要进行访谈或打断。

有责任心并懂得自我批评：意思是协调者要不断检查自己的行为，并试图做得更好。这包括分析错误，学习如何做得更好，也就是说认识到自己的职责，不是包办与替代。

分享所得的信息和观点：在当地居民之间，在居民与协调者之间，以及不同协调者之间，互相交换信息和看法。不同组织可一起培训和交流。强调农民自己做调查。村民或居民作为调查研究者之一，可以是妇女、穷人、学校教师、自愿者、学生、农民、村中行家，让他们做剖面图、观察、访问其他农户、分析数据，并提交结果。

在此研究的基础上，个体或组织使用参与式面临的两个最重要的挑战是自己的行为和态度，以及有关机构、机制的变化问题。

（2）研究方法

事实上，由社区外的参与者（即多学科的专家小组）同社区内的参与者所进行的参与式调查，采用的许多工具都是为更准确地收集有关信息的目的而设计的。应该说参与式理论与方法本身就是一种研究方法，它包括一些具体的研究工具，亦称"工具箱"，其中最重要的有：第二手资料的收集、半结构访谈、村民大会、社区资源图及立体模型、季节历、社区剖面图、时间趋势图、矩阵排列、问题树、社区关系图、关键人物访谈、大事记等等。

（3）研究趋势

参与式理论与方法的关键是实践，是工作经验的结晶。其方法和步骤不存在任何的产权、版权所有的问题，只有大力的普及和推广，即分享所得经验和结果。因而执行的较好的参与式理论的经验性、轶事性材料和事例是很多的,有些甚至还没有得到足够的收集和分析。

迄今为止,参与式方法和理论已经运用到许多领域的分析和研究之中。包括农业生态系统:自然资源,包括农业、林业、渔业及环境、农田水利;科学技术及革新:妇女地位,健康和营养,农耕系统研究及推广,畜牧业,市场调查,扶贫与救灾,艾滋病防治,机构评估,社会、文化和经济状况以及许多特殊领域等。

(二)参与式监测与评估概述

参与式监测与评估是基于参与式相关理论而形成的一种监测评估的方法。参与式监测与评估有别于传统监测评估,第一,它获取的信息更加真实,很多信息都是从当地农户和参与项目的一线技术人员获得的第一手数据。利用这些信息和数据分析获得的社会经济效益贴近实际。根据监测评估进行项目计划和实施方案的调整会使项目目标更加符合项目区实际需求,也更加符合当地农户的利益。第二,参与式监测评估方法在监测的过程中突出了对当地农户能力的培养,提高了当地农户对项目的参与意识和权利意识。第三,参与式监测评估也促进了当地政府、部门之间的合作,同时对政府工作方式和工作态度的监测也会促进政府工作方式的转变。第四,参与式监测评估注重向当地农户学习,外来者仅仅作为当地人监测评估的协作者,极大促进了当地农户参与的积极性,更容易及时发现问题。

1. 参与式监测与评估概念

(1)参与式监测与评估定义

参与式监测评估(Participatory Monitoring and Evaluation)是一种从国外引进的新型监测评估方法,它是在传统监测评估的基础上,充分考虑监测评估相关团体的参与性、内容的有效性、过程的效率、基层的权力等各方面的内容,融合参与式农村评估的参与理念在内形成的一种定性描述和定量分析相结合的先进的监测评估方法。传统的监测评估方法通常是由高层发起和执行,结果主要是为学者和官方机构所用;而参与式监测评估则以属于并要帮助目标群体为目的。参与式监测评估是对有关项目活动的进展、项目的产出、项目成果和项目目标的实现情况,以及项目带来的影响等信息进行系统记录及阶段性分析的过程,这些记录与分析由项目规划与实施人员及目标群体(有时在外来专家的帮助下)共同完成。参与式监测的目的是为项目实施期间及时提供信息,必要时对项目进行调整和修改。

参与式监测与评估实际上是一个学习和改进的过程,这个过程的参与者充当了项目管理人员和项目的受益群体双重角色,即受益人成为项目活动的监测评估。在参与式过程中特别强调在项目建立中能够体现项目所有利益相关者(男女村民、当地决策者、专家和项目工作人员)的意见。保证所规划的项目活动顺利实施通过利益相关者的参与提高决策的民主性,参与式监测评估是使人们走到一起的社会过程,是理解不同观点和看法的文化过程,是分享决策的政治过程。随着与项目有关群体的参与程度提高,参与式监测评估使那些权力大小不等的人们走到一起来了,所以也涉及如何协调冲突和处理不可预见矛盾的问题,从而达到使不同群体实现他们心目中的期望值。参与式监测与评估方法贯穿于项目实施的全过程,它不仅起着检验项目活动和效果,及时调整项目内容的作用,更为重要的是鼓励受益群体和利益相关者进一步开展工作。因此参与式监测与评估是在"外来者"的协助下由受益人参与的监测与评估过程,当中强调平等协商、尊重不同角色群体的认知、态度差异以实现受益主体的最大意愿,从而达到受益成员共享项目的成果。

(2)参与式监测评估的核心

参与式监测评估是强调以参与为核心的监测评估方法。"参与"既是目的也是手段,通过涉及项目的所有相关单位的参与,充分挖掘和综合各个单位知识和能力,以期能够获得真实的、符合本土利益的监测评估结果。"参与"应该在监测评估过程中体现出普遍性、全程性、深入性。应最大限度使涉及项目的各个单位都参与进来。

监测是在一定的时间范围(如一个项目周期)内系统的、定期的收集、整理、分析与项目有关的信息资料以观察和测定变化的趋势。评估是定期了解、评价和回顾项目干预措施或研究变化和影响,以判断其有效性和持续性。参与式的监测评估就是在监测评估专家和项目所在地利益相关群体共同讨论、共同参与的前提下进行的一种评估模式。

(3)参与式监测评估的六大要素

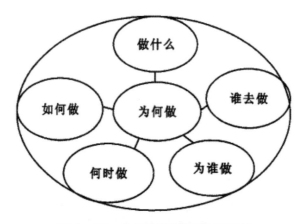

图 8-15　参与式监测评估六要素

参与式监测评估所涵盖的六大要素分别为:为何做(Why)、做什么(What)、谁去做(Who)、为谁做(For Whom)、何时做(What Time)以及如何做(How)。这六大要素相互关联、相互制约,每个要素既在独立的旋转运行,又在影响着其他要素(图8-15)。

"为何做"是指监测评估的目的,"做什么"是指监测评估的内容,"如何做"是指监测评估的方法,"谁去做"是参与监测评估的所有人员,"为谁做"是指监测评估的信息使用者,"何时做"是指监测评估的时间。

2. 参与式监测与评估与传统监测评估方法比较

参与式监测评估方法和传统的监测评估方法相比,具有很多优点。传统的监测评估通常是上级主管部门按照固定的标准对下级的部门进行考察审核,往往忽略了基层单位和目标人群在监测和评估中的地位和作用,是一种单向的沟通,获得的数据也具有一定的片面性,仅仅只能代表某一部门的利益,有的部门甚至会因为担心数据达不到应有的指标要求而人为的编造虚假数据,从而使监测评估的结果偏离事实。参与式监测评估以参与为核心,充分兼顾项目各相关主体、基层人员、目标人群、收益群体的利益和意志,是一种双向互动的交流过程,获取的数据都是从基层得到第一手数据,其真实性较强,同时由于是根据和项目单位、基层人员、目标人群、收益群体共同讨论所得到的指标体系进行监测评估,其结果更能反映真实的项目效益。参与式监测评估的目的是对参与农户进行赋权,让社区成员充分参与到项目实施的全过程,并使他们成为甄别项目成功与否的决策者,但使用的方法应简单明了,使当地人具有成就感、自主感和责任感,让当地人提出他们自己的发展愿望,从而使其能够向其认为能够成功的方向努力。具体区别见表8-23。

表8-23 传统监测评估方法和参与式监测评估方法比较表

项目	传统监测评估方案	参与式监测评估方案
Why	获取项目的总结评价; 对项目中出现的问题或未完成的项目指标向有关责任单位问责	根据监测评估结果及时调整计划,使项目效果达到最优; 通过监测评估过程提高项目参与者权利意识、参与意识
What	一般是相关专家根据已有监测评估指标体系来印证项目是否完成	通过各项目参与单位共同讨论制定的指标,更能反映项目的效果
Who	相关领域的专家、学者	项目各参与单位; 社区成员
For Whom	项目的出资方、政府	项目各参与单位
What Time	项目结束	经常、定期
How	自上而下获取信息,一般是较为准确地统计数字; 信息由研究人员收集和组织; 授权与技术人员、研究人员、领导,效果由专家评判; 通过专业的报告进行汇报	自下而上的获取信息,一般是通过讨论和分析获取的简单数据; 信息由参与者自己收集和组织; 授权项目各参与单位,效果由参与者自己评判; 通过简单易懂的示意图、草图和图表进行汇报

3. 参与式监测与评估应用于环境和资源保护的案例

（1）案例一

中—荷合作"森林保护与社区发展项目（FCCDP）"的目标是通过综合管理策略，改进云南省自然保护区的森林与生物多样性保护。"参与性自然资源监测"是该项目所开发的资源监测工具和方法之一。参与式自然资源监测系统作为一种新概念、新方法和新工具提出后，于2002~2004年在云南省3个自然保护区（泸水高黎贡山、龙陵小黑山、瑞丽铜壁关）的18个自然村中进行了试点。参加人员主要包括：保护区及其周边村社的农户，当地保护区管理局、管理站、林业局、林业站和其他相关部门人员，以及项目管理人员和咨询专家。整个参与性自然资源监测的步骤和方法由4个方面组成：选择村社、村社资源利用者分析、参与式自然资源监测研讨会、修改完善参与式自然资源监测工作计划，开展监测。

通过项目监测和评估总结，该参与性自然资源监测是一种新理念下以村民为主体的对社区所依赖资源进行监测的系统。它以掌握自然资源的丰富程度和利用及其变化情况，增强村民环境意识并改善村民和自然保护区之间关系为目的，具有简便易行、应用乡土知识、资源投入低、决策透明的优点，能够促进森林资源保护、监测和管理，进行意识教育、冲突管理、野生动物肇事管理和促进当地经济发展。

（2）案例二

2007年开始，广西木论国家级自然保护区实施全球环境基金（GEF）"广西林业综合和保护项目（GIFDCP）"子项目"加强自然保护区管理（NRMC）"，引入参与式理论和方法，让保护区周边各利益相关者对保护区管理活动、实施过程及影响效果进行阶段性的监测和评价，给保护区管理机构提供及时、有效的信息，促使保护区加强对各种管理活动结果和过程的控制，并及时修正，提高社区参与保护区建设积极性，提高木论保护区的管理水平。

通过项目监测和评估总结，参与式监测最大的优势是由当地居民提供的第一线信息，更加真实，是一种自下而上的信息反馈，监测人员来自不同的利益群体，而非保护区管理人员，充分兼顾项目各相关主体、目标人群、收益群体的利益和意志，保证了监测信息的多元化。利用这些信息和数据分析获得的社会经济效益贴近实际。过去木论保护区所有的监测与评估基本上是按上级主管部门固定的标准开展的，没有社区各利益群体参与，是一种单向的活动，获取的信息都是按自己的意愿所为，用以反映社区活动对生物多样性的影响，社区群众不予以认可，而采用村民小组监测数据，群众很容易接受。

（三）石漠化区域生态修复存在的问题

治理难度大。由于石漠化发育程度深，石漠化土地土层十分瘠薄，植被盖度小。经统计分析，土壤土层厚度小于20cm的石漠化土地面积占石漠化土地总面积的52.94%；

植被综合覆盖度小50%的石漠化土地面积占石漠化土地面积的45.04%。这增加了石漠化土地治理难度。四川省石漠化较重的泸州、凉山等市（州）地处金沙江、大渡河、赤水河干热干旱河谷地带，常年干旱缺水，林草植被生长条件差，需进行提灌引水等综合工程措施，工程治理十分困难。

资金压力大。按照省委、省政府提出的全面建成长江上游生态屏障和建设美丽四川战略目标，"十三五"要初步遏制石漠化漫延趋势，每年需投入治理资金10多亿元，目前每年国家下达四川省专项投资仅1亿元，石漠化县大多属国家连片扶贫重点县，当地财力困难，资金投入压力很大；加之，四川省岩溶区岩溶区大多土层瘠薄，立地条件差，林草植被成活率低，工程建设中人工造林、封山育林、提灌引水等项目没有后期扶持补助资金，工程建后管护难度大，成果巩固难。

保护与发展矛盾突出。按照国家"十三五"石漠化治理工程规划，四川省岩溶区石漠化综合治理范围有45个县（市、区），其中，有26个县（市、区）属于高原藏区、大小凉山彝区、秦巴山区、乌蒙山区"四大扶贫片区"，贫困面大、贫困程度深、基础设施薄弱、生产生活条件差，是四川省扶贫攻坚主战场。而四大扶贫片区石多土少、岩溶区石漠化程度深，农民群众生存发展与生态保护的矛盾仍较突出，生产生活条件差，脱贫致富难度大。

（四）参与式监测与评估于四川省石漠化监测与治理的意义

1. 监测数据方面将提高数据及时性和完整性

参与式监测评估是一种直接、快速收集数据信息的方式，将提高数据及时性和完整性。每年都开展的参与式石漠化监测评估与传统石漠化监测评估对比，其主要优势之一是可以快速了解监测区石漠化状况，不需要经过繁琐的程序，能够直接与相关利益群体进行交流与沟通，得到最真实的一手资料，不需要专业工作人员进行过多的调查、总结、验证，能够直接运用到相关石漠化防治项目决策中，能有效提高政府决策科学性和改进方案的及时性。

2. 监测评估方面将改善与利益群体的对话和沟通

参与式石漠化监测评估是把各利益群体聚集在一起进行交流和探讨的过程，主要参与方为专家、政府与当地社区参与者等，在这个过程中，每个群体、每个个体都有表达的机会，可以通过相互协商、沟通，从而加强各个群体之间的合作，一起努力得出最符合项目目标的利益诉求。最大限度调动社区参与人员的参与积极性。

3. 促进四川省石漠化监测与治理的能力提升

参与式监测可以帮助参与成员（特别是社区监测人员）和受益人群在观察（设计指标、监测变化、发现意外变化、记录数据）和分析（解读发现，确定关系，得出结论作为计划调整的基础）过程中提高他们生产管理知识、自信和技能水平。同时工作人员将能够在有效节约成本和参与的基础上，持续监测活动的产出，为改善工作，及时调整计划提供相关信息，促进四川省石漠化监测与治理的能力提升。

二、参与式石漠化监测评估的原则、目标、系统构成

（一）参与式石漠化监测评估的定义

1. 传统石漠化监测评估的不足

传统石漠化监测方法在应用中存在着不足。第一，所采用的技术和方法学术性强，需要林业、土壤、水文、地质等方面专业知识。第二，它主要侧重于反应石漠化面积现状，而主要针对当地社区（村级）所依赖的生物资源、土地利用、社会经济以及他们感兴趣的关联指标进行监测。第三，由于监测方法的高学术性，对监测数据的判读和分析往往只能由外来专家完成，当地工作人员只能起到协助的作用，极大地制约了决策的透明度。第四，这套监测系统的监测年限是每5年一次，间隔期长，对变化趋势反应不够及时，且监测评估往往需要多专业、多学科人员组成团队同时开展工作，非常费时、费工，资金投入巨大。

2. 参与式石漠化监测评估的优势及定义

参与式石漠化监测评估立足于相信社区能够发挥在石漠化监测评估和相应石漠化治理工作中的作用，尊重本土知识，为最大限度地扩大决策透明度和增强当地保护、管理自然资源责任感的重要手段，能够间接弥补常规石漠化监测方法在数据监测的专业性需求好、及时性不够、监测成本高、对社区能力建设培养不够等方面的不足。

因此，参与式石漠化监测评估的定义为：在专家协助下以村民为主的，在社区（监测区）对农户所依赖或其他与石漠化变化密切相关的指标，如水土保持指标、植被状况指标、能源构成指标、农业生产指标、水土污染指标、人口变化指标、经济收入指标等的变化情况进行监测的系统。目的是掌握这些相关指标的变化情况，提高村民和工作人员在石漠化防治和可持续利用方面的意识，以及在计划、实施和问题分析方面的能力，改善村民和职能部门的关系，推进村民、职能部门和专家的长期交流，形成友好互动的伙伴关系。

（二）参与式石漠化监测评估的原则

1. 建立参与者之间相互尊重、信任、平等商讨制度和关系

参与式石漠化监测评估在监测方案、监测指标、监测评估等方面重视各利益相关体的共同参与协商，建立专家、政府与当地社区参与者之间相互尊重、信任、平等商讨制度，形成友好互动的伙伴关系。

2. 重视监测评估过程，而不仅仅注重结果

参与式石漠化监测评估在实施过程中，实施过程中十分重视过程管理，保证每一个步骤都能按照参与式石漠化监测评估标准和要求来实施，进行阶段性的研讨和总结，提高了项目管理质量。监测评估的角度重视解决当地具体问题，有利于对当地进行意识教

育和能力建设,而不仅仅注重结果。

3. 尊重乡土知识和群众的技术、技能

社区群众掌握大量的乡土知识和技能,例如,他们在应用当地指示物揭示自然现象的过程中早就建立了一套监测系统,总结利用这些知识对进行石漠化监测有着重要的意义。因此在监测过程中,社区村民和监测工作人员之间将有更密切的合作和讨论,工作人员将尊重当地的乡土知识、观念和价值。

(三)参与式石漠化监测评估目标

1. 提高社区居民能力建设

参与式监测评估是强调以参与为核心的监测评估方法。参与既是目的也是手段。参与式石漠化监测评估,让社区监测人员参与指标制定和评估过程,能开发他们的潜能,促使他们思考石漠化评估和治理方面事宜,还能使当地居民能够形成自觉防治土地退化(石漠化)的意识,增强其科学素养,使当地人具有成就感、自主感和责任感等,还能增加他们保护自然环境的自觉性和责任感。

2. 有利于参与者之间形成相互尊重、平等的商讨制度

参与式石漠化监测评估,在监测和评估过程中,建立起专家、政府与当地社区参与者之间相互尊重、信任、平等的商讨制度,形成了友好互动的伙伴关系,充分考虑了社区群众的利益诉求,尊重乡土知识和群众的技术、技能。因此,最终形成的监测成果能够动态反应(相对于传统职能部门的专项监测)石漠化变化趋势,提出的石漠化治理重点和治理技术措施反映了当地群众的诉求,为石漠化治理提供了科学依据。

3. 有利于监测数据的完整性和准确性

参与式石漠化监测评估过程中体现出的普遍性、全程性、深入性,最大限度地使涉及监测评估的各个对象都参与进来,以保证在监测评估过程中监测数据的完整性和准确性。传统的石漠化监测评估是上级主管部门按照固定的标准对下级的部门进行考察审核,是一种单向的沟通,往往忽略了基层单位和目标人群在监测和评估中的地位和作用,获得的数据也具有一定的片面性,大多只能反映出监测相关部门的利益,从而可能使监测评估的结果偏离事实。参与式监测评估以参与为核心,是一种双向互动的交流过程,充分兼顾监测评估各相关主体、基层人员、目标人群、收益群体的利益和意志,获取的数据都是从基层得到第一手数据,且数据面广,具有代表性,相对于传统监测数据,能在监测数据的完整性和准确性提供有益补充。

(四)参与式石漠化监测评估系统构建

通过组建参与式监测评估小组的方式形成监测评估系统,负责监测工作的开展、协调和汇报。监测评估系统由监测专家、县级林业监测协助官员、村级监测员3个要素构

成，各要素相互支撑，互为补充。参与式监测评估小组需在项目二期成立，小组成员的构成需包括：监测专家，由四川省林业调查规划院4名监测技术人员构成；县级林业监测协助官员，由1名县级林业部门的监测人员构成；村级监测员，由多名社区村级监测人员构成，每村1名村级监测人员。

本次参与式石漠化监测评估项目，实施地点为叙永县的一个典型石漠化镇，共涉及12个行政村。2018年3月底，完成了参与式石漠化监测评估小组的筹建，监测评估小组由4名监测专家，1名县级林业监测官员，12名村级监测员构成。

监测专家在监测评估中的宏观目标拟定、总体指标拟定及筛选、相关培训和研讨会等方面提供技术咨询和指导，并对监测数据进行总体分析及评估；县级林业监测官员主要组织和协调参与式监测相关培训和研讨会，并对监测数据进行初步分析及评估，参与监测数据进行总体分析及评估；村级监测员主要负责参与式监测实地数据收集，参与数据分析和反思。

三、参与式石漠化监测评估工作流程及指标体系确立

（一）参与式石漠监测评估工作流程

参与式评估工作流程主要包括4个阶段：二期准备阶段、现场监测评估阶段、报告撰写阶段到结果分享与后续行动阶段（图8-16）。

1. 二期准备阶段

二期准备阶段主要包括如下4个方面的内容。

（1）组建监测评估小组

在项目二期成立参与式监测评估小组，负责监测工作的开展，协调和汇报。

监测评估小组于2018年3月底完成。监测评估系统由监测专家、县级监测官员、村级监测员3个要素构成。

①监测专家

2018年3月初，项目组在四川省林业调查规划院抽调有石漠化监测评估经验的4名监测技术指导人员构成，拥有教授级高级工程师2名，高级工程师2名，均参与了全省第二次和第三次石漠化监测，其中1名教授级高级工程师还主要负责制定了全省石漠化监测细则。

监测专家主要职责包括：制定参与式监测评估方案，并根据各参与方的反馈及时调整修改方案；制定参与式监测评估初步指标（专家指标），并根据各与参与方的座谈、讨论、反馈及时修改调整形成最终指标；协助组织参与式监测与评估各项培训和研讨会；对监测数据进行汇总、分析、反馈和总结；撰写影响监测报告；定期向村民，以及其他利益相关者汇报影响监测的结果。

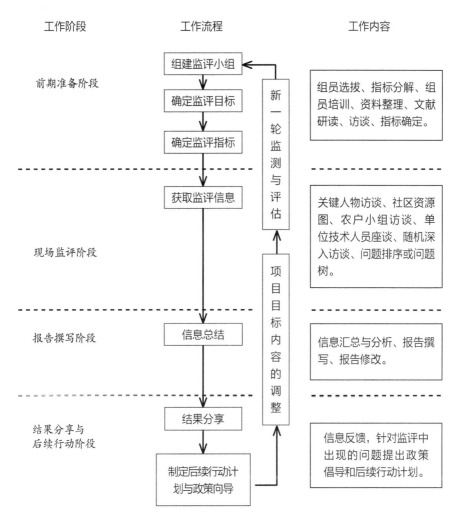

图 8-16 参与式石漠化监测评估流程图

②县级林业监测官员

监测专家确定后,项目组及监测专家于2018年3月中旬与叙永县林业局进行了项目座谈,对项目目标、方案、要求进行了充分沟通,双方共同推举叙永县林业局资源股(副股长)1名技术监测人员作为县级林业监测官员,该人员有参与了第二次和第三次全省石漠化监测,具有较丰富的经验。

县级监测官员的主要职责包括:组织和协调参与式监测相关培训和研讨会;组织并参与监测实地监测活动。

③村级监测员

县级林业监测官员确定后,项目组的监测专家和县级林业监测官员在项目村委会的协助下,在监测村分别召开村民大会,向村民介绍、宣传参与式石漠化监测的理念、主要目标、内容、影响以及对村级监测人员的基本素质要求等,回答了村民相关问题,各项目村现场选举推荐了各自的村级监测人员，2018年3月底，项目组完成了对选举推荐的村级监测人员登记造册工作。本项目名共涉及1个镇12个行政村，村级监测人员由村民大会选举推荐，共确定12名村级监测人员。

村级监测员的主要职责包括：协助组织并参与参与式影响监测各项培训和研讨会；参与影响监测实地数据收集；参与数据分析和反思。

监测专家在监测评估中的宏观目标拟定、总体指标拟定及筛选、相关培训和研讨会等方面提供技术咨询和指导，并对监测数据进行总体分析及评估；县级林业监测官员主要组织和协调参与式监测相关培训和研讨会，并对监测数据进行初步分析及评估，参与监测数据进行总体分析及评估；村级监测员主要负责参与式监测实地数据收集，参与数据分析和反思。

（2）确定监测评估目标，对目标进行分解

组建监测评估小组后，于2018年4月初，小组成员根据参与式石漠化监测的特点，共同讨论确定监测评估目标，并对目标进行指标分解。确定的目标主要包括3个方面：

①提高社区居民能力建设

参与式监测评估是强调以参与为核心的监测方法。参与既是目的也是手段。本次参与式石漠化监测评估，让社区监测人员参与指标制定和评估过程，能开发他们的潜能，促使他们思考石漠化评估和治理方面事宜，还能使当地居民能够形成自觉防治土地退化（石漠化）的意识，增强其科学素养，使当地人具有成就感、自主感和责任感等，还能增加他们保护自然环境的自觉性和责任感。该目标对应的指标类主要是能力建设指标类、经济收入指标类。这两类指标能够反映出当地社区监测人员及居民石漠化防治相关知识和能力情况。

②促进参与者之间形成相互尊重、平等的商讨制度

参与式石漠化监测评估，在监测和评估过程中，建立起专家、政府与当地社区参与者之间相互尊重、信任、平等商讨制度，形成了友好互动的伙伴关系，充分考虑了社区群众的利益诉求，尊重乡土知识和群众的技术、技能。因此，最终形成的监测成果能够动态反应（相对于传统职能部门的专项监测）石漠化变化趋势，提出的石漠化治理重点和治理技术措施反映了当地群众的诉求，为石漠化治理提供了科学依据。

③有利于监测数据的完整性和准确性

参与式石漠化监测的主要目的之一就是发挥参与式石漠化监测的优势，解决传统石漠化监测的固有不足和局限，提高监测数据的完整性和准确性。该目标对应的指标类主要是水土保持指标类、植被状况指标类、能源构成指标类、农业生产指标类、水土污染指标类、经济收入指标类、人口变化指标类7类。通过对这7大类指标的参与式监测，能够连续地、完整地、准确地反映当地石漠化现状及成因。

（3）确定指标体系

指标体系确定按照初步指标体系（专家指标体系）、修改指标体系（准当地指标体系）、最终指标体系（当地指标体系）的相关要求逐步确定。

（4）技术培训

2018年5月初，由叙永县林业局监测官员组织了监测专家、村级监测人员以及相关县级技术人员进行了为期2天的参与式监测技术培训，其中室内参与式监测理论、技术培训座谈1天，实地监测技术操作培训1天。监测专家负责进行相关监测技术培训讲解，培训内容包括参与式监测理念、参与式监测评估理论、石漠化基本情况、确定的指标的相关监测技术方法等，体现了先培训、后上岗的原则，确保监测人员能够按要求独立完成各项监测任务。

2. 现场监测评估阶段

为确保数据质量，需要制定详尽的工作计划，明确工作人员进行数据收集、处理与监测评估的责任。恰当量化的数据收集即能可靠地保证了解到影响趋势的走向，又能保证数据分析结果产出的及时性。

（1）主要的工作方式

现场监测评估主要的工作方式包括实地监测调查、社区村委会访谈、农户小组访谈、典型农户的深入访谈等方式。在实际调查过程中，为确保调查的准确度，同一指标的获取往往是以上几种方式组合运用的结果。

实地监测调查：主要涉及需要一定专业知识的现地测量指标的获取，如涉及植物变化、水质和水量变化、水污染情况、山体滑坡和泥石流危害等相关指标。

社区村委会访谈：主要涉及整个监测社区的社会经济、自然资源、能源、工程项目等总体指标。如人口、人均收入、能源构成、相关农林作物种植情况、造林项目、水利工程等指标。如果条件允许，实地监测调查的指标、农户小组访谈指标、典型农户的深入访谈的已调查的指标等都可以同时在社区村委会访谈中进行再次咨询、复核，对发现的有疑义的指标再次进行重新补充调查。

农户小组访谈：主要涉及农林业生产方面的指标、植被状况指标、经济收入方面的指标、能源构成指标，如耕地年均亩产量/产值、农田年均亩产量/产值、农药使用量（开支）、牲口喂养中粮食占的比例、林下养殖禽类数量、主要农林作物每亩施肥量、适生树（草）种、植被覆盖情况、典型的石漠化区指示植物变化情况、家庭每户主要农（林）作物种植年收入、家庭每户年总收入、户均采樵量、薪材获取的难易程度（薪材获取范围）等。农户小组访谈中，最好将典型农户的深入访谈的调查完成的相关指标进行再次咨询、复核，对发现的有疑义的指标再次进行重新补充调查。

典型农户的深入访谈：主要涉及农林业生产方面的指标、经济收入方面的指标、能源构成指标等，如岩溶区重要指示性农（林）作物种植单户最大面积、单户最小面积、贫困情况、家庭主要农（林）作物种植年收入情况、家庭年总收入情况等。

（2）各监测参与方主要工作内容

村级监测员：通过问卷、入户调查、座谈等方式对监测指标进行按时调查和规范记录，并参与村级监测记录的评估和反思。

县级监测官员：定期参与村级监测员的指标调查，协调相关指标的入户调查和座谈工作，协调相关企业机构的访谈工作等；组织村级监测记录的评估和反思；对村级监测记录进行初步汇总和评估。

监测专家：对村级监测记录进行抽查和实地复核，对发现的问题及时纠正，确保监测技术的规范性；引导村级监测记录的评估和反思，根据反馈及时优化监测评估方案；在与县级监测官员和村级监测员充分沟通的基础上，对村级、县级监测记录进行汇总和评估。

3. 报告总结撰写阶段

报告总结撰写阶段是对现场所获得的信息和数据进行系统分析与梳理，编写监测评估报告，分析总结参与式石漠化监测评估的价值。适时召开监测评估研讨会，分析评估目标变化产生的原因、变化趋势，探讨拟采取的对策与行动。

4. 结果分享与后续行动阶段

将监测评估结果信息与监测村和当地农户进行分享，在提高村民综合能力和参与式监测意识、参与式决策意识的同时，还可为当地生态治理石漠化治理计划编写以及相关政策法规制定提供依据。

（二）参与式石漠化监测评估指标体系确立

选定监测指标体系，并确定数据收集方法是参与式监测的核心，也是最具有挑战的一个阶段。这个阶段涉及起草监测指标，讨论指标的合理性和缺陷，与目标群体一起完善指标，选择数据收集方法，策划数据分析方法和试调查。

1. 参与式石漠化监测评估指标体系构建原则

参与式监测评估指标体系构建遵循如下原则。

合理选择。并非所有的内容和问题都需要检测和评估，应该根据相关性、优先排序等原则合理选择指标。

适当模糊。收集资料是为了了解评估的优先问题，资料收集的准确性决定于是否满足这一需求，并非越准确越好。

定性与定量相结合。

可操作性。指标的确定一般要简单、具体、可量度、能检验、现实、有时效、可指向行动和符合成本效益，同时还要考虑性别差异、当地的文化传统和风俗习惯、适合当地居民可接受的难度等问题。

2. 参与式石漠化监测评估指标体系确立步骤

首先由监测专家分析监测评估目标，结合社会经济进行指标分解，确定初步的指标体系（专家指标体系）；第二步带着该指标体系到监测评估区通过与县林业局领导和参与监测评估的一线技术人员、村级监测人员进行座谈，根据他们的意见和建议修改指标体系；第三步带着修改的指标体系深入监测评估区，开展农户小组访谈、农户深入访谈等并根据获取信息进一步修改指标体系（准当地指标体系）；第四步为了了解有关的指标的优先顺序和社会影响力，对监测区周围的非监测评估区同样进行农户小组访谈和农户深入访谈，进一步修改指标体系；最后结合问题的优先排序、和项目的相关性、可操作性、符合成本效益等原则，最终确定指标体系（当地指标体系）。

（1）初步指标体系（专家指标体系）的确定

2018年4月初，监测专家在分析监测评估目标，结合社会经济进行指标分解后，确定了初步指标体系（专家指标体系），共涉及9个指标大类，39个指标细类，84个具体指标。具体指标见表8-24。

表8-24 石漠化土地监测技术初步指标

指标类	指标名称	监测说明		
		监测内容	监测方法	监测时间
（一）水土保持指标	社区主干河流	径流	设置固定监测点	实地监测	每月月初监测1次
		最高水位	设置固定监测点	实地监测	每月月初监测1次
		最低水位	设置固定监测点	实地监测	每月月初监测1次
		干涸时间	设置固定监测点	实地监测	每月月初监测1次
	地面河溪流量变化情况	水量	定性监测	农户小组访谈、座谈	每月月初统计1次
		水位	定性监测	农户小组访谈、座谈	每月月初统计1次
		清澈度	定性监测	农户小组访谈、座谈	每月月初统计1次
	池塘水量变化情况	水量	定性监测	农户小组访谈、座谈	每月月初统计1次
		水位	定性监测	农户小组访谈、座谈	每月月初统计1次
		清澈度	定性监测	农户小组访谈、座谈	每月月初统计1次
	井眼的干枯情况	水量	定性监测	农户小组访谈、座谈	每月月初统计1次
		水位	定性监测	农户小组访谈、座谈	每月月初统计1次
		清澈度	定性监测	农户小组访谈、座谈	每月月初统计1次
	水池个数			农户小组访谈、座谈	每年11~12月统计
	田地到引水渠距离	平均距离		农户小组访谈、座谈	每年11~12月统计

续表

指标类	指标名称		监测说明		
			监测内容	监测方法	监测时间
（一）水土保持指标	林地到引水渠距离		平均距离	农户小组访谈、座谈	每年11~12月统计
	农田土层厚度		平均厚度	农户小组访谈、座谈	每年11~12月统计
	林地土层厚度		平均厚度	农户小组访谈、座谈	每年11~12月统计
	山体滑坡	次数	社区及周边山体滑坡的次数	农户小组访谈、座谈	每月月初统计1次
		破坏性	社区及周边山体滑坡破坏程度	农户小组访谈、座谈	每月月初统计1次
	泥石流	次数	社区及周边泥石流的次数	农户小组访谈、座谈	每月月初统计1次
		破坏性	社区及周边泥石流的破坏程度	农户小组访谈、座谈	每月月初统计1次
（二）植被状况指标	封山育林面积		各类造林工程	座谈	每年11~12月统计
	人工造林面积		各类造林工程	座谈	每年11~12月统计
	较大坡度裸地种草种树比		收集社区居民对较大坡度裸地的看法	座谈	每年11~12月统计
	林下土层厚度		平均厚度	农户小组访谈、座谈	每年7~8月
	植被覆盖情况		本村及周边植被覆盖茂密程度	农户小组访谈、座谈	每年7~8月
	典型的石漠化区指示植物变化情况	种类变化	典型植物种类的增加或减少	农户小组访谈、座谈	每年7~8月
		数量变化	典型植物数量的增加或减少	农户小组访谈、座谈	每年7~8月
		面积变化	典型植物面积的增加或减少	农户小组访谈、座谈	每年7~8月
	单位面积植被变化	覆盖率	覆盖率	固定区域随机小样方	每年7~8月
		种类	种类名称	固定区域随机小样方	每年7~8月
		数量	种类数量	固定区域随机小样方	每年7~8月
（三）能源构成指标	沼气池总量			农户小组访谈、座谈	每年11~12月统计
	沼气池户均拥有量			农户小组访谈、座谈	每年11~12月统计
	太阳能电器总量			农户小组访谈、座谈	每年11~12月统计
	太阳能电器户均拥有量			农户小组访谈、座谈	每年11~12月统计

续表

指标类	指标名称		监测说明		
			监测内容	监测方法	监测时间
（四）农业生产指标	岩溶区重要指示性农作物（典型的选1~3种）	种植种类	由社区监测小组通过与社区居民座谈的方式确定	座谈	每年11~12月统计
		种植面积	由社区监测小组通过与社区居民座谈的方式确定	座谈	每年11~12月统计
		产量	由社区监测小组通过与社区居民座谈的方式确定	座谈	每年11~12月统计
		种植单户最大面积	由社区监测小组通过与种植单户座谈的方式确定	座谈	每年11~12月统计
		种植单户最小面积	由社区监测小组通过与种植单户座谈的方式确定	座谈	每年11~12月统计
		种植单户平均每户种植面积	由社区监测小组通过与社区居民座谈的方式确定	座谈	每年11~12月统计
	岩溶区重要指示性林类作物（典型的选1~3种）	种植种类	由社区监测小组通过与社区居民座谈的方式确定	座谈	每年11~12月统计
		种植面积	由社区监测小组通过与社区居民座谈的方式确定	座谈	每年11~12月统计
		产量	由社区监测小组通过与社区居民座谈的方式确定	座谈	每年11~12月统计
		种植单户最大面积	由社区监测小组通过与种植单户座谈的方式确定	座谈	每年11~12月统计
		种植单户最小面积	由社区监测小组通过与种植单户座谈的方式确定	座谈	每年11~12月统计
		种植单户平均每户种植面积	由社区监测小组通过与社区居民座谈的方式确定	座谈	每年11~12月统计
	主要农作物每亩施肥量	有机肥	各类农家肥	农户小组访谈、座谈	每年11~12月统计
		化肥	化肥的种类	农户小组访谈、座谈	每年11~12月统计
	主要林类作物每亩施肥量	有机肥	各类农家肥	农户小组访谈、座谈	每年11~12月统计
		化肥	化肥的种类	农户小组访谈、座谈	每年11~12月统计

续表

指标类	指标名称		监测说明		
			监测内容	监测方法	监测时间
（四）农业生产指标	其他农地面积		由社区监测小组通过与社区居民座谈的方式确定	座谈	每年11~12月统计
	耕地年均亩产量/产值		由社区监测小组通过与社区居民座谈的方式确定	座谈	每年11~12月统计
	农田年均亩产量/产值		由社区监测小组通过与社区居民座谈的方式确定	座谈	每年11~12月统计
	农药使用量（开支）		农田、耕地年均农药用量、开支情况。农药包括：杀虫剂、杀菌剂、杀鼠剂、除草剂、脱叶剂等	座谈	每年11~12月统计
	林下养殖禽类数量		典型农户调查	农户小组访谈、座谈	每年11~12月统计
（五）水土污染指标	水质视觉			实地监测	每年7~8月
	主要河流动物	种类		农户小组访谈、座谈	每年7~8月
		数量		农户小组访谈、座谈	每年7~8月
	主要河流植物	种类		农户小组访谈、座谈	每年7~8月
		数量		农户小组访谈、座谈	每年7~8月
（六）人口变化指标	人口总数			座谈	每年11~12月统计
	贫困人口数			座谈	每年11~12月统计
	少数民族人口数			座谈	每年11~12月统计
	外出务工人员数			座谈	每年11~12月统计
	家庭总户数			座谈	每年11~12月统计
	贫困人口数			座谈	每年11~12月统计
	贫困家庭户数			座谈	每年11~12月统计
	主要农林作物种植户数			座谈	每年11~12月统计
	大学生人数			座谈	每年11~12月统计
	九年义务教育未完成率			座谈	每年11~12月统计
	人口增长率			座谈	每年11~12月统计

续表

指标类	指标名称	监测说明		
		监测内容	监测方法	监测时间
（七）能力建设指标	每年石漠化监测培训次数	收集监测培训相关资料	座谈	每年11~12月统计
	监测技能掌握程度	对社区监测人员监测资料进行抽查复核	入户访谈	每年2~3次
	参与式监测完成度	年度监测任务完成情况对照	项目人员统计	每年11~12月统计
（八）经济收入指标	家庭每户年总收入		选取10~20户作为社区代表，进行入户调查	每年11~12月统计
	家庭每户主要农作物种植年收入		选取10~20户作为社区代表，进行入户调查	每年11~12月统计
	家庭每户主要林类作物种植年收入		选取10~20户作为社区代表，进行入户调查	每年11~12月统计
	农民人均年总收入		选取10~20户作为社区代表，进行入户调查	每年11~12月统计
（九）相关企业机构发展指标	农林合作社（协会） 规模（人）		访问、座谈	每年11~12月统计
	农林合作社（协会） 数量		访问、座谈	每年11~12月统计
	农林合作社（协会） 主营业务		访问、座谈	每年11~12月统计
	是否有企业对接农户收购农林产品		访问、座谈	每年11~12月统计
	收购企业的产能、产量、收购价格变化		访问、座谈	每年11~12月统计
	企业对当地农林产品产业发展前景看法		访问、座谈	每年11~12月统计

①水土保持指标

主要从社区主干河流（径流，最高、最低水位，干涸时间）、地面河溪流量变化情况（水量、水位、清澈度）、池塘水量变化情况（水量、水位、清澈度）、井眼的干枯情况（水量、水位、清澈度）、水池个数、田地（林地）到引水渠距离、农田（林地）土层厚度、山体滑坡情况、泥石流发生情况进行说明，对各个指标的含义、作用进行说明。

②植被状况指标

主要从监测区封山育林面积、人工造林面积、较大坡度裸地种草种树比、林下土层厚度、植被覆盖情况、典型的石漠化区指示植物变化情况（种类、数量、面积）、单位面积植被变化（覆盖率、种类、数量）等指标对植被状况进行说明，对各个指标的含义、作用进行说明。

③能源构成指标

主要从沼气池总量、沼气池户均拥有量、太阳能电器总量、太阳能电器户均拥有量等指标对能源构成进行说明，对各个指标的含义、作用进行说明。

④农业生产指标

从四川主要岩溶区重要指示性农、林作物的（种植各类，种植面积，产量，种植单户最大面积、最小面积、平均每户种植面积）、主要农（林）作物每亩施肥量、其他农地面积、耕地和农田的年均亩产量/产值、农药使用量（开支）、林下养殖禽类数量等指标对农业生产力变化进行说明，对各个指标的含义、作用进行说明。

⑤水土污染指标

主要从水质视觉情况、主要河流动（植）物的种类和数量等指标对水土污染情况进行说明，对各个指标的含义、作用进行说明。

⑥人口变化指标

主要从村组人口总数、贫困人口数、贫困家庭户数、家庭总户数、少数民族人口数、外出务工人员数、主要农林作物种植户数、大学生人数、九年义务教育未完成率、人口增长率等指标对人口变化情况进行说明，对各个指标的含义、作用进行说明。

⑦能力建设指标

主要从每年石漠化监测培训次数、监测技能掌握程度、参与式监测完成度等指标对当地居民能力建设进行说明，对各个指标的含义、作用进行说明。

⑧经济收入指标

主要从家庭每户年总收入、家庭每户主要农（林）作物种植年收入、农民人均年总收入等指标对当地居民经济收入情况进行说明，对各个指标的含义、作用进行说明。

⑨相关企业机构发展指标

主要从村组是否拥有合作社、协会，是否有企业对接农户收购农林产品、收购企业的产能、产量、收购价格变化情况、企业对当地农林产品产业发展前景看法等指标对相关企业机构发展情况进行说明，对各个指标的含义、作用进行说明。

（2）修改指标体系（准当地指标体系）的确定

2018年4月初，监测专家拟定出初步指标体系（专家指标体系）后，带着该指标体系到叙永县林业局通过与县林业局领导和参与监测评估的一线技术人员和村级监测人员进行统一座谈，在座谈会中，县林业局监测评估的一线技术人员和村级监测人员共同认为，在参与式石漠化监测中，由于自身监测条件实际，认为要尽量减少专业性较强的监测指标，保留经验性较强的指标，这样才能突出村级监测人员的经验优势。监测专家根据他们的意见和建议在2018年4月中旬，进行指标体系修改，形成了修改指标体系（准当地指标体系），共涉及9个指标大类，35个指标细类，77个具体指标（表8-25）。

修改指标体系（准当地指标体系）相对于初步指标体系，删除的指标包括：水土保持指标中的社区主干河流径流，据反映，操作性不强，监测意义不大；水土污染指标中的主要河流动物和主要河流植物，据反映，过于专业，操作性不强；植被状况指标中单位面积植被，据反映，过于专业，操作性不强；相关企业机构发展指标中的对企业访谈，据反映，当地及周边暂无相关企业，指标意义不大。

修改指标体系（准当地指标体系）相对于初步指标体系，增加的指标包括：能源构成指标中增加户均采樵量、薪材获取的难易程度（薪材获取范围），据村级监测人员反映，这更能直观的反应能源利用变化情况；植被状况指标中增加适生草种、适生树种的指标据村级监测人员和县级监测人员反映，这更能体现村级监测人员的经验优势。

表8-25 石漠化土地监测技术修改指标

指标类	指标名称		监测说明		
			监测内容	监测方法	监测时间
（一）水土保持指标	地面河溪流量变化情况	水量	定性监测	农户小组访谈、座谈	每月月初统计1次
		水位	定性监测	农户小组访谈、座谈	每月月初统计1次
		清澈度	定性监测	农户小组访谈、座谈	每月月初统计1次
	池塘水量变化情况	水量	定性监测	农户小组访谈、座谈	每月月初统计1次
		水位	定性监测	农户小组访谈、座谈	每月月初统计1次
		清澈度	定性监测	农户小组访谈、座谈	每月月初统计1次
	井眼的干枯情况	水量	定性监测	农户小组访谈、座谈	每月月初统计1次
		水位	定性监测	农户小组访谈、座谈	每月月初统计1次
		清澈度	定性监测	农户小组访谈、座谈	每月月初统计1次
	水池个数			农户小组访谈、座谈	每年11~12月统计
	田地到引水渠距离		平均距离	农户小组访谈、座谈	每年11~12月统计
	林地到引水渠距离		平均距离	农户小组访谈、座谈	每年11~12月统计
	农田土层厚度		平均厚度	农户小组访谈、座谈	每年11~12月统计
	林地土层厚度		平均厚度	农户小组访谈、座谈	每年11~12月统计
	山体滑坡	次数	社区及周边山体滑坡的次数	农户小组访谈、座谈	每月月初统计1次
		破坏性	社区及周边山体滑坡破坏程度	农户小组访谈、座谈	每月月初统计1次

续表

指标类	指标名称		监测说明		
			监测内容	监测方法	监测时间
(一)水土保持指标	泥石流	次数	社区及周边泥石流的次数	农户小组访谈、座谈	每月月初统计1次
		破坏性	社区及周边泥石流的破坏程度	农户小组访谈、座谈	每月月初统计1次
(二)植被状况指标	封山育林面积		各类造林工程	座谈	每年11~12月统计
	人工造林面积		各类造林工程	座谈	每年11~12月统计
	适生树种			座谈	每年11~12月统计
	适生草种			座谈	每年11~12月统计
	较大坡度裸地种草种树比		收集社区居民对较大坡度裸地的看法	座谈	每年11~12月统计
	林下土层厚度		平均厚度	农户小组访谈、座谈	每年7~8月
	植被覆盖情况		本村及周边植被覆盖茂密程度	农户小组访谈、座谈	每年7~8月
	典型的石漠化区指示植物变化情况	种类变化	典型植物种类的增加或减少	农户小组访谈、座谈	每年7~8月
		数量变化	典型植物数量的增加或减少	农户小组访谈、座谈	每年7~8月
		面积变化	典型植物面积的增加或减少	农户小组访谈、座谈	每年7~8月
(三)能源构成指标	沼气池总量			农户小组访谈、座谈	每年11~12月统计
	沼气池户均拥有量			农户小组访谈、座谈	每年11~12月统计
	太阳能电器总量			农户小组访谈、座谈	每年11~12月统计
	太阳能电器户均拥有量			农户小组访谈、座谈	每年11~12月统计
	户均采樵量			农户小组访谈、座谈	每年11~12月统计
	薪材获取的难易程度(薪材获取范围)			农户小组访谈、座谈	每年11~12月统计

续表

指标类	指标名称		监测说明		
			监测内容	监测方法	监测时间
（四）农业生产指标	岩溶区重要指示性农作物（典型的选1~3种）	种植种类	由社区监测小组通过与社区居民座谈的方式确定	座谈	每年11~12月统计
		种植面积	由社区监测小组通过与社区居民座谈的方式确定	座谈	每年11~12月统计
		产量	由社区监测小组通过与社区居民座谈的方式确定	座谈	每年11~12月统计
		种植单户最大面积	由社区监测小组通过与种植单户座谈的方式确定	座谈	每年11~12月统计
		种植单户最小面积	由社区监测小组通过与种植单户座谈的方式确定	座谈	每年11~12月统计
		种植单户平均每户种植面积	由社区监测小组通过与社区居民座谈的方式确定	座谈	每年11~12月统计
	岩溶区重要指示性林类作物（典型的选1~3种）	种植种类	由社区监测小组通过与社区居民座谈的方式确定	座谈	每年11~12月统计
		种植面积	由社区监测小组通过与社区居民座谈的方式确定	座谈	每年11~12月统计
		产量	由社区监测小组通过与社区居民座谈的方式确定	座谈	每年11~12月统计
		种植单户最大面积	由社区监测小组通过与种植单户座谈的方式确定	座谈	每年11~12月统计
		种植单户最小面积	由社区监测小组通过与种植单户座谈的方式确定	座谈	每年11~12月统计
		种植单户平均每户种植面积	由社区监测小组通过与社区居民座谈的方式确定	座谈	每年11~12月统计
	主要农作物每亩施肥量	有机肥	各类农家肥	农户小组访谈、座谈	每年11~12月统计
		化肥	化肥的种类	农户小组访谈、座谈	每年11~12月统计
	主要林类作物每亩施肥量	有机肥	各类农家肥	农户小组访谈、座谈	每年11~12月统计
		化肥	化肥的种类	农户小组访谈、座谈	每年11~12月统计

续表

指标类	指标名称	监测说明		
		监测内容	监测方法	监测时间
（四）农业生产指标	其他农地面积	由社区监测小组通过与社区居民座谈的方式确定	座谈	每年11~12月统计
	耕地年均亩产量/产值	由社区监测小组通过与社区居民座谈的方式确定	座谈	每年11~12月统计
	农田年均亩产量/产值	由社区监测小组通过与社区居民座谈的方式确定	座谈	每年11~12月统计
	农药使用量（开支）	农田、耕地年均农药用量、开支情况。农药包括：杀虫剂、杀菌剂、杀鼠剂、除草剂、脱叶剂等	座谈	每年11~12月统计
	林下养殖禽类数量	典型农户调查	农户小组访谈、座谈	每年11~12月统计
（五）水土污染指标	水质视觉		实地监测	每年7~8月
（六）人口变化指标	人口总数		座谈	每年11~12月统计
	贫困人口数		座谈	每年11~12月统计
	少数民族人口数		座谈	每年11~12月统计
	外出务工人员数		座谈	每年11~12月统计
	家庭总户数		座谈	每年11~12月统计
	贫困人口数		座谈	每年11~12月统计
	贫困家庭户数		座谈	每年11~12月统计
	主要农林作物种植户数		座谈	每年11~12月统计
	大学生人数		座谈	每年11~12月统计
	九年义务教育未完成率		座谈	每年11~12月统计
	人口增长率		座谈	每年11~12月统计
（七）能力建设指标	每年石漠化监测培训次数	收集监测培训相关资料	座谈	每年11~12月统计
	监测技能掌握程度	对社区监测人员监测资料进行抽查复核	入户访谈	每年2~3次
	参与式监测完成度	年度监测任务完成情况对照	项目人员统计	每年11~12月统计

续表

指标类	指标名称	监测说明		
		监测内容	监测方法	监测时间
（八）经济收入指标	家庭每户年总收入		选取10~20户作为社区代表，进行入户调查	每年11~12月统计
	家庭每户主要农作物种植年收入		选取10~20户作为社区代表，进行入户调查	每年11~12月统计
	家庭每户主要林类作物种植年收入		选取10~20户作为社区代表，进行入户调查	每年11~12月统计
	农民人均年总收入		选取10~20户作为社区代表，进行入户调查	每年11~12月统计
（九）相关企业机构发展指标	农林合作社（协会） 规模（人）		访问、座谈	每年11~12月统计
	农林合作社（协会） 数量		访问、座谈	每年11~12月统计
	农林合作社（协会） 主营业务		访问、座谈	每年11~12月统计

（3）最终指标体系（当地指标体系）的确定

确定出修改指标体系（准当地指标体系）后，为了解有关的指标的优先顺序和社会影响力，2018年4月中旬至下旬，监测专家带着修改后的指标体系，在监测区和监测区周边的非监测评估区均进行了农户小组访谈和农户深入访谈，根据访谈结果，进一步修改指标体系。2018年5月初，监测专家结合问题的优先排序和项目的相关性、可操作性、符合成本效益等原则，最终确定指标体系（当地指标体系）。

最终指标体系（当地指标体系）相对于准当地指标体系，删除的指标包括：水土保持指标中的田地到引水渠距离、林地到引水渠距离、农田土层厚度、林地土层厚度等指标，据反映，由于这类指标常年基本无变化，且可由专业人员一次监测确定，若于社区监测人员来访问监测，反倒操作性不强，监测意义不大；农业生产指标中的其他农地面积，据反映，内容较宽泛，操作性不强，监测意义不大；植被状况指标中林下土层厚度指标，据反映，较专业，操作性不强，而且林下土层厚度年度变化不明显；农业生产指标中林下养殖禽类数量指标，据村民反映，该指标与当地石漠化相关性不大，指标意义不大。

最终指标体系（当地指标体系）相对于准当地指标体系，增加了一个指标类（物候指标），同时增加的指标包括：农业生产指标中增加农林灌溉用水量指标，据村民反映，灌溉方面的资金（或人工）投入多少也可间接反映水土保持状况的好坏；农业生产指标中增加牲口喂养中粮食占的比例指标，据村民反映，往往牲口喂养中粮食占的比例越高，周围生态环境越差；物候指标（树叶发芽最早开始日期、水果成熟时间及品质、候鸟初终出现的日期、青蛙初终鸣叫日期），物候指标与本区域林地（农地）生产力相关性大，能间接反映生态环境状况。

最终指标体系共涉及10个指标大类，34个指标细类，76个具体指标。其中：水土保持指标类，共涉及6个指标细类，14个具体指标；植被状况指标类，共涉及7指标细类，9个具体指标；物候指标类，共涉及4指标细类，4个具体指标；能源构成指标类，共涉及3指标细类，6个具体指标；农业生产指标类，共涉及9指标细类，21个具体指标；水土污染指标类，共涉及1指标细类，1个具体指标；人口变化指标类，共涉及1指标细类，11个具体指标；能力建设指标类，共涉及1指标细类，3个具体指标；经济收入指标类，共涉及1指标细类，3个具体指标；相关企业机构发展指标类，共涉及1指标细类，3个具体指标（表8-26）。

表8-26 石漠化土地监测技术最终指标

指标类	指标名称		监测说明		
			监测内容	监测方法	监测时间
（一）水土保持指标	地面河溪流量变化情况	水量	定性监测	农户小组访谈、座谈	每月月初统计1次
		水位	定性监测	农户小组访谈、座谈	每月月初统计1次
		清澈度	定性监测	农户小组访谈、座谈	每月月初统计1次
	池塘水量变化情况	水量	定性监测	农户小组访谈、座谈	每月月初统计1次
		水位	定性监测	农户小组访谈、座谈	每月月初统计1次
		清澈度	定性监测	农户小组访谈、座谈	每月月初统计1次
	井眼的干枯情况	水量	定性监测	农户小组访谈、座谈	每月月初统计1次
		水位	定性监测	农户小组访谈、座谈	每月月初统计1次
		清澈度	定性监测	农户小组访谈、座谈	每月月初统计1次
	水池个数			农户小组访谈、座谈	每年11~12月统计
	山体滑坡	次数	社区及周边山体滑坡的次数	农户小组访谈、座谈	每月月初统计1次
		破坏性	社区及周边山体滑坡破坏程度	农户小组访谈、座谈	每月月初统计1次
	泥石流	次数	社区及周边泥石流的次数	农户小组访谈、座谈	每月月初统计1次
		破坏性	社区及周边泥石流的破坏程度	农户小组访谈、座谈	每月月初统计1次

续表

指标类	指标名称		监测说明		
			监测内容	监测方法	监测时间
（二）植被状况指标	封山育林面积		各类造林工程	座谈	每年11~12月统计
	人工造林面积		各类造林工程	座谈	每年11~12月统计
	适生树种			座谈	每年11~12月统计
	适生草种			座谈	每年11~12月统计
	较大坡度裸地种草种树比		收集社区居民对较大坡度裸地的看法	座谈	每年11~12月统计
	植被覆盖情况		本村及周边植被覆盖茂密程度	农户小组访谈、座谈	每年7~8月
	典型的石漠化区指示植物变化情况	种类变化	典型植物种类的增加或减少	农户小组访谈、座谈	每年7~8月
		数量变化	典型植物数量的增加或减少	农户小组访谈、座谈	每年7~8月
		面积变化	典型植物面积的增加或减少	农户小组访谈、座谈	每年7~8月
（三）物候构成指标	树叶发芽最早开始日期			座谈	每年11~12月统计
	水果成熟时间及品质			座谈	每年11~12月统计
	候鸟初终出现的日期			座谈	每年11~12月统计
	青蛙初终鸣叫日期			座谈	每年11~12月统计
（四）能源构成指标	沼气池总量			农户小组访谈、座谈	每年11~12月统计
	沼气池户均拥有量			农户小组访谈、座谈	每年11~12月统计
	太阳能电器总量			农户小组访谈、座谈	每年11~12月统计
	太阳能电器户均拥有量			农户小组访谈、座谈	每年11~12月统计
	户均采樵量			农户小组访谈、座谈	每年11~12月统计
	薪材获取的难易程度（薪材获取范围）			农户小组访谈、座谈	每年11~12月统计

续表

指标类	指标名称	监测说明		
		监测内容	监测方法	监测时间
（五）农业生产指标	岩溶区重要指示性农作物（典型的选1~3种）	种植种类	由社区监测小组通过与社区居民座谈的方式确定	座谈	每年11~12月统计
		种植面积	由社区监测小组通过与社区居民座谈的方式确定	座谈	每年11~12月统计
		产量	由社区监测小组通过与社区居民座谈的方式确定	座谈	每年11~12月统计
		种植单户最大面积	由社区监测小组通过与种植单户座谈的方式确定	座谈	每年11~12月统计
		种植单户最小面积	由社区监测小组通过与种植单户座谈的方式确定	座谈	每年11~12月统计
		种植单户平均每户种植面积	由社区监测小组通过与社区居民座谈的方式确定	座谈	每年11~12月统计
	岩溶区重要指示性林类作物（典型的选1~3种）	种植种类	由社区监测小组通过与社区居民座谈的方式确定	座谈	每年11~12月统计
		种植面积	由社区监测小组通过与社区居民座谈的方式确定	座谈	每年11~12月统计
		产量	由社区监测小组通过与社区居民座谈的方式确定	座谈	每年11~12月统计
		种植单户最大面积	由社区监测小组通过与种植单户座谈的方式确定	座谈	每年11~12月统计
		种植单户最小面积	由社区监测小组通过与种植单户座谈的方式确定	座谈	每年11~12月统计
		种植单户平均每户种植面积	由社区监测小组通过与社区居民座谈的方式确定	座谈	每年11~12月统计

续表

指标类	指标名称		监测说明		
			监测内容	监测方法	监测时间
（五）农业生产指标	主要农作物每亩施肥量	有机肥	各类农家肥	农户小组访谈、座谈	每年11~12月统计
		化肥	化肥的种类	农户小组访谈、座谈	每年11~12月统计
	主要林类作物每亩施肥量	有机肥	各类农家肥	农户小组访谈、座谈	每年11~12月统计
		化肥	化肥的种类	农户小组访谈、座谈	每年11~12月统计
	耕地年均亩产量/产值		由社区监测小组通过与社区居民座谈的方式确定	座谈	每年11~12月统计
	农田年均亩产量/产值		由社区监测小组通过与社区居民座谈的方式确定	座谈	每年11~12月统计
	农药使用量（开支）		农田、耕地年均农药用量、开支情况。农药包括：杀虫剂、杀菌剂、杀鼠剂、除草剂、脱叶剂等	座谈	每年11~12月统计
	农林灌溉用水量		在对粮食作物、水果、蔬菜等农业生产过程中，每年的灌溉方面的资金（或人工）投入	农户小组访谈、座谈	每月月初统计1次
	牲口喂养中粮食占的比例		如玉米、谷物、土豆、红苕、蔬菜等占的总的比重	农户小组访谈、座谈	每年11~12月统计
（六）水土污染指标	水质视觉			实地监测	每年7~8月
（七）人口变化指标	人口总数			座谈	每年11~12月统计
	贫困人口数			座谈	每年11~12月统计
	少数民族人口数			座谈	每年11~12月统计

续表

指标类	指标名称	监测说明		
		监测内容	监测方法	监测时间
（七）人口变化指标	外出务工人员数		座谈	每年11~12月统计
	家庭总户数		座谈	每年11~12月统计
	贫困人口数		座谈	每年11~12月统计
	贫困家庭户数		座谈	每年11~12月统计
	主要农林作物种植户数		座谈	每年11~12月统计
	大学生人数		座谈	每年11~12月统计
	九年义务教育未完成率		座谈	每年11~12月统计
	人口增长率		座谈	每年11~12月统计
（八）能力建设指标	每年石漠化监测培训次数	收集监测培训相关资料	座谈	每年11~12月统计
	监测技能掌握程度	对社区监测人员监测资料进行抽查复核	入户访谈	每年2~3次
	参与式监测完成度	年度监测任务完成情况对照	项目人员统计	每年11~12月统计
（九）经济收入指标	家庭每户年总收入		选取10~20户作为社区代表，进行入户调查	每年11~12月统计
	家庭每户主要农作物种植年收入		选取10~20户作为社区代表，进行入户调查	每年11~12月统计
	家庭每户主要林类作物种植年收入		选取10~20户作为社区代表，进行入户调查	每年11~12月统计
	农民人均年总收入		选取10~20户作为社区代表，进行入户调查	每年11~12月统计
（十）相关企业机构发展指标	农林合作社（协会） 规模（人）		访问、座谈	每年11~12月统计
	农林合作社（协会） 数量		访问、座谈	每年11~12月统计
	农林合作社（协会） 主营业务		访问、座谈	每年11~12月统计

四、参与式石漠化监测评估结果及评估

（一）参与式石漠化监测指标评估

1. 水土保持

主要介绍水土保持相关指标的数据结果，阐明水土保持功能对土地石漠化有重要影响，评述项目实施以来的水土保持相关政策及治理措施有哪些，结合监测结果分析水土保持指标在石漠化监测中的作用。

2. 植被状况

主要介绍植被状况相关指标的数据结果，阐明植被状况对水土保持与石漠化治理有重要影响，评述项目实施以来的植被相关政策措施有哪些，植被覆盖是否得到提升，分析其原因。

3. 物候状况

主要介绍物候监测相关指标的数据结果，阐明物候指标与生态环境的重要相关性，评述项目实施以来物候状况是否得到改善，分析其原因。

4. 能源构成

主要介绍能源构成相关指标的数据结果，阐明能源构成对环境污染与生态破坏有重要影响，评述项目实施以来的能源构成相关政策措施有哪些，能源结构是否得到改善，分析其原因。

5. 农业生产

主要介绍农业生产相关指标的数据结果，阐明农业种植结构调整对当地社区居民经济民生有重要影响，评述项目实施以来的农业生产相关政策措施有哪些，农业种植结构是否优化，农业生产力是否得到提高，分析其原因。

6. 水土污染

主要介绍水土污染相关指标的数据结果，阐明水土污染对当地社区生态环境安全及农业生产有重要影响，评述项目实施以来的水土污染相关政策措施有哪些，水土污染是否得到遏制或消除，分析其原因。

7. 人口变化

主要介绍人口变化相关指标的数据结果，阐明人口变化既反映出土地承载力，又对当地居民的经济实力、社会文明程度有重要影响，评述项目实施以来的人口变化相关政策措施有哪些，人口结构是否趋于合理，分析其原因。

8. 能力建设

主要介绍能力建设相关指标的数据结果，阐明能力建设反映出当地居民的环保意识（土地退化防治意识）、科学素养以及当地居民脱贫等有重要影响，评述项目实施以来的

能力建设相关政策措施有哪些，当地居民能力是否得到提升，分析其原因。

9. 经济收入

主要介绍经济收入相关指标的数据结果，阐明经济收入反映出当地居民的经济实力，评述项目实施以来的经济收入相关政策措施有哪些，当地居民收入是否得到提升，分析其原因。

10. 相关企业机构发展

主要介绍当地相关农、林企业机构发展指标的数据结果，阐明相关企业机构发展对当地农、林作物产业景气程度与发展前景的看法和期望，评述项目实施以来的相关企业机构发展的相关政策措施有哪些，企业机构是否做大做强，是否为农民带来方便实惠，能否形成完整的产业链，分析其原因。

（二）参与式石漠化监测项目实施后社区村民能力及参与式决策意识提升状况评估

重点评估社区群众运用乡土知识和技能进行参与式石漠化监测的能力提升情况。

重点评估社区监测人员参与指标制定和评估过程中，他们的潜能开发情况，他们在思考石漠化监测和治理方面事宜的能力提升情况。

重点评估当地居民防治土地退化（石漠化）的意识情况，评估他们在项目实施过程中的成就感、自主感和责任感等，评估他们保护自然环境的自觉性和责任感。

评估社区群众参与式决策意识提升情况。评估参与式决策在社区应用情况。

五、参与式石漠化监测评估经验总结及定期报告

对参与式监测评估进程中的发现的亮点与不足进行总结。描述对当地居民宣传培训过程中的经历，总结经验教训；分析监测评估现场与当地居民、企业、政府沟通上的异同，总结具体做法上的优点与失误。

第三节　四川省可持续土地管理评价指标体系研究——以岩溶区土地为例

一、研究概论

（一）研究目的及意义

土地是一切资源和环境要素的载体，是人类生存、繁衍和发展的物质基础。随着人口不断增长，人口、资源与环境问题日益突出，土地利用形势异常严峻，人地矛盾十分尖锐。可持续发展思想的产生，是在全球范围内所面临的人口、资源与环境问题越来越严峻的形势下一种必然的理性选择，为实现社会、经济、生态的协调、持续发展寻找到了新的思路

与突破口。土地资源的可持续利用是促进资源、环境、经济、社会可持续发展的基础。

四川省位于长江中上游,是我国长江经济区的重要生态屏障。随着国家战略重点的西移,省经济发展速度的加快和人口的不断增长,资源、环境的压力与日俱增,资源相对不足和生态环境恶化对国民经济持续、快速、健康发展和人民生活水平提高的制约日益明显。岩溶区在四川省分布广泛,其土地石漠化是全省面临的主要生态问题之一,关乎长江流域的生态安全。同时岩溶区人均耕地面积较小,土地利用率较低,土地后备资源贫乏,人地矛盾十分尖锐,环境承载力低、产业转型升级困难,难以实现区域经济、社会、环境协调持续发展。在土地资源有限供给的前提下,如何在时空上科学、合理、有效地优化配置土地资源,实现其有效、持续利用,是目前四川省面临的十分紧迫的问题,也是当前及今后相当长一段时间内必须认真、进一步深入研究解决的重大课题。

岩溶区可持续土地管理的基础就是合理利用土地资源。通过监测与评价揭示了土地利用的关键环节在时间和空间上的变化,及时反映了土地利用系统对外界压力的响应,表现了具体土地利用方式和政策对土地利用系统的相互作用关系。土地利用方式的改变是否合理、是否可持续,就必须建立实际可行的监测评价体系来评判。通过有效的可持续土地管理的监测和评价来实现土地利用方式和管理的反馈和调整,达到土地可持续利用的目的。可持续土地管理监测体系的建立,不但可以发现土地可持续利用中存在的问题,而且为政府和土地管理者提供了一个参照体系。

目前岩溶区土地宏观监测有较完善的监测体系,但主要侧重于以县、市、省为单位较宏观的定性和定量描述。由于所采用的技术和方法学术性强,需要林业、土壤、水文、地质等方面专业知识,对监测数据的判读和分析往往只能由外来专家完成,当地工作人员只能起到协助的作用,极大地制约了岩溶区持续土地管理决策的透明度。且监测间隔期为每5年一次,间隔期较长,对变化趋势反应不够及时,且监测评估往往需要多专业、多学科人员组成团队同时开展工作,非常费时、费工,资金投入巨大。而社区监测能充分发挥社区居民的参与度,利用本土知识最大限度为岩溶区持续土地管理决策建言献策,弥补国家监测专业性需求高、及时性不够、监测成本高、对社区能力建设培养不够等方面的不足,提高社区居民和工作人员在土地退化防治和可持续土地管理方面的意识。

基于参与式社区可持续土地管理监测指标体系,以及参考结合岩溶区土地宏观监测指标和现行各行业监测体系来构建岩溶区可持续土地管理评价体系的研究尚属空白,本研究坚持理论和实际相结合,定性研究与定量研究相结合的原则,综合运用定性与半定量方法构建省岩溶区可持续土地管理监测与评价指标体系,以使研究成果具有较强的科学性、实用性和可操作性。该研究不仅能更好、更有效地指导四川省岩溶区土地资源的合理开发、利用、保护与治理工作,实现四川省土地资源的可持续利用,切实保护和改善四川省生态环境,构筑长江上游生态屏障,而且从理论和实践上进一步充实和完善可持续土地管理理论亦有着十分重要的意义。

(二)国内外研究概况

1. 国外研究概况

20世纪90年代,国际上一些土壤学家和土地评价专家将可持续发展的概念引申到土地利用,提出了可持续土地管理(Sustainable Land Management)的概念。可持续土地管理的思想是于1990年2月在新德里由印度农业研究会、美国农业部和美国Rodale研究中心共同组织的首次国际可持续土地利用系统研讨会上正式确认的,该会议主要讨论了不同地区的可持续土地利用系统的现状和问题,并建议建立全球可持续土地利用系统研究网。1991年9月在泰国举行了"发展中国家可持续土地利用评价国际研讨会",1993年6月又在加拿大召开了"21世纪可持续土地利用管理国际研讨会"。两次会议都出版了论文集,许多学者从自然、环境、经济和社会等各个方面探讨了土地可持续利用评价的指标和方法。在这些国际会议的基础上,联合国农粮组织于1993年颁布了《可持续土地利用评价纲要》(以下简称《FESLM》)等指导性文件,《FESLM》确定了土地可持续利用的基本原则、程序和5项评价标准,即土地生产性、土地的安全性或稳定性、水土资源保护性、经济可行性和社会可接受性,并初步建立了土地可持续利用评价在自然、经济和社会等方面的评价指标。《FESLM》提出的土地可持续利用评价的基本思想和原则,成为指导各国土地可持续利用管理的纲领。但是《FESLM》只是一个高度概括的框架,在具体的评价指标体系和评价方法上还有待深入研究。国际上有关土地可持续利用评价的研究成果集中体现在1997年8月在荷兰思斯赫德召开的"可持续土地利用管理和信息系统国际学术会议",会议提出了"选择指标应遵循数据的现成性、灵敏性和可量化性三个原则",认为土地持续利用评价指标有三类:"一类为环境和技术指标,二类为经济指标,三类为社会指标"。国际土地质量指标体系LQIs(Land Quality Indicators)研究已被土地科学研究领域中最为活跃的世界银行、联合国粮农组织(FAO)、联合国环境规划署(UNEP)、联合国发展计划署(UNDP)确定为优先研究项目。其核心是土地利用的压力、土地退化等问题,实质就是实现土地利用的可持续性。

不同国家和地区的研究都以上述文件和会议为指导,探讨适宜本国的土地可持续利用评价指标体系和方法,并进行了实证研究。如1994年,杜曼斯基(J.Dumansky)评价了加拿大萨斯喀彻温省的农业土地利用的可持续性;约翰(John)等评价了肯尼亚莫卡科斯地区1930~1990年间土地利用的可持续性;伽美达(Gameda)等探讨了加拿大农场水平上的可持续土地利用管理在生产性、安全性、保护性、可行性和接受性5个方面的评价指标;帕雷利(Preri)等根据国际上土地可持续利用评价的研究进展,总结了土地质量方面的评价因素;提斯德尔(Tisdell)认为土地持续利用在经济方面的评价因素很难确定,因为农业生产系统的经济可行性取决于包括土地自然质量的多种因素;哈特密克(Harmink)通过5年的定位实验研究了土壤化学和土壤物理性质方面的可持续土地利用管理指示因素,包括有机质、容重等;波曼(Bouman)等通过经济因素和自然因素两者的结合,综合分析了土地利用的可持续性。

2. 国内研究概况

20世纪90年代以后,国内许多学者从各自不同的出发点和研究方法寻求区域土地持续利用的基本理论、评价方法、模式和实现途径。通过典型县的研究来系统探讨持续土地利用评价的评价指标体系和方法也有不少例子。

与国外相比,我国可持续土地利用管理的研究起步较晚,其研究主要集中在基础研究、应用基础研究和应用研究3个层次上。在基础研究方面以持续土地利用的结构、功能与演替动态为主体;在应用基础研究方面以土地持续利用的评价方法与指标体系研究为中心;在应用研究方面以土地持续利用优化模式及其综合配套技术为主。

(1) 可持续土地利用评价指标体系的基础理论建设

国内可持续土地利用评价是从可持续农业评价发展而来的,可持续农业评价是其核心内容。《中国21世纪议程——中国21世纪人口、环境与发展白皮书》(1994年)发表之后,许多学者从不同的学科角度探讨了可持续土地利用内涵,并提出了不同的观点,其中农业可持续发展与高效利用研究以及所建立的指标体系,均谈及可持续土地利用内容。中国土地学会1997年年会以"耕地保护与可持续发展"为主题,发表了一批可持续土地利用研究成果,其中很多关于我国农业土地可持续利用评价指标体系的研究,颇有参考价值。

我国大部分学者主要以《FESLM》提出的5项准则为依据,从不同的角度构建可持续土地利用评价指标体系。张凤荣等在《持续土地利用管理的理论与实践》一书中全面介绍了《FESLM》,并对黄土高原丘陵沟壑区、干旱绿洲区、珠江三角洲基塘区等地区的可持续土地利用进行了评价。随着可持续研究的不断深入,越来越多的学者认识到《FESLM》的局限性,认为其对持续土地利用本质内涵的探讨不足,不利于对持续土地利用思想的理解与把握。近年来我国学者从生态、经济、社会、空间、技术、人地协调与世代伦理等多方面对持续土地利用的内涵作了深化、拓展与补充,具体有系统论及环境协调论、景观生态学原理、生态与经济协调理论、人地协调论等理论。此外,傅伯杰、陈利顶等认为在不同尺度上,持续土地利用的主要约束因素不同,从田块—农场—流域或景观—区域或国家—全球,主要约束因素分别为农业技术、微观经济、生态因子、宏观经济、社会因子、宏观生态因子。

(2) 可持续土地利用评价指标体系的研究方法

我国土地可持续利用指标体系的初步框架是建立在土地利用系统基础之上的,整个框架由区域土地利用系统和部门土地利用系统的指标体系构成。具体研究方法主要有评价指标的分析提取方案,评价指标筛选方法、评价指标确权方法、综合评价方法。

①可持续利用评价指标的分析提取方案

"生态—经济—社会"方案。该方案为目前比较普遍使用的土地利用系统分解方案。据此设计指标的优点是较好地反映了自然、经济、社会之间的相互依存、相互制约关系,整体性强。傅伯杰、谢俊奇、倪绍祥、田冰、徐梦洁等均依此系统分解方案设定土地可持续利用评价指标体系。

"生产性—安全性—稳定性—经济可行性—社会可接受性"方案。依此方案设计指标体系的很多,其中以张凤荣等构建的土地可持续利用评价指标体系比较全面,认为土地持续利用评价的理论结构应以"土地利用目标—土地利用方式—影响土地利用的要素—持续利用的评价指标—评价标准"为主线,突出土地利用对生态经济社会过程的影响,并从土地利用分区、主要土地利用系统、典型区域3个方面,制定土地可持续利用指标体系及其阈值,其中土地利用分区指标见表8-27。

"资源—环境—经济—社会"方案。考虑资源与环境的本质不同与内涵差异,很多学者从这4个方面设定指标。如尹君的可持续土地利用内涵及其评价指标体系研究,刘彦琴采用距离函数法对黄淮海平原典型县域的比较研究,陈志刚等对经济发达地区江苏省江阴市土地资源可持续利用评价研究,张前进确定蒙城县县域持续土地利用评价指标体系等,均是从资源、经济、社会、环境子系统这一中观层次来刻画系统特征。

表8-27 土地可持续利用评价指标框架

评价准则	评价指标项	评价准则	评价指标项
生产性	农作物生产力指数	稳定性	农业生产稳定指数
	草地产值指数		粮食稳定性指数
	林木生长指数		草地畜牧业稳定性指数
	农用地产值指数		森林稳定性指数
	建设用地产值指数		建设用地稳定性指数
保护性	土壤肥力指数	经济可行性	种植业收益指数
	水土保持指数		草地畜牧业收益指数
	沙化治理指数		土地GDP指数
	盐渍化指数或潜充育指数	社会可接受性	人口压力指数
	水质指数		收入差异指数
	超载过牧指数		人均耕地指数
	水资源平衡指数		土地案件指数
	土壤环境质量指数		
	基本农田保护指数		

其他方案：主要为侧重于土地持续利用水平与能力的评价指标体系的研究，是一种现状水平评估和未来潜力评估的结合。如严志强以广西为例建立的县域评价指标体系；王克强等从农地总量动态平衡和农地永续利用2个方面进行可持续发展农业土地利用指标体系的构建；蔡运龙等运用生产力、稳定性、恢复力、公平性、自立性和协调性6个综合指标对山东省莱西市土地利用状况进行了评价；谭永忠、吴次芳等从影响城市土地可持续利用的用地面积、用地效益、用地结构和用地管理等方面构建了城市土地可持续利用评价的指标体系。

②土地可持续利用评价指标的筛选方法

评价指标筛选方法有德尔菲法（以下简称 Delphi 法）、因子分析法、主成分分析法、相关性分析法和单因素最大限制法等。刘彦琴等在构建黄淮海平原县域土地可持续利用评价指标体系中，利用 Delphi 法对初步拟订出的指标体系进行检测，保留了重要指标，剔除了对评价结果无关紧要的指标；为确保构成统计指标体系的所有指标从全局考虑是否有冗余现象，运用 SPSS 统计分析软件中的因子分析法来处理指标之间的共线性问题；同时通过定性分析对指标的完备性进行了判断。张前进运用主成分分析法对蒙城县土地持续利用趋势与协调性评价指标降维。

③土地可持续利用评价指标的确权方法

在多指标综合评价程序中，因子权重的确定是其中的关键一环。根据计算权数时原始数据的来源不同，分为主观赋值法和客观赋值法两类。主观赋值法是由专家依经验主观判断因子的权重，研究比较早且很成熟的方法有 Delphi 法和层次分析法（以下简称 AHP 法）；客观赋值法，原始数据是由各指标在评价单元中的实际数据形成，有主成分分析法和均方差法。目前国内应用比较多的是 Delphi 法和 AHP 法，刘友兆、曲福田等在经济发达地区土地资源可持续利用方法诊断中采用 Delphi 法和 AHP 法综合确权；张梅等在构建区域土地资源可持续利用评价指标体系框架中，运用 AHP 法确定各评价指标的权重；也有将主客观方法结合确权，如刘彦琴等在区域可持续土地利用空间差异评价研究中，分别采用 AHP 法和均方差法作为主客观赋权法，并进行加权平均获取综合权值；邓彬运用主成分分析法评估贵州省玉屏县农业可持续发展水平等。

④土地可持续利用的综合评价方法

在多指标综合评价中，主要有综合指数法、协调度评价法、模糊综合评价法等方法，目前应用较多的为综合指数法。张凤荣、王静等分别在持续土地利用管理评价方法研究、县级尺度土地可持续利用评价方法研究中探讨了综合指数法在土地可持续评价领域的应用；陈志刚、严志强、刘兆友等运用了综合指数法分别对经济发达地区、广西壮族自治区、江阴市的土地可持续利用状况进行了系统综合评价。张前进、李植斌、于开芹等采用协调度评价方法分别对区域持续土地利用趋势与协调性、温州市城市土地可持续利用、泰安市城市土地可持续利用进行了综合评价。张立亭等利用模糊综合评价法对农用地质量进行综合评价。

3. 存在的问题

（1）可持续土地管理目前面临的问题

可持续土地管理制度目前还没有健全，管理水平比较低，具体管理工作落实不到位，所以不能有效做到保护土地资源和土地资源的合理使用，所以目前针对这些问题不断在工作中完善管理制度，提高管理水平，切实落实每项管理工作，使可持续土地管理工作真正能够促进土地资源的可持续发展。目前可持续土地管理面临以下问题。

目前经济社会发展正处于高速发展阶段，土地可持续管理制度基础比较薄弱，再加上社会以经济发展为中心，所以该项政策的落实一直没有具体付诸行动。且可利用土地资源分布不均匀，加上各地区土地数量和经济社会发展使用的需要情况有不相同，所以关于统一的土地可持续管理制度的制定比较复杂。

相关可持续土地管理制度的指定人员对土地现状缺乏全面的认识，对土地的评估不能充分考虑到全方面，所以导致制定出来的相关政策制度也是比较片面，没有严谨的科学性和实际性，实际管理工作落实中也不能做到对土地可持续发展的有效管理。

土地可持续发展的管理人员没有严格按照规章制度来落实土地可持续发展的管理工作，而且在管理工作中，由于其自身专业素质不高，导致在管理中遇到的很多问题不能及时做出反应，找出解决对策，也导致了土地的可持续管理工作不能有效开展。

土地的可持续管理中存在的最重要的问题是目前财政支持力度不够，由于土地资源总量多和分布不均匀，所以对其可持续发展的管理就比较麻烦，需要大量的经费投入来完善各级管理工作，少了财政支持，对于土地可持续发展来说就没了力量源泉。

（2）可持续土地管理监测与评价存在的问题

土地管理与利用作为典型的自然—社会—经济的复合系统，对其监测评价要从多学科的视角入手，但各学科的视角和知识结构不尽相同，很难达成共识。由于指标选取存在诸多不足，无论是监测指标体系、评价指标体系还是评价方法，包括评价指标的选取方法和运用指标体系进行综合评价的方法，都没有定论，还有待进一步深入研究。目前可持续土地管理监测与评价体系存在以下几个问题。

对土地利用的时间与空间重视度不均衡。土地利用的持续性不仅包括时间上土地利用方式的持续，还包括空间上的格局优化，传统的土地持续利用的社会、经济和生态评价，在一定程度上都可以认为是在一定时间尺度内的评价，缺少土地利用空间格局变化评价内容。

数据的一致性较低。指标体系涉及的各时间统计数据较多，但因统计资料的不全和统计口径不同而影响其科学性和准确性。部分指标数据获取成本太高，使得选取指标的科学性与易得性二者常常难以兼得，影响指标选取的合理性和评价的准确性。

区域差异难以体现。在评价指标的研究中，大多以短期的纵向比较为主，难以考虑因区域的差异性而导致的评价结果的合理性。

（三）研究方法

1. 研究方法

系统分析四川省岩溶区自然概况和社会经济状况，并对岩溶区土地利用中存在的主要问题及影响可持续土地管理的因素进行分析，与专家、学者和社区居民共同探讨制定岩溶区参与式社区监测指标。

结合在国土、林业、统计、水利、农业、环保各行业现有监测体系和岩溶区专项监测体系以及社区监测指标初步筛选岩溶区可持续土地管理评价指标。

运用Delphi法，对初拟四川省岩溶区可持续土地管理监测与评价指标系列的专家咨询意见进行统计分析。

运用AHP法与Delphi法相结合赋予评价指标体系权重，采用线性比例变换法将各项评价指标标准化，以消除评价中间指标间不同量纲的影响。

采用定性分析与定量分析相结合的方法，验证指标的科学性，其定量方法为综合指数法。

2. 研究原则

监测与评价体系系统结构复杂、层次多，系统与环境之间具有相互作用，且岩溶区土地分布具有很强的区域特征。因此岩溶区可持续土地管理监测与评价指标的选择必须遵循指标的科学性、可行性、客观性、综合性和动态性的原则，同时要以《FESLM》确定的生产性、稳定性、保护性、经济可行性和社会接受性5个方面的评价标准，作为选择评价指标的指南。

科学性原则。指标体系一定要建立在科学基础上，能充分反映岩溶区土地的内在机制，指标的物理意义必须明确，具体指标能够反映持续发展的涵义和目标实现程度，这样才能保证评估方法的科学性、评估结果的真实性和客观性。

相当稳定性原则。评价指标既不能选择与利用管理无关的相对固定不变的因素，也要避免选择那些时刻变化着的因素，以免使评估结果不准确。

可比性原则。指标尽量采用国际、国内通用的名称、概念和计算方法，同时也要考虑四川省资料的可比性。

操作性原则。指标具有易得性、可测性和可比性。指标表达形式简单化，对指标进行简化处理，同时保持最大信息量。

3. 技术路线

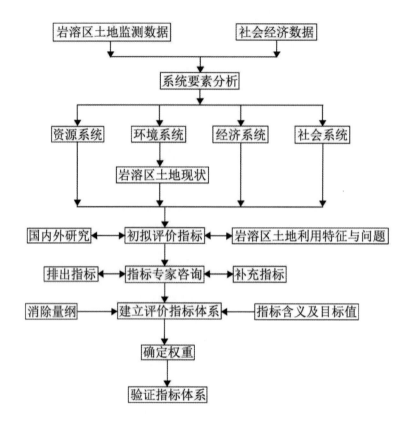

图 8-17　四川省岩溶区可持续土地管理监测与评价指标体系研究技术路线图

二、岩溶区可持续土地管理评价指标研究

（一）岩溶区可持续土地管理目标

岩溶区可持续土地管理就是使岩溶区土地资源得到科学合理的保护、治理、利用和开发，使用岩溶区土地逆向转变，实现土地资源的永续利用与社会、经济、资源环境的协调发展，不断满足社会经济长期发展的需要，达到最佳的社会、资源环境和经济效益。可持续土地管理的目标是在社会上具有公平性和可接受性，在资源环境方面具有可持续性，在经济上具有可行性。因此，岩溶区可持续土地管理过程中，要妥善处理土地利用现状保护、经济建设和环境保护之间的关系，通过合理配置土地资源，优化土地利用结构，确保粮食、生态安全，保障国民经济高速发展的用地需求，促进生态环境良性循环，实现人地协调发展。

（二）岩溶区可持续土地管理评价指标设定原则

遵循联合国粮农组织在《土地持续利用评价纲要》中确定的5个准则。包括生产性、稳定性、保护性、经济可行性和社会可接受性，依此原则选取相互独立且能反映影响土地持续利用的各方面典型敏感指标。

评价指标的选择应能满足真实性、可比性、可操作性、易获得性和简洁实用性等原则。衡量土地可持续利用程度的指标多，关系复杂，特性差异大，因此指标尽可能采用单位均值、百分率、指数和增长率等形式表示。评价指标的选择应能满足真实性、可比性、可操作性、易获得性和简洁实用性等原则。

区域性与主导性原则相结合。土地持续利用评价是针对特定区域、特定土地利用系统的评价。不同区域不同层次的资源环境条件、社会经济、文化背景以及土地利用的特点都存在着巨大的差异，因此，土地持续利用评价必须针对不同目的与不同区域进行。一般而言，可持续利用评价没有绝对的标准，都是以现实为基础提出来的，因此选择的评价指标既要符合评价区域的实际和特点，又要求对土地资源可持续利用长期起主导作用。

指标的设定遵循纵向与横向相结合的原则。土地可持续利用是个综合性的范畴，不可能用一个或几个综合指标或单一指标来全面地反映。从横向上看，它是一定区域一定时期内土地利用状况的真实反映；从纵向上看，它表现为该区域土地利用的潜力及可持续利用的可能性。

政策相关性和导向性。政策相关性意味着设定的指标体系能够对决策者有实实在在的支持与指导作用，能够描述其在资源、环境、经济、社会等方面受到的压力以及社会的响应，并与已有的政策目标相关，从而为政府制定相关政策提供决策依据。

（三）岩溶区可持续土地管理评价数据来源

我国各行业部门每年在各自业务领域方面有大量数据统计，一些部门已建立了自己的监测体系，形成了有关制度，研究制订了具有满足本行业要求的监测项目和监测方法的系列标准规定，有的已经成为行业标准或国家标准，在系统建设和监测技术上都取得了丰富的经验。土地可持续利用评价指标相对这些部门性监测指标更具综合性，内容上具有重叠，因此十分需要充分利用和整合这些相关的数据资源。它山之石，可以攻玉，参考其他部门建立多年的已具规模的监测体系，对土地可持续利用评价指标的选择和评价方法具有很好的借鉴和启发作用。

1. 统计部门数据

包括基本单位调查统计报表、农林牧渔业统计报表、农业产值综合统计报表、工业统计报表、运输邮电业综合统计报表、建筑业统计报表、批发零售贸易统计报表、餐饮业统计报表、固定资产投资统计报表、劳动统计报表、科技统计报表、大中型工业企业科技活动统计报表、城镇劳动力调查、企业调查统计报表、人口变动情况抽样调查、农产量抽样调查、农村住户抽样调查、乡村社会经济调查、价格统计报表、城市住户调查、城镇劳动力调查、规模以下工业抽样调查、基本单位普查、人口普查、农业普查、全国第三产业普查、工业普查等。

2. 农业部门监测体系

农业环境监测工作范围是对进入农业环境中的污染物进行经常性监测，调查农业生态环境发展变化情况，对农业环境质量现状及发展趋势做出评价，为农业部门开展环境管理和保护、改善农业环境质量提供准确、可靠的监测数据和评价资料，开展农业环境监测技术研究，促进农业环境监测技术的发展。其监测内容包括农田大气监测、农用水质监测、农田土壤（环境）监测和农产品监测。农田土壤（环境）监测单元按土壤接纳污染物的途径划分为基本单元，结合参考土壤类型、农作物种类、耕作制度、商品生产基地、保护区类别、行政区划等要素，由当地农业环境监测部门根据实际情况进行划定。主要单元包括大气污染型土壤监测单元、灌溉水污染型土壤监测单元、固体废弃堆污染型土壤监测单元、农用固体废弃物污染型土壤监测单元、农用化学物质污染型土壤监测单元、综合污染型土壤监测单元。

3. 林业部门监测体系

林业调查分为三类，即国家森林资源调查，简称一类清查；规划设计调查，简称二类清查；作业设计调查，简称三类清查。国家森林资源连续清查以省（自治区、直辖市）为单位组织实行，调查周期为5年。森林资源连续清查以设置固定样地，配置部分临时样地进行实测为调查方法，并辅助采用了遥感技术、地面调查相结合的方法。固定样地按照系统抽样原则布设在国家五万分之一地形图的千米网点上，设立永久性标志。样地调查包括样地因子调查（包括样地的地理位置、地形、土壤、林种、各类林木蓄积等情况），样地每木检尺（对样地内乔木的立本类型、树种、胸径、材积等级调查和测量）和其他因子调查（包括测高、植被调查、更新调查、野生经济植物调查等方面）。通过样地每木检尺的数据可以计算树木每年的蓄积量和生长量，并对样地数据的分析计算可以推测得到时不同调查区的总体蓄积量和生长量。

森林资源二类调查是以国有林场、自然保护区、森林公园等森林经营单位或县级行政区域为调查单位，以满足森林经营方案、总体设计、林业区划与规划设计需要而进行的森林资源调查。其成果是建立或更新森林资源档案，制定森林采伐限额，进行林业工程规划设计和森林资源管理的基础，也是制定区域国民经济发展规划和林业发展规划，实行森林生态效益补偿和森林资源资产化管理，指导和规范森林科学经营的重要依据。其主要调查内容包括各类林地面积、蓄积、自然和生态环境以及经营措施和成效。

4. 环保部门监测体系

环境监测各类标准涵盖了大气、水质、土壤、噪声、辐射、固体废物、农药等领域，其任务是：对环境中各要素进行经常性监测，掌握和评价环境质量状况及其变化趋势；对各有关单位排放污染物的情况进行监视性监测；为政府部门制定各项环境法规、标准，全面开展环境管理工作提供准确、可靠的监测数据和资料；开展环境测试技术方面的研究，促进环境监测技术的发展。根据其任务，环境监测的内容包括有水和废水监测、大气监测、固体废物监测、土壤污染监测、生物污染监测、噪声监测和环境放射性监测等监测内容。

5. 水利部门监测体系

水土流失面积是我国长期使用的概念，国际上使用土壤侵蚀面积。土壤侵蚀面积包括风蚀面积和水蚀面积。水土流失面积各年度都有县级数据。监测方法主要为遥感调查方法。在监测指标体系的选取上，选用影响土壤侵蚀的只要因子地形地貌、地面组成物质、植被、气候和人类活动等。除气候和人类活动外，都可以用 RS 和 GIS 技术获取，并对其进行数值分析，从而达到强度分级的目的。

6. 国土部门监测体系

土地利用现状调查是查清耕地、园地、林地、牧草地、居民点及工矿用地、交通用地、水域和未利用土地的面积和分布状况。其目的是为合理调整土地利用结构和农业生产布局、制订农业区划和土地规划提供科学依据，并为进行科学的土地管理创造条件。主要内容包括土地利用现状调查、土地质量调查、土地评价及土地监测等。

7. 岩溶区土地专项监测体系

岩溶区土地监测由国家林业和草原局统一负责，于2015年开始开展了全国第三次监测，监测间隔为5年。岩溶土地按是否石漠化分为石漠化土地、潜在石漠化土地和非石漠化土地3大类。根据植被类型、土层厚度、基岩裸露度和植被综合盖度对石漠化土地程度分为轻、中、重和极重4级，并对石漠化治理情况、变化趋势进行评价等。

（四）岩溶区可持续土地管理影响因素

1. 环境因素

影响持续土地管理的自然条件是指土地的自身状况和环境状况，而岩溶区特殊的地质条件严重制约着土地的利用方式和生产强度。由于岩溶区基岩为碳酸类岩石，水分和土壤下渗严重、生境保水保肥力差。岩溶区普通具有基岩裸露度大、地被不连续、土层浅薄且分布零星、植被种群单一、植被结构简单且逆向演替快等特征，一旦发生自然灾害，其危害十分严重，极易引发次生灾害。因此，必须要因地制宜，依据岩溶区土地环境状况，合理地确定与区域的土地自然特征相适应的土地利用方式和利用程度、强度等。

2. 资源因素

岩溶区恶劣的碳酸类岩山地条件严重制约着生物群落的繁衍生息，且仅有岩生性、旱生性及喜钙类的植物种群适宜于这些区域生长。岩溶区土层薄、土壤养分低、耕作层粗化，农作物产量下降，导致了以森林植被为主体的岩溶生态系统功能进一步削弱和退化。岩溶生态系统失去了森林水文效应，发挥不了森林调蓄地表水和地下水的功能，以至于岩溶区存在生产、生活用水严重缺乏。资源的短缺强化了农民对环境资源的索取力度,从而使资源缺乏与环境恶化陷入恶性循环。岩溶区资源现状与人民生活对资源的需求矛盾制约着土地的持续利用。

3. 经济状况

岩溶区主要分布于经济落后、生活贫困和少数民族聚居地区,这些区域人均耕地少,人口密度大,人均收入较低,第一、二、三产业比重严重失调,多以消耗资源多、产出较低、污染严重的工矿企业为县域的经济支柱。岩溶区土地是经济活动中一种供给有限但用途无限的特殊经济资源,是社会经济活动的空间和载体,经济条件决定着土地利用的可能性、广度与深度。岩溶区经济状况和构成对土地管理有着重要的影响,也会影响土地利用效率的高低。

4. 社会因素

岩溶区普遍分布在老、少、边、穷地区。人们的知识水平、科学技术水平、能源构成和生活习惯以及对土地利用的整体性、长远性的认识,都会给土地管理带来深远的影响。人们毁林开荒、滥占耕地,排放"三废",污染土地,破坏耕地等行为,都将对可持续土地管理造成很大的危害。只有通过提高人的文化素质,加强宣传教育,普及科学技术知识和改变生活习俗,提高对自然规律和社会经济规律的认识,从而做到自觉地合理地利用土地。

(五) 岩溶区可持续土地管理评价指标层次设定

在研究借鉴国内外可持续土地管理评价指标体系,以及在资源、环境、经济、社会等方面找出影响可持续土地管理的因素的基础上,针对四川省岩溶区土地资源特点和问题,从经济、社会、资源与环境4个方面确定评价指标。岩溶区可持续土地管理为目标层,经济、社会、资源与环境4个方面构成系统层,将评价指标分别纳入系统层,本身构成变量因子层。在设计初拟指标层次结构时,因初拟指标较多,有必要将指标进行更明确的归类,便于专家打分,因此,在系统层与变量因子层之间增加主控因素层。

表8-28 四川省岩溶区可持续土地管理评价指标体系层次框架

目标层	岩溶区可持续土地管理							
系统层	资源		环境		经济		社会	
主控因子层	资源拥有水平	资源利用与保护水平	岩溶土地状况	治理情况	经济发展水平	经济结构	人口压力状况	能源结构	教育水平
变量因子层	人均耕地面积、……		石漠化发生率、……		农民人均收入、……		人口密度、……	

(六) 岩溶区可持续土地管理评价指标拟定及筛选

1. 拟定岩溶区可持续土地管理评价指标

表 8-29　四川省岩溶区可持续土地管理评价初拟指标

目标层	系统层	主控因子层	变量因子层	部门数据来源
岩溶区土地可持续利用目标	资源	资源水平	人均耕地面积	国土、统计部门数据
			人均林地面积	林业、统计部门数据
			人均生态林地积	林业、统计部门数据
			人均水田地积	国土、统计部门数据
			人均经济林地积	林业、统计部门数据
		利用与保护	土地利用率	国土部门数据
			农业土地利用率	国土、统计部门数据
			耕地生产力指数	农业、统计部门数据
			垦殖指数	国土部门数据
			复种指数	农业、统计部门数据
			耕地年减少率	国土部门数据
			可耕作面积占比	林业、国土部门数据
			坡改梯退耕面积占比	农业、国土部门数据
	环境	环境状况	林地面积占比	林业部门数据
			石漠化发生率	林业部门数据
			基岩平均裸露度	林业部门数据
			森林覆盖率	林业部门数据
			水土流失面积占比	水利部门数据
			土壤侵蚀模数	水利部门数据
			受灾面积占比	综合监测数据
			森林消长指数	林业部门数据
			基本农田保护指数	国土部门数据
			土壤肥力状况	农业部门数据
			化肥施用强度	农业部门数据
			农药使用强度	农业部门数据
		保护与建设	石漠化治理面积占比	林业部门数据
			坡改梯面积占比	国土部门数据
			环保投资与 GDP 占比	环保部门数据
			人工造林面积占比	林业部门数据
			封山育林面积占比	林业部门数据

续表

目标层	系统层	主控因子层	变量因子层	部门数据来源
岩溶区土地可持续利用目标	经济	发展水平	农民人均收入	统计部门数据
			农民人均收入年均增长率	统计部门数据
			人均 GDP	统计部门数据
			人均 GDP 增长率	统计部门数据
			有效灌溉面积	统计部门数据
			土地利用投入产出率	统计部门数据
			路网密度	统计部门数据
			城镇化水平	统计部门数据
		结构	农业收益指数	农业、统计部门数据
			林业收益指数	林业、统计部门数据
			第三产业从业人员比重	统计部门数据
			第三产业产值占 GDP 比重	统计部门数据
			土地经济密度指数	统计部门数据
		土地经营水平	经济林面积占比	林业部门数据
			园地面积占比	国土部门数据
			农业水利建设水平	农业部门数据
	社会	人口压力	土地人口承载压力指数	统计部门数据
			人口自然增长率	统计部门数据
			动力输出比例	统计部门数据
			农业人口密度	统计部门数据
		稳定性	农村贫困发生率	统计部门数据
			城乡恩格尔差异指数	统计部门数据
			城乡土地产值差异指数	统计部门数据
		支持度	土地案件指数	国土部门数据
			薪材占比	统计部门数据
			专任老师增长率	统计部门数据
			环境保护宣传普及度	统计部门数据

四川省岩溶区经济、社会发展均较为落后，建立岩溶区可持续土地管理评价指标体系，不仅要反应岩溶区土地状况和生态环境现状，还要全面概括经济结构、资源水平、社会经济发展和土地利用演变趋势。为了对岩溶区可持续土地管理现状进行全面有效的评价，本研究借鉴国内外可持续土地管理评价指标体系的已有成果，结合岩溶区社会经济实际情况，在现有国土、农业、林业、水利等部门监测体系的基础上按照科学合理、客观全面和方便可行的原则进行了分类和筛选，初拟各类指标57个，由此构成四川省岩溶区可持续土地管理评价初拟指标。

由于参与式监测指标正处于试点阶段，目前并未获得一定时间段的相关数据，其指标在评价体系中没有相应参考对象，本次评价体系中不列入参与式监测指标。

2. 评价指标筛选方法

根据指标重要度的级数、每级的量值及量值内涵，将重要程度分为五级，五级的量值分别取5、4、3、2、1，量值内涵依次为"非常重要""较重要""一般重要""轻微重要""不重要"，量值越大表示指标对评价岩溶区持续土地管理影响程度越大。指标评选方法利用Delphi法，请从事资源、环境和其他相关领域专家对初拟指标进行独立评价，就每个指标对四川省岩溶区可持续土地管理影响的关联性进行五级判断，并发表意见。并依据Delphi法统计公式，得到评价指标体系专家咨询统计结果，并在分析结果的基础上建立四川省岩溶区可持续土地管理评价指标体系。

采用Delphi法对专家咨询意见进行量化，分别以均值$\overline{E_i}$、差异系数CV（coefficient of variation）、满意度S（即满分率）剔除非共识性指标，保留被普遍认可的指标。均值$\overline{E_i}$文中用于表示领域专家意见集中程度，$\overline{E_i}$值越大，专家意见越集中。差异系数CV是指标准差与其算术平均数的百分比，用来衡量不同组数据的离散程度，是没有单位的相对数，它的用途是：比较不同单位资料的差异程度；比较单位相同而平均数相差较大的两组资料的差异量程度；本研究用以表示领域专家意见离散程度。满意度S是指满分个数占总体分值个数的百分比，本研究用来表示专家对指标重要性的认可程度，文中满分值界定为4和5两级量值。具体计算公式如下。

$$\overline{E_i} = \frac{1}{p}\sum_{j=1}^{n} E_j n_{ij} \qquad cv = \sqrt{\frac{1}{p}\sum_{j=1}^{N} n_{ij}\left(E_j - \overline{E_i}\right)^2} / \overline{E_i} \qquad S = p_i / p$$

式中：P为专家总人数；n_{ij}为对第i个指标为第j级重要程度的领域专家人数；n为事先规定的指标重要度的级数；E_j为指标第j级重要度的量值；P_i为对第i个指标给予满分的专家人数。

3. 确定评价指标体系

指标体系共咨询专家30位，发放专家咨询表30份，收回30份，有效统计30份。专家涉及林业、国土和长期参与岩溶区土地监测以及岩溶区综合治理行业的专家。依据上述指标筛选方法，确定被普遍认可的指标后，就部分重要且咨询过程中存在争议的指标，结合四川实际予以取舍，最终得出四川省岩溶区可持续土地管理评价指标体系。

依据上述 Delphi 法计算公式，得到四川省岩溶区可持续土地管理评价指标体系专家咨询统计分析（表8-30）。

（1）指标取舍标准

指标量值4、5的内涵为"较重要""非常重要"，当选择该指标的人数达到80%以上，表明指标的重要程度与被认可程度高，因此，要求入选指标的满意度 S 达到80%以上（含80%）；指标量值3.5处于"一般重要"向"较重要"过渡的临界点，因此，要求入选指标的均值 $\overline{E_i}$ 达到3.5以上（含3.5）；根据可持续土地管理评价指标的选取特点及咨询的实际情况，要求入选指标的差异系数小于等于所有指标差异系数的均值，即 CV 小于等于26.766% 时入选；上述三个条件同时满足时，选取该指标；其中任何一项不能满足时，舍去该指标。

表8-30　四川省岩溶区可持续土地管理评价

因子层		满意度S	均值	差异系数（CV）	是否选用
I1	人均耕地面积	1.000	4.400	11.134	Y
I2	人均林地面积	0.833	4.000	17.078	Y
I3	人均生态林地积	0.333	3.067	33.608	N
I4	人均水田地积	0.233	2.767	35.761	N
I5	人均经济林地积	0.733	3.867	18.570	N
I6	土地利用率	0.233	2.967	23.809	N
I7	农业土地利用率	0.633	3.800	24.873	N
I8	耕地生产力指数	0.833	4.233	18.979	Y
I9	垦殖指数	0.867	4.333	20.059	Y
I10	复种指数	0.800	4.100	21.216	Y
I11	耕地年减少率	0.867	4.067	14.102	Y
I12	可耕作面积占比	0.700	3.800	22.942	Y
I13	坡改梯退耕面积占比	0.133	2.600	33.823	N
I14	林地面积占比	0.433	3.367	31.137	N
I15	石漠化发生率	0.867	4.500	19.668	Y
I16	基岩平均裸露度	0.867	4.400	19.986	Y
I17	森林覆盖率	0.800	4.167	17.618	Y
I18	水土流失面积占比	0.633	3.700	27.162	N

续表

	因子层	满意度S	均值	差异系数（CV）	是否选用
I19	土壤侵蚀模数	0.167	2.467	38.791	N
I20	受灾面积占比	0.733	3.833	17.927	Y
I21	森林消长指数	0.800	4.033	16.300	Y
I22	基本农田保护指数	0.200	2.533	40.427	N
I23	土壤肥力状况	0.733	3.633	25.108	N
I24	化肥施用强度	0.267	2.733	38.872	N
I25	农药使用强度	0.200	2.800	31.135	N
I26	石漠化治理面积占比	0.800	4.067	20.994	Y
I27	坡改梯面积占比	0.133	2.667	27.951	N
I28	环保投资与GDP占比	0.233	2.733	37.706	N
I29	人工造林面积占比	0.200	2.700	35.972	N
I30	封山育林面积占比	0.167	2.567	37.212	N
I31	农民人均收入	0.433	3.267	37.017	N
I32	农民人均收入年均增长率	0.867	4.167	17.618	Y
I33	人均GDP	0.200	2.567	42.303	N
I34	人均GDP增长率	0.133	2.467	37.352	N
I35	有效灌溉面积	0.367	3.100	35.679	N
I36	土地利用投入产出率	0.133	2.600	33.823	N
I37	路网密度	0.833	4.033	21.693	Y
I38	城镇化水平	0.833	4.100	23.856	Y
I39	农业收益指数	0.367	3.300	23.667	N
I40	林业收益指数	0.833	4.067	15.466	Y
I41	第三产业从业人员比重	0.900	4.133	18.461	Y
I42	第三产业产值占GDP比重	0.900	4.300	17.142	Y
I43	土地经济密度指数	0.833	4.233	16.906	Y
I44	经济林面积占比	0.200	2.467	40.179	N
I45	园地面积占比	0.200	2.600	41.662	N
I46	农业水利建设水平	0.833	4.200	18.848	Y

续表

	因子层	满意度S	均值	差异系数（CV）	是否选用
I47	土地人口承载压力指数	0.867	4.133	14.957	Y
I48	人口自然增长率	0.133	2.600	33.823	N
I49	劳动力输出比例	0.800	4.267	18.087	Y
I50	农业人口密度	0.333	3.033	33.494	N
I51	农村贫困发生率	0.367	3.100	35.679	N
I52	城乡恩格尔差异指数	0.800	4.067	18.977	Y
I53	城乡土地产值差异指数	0.233	2.833	30.338	N
I54	土地案件指数	0.133	2.567	34.385	N
I55	薪材占比	0.833	4.167	16.492	Y
I56	专任老师增长率	0.233	2.400	51.144	N
I57	环境保护宣传普及度	0.800	4.067	16.718	Y

（2）入选指标

表8-31 四川省岩溶区可持续土地管理评价指标

系统层		因子层	满意度S	均值	差异系数（CV）
资源	I1	人均耕地面积	1.000	4.400	11.134
	I2	人均林地面积	0.833	4.000	17.078
	I8	耕地生产力指数	0.833	4.233	18.979
	I9	垦殖指数	0.867	4.333	20.059
	I10	复种指数	0.800	4.100	21.216
	I11	耕地年减少率	0.867	4.067	14.102
环境	I15	石漠化发生率	0.867	4.500	19.668
	I16	基岩平均裸露度	0.867	4.400	19.986
	I17	森林覆盖率	0.800	4.167	17.618
	I21	森林消长指数	0.800	4.033	16.300
	I26	石漠化治理面积占比	0.800	4.067	20.994

续表

系统层		因子层	满意度S	均值	差异系数(CV)
经济	I32	农民人均收入年均增长率	0.867	4.167	17.618
	I37	路网密度	0.833	4.033	21.693
	I38	城镇化水平	0.833	4.100	23.856
	I40	林业收益指数	0.833	4.067	15.466
	I41	第三产业从业人员比重	0.900	4.133	18.461
	I42	第三产业产值占GDP比重	0.900	4.300	17.142
	I43	土地经济密度指数	0.833	4.233	16.906
	I46	农业水利建设水平	0.833	4.200	18.848
社会	I47	土地人口承载压力指数	0.867	4.133	14.957
	I49	劳动力输出比例	0.800	4.267	18.087
	I55	薪材占比	0.833	4.167	16.492
	I57	环境保护宣传普及度	0.800	4.067	16.718

根据表8-31，四川省岩溶区可持续土地管理评价指标由I1、I2、I8、I9、I10、I11、I15、I16、I17、I21、I26、I32、I37、I38、I40、I41、I42、I43、I46、I47、I49、I55、I57共计23个指标组成。

（七）评价指标含义及参照值选择

1. 人均耕地面积、林地面积

由于岩溶区以乡为基本监测单位，为了数据易得性，耕地、林地面积以岩溶区涉及乡的耕地、林地面积计算，岩溶区人口数以岩溶区涉及乡的人口数计算。参照值选择2015年四川省人均面积。

$$人均耕地面积 = \frac{岩溶区涉及乡的耕地面积}{岩溶区涉及乡的人口数} \times 100\%$$

$$人均林地面积 = \frac{岩溶区涉及乡的林地总面积}{岩溶区涉及乡的人口数} \times 100\%$$

2. 耕地生产力指数

耕地生产能力指评价年份实际粮食产量与潜在粮食产量的比值。当指标值在(0，1)之间时，表明耕地的现实生产能力存在可挖掘的潜力；当指标值＞1时，表明耕地资源利用过度。

$$耕地生产力指数 = \frac{岩溶区耕地实际平均产粮量}{岩溶区耕地潜在产粮量} \times 100\%$$

3. 垦殖指数

指已开垦利用的耕地面积占土地总面积的比例，是衡量一个地区或农业生产单位耕地开发利用程度的指标。参照值选择2015年四川省垦殖指数。

$$垦殖指数 = \frac{岩溶区耕地面积}{岩溶区土地面积} \times 100\%$$

4. 复种指数

指一个地区或农业生产单位一年内农作物播种面积与耕地面积的百分比，表明耕地在一年内被重复利用程度的指标。参照值选择2015年四川省复种指数。

$$复种指数 = \frac{岩溶区播种面积}{岩溶区耕地面积} \times 100\%$$

5. 耕地年减少率

耕地年减少率为当年耕地减少速度。确定参考值为0，即耕地未减少。

$$耕地年减少率 = \frac{岩溶区年减少耕地面积}{岩溶区年初耕地面积} \times 100\%$$

6. 石漠化发生率

石漠化发生率反应的是岩溶区的土地状况，是否石漠化按《岩溶区石漠化监测技术规定》和《四川省岩溶区石漠化土地监测实施细则》进行评价。确定参考值为0。

$$石漠化发生率 = \frac{石漠化土地面积}{岩溶区土地面积} \times 100\%$$

7. 森林覆盖率

森林覆盖率指区域内森林面积占土地总面积的比例，是反映区域森林资源丰富程度的指标。因森林在保护水土、调节气候、净化大气、防治噪声、维持自然界的生态平衡上有重要作用，故国际上常用森林覆盖率来衡量一个国家自然保护事业发展的状况。参考值确定为40%。

$$森林覆盖率 = \frac{岩溶区森林面积}{岩溶区土地面积} \times 100\%$$

8. 森林消长指数

森林消长比指数指评价年份森林采伐量与生长量的比值。

$$森林消长指数 = \frac{林木采伐量}{林木生长量} \times 100\%$$

9. 农民收入年均增长率

指在评价期农民收入的每年增长速度。参考值确定为同期全省的年均增长率。

10. 路网密度

路网密度等于某一计算区域内所有的道路的总长度与区域总面积之比。参考值为全省平均值。

$$路网密度 = \frac{岩溶区公路总里程}{岩溶区总面积} \times 100\%$$

11. 城镇化水平

城镇化是指城镇人口占总人口的比例，用于反映人口向城市聚集的过程和聚集程度。城镇化水平越高，乡村人口越小，对土地的依赖越低，经济收入来源增多，有利于土地的可持续利用。参考值以全省2015年度城镇化率。

$$城镇化水平 = \frac{岩溶区城镇人口数量}{岩溶区总人口数量} \times 100\%$$

12. 林业收益指数

收益指数反映土地资源的投入与产出情况，收益指数的参考值确定为1。

$$林业收益指数 = \frac{区域林业产值 / 区域林业投入}{全省林业产值 / 全省林业投入} \times 100\%$$

13. 第三产业从业人员比重

从事第三产业人员数量与就业人员总数的比值。参考值确定为2015年四川省第三产业人员数量与就业人员总数的比值。

$$第三产业从业人员比重 = \frac{区域第三产业就业数}{区域就业人总数} \times 100\%$$

14. 第三产业产值占GDP比重

第三产业产值占GDP比重是反映经济发展水平和产业结构状况。参考值确定为2015年四川省第三产业人员数量与就业人员总数的比值。

15. 土地经济密度指数

土地经济密度指单位土地面积（已利用土地）的GDP，土地经济密度指数是研究区域与参考区域土地经济密度的比值，反映土地整体经济效益水平。土地经济密度指数的目标值为1。

$$土地经济密度指数 = \frac{岩溶区单位土地面积GDP}{参考单位土地GDP} \times 100\%$$

16. 农业水利建设水平

农业水利建设水平主要通过有效灌溉面积占耕地面积比例来反映，其比值越高，农业抵御旱灾的能力越强，生产稳定性越好。加强农业水利设施建设，提高有效灌溉面积比例是保持农业生产稳定性的最重要途径。参考值为全省平均值。

$$农业水利建设水平 = \frac{有效灌溉面积}{耕地面积} \times 100\%$$

17. 土地人口承载压力指数

土地人口承载压力指数指单位土地面积的实际人口数与潜在人口承载量之比。该指标主要反映人口对土地开发利用的压力，比值<1时表示该地区人口承载量合理，比值=1时表示满载，比值>1时表示超载。本研究潜在人口承载量，是根据《四川省土地生产潜力和人口承载量研究》成果，并依现实状况进行了适当调整。

$$土地人口承载压力指数 = \frac{实际人口承载量}{潜在人口承载量} \times 100\%$$

18. 劳动力输出比例

劳动力输出人口与劳动力人口之比。

$$劳动力输出比例 = \frac{劳动力输出人口}{劳动力人口} \times 100\%$$

19. 薪材占比

薪材占比指在农村能源结构中薪材所占的比重，该指标一定程度反映农民对当地林地资源依赖程度。确定参考值为0。

20. 环境保护宣传普及度

岩溶区生态环境脆弱，生态系统和土地的可持续关键在于人类活动强度对环境的干扰。只有通过环境保护宣传提高当地居民环境保护意识，主动积极参与到环境保护中去。

三、岩溶区土地评价指标体系验证

（一）验证方法

1. 标准化评价指标

评价指标的标准化过程即评价指标的无量纲化过程，在评价指标体系的各个指标中，有些指标是正向指标，即越大越好，如岩溶区人均林地面积；有些指标是逆向指标，即越小越好，如薪材占比。由于本研究所选用的指标量纲并不是统一的，为了消除由量纲带来的不合理影响，需对指标进行标准化处理，目的是使所处理的指标最后都具有正向指标的性质。本研究各指标的标准化过程采用线性比例变换法，根据评价指标的性质不同，分别采用相应的处理方法，将指标标准化值均控制在0~1之间。

当指标要求越大越好时，即正向指标，采用上限效果测度，即：

$$F = S_i / \max_i S_i$$

当指标要求越小越好时，即逆向指标，采用下限效果测度，即：

$$F = \min_i S_i / S_i \quad 或 \quad F = 1 - (S_i - \min_i S_i)$$

式中F为转换指标值，S_i为指标实际值，与为指标目标值。如转换值在[0，1]之间，则标准化值同转换值，如转换值在[1，∞]之间，则标准化值取1。

2. AHP法原理

本研究在Delphi法的基础上，采用AHP法确定各指标体系的权重，AHP法是美国著名运筹学家萨迪（T.L.saaty）于20世纪70年代中期提出的一种系统分析方法。它是一种能将定量分析和定性分析相结合，将人的主观判断用数量的形式表达和处理的分析方法。运用Delphi法对每一层次因素的相对重要性，依据人们对客观现实的判断给予定量表示，再利用数学方法确定每一层次全部因素相对重要性次序的权重，最后通过综合计算各层次因素相对重要的权植，得到最低层次对于最高层的相对重要性的组合权值。其步骤如下。

（1）建立评价指标层次结构

本研究的层次结构为目标层、系统层和变量因子层。

（2）构造矩阵

建立分析层次后，便确定了上下层之间的隶属关系，这样便可针对上一层的准则构造不同层次的两两判断矩阵。按照AHP法原理，除最高层外，每一层都必须建立判断矩阵，矩阵个数等于上一层的要素值。本研究引入1~9等级比率标度来构造判断矩阵b_{ij}，满足$b_{ij} > 0$且$b_{ij} = 1/b_{ji}$。由判断矩阵计算各层指标的权重。1~9等级比率标度意义如下：

表 8-32　层次分析法标度值含义

标度值	标度含义
1	S_i 与 S_j 同等重要
3	S_i 比 S_j 较重要
5	S_i 比 S_j 明显重要
7	S_i 比 S_j 很重要
9	S_i 比 S_j 极端重要
2、4、6、8	为上述含义的中间值
上述值的倒数	若 S_i 比 S_j 的重要性为 b_{ij}，S_j 与 S_i 的重要性比为 $1/b_{ij}$

依据标度值含义分别确定系统层和变量因子层的标度值，并构造判断矩阵，矩阵如下：

$$\begin{vmatrix} A_{11} & A_{12} & \cdots & A_{1n} \\ A_{21} & A_{22} & \cdots & A_{2n} \\ \vdots & \vdots & & \vdots \\ A_{n1} & A_{n2} & \cdots & A_{3n} \end{vmatrix}$$

（3）层次单排序（相对权重）及其一致性检验

依据矩阵计算本层各要素对上一层某一要素而言的相对重要性权重值，方法是采用方根法求矩阵的特征向量，即单层次排序向量 W（W_1，W_2，W_3，$\cdots$，W_i，$\cdots$，W_n），为指标的相对权重。然后求取最大特征值 λ_{max}，最后求出一致性指标 CI 和随机一致性指标 CR，当阶数小于2时，矩阵总有完全一致性，当阶数大于2时，CR<0.10，则判断矩阵具有满意的一致性，否则需要调整判断矩阵的元素取值，重新计算，直到满意为止。具体的计算公式如下：

$$W_i = \frac{\sqrt[n]{A_{i1} \cdot A_{i2} \cdot A_{i3} \cdots A_{in}}}{\sum_{i=1}^{n} \sqrt[n]{A_{i1} \cdot A_{i2} \cdot A_{i3} \cdots A_{in}}} (i=1, 2, 3, \cdots, n)$$

$$BW_i = \sum_{i=1}^{n}(A_{i1} \cdot W_i + A_{i2} \cdot W_i + A_{i3} \cdot W_i + \cdots + A_{in} \cdot W_i)$$

$$\lambda_{max} = \sum_{i=1}^{n} \frac{(BW)_i}{nW_i}$$

$$CI = \frac{\lambda_{max} - n}{n-1}$$

$$CR = \frac{CI}{RI}$$

RI 为不同阶判断矩阵的随机一致性指标（表8-33）。

表8-33 AHP方法中平均随机一致性指标RI取值参考表

阶数	1	2	3	4	5	6	7	8	9	10
RI值	0	0	0.52	0.89	1.12	1.26	1.36	1.41	1.46	1.49
阶数	11	12	13	14	15	16	17	18	19	20
RI值	1.52	1.54	1.56	1.58	1.59	1.5943	1.6064	1.6133	1.6207	1.6292

（4）层次总排序（组合权重）及其一致性检验

这一过程是利用层次单排序的计算结果，综合出对更上一层次的优劣顺序，是从高层次到低层次逐层计算，最终确定指标相对于总目标的权重。如变量因子层的单层次排序所得权重值为 $W(W_1, W_2, W_3, \cdots, W_n)$，系统层各指标单层次排序所得权重值为 $W_o(W_{o1}, W_{o2}, W_{o3}, \cdots, W_{on})$，则变量因子的综合权重值为 $W=W_n \cdot W_{on}$。利用AHP法确定指标的权重分配可较大幅度地减少人们的主观因素。若人们的主观判断与客观实际发生了偏差，则一致性检验值CR便显示出了这种差别，以便及时调整判断矩阵。具体为求出一致性指标CI和平均随机一致性指标RI，当CR＜0.10时，判断矩阵具有满意的一致性。具体的计算公式有：

$$CI = \sum_{i=1}^{n} A_i \cdot CI_j$$

$$RI = \sum_{i=1}^{n} A_i \cdot RI_j$$

3. 评价模型与评价标准

由于可持续土地管理评价指标体系的指标因素较多，而又呈较强的不精确性和模糊性，故本研究综合评价采用多目标线性加权求和模型，即综合指数法求取。综合指数法与层次分析法结合进行多指标因素的综合评价，优点是既能得到综合的评价结果，也能得到各子系统的评价结果，而且用层次分析法确定指标分值的过程，也是单项指标的评价过程。主要模型为 $Y = \sum_{i=1}^{n} W_i \cdot X_i$，具体本研究中的模型为：

$$A_m(t) = F[S_i(t), W_i] = \sum_{i=1}^{n} S_i \cdot W_i$$

$$Y(t) = F[A_l(t), W_k] = \sum_{l=1}^{n} A_l(t) \cdot W_k$$

A_m（t）为第m个子系统的年度评价值，t为评价年，S_i 为第 i 个指标的标准化值，W_i 为第 i 个指标的相对权重值，Y 为目标综合评价值，W_k 为总目标权向量。此模型是随时间动态变化的，当 $t_1 > t_2$ 时，如果 $Y(t_1) > Y(t_2)$，则认为土地是可持续利用是逐渐增加的，反之则是减弱。

本研究参照国内外各种综合指数的分级方法，采用多级分级标准，即将土地可持续利用划分为不可持续、弱不可持续、弱可持续、可持续4个阶段，对四川省岩溶区可持续土地管理状况进行综合评价，以此验证所选取指标的科学性、合理性和可操作性。

表8-34 可持续土地管理水平等级标准

等级	不可持续	弱不可持续	弱可持续	可持续
评估值	$Y(t) \leq 0.25$	$0.25 < Y(t) \leq 0.50$	$0.5 < Y(t) \leq 0.75$	$Y(t) > 0.75$

（二）评价指标赋权与标准化结果

1. 目标层与系统层的确权及一致性检验

岩溶区可持续土地管理系统的4个子系统：资源、环境、经济、社会，对可持续目标来讲其作用和贡献是非常重要的，任何一个方面的不可持续都会引起系统的不可持续。其判断矩阵如下：

指标	资源	环境	经济	社会
资源	1	5/9	3/7	5/2
环境	9/5	1	1	5/3
经济	7/3	1	1	3/2
社会	2/5	3/5	2/3	1

通过归一化处理，即获得了各子系统层的权重（特征向量）。通过计算：W_A=（0.209，0.314，0.326，0.151），λ_{max}=4.185，CI=0.062；通过查询RI=0.89，求算CR=0.069＜0.10，即通过一致性检验，各子系统特征向量具有满意的一致性。

2. 系统层及变量因子层的层次单排序及其一致性检验结果

资源子系统各指标的判断矩阵：

指标	I1	I2	I8	I9	I10	I11
I1	1/1	3/2	7/3	5/2	7/2	5/2
I2	2/3	1/1	5/2	5/3	4/2	3/2
I8	3/7	2/5	1/1	1/1	3/2	5/3
I9	2/5	3/5	1/1	1/1	3/2	7/2
I10	2/7	2/4	2/3	2/3	1/1	7/2
I11	2/5	2/3	3/5	2/7	2/7	1/1

通过归一化处理，即获得资源子系统层每个指标的权重（特征向量）。通过计算：W_b=（0.310，0.214，0.130，0.156，0.117，0.073），λ_{max}=6.357，CI=0.071；通过

查询 RI=1.26，求算 CR=0.057＜0.10，即通过一致性检验，资源子系统层每个指标特征向量具有满意的一致性。

环境子系统各指标的判断矩阵：

指标	I15	I16	I17	I21	I26
I15	1/1	5/3	3/5	3/2	7/2
I16	3/5	1/1	2/3	2/5	2/3
I17	5/3	3/2	1/1	3/2	5/3
I21	2/3	5/2	2/3	1/1	5/3
I26	2/7	3/2	3/5	3/5	1/1

通过归一化处理，即获得环境子系统层每个指标的权重（特征向量）。通过计算：W_b=（0.263，0.121，0.272，0.214，0.130），λ_{max}=5.226，CI=0.056；通过查询 RI=1.12，求算 CR=0.050＜0.10，即通过一致性检验，资源子系统层每个指标特征向量具有满意的一致性。

经济子系统各指标的判断矩阵：

指标	I32	I37	I38	I40	I41	I42	I43	I46
I32	1/1	5/3	3/2	7/5	3/2	3/2	5/2	7/2
I37	3/5	1/1	3/2	5/4	3/4	3/5	3/2	2/3
I38	2/3	2/3	1/1	5/3	3/5	2/5	5/2	5/4
I40	5/7	4/5	3/5	1/1	2/4	2/5	3/2	3/5
I41	2/3	4/3	5/3	4/2	1/1	2/3	3/2	4/3
I42	2/3	5/3	5/2	5/2	3/2	1/1	7/2	5/3
I43	2/5	2/3	2/5	2/3	3/4	2/7	1/1	2/5
I46	2/7	3/2	4/5	5/3	3/4	3/5	5/2	1/1

通过归一化处理，即获得经济子系统层每个指标的权重（特征向量）。通过计算：W_d=（0.198，0.107，0.108，0.082，0.138，0.195，0.062，0.110），λ_{max}=8.298，CI=0.043；通过查询 RI=1.41，求算 CR=0.030＜0.10，即通过一致性检验，经济子系统层每个指标特征向量具有满意的一致性。

社会子系统各指标的判断矩阵：

指标	I47	I49	I55	I57
I47	1/1	4/5	3/5	2/3
I49	5/4	1/1	7/3	7/5
I55	5/3	3/7	1/1	4/3
I57	3/2	5/7	3/4	1/1

通过归一化处理，即获得社会子系统层每个指标的权重（特征向量）。通过计算：W_e=（0.183，0.346，0.240，0.230），λ_{max}=4.141，CI=0.047；通过查询 RI=0.89，求算 CR=0.053＜0.10，即通过一致性检验，社会子系统层每个指标特征向量具有满意的一致性。

3. 综合权重及其一致性检验结果

根据系统层和因子层指标权重和计算公式，进行层次总排序见表8-35。

表8-35　四川省岩溶区可持续土地管理评价指标权重

指标		资源 0.209	环境 0.314	经济 0.326	社会 0.151	层次总排序	序号
I1	人均耕地面积	0.310				0.0647	4
I2	人均林地面积	0.214				0.0447	9
I8	耕地生产力指数	0.130				0.0273	19
I9	垦殖指数	0.156				0.0326	17
I10	复种指数	0.117				0.0244	21
I11	耕地年减少率	0.073				0.0152	23
I15	石漠化发生率		0.263			0.0826	2
I16	基岩平均裸露度		0.121			0.0379	11
I17	森林覆盖率		0.272			0.0856	1
I21	森林消长指数		0.214			0.0671	3
I26	石漠化治理面积占比		0.130			0.0408	10
I32	农民人均收入年均增长率			0.198		0.0645	5
I37	路网密度			0.107		0.0349	15
I38	城镇化水平			0.108		0.0353	14
I40	林业收益指数			0.082		0.0268	20
I41	第三产业从业人员比重			0.138		0.0451	8
I42	第三产业产值占GDP比重			0.195		0.0635	6
I43	土地经济密度指数			0.062		0.0201	22
I46	农业水利建设水平			0.110		0.0359	13
I47	土地人口承载压力指数				0.183	0.0276	18
I49	动力输出比例				0.346	0.0522	7
I55	薪材占比				0.240	0.0363	12
I57	环境保护宣传普及度				0.230	0.0348	16

一致性检验：

CI：$0.209 \times 0.071 + 0.314 \times 0.056 + 0.326 \times 0.043 + 0.151 \times 0.047 = 0.054$；

RI：$0.209 \times 1.26 + 0.314 \times 1.12 + 0.326 \times 1.41 + 0.151 \times 0.89 = 1.209$；

CR：$CI/RI = 0.054/1.209 = 0.044 < 0.10$。检验通过。

通过上表可以看出，影响岩溶区可持续土地管理的前5位主要因子为：森林覆盖率、石漠化发生率、森林消长指数、人均耕地面积、农民人均收入年均增长率。

（三）验证结果分析

由于岩溶区涉及的县、乡（镇）个数较多，收集数据存在较大的难度，本研究通过收集华蓥市相关指标数据对评价指标体系进行验证（表8-36~表8-38、图8-18）。

通过表8-36和图8-18可知，在2011~2015年5年间，华蓥市岩溶区可持续土地管理分值0.715上升到0.760，通过查询可持续土地管理水平等级标准，华蓥市岩溶区可持续土地管理从弱可持续演变到可持续状态。

相较于综合评价，资源系统评价分值从0.602上升到0.605，但资源系统仍处于弱可持续状态。其主要原因是土地面积较小，人口数量大，人均耕地面积小。2015年全省人口密度为167人/km^2，而华蓥市人口密度为607人/km^2。人均可利用资源数量较小。

环境系统评价分值从0.707上升到0.811，从弱可持续演变到可持续状态，主要原因是长期以来国家、省投入了大量的专项治理资金，通过发改、水利、林业、农业等部门的综合治理措施，岩溶区环境明显改善，森林面积、蓄积大幅提高，岩溶土地状况逆转明显，与华蓥市岩溶区环境状况相符。

经济系统评价分值从0.781上升到0.740，从可持续状态下降到了弱可持续状态。从图8-18可知，在5年间，经济系统评分值波动较大，其主要原因是农民人均收入年增长率变化较大，且从事第三产业人员比重和第三产业产值与GDP的比较都较小。

社会系统评价分值从0.746上升到0.907，从弱可持续演变到可持续状态。主要是城乡收入差距总体是在逐步变小，农村能源结构逐渐淘汰薪材，通过长期的岩溶土地石漠化监测和治理，扩大了群众的参与范围，提高了群众的环保意识。

表 8-36　华蓥市岩溶区可持续土地管理指标 2011—2015 年各因子值、参考值和标准化值

系统层	因子层		华蓥市					参考值	标准化值				
			2011年	2012年	2013年	2014年	2015年		2011年	2012年	2013年	2014年	2015年
资源	I1	人均耕地面积	0.024	0.025	0.025	0.024	0.024	0.080	0.304	0.307	0.307	0.301	0.301
	I2	人均林地面积	0.057	0.057	0.070	0.070	0.068	0.292	0.196	0.196	0.241	0.239	0.234
	I8	耕地生产力指数	0.919	0.925	0.879	0.895	0.887	1	0.919	0.925	0.879	0.895	0.887
	I9	垦殖指数	19.036	18.897	19.107	19.109	18.796	13.382	1.000	1.000	1.000	1.000	1.000
	I10	复种指数	3.361	3.434	3.250	3.299	3.379	2.422	1.000	1.000	1.000	1.000	1.000
	I11	耕地年减少率	−0.7	1.1	0	−0.16	−0.7	≤0	1.000	0.000	1.000	1.000	1.000
	I15	石漠化发生率	0.550	0.530	0.510	0.490	0.484	0	0.450	0.470	0.490	0.510	0.516
	I16	基岩平均裸露度	0.348	0.347	0.347	0.346	0.346	0	0.652	0.653	0.653	0.654	0.654
环境	I17	森林覆盖率	>0.4	>0.4	>0.4	>0.4	>0.4	0.4	1.000	1.000	1.000	1.000	1.000
	I21	森林消长指数	<1	<1	<1	<1	<1	1	1.000	1.000	1.000	1.000	1.000
	I26	石漠化治理面积占比	0.18	0.3	0.45	0.62	0.85	1	0.180	0.300	0.450	0.620	0.850
	I32	农民人均收入年均增长率	21	14.51	12.53	15.1	10.35	15	1.000	0.967	0.835	1.000	0.690
经济	I37	路网密度	1.509	1.753	1.753	1.753	1.824	0.646	1.000	1.000	1.000	1.000	1.000
	I38	城镇化水平	41.9	43.04	44.31	45.46	46.7	47.684	0.879	0.903	0.929	0.953	0.979
	I40	林业收益指数	3.767	5.879	5.683	3.933	4.131	>1	1.000	1.000	1.000	1.000	1.000
	I41	第三产业从业人员比重	4.90	5.03	4.96	4.98	5.13	34.80	0.141	0.145	0.143	0.143	0.147
	I42	第三产业产值占GDP比重	24.22	24.04	24.5	25.46	26.14	43.682	0.554	0.550	0.561	0.583	0.598
	I43	土地经济密度指数	>1	>1	>1	>1	>1	1	1.000	1.000	1.000	1.000	1.000
	I46	农业水利建设水平	49.97	51.89	59.40	60.40	60.79	40.62	1.000	1.000	1.000	1.000	1.000
	I47	土地人口承压压力指数	>1	>1	>1	>1	>1	1	1.000	1.000	1.000	1.000	1.000
社会	I49	动力输出比例	32.292	33.404	33.686	39.619	39.489	42.38	0.762	0.788	0.795	0.935	0.932
	I55	薪材占比	0.12	0.08	0.07	0.04	0.02	0	0.880	0.920	0.930	0.960	0.980
	I57	环境保护宣传普及度	0.38	0.46	0.57	0.68	0.72	1	0.380	0.460	0.570	0.680	0.720

表 8-37 华蓥市岩溶区可持续土地管理指标 2011—2015 年各因子评价结果

系统层		因子层	综合指标权重	子系统指标权重	各指标综合评价结果					子系统各指标评价结果				
					2011年	2012年	2013年	2014年	2015年	2011年	2012年	2013年	2014年	2015年
资源	I1	人均耕地面积	0.0647	0.310	0.020	0.020	0.020	0.019	0.019	0.094	0.095	0.095	0.093	0.093
	I2	人均林地面积	0.0447	0.214	0.009	0.009	0.011	0.011	0.010	0.042	0.042	0.052	0.051	0.050
	I8	耕地生产力指数	0.0273	0.130	0.025	0.025	0.024	0.024	0.024	0.120	0.121	0.115	0.117	0.116
	I9	垦殖指数	0.0326	0.156	0.033	0.033	0.033	0.033	0.033	0.156	0.156	0.156	0.156	0.156
	I10	复种指数	0.0244	0.117	0.024	0.024	0.024	0.024	0.024	0.117	0.117	0.117	0.117	0.117
	I11	耕地年减少率	0.0152	0.073	0.015	0.000	0.015	0.015	0.015	0.073	0.000	0.073	0.073	0.073
环境	I15	石漠化发生率	0.0826	0.263	0.037	0.039	0.040	0.042	0.043	0.118	0.124	0.129	0.134	0.136
	I16	基岩平均裸露度	0.0379	0.121	0.025	0.025	0.025	0.025	0.025	0.079	0.079	0.079	0.079	0.079
	I17	森林覆盖率	0.0856	0.272	0.086	0.086	0.086	0.086	0.086	0.272	0.272	0.272	0.272	0.272
	I21	森林消长指数	0.0671	0.214	0.067	0.067	0.067	0.067	0.067	0.214	0.214	0.214	0.214	0.214
	I26	石漠化治理面积占比	0.0408	0.130	0.007	0.012	0.018	0.025	0.035	0.023	0.039	0.058	0.081	0.110
经济	I32	农民人均收入年均增长率	0.0645	0.198	0.064	0.062	0.054	0.064	0.044	0.198	0.191	0.165	0.198	0.136
	I37	路网密度	0.0349	0.107	0.035	0.035	0.035	0.035	0.035	0.107	0.107	0.107	0.107	0.107
	I38	城镇化水平	0.0353	0.108	0.031	0.032	0.033	0.034	0.035	0.095	0.098	0.101	0.103	0.106
	I40	林业收益指数	0.0268	0.082	0.027	0.027	0.027	0.027	0.027	0.082	0.082	0.082	0.082	0.082
	I41	第三产业从业人员比重	0.0451	0.138	0.006	0.007	0.006	0.006	0.007	0.019	0.020	0.020	0.020	0.020
	I42	第三产业产值占GDP比重	0.0635	0.195	0.035	0.035	0.036	0.037	0.038	0.108	0.107	0.109	0.113	0.116
	I43	土地经济密度指数	0.0201	0.062	0.020	0.020	0.020	0.020	0.020	0.062	0.062	0.062	0.062	0.062
	I46	农业水利建设水平	0.0359	0.110	0.036	0.036	0.036	0.036	0.036	0.110	0.110	0.110	0.110	0.110
	I47	土地人口承载压力指数	0.0276	0.183	0.028	0.028	0.028	0.028	0.028	0.183	0.183	0.183	0.183	0.183
社会	I49	劳动力输出比例	0.0522	0.346	0.040	0.041	0.042	0.049	0.049	0.264	0.273	0.275	0.323	0.322
	I55	薪材占比	0.0363	0.240	0.032	0.033	0.034	0.035	0.036	0.212	0.221	0.224	0.231	0.236
	I57	环境保护宣传普及度	0.0348	0.230	0.013	0.016	0.020	0.024	0.025	0.088	0.106	0.131	0.157	0.166

表 8-38 2011-2015 年华蓥市岩溶区可持续土地管理评价结果

评价值	2011 年	2012 年	2013 年	2014 年	2015 年
综合评价值	0.715	0.711	0.732	0.766	0.760
资源系统评价值	0.602	0.531	0.607	0.607	0.605
环境系统评价值	0.707	0.728	0.752	0.780	0.811
经济系统评价值	0.781	0.777	0.756	0.795	0.740
社会系统评价值	0.746	0.783	0.813	0.894	0.907

图 8-18 华蓥市岩溶区可持续土地评价结果示意图

四、结论及建议

（一）结　论

本研究利用 Delphi 法、AHP 法、线性比例变换法、综合指数法等方法，建立了四川省岩溶区可持续土地管理评价指标体系，并通过典型岩溶区华蓥市相关数据对其科学性进行了系统验证。研究结果表明：

长期以来，岩溶区农业生产一直未走出传统的"刀耕火种、陡坡耕种、广种薄收"的方式。岩溶区地貌多为山地地貌，碳酸岩系地层发育较全，农业生产又缺乏必要的水保措施和科学的耕种技术，在丰富的降水作用下，有限的土壤极易被雨水冲刷而流失。如何解决人们对土地的需求是岩溶区可持续土地管理重要措施。

岩溶区多缺乏生产生活用水，但这些区域年降雨量多在 800~1800mm，降雨量丰沛，其根本原因是林地面积较小，不能有效固土保水。而林业是生态建设和保护的主体，是建设生态文明、实现人与自然和谐的主阵地。种植适宜岩溶区生态环境的树种扩大林地面积、提高农民在林业上的收入,是降低农民对土地依赖程度和耕作强度的有效措施,是岩溶区可持续土地管理的必不可少的措施,也是岩溶区石漠化土地综合治理资金投入的重要方向。

岩溶区经济相对落后,农村能源种类单一,砍柴割草是当地农民主要能源来源,由于缺少岩溶区生境脆弱性认知以及环境保护意识,致使许多地方宝贵的林草植被受到大面积的破坏。如何在农村地区大力发展沼气、电力和太阳能等新型清洁能源,以及做好岩溶区认知普及和环境保护宣传是岩溶区可持续土地管理的基础工作。

岩溶区是少数民族主要聚居地之一,该地区文化教育、生产和生活方式相对落后,外出务工、经商的人员比重较低,对土地依赖度较高,靠山吃山,一旦发生自然灾害和极端天气,农民从土地中的收益将大降低。如何通过集体培训使当地农民掌握一项技能并推荐到有关企业、工厂就业,一是降低农民对岩溶区土地依赖度,二是农民有稳定的收入来源。

岩溶区可持续土地管理也是岩溶区自然环境、自然资源的可持续利用。通过提高当地农民对环境的认知和环境保护意识、改变农村传统的能源结构、稳定并丰富农民的收入来源、减少当地农民对自然环境的活动强度等综合措施,使自然资源休生养息,岩溶区可持续土地管理状态必将向可持续的良好状态演变。

(二)亟待进一步研究的问题

由于本研究受时间和资料限制,主要在以下2个方面待进一步研究后进行完善:

1. 加强岩溶区可持续土地管理参与式监测指标研究和开展监测实践

由于国家层面的监测数据主要从宏观上掌握岩溶区土地变化治理情况,即2个监测点时间岩溶区土地现状量变的对比,而在监测间隔期内变化的动态过程掌握不够。所以岩溶区可持续土地管理评价在开展岩溶区土地社区监测后引入相关社区监测指标有助于完善评价体系。

本研究虽然研究总结出一套岩溶区可持续土地管理参与式监测指标,但由于资金原因,尚未能真正用于监测实践进行检验。从科学性和严谨性考虑,本报告的最终指标体系选择方面,暂未将岩溶区可持续土地管理参与式监测指标纳入四川省岩溶区可持续土地管理监测与评价指标体系,待下一步的岩溶区可持续土地管理参与式监测指标应用实践后,通过科学分析和筛选,将进一步丰富四川省岩溶区可持续土地管理监测与评价指标体系。

2. 加强基础数据衔接整合

岩溶区可持续土地管理评价指标涉及多个部门相关监测数据和图层,受监测时间、坐标体系、资料保密以及各部门划分标准等因素,其收集整合资料工作量、难度较大。需要多部门支持和配合。

第四节　四川省岩溶区石漠化研究综述

我国有关石漠化的研究最早可以追溯到20世纪40年代，但20世纪80年代起才形成了比较清晰的石漠化概念，并取得了明显的研究进展（覃家作，2009）。因石漠化对社会经济的潜在危害，引起党中央和国务院的高度重视。2004年，国家林业局推动开展西南岩溶区石漠化监测工作，四川省也在监测范围内。四川省岩溶区石漠化的针对性研究自此展开。

四川省岩溶石山石漠化是青藏高原隆升在其东南翼所诱发的重要地质生态灾害问题（覃家作，2009）。近15年来，针对四川省岩溶区石漠化的研究主要集中在这几个方面：依托全国性的石漠化调查进行的省内石漠化现状调查，石漠化的成因研究，石漠化的敏感性评价、分布特征，岩溶区的立地类型划分，以及石漠化的治理研究等。其中，关于现状调查和治理措施的相关研究，一直是研究的重点内容，研究内容最为集中，研究成果也相对较多。

一、石漠化的成因研究

目前形成的共识是，四川省岩溶区石漠化的发生和发展是自然因素与人为因素叠加的结果。广泛分析的碳酸盐岩是四川省石漠化形成的物质基础；特定的自然地理环境是四川省石漠化形成的外部条件；人类不合理的生产活动是四川省石漠化加剧的主要原因（覃家作，2009）。

（一）自然因素方面

一是一定的地质背景和地貌发展形成岩溶岩组、碳酸岩是石漠化形成的物质基础。黎志等（2013）对四川某高速岩溶发育特征研究进行了研究，发现引起是石漠化的岩溶地质的发育与岩层组合和地形地貌有极大关系。在不纯的碳酸盐岩岩组中，易溶的纯碳酸盐岩岩层的连续厚度较小，由于其被不纯碳酸盐岩地层所阻隔，故不易形成较大型的岩溶洼地。在厚层的纯碳酸盐岩岩组中，强透水层连续厚度较大，分布较广时，则易形成规模较大的岩溶洼地。另外，对于相同的岩组类型，当它们所处的地形位置不同时，岩溶洼地的规模也不相同。罗思聪（2016）对四川盆地灯影组古岩溶地貌发现，灯影组岩溶古地貌控制了区内的古岩溶地貌格局，形成了岩溶高地、台地、斜坡、洼地和盆地5个二级岩溶地貌单元。这也证明了地质地貌和岩溶区石漠化形成的关联。

二是构造运动为石漠化土地形成提供了动力潜能。构造运动通过岩体破裂和变形，塑造了陡峻而破碎的岩溶地貌景观，由此产生了较深的地表切割和较大的地形坡度，陡峻的岩溶地貌极易产生水土流失（蔡凡隆等，2007）。

三是雨热同期、温暖湿润的气候是石漠化形成的条件。四川石漠化主要分布于山区、盆周剥夷面上，地形坡度 20°~40°，地表有大量漏斗、落水洞，地表径流差，地下径流强烈，保水能力极差。加上岩溶区绝大多数地区年均气温处于 15~20℃，雨热同期，降雨量大，常出现蒸发量大于降雨量的干枯期，形成岩溶性干旱气候，不利于植被生长，在这种地质地貌基底上，一旦植被破坏，水热优势则立即转化为强烈的破坏营力。对岩溶土壤形成侵蚀和化学溶蚀（左明华等，2007；潘红丽等，2012；覃家作，2009）。

（二）人为因素方面

调查发现，在四川省石漠化形成的原因中，由于人为因素造成的石漠化土地占总面积的63.1%；自然因素造成的石漠化土地占36.9%（覃家作，2009）。岩溶山区不合理的生产和生活方式，在自然因素的基础上加速了石漠化的形成，表现为乱砍滥伐、垦殖草地、毁林开荒、陡坡耕种、开采挖坑、过载放牧的掠夺资源型经济类型（左明华等，2007）。四川省汉源县、木里县、叙永县等石漠化主要分布区的代表性县区中，其石漠化的形成均存在类似的人为因素的影响（罗万勋，2017；伍先朝等，2015）。此外还有生态环保意识淡薄、经济发展和文化教育水平相对落后，以及开采石灰岩、加工石材和乱堆乱放废弃碎石等开发建设活动和工业污染等人为因素，在一定程度上也加剧了石漠化土地形成（蔡凡隆等，2007）。

人为因素对不同程度的石漠化的加速影响作用是不同。赖长鸿等（2013）针对四川省岩溶区石漠化进行的敏感性评价分析发现，轻度和中度敏感区域内分布着24.56%、30.75%的重度以上石漠化，分析认为：轻度和中度敏感性区域内重度以上石漠化受自然因素影响相对较小，主要是受不合理的人类活动产生的。表明，虽然自然因素对石漠化的发生和空间分布具有较强的主导控制作用，但局部地区受到人为干扰因素的影响更为深刻。因此，减少人类不合理活动的影响是石漠化防治的重要内容。

自然因素是人类在短期内无法调控的，石漠化治理重点是调控人为因素。但调控人为因素的重点，不能仅仅停留在现有生产、生活的方式的限制和禁止上，更应该指向政策层面。高伟（2012）对四川龙泉山地极度石漠化进行了实证研究，指出龙泉山地石漠化成因的直接原因背后，具有更深层次的原因支配着其发生和发展，就是来源于政策导向的农业系统生产方式定位的不准确。因此政策导向的偏差和农业系统的偏离是石漠化的本质成因。

二、石漠化的现状调查评价

石漠化现状调查，即对一定时间和地区内石漠化发展程度以及空间分布状况进行直观的分析和评价。2005年至今，四川省共进行了3次全省范围内的石漠化调查，均依托全国石漠化监测进行。省内的有关县（市、区）也借此完成了本辖区范围内的石漠化现状调查，陆续有现状调查的相关报道出现。

2005年全省第一次石漠化调查针对分布在四川省岩溶土地的10个市（州）46个县（市、区）进行，调查发现（左明华等，2007；覃家作，2009），全省岩溶区面积2764322.0 hm²，其中石漠化土地775022.5 hm²，占岩溶区面积的28.0%；潜在石漠化土地736863.8 hm²，占岩溶区面积的26.7%；非石漠化土地1252435.7 hm²，占岩溶区面积的45.3%。在石漠化土地中，轻度石漠化134698.2 hm²，占石漠化土地17.4%；中度石漠化481645.6 hm²，占石漠化土地62.1%；重度石漠化129486.2 hm²，占石漠化土地16.7%；极重度石漠化29192.5 hm²，占石漠化土地3.8%。

全省第一次石漠化调查分析发现（左明华等，2007；覃家作，2009）：四川省岩溶区石漠化土地发生率最高、危害最严重的是川南盆地边缘区，主要包括泸州市、宜宾市、眉山市及乐山市的部分县区。地势相对低矮，以低山为主，属云贵高原的过渡地带，石林、溶洞、地下河、漕谷等岩溶地貌极为发育。

2011年全省第二次石漠化调查发现（兰立达等，2016a），全省岩溶区面积2777387.79 hm²，其中石漠化土地731422.84 hm²，占岩溶区面积的26.3%；潜在石漠化土地769308.00 hm²，占岩溶区面积的27.7%；非石漠化土地1276656.95 hm²，占岩溶区面积的46.0%。在石漠化土地中，轻度石漠化177817.61 hm²，占石漠化土地24.3%；中度石漠化403310.10 hm²，占石漠化土地55.1%；重度石漠化127302.75 hm²，占石漠化土地17.4%；极重度石漠化22992.38 hm²，占石漠化土地3.1%。

全省第二次石漠化调查分析发现（兰立达等，2016a），四川石漠化土地主要分布在凉山彝族自治州和泸州市，其中凉山彝族自治州石漠化土地面积占全省石漠化面积的58.67%；泸州市石漠化土地面积占全省石漠化面积的21.02%。石漠化面积最小的市州是甘孜藏族自治州，占全省石漠化面积的0.45%。全省岩溶区石漠化分布表现出：面积大、分布广；石漠化发育程度深；土地利用类型以林地和耕地为主；石漠化土地主要分布于少数民族地区的特点。

2016年全省第三次石漠化调查发现，全省岩溶区面积2782006.58 hm²，其中：石漠化面积669926.53 hm²，占岩溶区面积的24.08%；潜在石漠化面积821570.72 hm²，占岩溶区面积的29.53%；非石漠化面积1290509.33 hm²，占岩溶区面积的46.39%。在石漠化土地中，轻度石漠化土地297222.73 hm²，占四川省石漠化土地面积的44.37%；中度石漠化土地283829.25 hm²，占四川省石漠化土地面积42.37%；重度石漠化土地77716.39 hm²，占四川省石漠化土地面积11.60%；极重度石漠化土地11158.16 hm²，占四川省石漠化土地面积1.67%。

全省第三次石漠化调查后分析发现：四川省岩溶区石漠化土地除面积小幅变化外，分布特征和第二次调查结果基本类似。第三次调查特别指出，四川石漠化土地岩溶地貌以岩溶槽谷和岩溶山地为主，这两种岩溶地貌占石漠化面积的73.65%，其他地类仅占26.35%。四川省的岩溶土地分布于10个市（州）的46个县（市、区）659个乡镇，因行政区域调整和石漠化的发展变化,部分县(市、区)岩溶土地调查范围略有变化,但总体上保持了相对稳定性。

三、石漠化的敏感性评价

石漠化敏感性评价即是研究岩溶区脆弱生态系统对自然环境因素的响应程度,可能发生石漠化的概率大小。石漠化敏感性评价可以反映一个地区石漠化未来发展趋势,其结果可用以指导当地的土地利用方式和生产活动,对于防治石漠化有着重要的理论指导意义。

针对四川省岩溶区石漠化展开的敏感性评价相关研究并不多,该方面的研究也尚未形成一个比较统一的评价指标或评价体系、模型。现有的研究基本上都是根据不同的研究角度或关注点,选取相应的指标和适应的评价模型进行评价。纵观四川省石漠化敏感性评价的相关研究,其研究的角度或关注点主要集中在生态功能区的角度、水土流失的角度、水文降水的角度3个方面。

(一)生态功能区的角度

赖长鸿等(2013)从生态功能区的角度出发,对四川省石漠化敏感性评价及其空间分布特征进行了研究。该研究以石漠化敏感性自然影响因素评价机理为基础,选择喀斯特地貌、坡度因素、植被覆盖度、土壤类型4个方面评价指标,采用自然断界法(Natural break)将石漠化敏感性综合评价值划分为5个等级,对研究区石漠化敏感性进行了评价。研究发现,研究区石漠化中度敏感性区域面积最大,占研究区面积的32.39%,其次为轻度敏感性区域,占26.75%,高度敏感和极敏感性区域也有较大面积的分布,比例分别为17.50%和21.51%;石漠化敏感性空间分布具有明显的地域差异,金沙江下游、大渡河中游、四川盆地南部周缘和川东平行岭谷是石漠化高度敏感和极敏感集中分布的地区,川西南山地区域内长江上游重要支流木里河、水洛河、雅砻江两岸、盐源盆地以及四川盆地大部分岩溶区基本以轻度、中度敏感为主。该研究还进一步对比了石漠化现状与石漠化敏感性之间的对应关系,发现两者具有较好的对应关系。分析发现,虽然说自然因素决定了石漠化现状分布的总体格局。但其强度特征却表现出一定的差异性,分别有19.46%、23.88%的重度以上石漠化分布在高度和极敏感区域内,而轻度和中度敏感区域内却分布着24.56%、30.75%的重度以上石漠化。研究认为,轻度和中度敏感性区域内重度以上石漠化受自然因素影响相对较小,主要是受不合理的人类活动产生的,自然因素对石漠化的发生和空间分布具有较强的主导控制作用,但在局部地区却受到人为干扰因素的深刻影响。因此,保护研究区域内自然生态因素的健康与稳定,减少人类不合理活动的影响,是石漠化防治的重要措施与内容。

(二)水土流失的角度

丁文峰等(2009)从水土流失角度,选取9个与石漠化相关的潜在危险性评价指标,构建的 BP 神经网络模型对长江中上游地区的 50 个市（州）、县（市、区）进行了石漠化危险性评价。该研究也突破了四川省的限制，从跨区域的大格局上分析了包括四川省在内的地区性的石漠化敏感性情况。该研究发现，长江中上游地区的石漠化危险程度呈现出从西部向东部逐渐减轻的大致趋势。其中贵州西南部及云南东部一带，以及甘肃东南部嘉陵江上游地区及重庆的部分地区属于重度石漠化危险分布区。四川东南部、四川东部、重庆西部、贵州大部以及嘉陵江中上游部分地区的石漠化危险程度属于中度。轻度石漠化危险区域主要分布于四川盆地及其周围山地丘陵区、陕西南部部分地区、重庆东部以及湖北、湖南的西部地区。从该研究也可以看出，从跨区域的大格局上分析，四川省石漠化只属于中度、轻度石漠化。肖荣波等（2005）也是从我国西南地区的大格局出发，选择了岩性、降水、坡度和植被 4 项评价指标，综合评价了我国西南包括四川在内的 5 省（自治区、直辖市）石漠化敏感性及其空间分布格局。其研究结果中关于四川省评价的结果为，四川西南峡谷山地大渡江下游及金沙江下游地区等地有成片分布的石漠化极敏感区；四川西南、东北等地石漠化属于高度敏感区；四川盆地周边、四川西部等地属于石漠化中度敏感区分；四川盆地、阿坝州、雅砻江和大渡河之间区域主要为非碳酸盐或埋藏性可溶性岩分布地区，属于石漠化的不敏感区。从整体而言，四川省石漠化危害要较贵州、广西、云南等地小。

（三）水文降水的角度

2009 年秋季至 2010 年春季，我国西南岩溶区曾发生特大干旱。刘孝富等（2012）人以西南四川、重庆、云南、贵州、广西为对象，选择了岩性、坡度、降水、土地利用、土壤类型、植被覆盖度、与居民点距离、人口密度 8 项评价指标，研究了该次干旱和西南石漠化敏感性的变化。该研究发现，旱灾使区域植被覆盖度下降，并且石漠化区域植被覆盖度降幅较非石漠化区域大。石漠化敏感性的变化与干旱程度具有相关性，石漠化敏感性的变化与旱灾等级存在明显的相关性，受旱灾程度越严重石漠化敏感性变化越剧烈，且极重度敏感区面积增加越多。张斌等（2009）人以四川省兴文县为例，从降水的角度研究了岩溶区仅 50 年的降水波动，但该研究更多偏重在降水量的变动分析上，仅在讨论中提及了降水的波动减少趋势，将会加剧该区域水资源的供需矛盾，给农业生产带来不利影响，增加生态系统的脆弱性和影响喀斯特地貌的发育过程，并最终促进石漠化的发展。

四、石漠化的分布特征研究

石漠化现状调查评价等相关研究中，对石漠化特征的分析多是从石漠化组成结构的角度，或地理分布的角度进行分析。如石漠化土地中不同林地、耕地等土地利用类型的特征；石漠化主要分布在少数民族地区等行政地理分布的特征；石漠化轻度、中度、重度、极重度等不同面积比例的特征；石漠化分布在川西南山地区、川南盆地边缘区、川东平行岭谷区、川中丘陵区等地貌结构的特征（蔡凡隆等，2007）。

也有研究从地质学的角度对四川石漠化的分布特征进行了研究。高伟等（2012）绘制了基于"3S"技术的石漠化空间分布地图，发现四川龙泉山地石漠化面积约占三分之一，极度石漠化主要分布在海拔800m的地带。研究发现，四川龙泉山地带石漠化基本表现为极度石漠化；该区域即使是新发生的石漠化也以很快的速度转变成极度石漠化；极度石漠化的地貌表现为斑块状的石板坡，但有成连片之势；四川龙泉山东西山体厚度差异，导致东面石漠化斑块数量和面积明显多于山体西面。

考虑到碳酸盐岩的分布是石漠化形成的基础，碳酸盐岩的分布特征也反映了石漠化的分布特征。张恒等人（2011）调查了四川16个市（州）80个县（市、区）境内碳酸盐岩分布情况，形成了全省碳酸盐地貌分布特征表（表8-39），发现全省岩溶区分布在地貌上多呈现于围绕四川盆地丘陵向盆周高山、高原的过渡地带展布的特征。

表8-39　四川省碳酸盐岩分布情况调查表（单位：万 km^2）

地貌特征分区	出露分布面积	岩溶形态分布
Ⅰ 川西高原山区	3.22	
Ⅰ1 龙门山侵蚀斜坡中山区	0.5	断续分布侵蚀构造高中山，形成溶蚀断块或溶蚀向斜中低山或溶蚀台地
Ⅰ2 岷山邛崃山侵蚀脊状高山区	0.35	高山深切河谷地貌条带状发育分布
Ⅰ3 红原若尔盖剥蚀沼泽化平坦高原区	0.01	少量生物碎屑岩灰岩零星分布
Ⅰ4 石渠色达剥蚀丘状高原区	0.55	玉件断裂以南呈片状分布，鲜水河断裂带呈条带状展布
Ⅰ5 大雪山雅砻江侵蚀深切河谷山原区	1.1	呈不规则片状分布
Ⅰ6 雀儿山沙鲁里山剥蚀丘状高原区	0.01	东西边缘少量三叠系浅变质的灰岩零星分布
Ⅰ7 金沙江侵蚀高山峡谷区	0.7	二叠系碳酸盐岩于南部、西部呈片状分布
Ⅱ 川西南山地区	2.4	
Ⅱ1 峨眉山大凉山侵蚀中山区	1.1	发育于震旦系、下古生界及二叠系、三叠系的白云岩、石灰岩，与非可溶岩相间分布
Ⅱ2 攀西（昌）盐源侵蚀宽谷盆地中山区	1.3	三叠系、二叠系灰岩及石灰系，泥盆系、寒武系灰岩、白云岩等；灰岩岩溶发育强烈
Ⅲ 四川盆周山地区	1.5	
Ⅲ1 盆北米仓山大巴山溶蚀层状中山区	0.5	分布于山体的外缘（南侧）地区，二叠系、三叠系白云岩、灰岩组成分布最广
Ⅲ2 盆东华蓥上平行岭谷低山丘陵区	0.3	碳酸盐岩呈条带状沿平行至雁行排列的隔档式构造线展布
Ⅲ3 盆南岩溶化峡谷中山区	0.7	四川盆地和云贵高原的过渡地带，石灰的广泛出露，四川岩溶地貌发育最好的地区
合计	7.12	

根据张恒等人（2011）的研究，四川省岩溶石山地区石漠化主要有如下特征。

岩溶石山石漠化主要分布于川西南山地区，呈集中连片分布，攀西盐源侵蚀宽谷盆地中山区石漠化最为严重，石漠化类型最多，面积最大。峨眉山大凉山侵蚀中山区石漠化面积及程度都不高，但潜在石漠化面积较大。四川盆地周山地区呈不连续分散分布，川西高原山区也有少量不连续分布，主要以中、轻度石漠化为主。

石漠化分布区地层有三叠系、二叠系及震旦系、下古生界等地层，岩性为灰岩、白云质灰岩、灰岩夹粉砂岩、页岩、灰岩与砂页岩互层、砾岩等地层。其中主要以三叠系、二叠系灰岩、白云质灰岩地层石漠化最为严重。

石漠化发育区地貌类型主要为中、低山石丘波地、溶蚀残丘、宽谷盆地周山，以第三级剥夷面为主，一般为缓坡地形；石漠化分布区海拔高程600~4500m；石漠化区地下水位埋深较大，一般大于100m；石漠化分布区植被主要以草本为主，灌木较少，基本无乔木，多为牧地或荒地。

五、石漠化立地类型的研究

四川石漠化立地类型的研究，可检索到的相关研究仅有兰立达等人。该研究石漠化立地类型划分的目的，为不同立地类型植被恢复模式的设计提供基础。

兰立达等人（2016a；2016b）从石漠化土地植被恢复角度出发，利用2011年四川省岩溶区石漠化监测获得的5.8万个图斑数据和每个图斑调查得到的土地类型、石漠化程度、土地利用类型和环境因子，建立了"4个立地区26个立地类型组127个立地类型"构成的四川省岩溶区石漠化土地立地分类系统。该研究为四川石漠化植被恢复的相关工程和方案提供了极具价值的基础信息，研究的实用意义特别突出。

六、石漠化的治理措施研究

自四川开展石漠化第一次调查以来，石漠化的治理措施或技术研究，便一直是四川石漠化研究的热点，也是四川石漠化研究的核心和整个石漠化研究的最终目的。纵观全省石漠化治理的相关研究，提出的石漠化治理措施主要有林业措施（封山育林、人工造林、低效林改造）、农业措施（草地建设、棚圈建设、圈养畜牧）、工程措施（坡改梯工程、弃石取土造田、沃土工程、小型水利水保工程、农村能源工程、人畜饮水设施）、政策措施（生态移民）等（左明华等，2007；蔡凡隆等，2007；叶尚廉，2012）。目前根据已有的石漠化治理措施，形成的石漠化治理的思路有以下几点：

① 根据石漠化土地的分布特征、地貌特征等划分区域，实行分区治理的思路。
② 单纯以林业或农业措施为主，实施石漠化的治理的思路。
③ 以工程措施为主，改善条件后再进行植被恢复的思路。
④ 以林业措施为主，辅助工程和其他措施的思路。

在实际的石漠化治理过程中，通常很难单独区分属于林业、农业或工程治理的措施，更常见的是将林业、农业、工程等技术中某两项或几项优化组成形成的综合性治理技术。

（一）划分区域、分区治理的思路

该方面的研究均是基于对石漠化调查的第一手资料，在全面分析石漠化的分布特征后，依据地形地貌等划分不同治理区域，因地制宜提出综合性治理措施。

如覃家作（2009）基于四川省第一次石漠化调查的结果，将全省石漠化治理分为中高山石漠化、岩溶断陷盆石漠化、岩溶峡谷石漠化和岩溶槽谷石漠化4个综合治理区。针对性提出了林草植被保护和建设、草食畜牧业发展、农田基本建设、小型水利水保工程和农村能源建设5大措施。张恒等人（2011）根据全省碳酸盐分布的调查结果，将石漠化综合治理分区分为7个综合区：龙门山侵蚀斜坡中山石漠化综合治理区、岷山邛崃山侵蚀脊状高山石漠化综合治理区、峨眉山大凉山侵蚀中山石漠化综合治理区、攀西（昌）盐源侵蚀宽谷盆地中山石漠化综合治理区、盆南岩溶化峡谷中山石漠化综合治理区、盆东华蓥上平行邻谷低山丘陵石漠化综合治理区、盆北米仓山大巴山溶蚀层状中山石漠化综合治理区。该研究分区相对于覃家作（2009）等人的分区更为详细，相应提出的治理有加强岩溶地下水开发、岩溶泉蓄、提、引工程、封山育林、草地畜牧业、退耕还林还阜等工程，开发岩溶生态旅游资源。但覃家作（2009）、张恒等人（2011）的研究更多属于宏观性的治理策略，具体的治理模型和技术措施还需要具体研究。

（二）单纯以林业或农业措施为主的思路

四川龙泉山地重度石漠化的治理就采取了以农业为主的思路。对四川龙泉山地石漠化土地的调查发现（高伟，2012），当地采取的玉米、花椒和桔桉仅适用于轻度和中度石漠化的治理，不适用于重度石漠化。为此，高伟（2012）针对四川龙泉山地的重度石漠化，以草畜动态平衡为理论指导，以反规划方法为方法论准则，创建了草地农业治理龙泉山地极度石漠化的模式，即土（粪）草（黄背草）禽（鸡）畜（绵羊）草地农业模式。该模式不仅能够通过快速增加地表草地覆盖度而控制水土流失，而且能够通过改革当前龙泉山地农业生产方式提高农民的收益，更能够将治理极度石漠化融入到农民的生产实践中。同时，该研究还指出了石漠化治理不应该随着行业所属而分割治理，应该因地制宜，按需求决定策略。

四川汉源县在当地的石漠化就采取了林业治理的思路，主要措施为人工造林及封山育林。但研究指出，该县石漠化整治造林成本相对较高但成活率不高，并认为需加大补植力度（周锋等，2015）。成活率不高很可能是以单纯的林业思路治理模式的选择不合适，应结合治理区域的实际情况因地制宜，重新选择合适的治理技术，而不能单纯的采取补植的方式。在对四川岩溶区石漠化土地立地分类、树（草）选择的基础上，兰立达等（2016a）针对四川省岩溶区石漠化土地的植被恢复设计了61个典型植被恢复模型，这些模型有乔木为主的模型、竹类为主的模型、灌木林为主的模型、藤本为主的模型、草本为主的模型，并详细归纳总结各模型在岩溶区石漠化土地的营造林技术措施和方法。该研究突出了石漠化治理中林业的思路，研究成果具体，应用性强，但对这些林业植被恢复是否需要配套的工程措施却不曾涉及。

（三）以工程措施为主，改善条件后再进行植被恢复的思路

以工程措施为主的治理思路，通常更适合重度、极重度等石漠化地块。该类石漠化对象因条件太差，直接实施植被恢复反而无助于达成目的。

张信宝等（2012）研究了现有石漠化治理中的各种问题，提出了先通过工程措施改善基础条件，然后因地制宜营造经果林或梯田的治理模式，并在包括四川叙永县在内的几个县进行试点，取得了良好的效果。该治理模式的核心要点是，首先构建比较完善的路、沟、池配套的道路灌溉系统，在坡耕地内沿横坡方向修建机耕路，路侧布设集水沟，道路下方修建蓄水池，在机耕道上、下方的坡耕地内修建人行路。植被恢复方面，石质和土石质坡耕地营造经果林，土质和石土质坡耕地修建梯田。该方法在石漠化严重地区及重度岩溶区值得继续研究和推广。

对日本治山技术的考察中，发现日本传统的治山技术也是以造林绿化的林业思路治理方式为主，但目前经发展和改善后的技术采取以工程治理为主、生物措施相结合的综合治理。针对不同的治理对象有不同的工程措施，如溪流整治工程主要有削坡防崩塌、锚杆网格固坡、生态袋护坡及植被恢复等措施；滑坡泥石流堆积体治理工程主要包括堆积体处理工程、分层挡墙控制工程、水系配套工程、植被恢复工程等，山体滑坡治理工程包括坡面处理工程、坡面导流工程、阶梯护坡工程、植被恢复工程、坡底挡土墙工程等。鄢武先等（2015）提出了在四川石漠化的治理中学习类似的治理技术。

（四）以林业措施为主，辅助工程和其他措施的思路

蔡凡隆等（2007）全面分析了四川省岩溶区的石漠化现状后认为，森林植被遭受破坏是石漠化的根本原因，进而提出了以恢复森林植被为核心，注重配套措施建设，强化保障体系的治理思路。治理的核心措施主要为封山管护、封山育林、人工造林、低效林改造等林业措施。配套措施则涉及坡改梯、小型水利水保设施、农村能源建设、饮水设施建设、扶贫开发、生态移民等工程和政策多个方面。在宜宾市（钟林茂等，2008）、汉源县（田雨，2012）、威远县（黄雨谭等，2014）等石漠化治理中均体现了这种思路，如威远县潜在石漠化上人工营造经果林，同时辅助工程措施、旅游开发等形成的"生态+经济"生物治理措施，"生物措施+工程措施+旅游开发"综合治理模式、生态建设+特色产业建设

（或林下产业）治理模式（黄雨谭等，2014）。

七、石漠化研究问题和建议

四川省石漠化相关研究涉及内容包括成因、现状调查、敏感性评价、分布特征、立地类型、治理措施等方面，更重视对石漠化现状调查和治理措施的研究，也取得了一定的成果。但以下方面仍需要进一步加强。

石漠化敏感性评价方面，缺乏统一的评价指标体系和评价等级标准。相关研究都是自行筛选指标，建立评价体系，选取评价模型进行评价。这会导致同一个评价对象产生不同等级的评价结果。因此建议推动统一的评价指标体系和评价模型的建立研究。

石漠化的调查依托国家的石漠化定期监测，了解的比较清楚。但对石漠化的成因分析千篇一律。四川省岩溶区石漠化发育程度状况与周边相邻省（自治区、直辖市）不同，其地理位置、复杂的地质构造条件及地貌环境条件等特点，不同于云贵高原岩溶区石漠化形成的机制特点（张恒等，2011）。因此应加强对四川石漠化成因特殊性的研究，对比分析四川石漠化和国内乃至国际其他地区石漠化成因的不同之处。

植被恢复模式的研究多是基于现地调查和植物的筛选，且存在治理措施雷同，缺乏针对性等问题。对石漠化环境中土壤—水分—生物资源格局和地质背景特点之间的关系（蒋勇军等，2016）等生态机理的研究几乎为空白。这也导致现有的部分植被恢复模式成本过高、植被恢复易失败等。必须进一步加强对土壤—水分—生物资源格局和地质背景特点之间的关系和生态机理的研究，才能更针对性的提供成本低、成功率高的植被恢复模式。

其他基础性研究方面，明显落后于实践和应用，还有待大力加强。如四川岩溶区主要分布在少数民族地区，岩溶区的民族资源意识与环境行为、经济意识与开发行为等几乎为空白；岩溶发育的资源、环境效应和生态环境脆弱性特征研究；岩溶区可持续生态系统或可持续产业模式等研究。

第五节 四川省岩溶区石漠化政策综述

1994年四川省就组织了首次全省沙化普查。但直到2004年国家林业局开展了全国石漠化监测工程，四川省依托此次调查开展了全省的石漠化监测工作。

一、四川岩溶区石漠化政策大事记

从2004年迄今，在国家林业局的指导下，四川省开展全省石漠化调查工作取得了一系列的成绩。

2005年1月，根据国家林业局《关于开展西南岩溶区石漠化监测工作的通知》（林沙发〔2004〕211号）要求，四川省林业厅发文，通知有关市州林业局开展省内石漠化监测工作的初步勘察工作。这是全省首个石漠化监测工作的有关通知。

2005年3月，四川省林业厅通知有关市州林业局，就石漠化普查的范围、内容、要求、组织领导、技术培训、时间进度、经费等问题做出安排。全省首次石漠化监测工作正式开展。

2006年1月，根据全省石漠化首次调查结果，四川省石漠化中、轻度优先治理石漠化面积大，治理任务重，且分布区经济落后等。四川省林业厅上报省政府，请求以省政府的名义将四川省石漠化治理纳入国家计划和国家"十一五"治理重点工程。国家林业局收到国务院批转的报告后发文同意将四川省石漠化治理纳入国家重点工程。

2006年4月，四川省完成了石漠化土地专项治理的建设规划。建设期限15年，2006～2020年。同月，四川省林业厅和四川省林业调查规划院完成了四川省岩溶区石漠化综合治理规划。

2007年2月，四川省发展和改革委员会牵头，联合四川省林业厅、四川省农业厅、四川省水利厅、四川省国土资源厅、四川省环境保护局、四川省畜牧食品局共6部门联合完成了《四川省岩溶区石漠化综合治理规划大纲（2006—2015年）》。

2007年3月，四川省林业厅请求国家林业局启动四川省石漠化治理工程，并获国家林业局的批复。

2007年6月，四川省政府召开了全省防沙治沙和石漠化治理工作会议。这是全省第一次全省性的防沙治沙和石漠化治理工作会议。会议的主要任务是，认真贯彻落实全国防沙治沙大会精神，认真回顾、总结全省防沙治沙和石漠化治理概况工作，分析研究全省土地沙化和石漠化面临的严峻形势，全面安排部署全省防沙治沙和石漠化治理工作。

2007年6月，针对四川省叙永县在没有国家专项投入的情况下，对石漠化进行了试验性治理并取得了较好的效益，积累了经验，探索出了成功的治理模式。省林业厅上报国家林业局荒漠化防治司，请求将四川省叙永县增列为石漠化治理试点县。获得国家林业局批复。

2009年4月，四川省林业厅、农业厅、水利厅、发展和改革委员会联合发文，转发了国家林业局、农业部、水利部、国家发展改革委员会《关于建立岩溶区石漠化综合治理工程信息报送制度的通知》（林沙发〔2009〕109号），针对性提出四川省本省的相关要求。建立了全省的石漠化综合治理工程信息报送制度。

2010年3月，四川省林业厅组织在成都召开了全省石漠化综合治理林业工作座谈会，总结和交流了华蓥市、攀枝花仁和区、兴文县、宁南县、汉源县5个石漠化综合治理试点县（市、区）林业工作经验，研究石漠化综合治理试点林业工作思路、存在的问题和对策措施。

2010年5月，四川省林业厅向省政府报告关于石漠化治理试点工程的有关情况，分析了全省石漠化治理存在的问题，建议成立省级的石漠化治理工作领导小组，成立四川省荒漠化治理工程管理中心等，促进石漠化治理和防沙治沙工作的开展。

2010年，全省开展了宁南县、华蓥市、兴文县、仁和区、汉源县共5个石漠化试点县（市、区）的石漠化综合治理试点工程，并顺利完成了计划任务。

2010年12月，按照石漠化综合治理工程信息报送制度，四川省林业厅向国家林业局荒漠化防治司报送了全省2010年及"十一五"防沙治沙和石漠化治理工作总结和2011年及"十二五"工作安排。对全省石漠化进行了阶段性总结和工作计划。

2011年4月，四川省林业厅向国家林业局荒漠化防治司申请，在第二次岩溶区石漠化监测工作中将部分县（市、区）纳入监测范围，扩大了全省岩溶区岩溶区石漠化监测范围。

2011年，全省新增石漠化综合治理试点县5个，全省开展试点县共计10个，实施石漠化综合治理试点建设。

2011年，全省开展了第二次石漠化调查监测工作。调查范围为全省的10个市（州），46个县（市、区）。

2011年12月，四川省林业厅按石漠化综合治理工程信息报送制度的要求，向国家林业局荒漠化防治司报送了全省2011年防沙治沙和石漠化治理工作总结和2012年工作安排。对全省石漠化进行了阶段性总结和工作计划。

2012年7月，中央领导对石漠化防治工作作出批示。四川省林业厅组织全省相关市（州）林业主管部门，认真学习和深刻领会中央领导的批示精神，同时也对石漠化试点工程有关问题进行了总结分析。

2012年，全省新增5个石漠化综合治理试点县，合计共15个，实施岩溶区石漠化治理试点。全省继续开展了并完成了石漠化第二次监测工作，涉及46个县（市、区）。第二次监测结果显示四川省岩溶区面积2777267 hm^2，占土地面积的5.7%，其中石漠化土地731926.3 hm^2，占岩溶区面积的26.36%。

2012年12月，四川省林业厅按石漠化综合治理工程信息报送制度的要求，向国家林业局荒漠化防治司报送了全省2012年防沙治沙和石漠化治理工作总结和2013年工作思路。

2013年1月，四川省发展改革委员会牵头，省林业厅、省农业厅、省水利厅、省畜牧食品局5部门联合印发了《四川省岩溶区石漠化综合治理工程项目验收办法（试行）》，推动省内石漠化综合治理工程管理规范化和项目竣工验收工作，提高工程质量、确保治理成效。

2015年4月，四川省人民政府办公厅印发了包括石漠化在内的《完善生态脆弱地区生态修复机制专项改革方案》，从投入政策机制、工程建管机制、成果巩固机制3个方面对全省生态脆弱区生态修复工程提供政策支撑。

2015年9月，四川省岩溶区石漠化综合治理一期工程完成，进行石漠化治理的阶段性全面总结。《四川省岩溶区石漠化综合治理二期工程规划（2016—2025年）》编制完成。

2015年10月，四川省兴文县采用PPP模式进行中鼎山石漠化综合治理工程项目建设。这系省内首个采用PPP模式的石漠化工程项目。

2016年3月，国家发展和改革委员会、国家林业局、农业部、水利部联合印发了《岩溶区石漠化综合实力工程"十三五"建设规划》，明确了四川省的石漠化综合治理范围、建设重点县名单、任务量。

2016年6月，根据国家林业局通知和安排，四川省编制了《四川省岩溶区第三次石漠化监测实施细则》《四川省岩溶区第三次石漠化监测工作方案》，省林业厅下发相关通知做出工作安排。全省第三次石漠化监测工作全面启动。

2017年4月，《四川省"十三五"生态保护与建设规划》将岩溶区石漠化综合治理作为荒漠生态系统治理和修复重点工程纳入"十三五"规划中。

2017年5月，四川省全面完成第三次石漠化监测工作，形成成果资料，通过国家林业局荒漠化防治司的验收。

2017年11月，四川省林业厅向国家林业局申请建立兴文峰岩国家石漠公园，同年12月获国家林业局批复。四川首个国家石漠公园——兴文峰岩国家石漠公园成立。

2018年，《中共四川省委关于全面推动高质量发展的决定》明确指出要实施"川南石漠化治理"等生态工程，将岩溶区石漠化治理上升到关系到全省高质量发展的高度。同年，四川省林业厅印发的《关于全面推动四川林业高质量发展的意见》也将岩溶区石漠化综合治理列为全省脆弱地区生态修复治理的重点内容之一。

二、相关政策综述

四川岩溶区石漠化相关政策集中在：重视组织领导、强化工作管理、重视规划设计、依靠科学治理、规范项目管理、结合地方发展、完善政策制度、深入保护宣传等几个方面。纵观相关政策和文件，从省级到县级相关部门领导和政策制定过程中，均体现了努力打破行业限制，联动治理、统筹治理的特点。

（一）重视组织领导

全省自岩溶区石漠化综合治理工程开展以来，四川省委、省政府高度重视生态保护工作，坚持把岩溶区石漠化综合治理作为生态立省和全面构建长江上游生态屏障的重中之重，明确了全省岩溶区石漠化治理工作的总体思路、重点区域和推进措施，并成立了由省政府分管领导任组长、相关部门负责人为成员的生态环境建设领导小组。

目前形成的比较统一的做法是，涉及的相关县（市、区）均成立了以各县（市、区）政府主要负责人为第一责任人，发展改革、财政、林业、农业、畜牧、水利、审计等部门负责人为成员的石漠化综合治理工程领导小组，建立了分工明确、组织有序的管理体系，各领域单项工程落实具体、到位。抽调各部门精干人员组成领导小组管理办公室，行使日常管理工作，统一调配各部门资源，统筹提调各部门工程建设和资金拨付等工作，保障综合治理工作有力推进。将石漠化综合治理纳入年度目标考核，做到了组织落实、措施落实、责任落实。

古蔺县、宁南县、华蓥市、叙永县、汉源县等均采取了以上的组织领导形式。华蓥市在此基础上，进一步以乡镇（街道）划分治理片区，每个治理片区成立3人以上的工作组，以确保项目的落实。叙永县则按工作内容将石漠化建设内容分解到各个部门，即实现了整个项目的组织协调和监督工作，又实现了由专业部门负责专业建设内容的专业性（伍先朝等，2015）。汉源县既成立了石漠化综合治理工作领导小组，同时也成立了专业指导小组，以从协调、技术两方面保障石漠化工作的顺利实施（田雨等，2012）。广安市则是成立石漠化综合治理工作领导小组，下设综合协调、发展规划、资金管理、实施管理组等，按职能落实工作任务。

（二）强化工作管理

省级部门非常重视岩溶区石漠化治理的管理工作。早在2007年，四川省政府召开了全省防沙治沙和石漠化治理工作会议。郭永祥副省长亲自出席会议并将作重要讲话。会议的主要任务是，认真贯彻落实全国防沙治沙大会精神，认真回顾、总结四川省防沙治沙和石漠化治理概况工作，分析研究全省土地沙化和石漠化面临的严峻形势，全面安排部署四川省防沙治沙和石漠化治理工作（郭永祥，2007；任永昌，2007）。为四川省后期石漠化的管理和治理工作奠定了基础。2018年，《中共四川省委关于全面推动高质量发展的决定》也明确指出要实施"川南石漠化治理"等生态工程，将石漠化治理上升到关系到全省高质量发展的高度。同年，四川省林业厅印发的《关于全面推动四川林业高质量发展的意见》也将岩溶区石漠化综合治理列为全省脆弱地区生态修复治理的重点内容之一。

建立目标管理责任制，是地方石漠化工作管理的有力措施之一。比较典型的做法是签订责任书，落实责任。各石漠化治理工程涉及的县政府与实施乡镇和相关部门负责人签订目标责任书，落实责任。如宁南县积极推行目标管理责任制，建立"定领导、定机构、定人员、定任务"的领导管理措施，将项目参与人员的工作考核范畴。

建立联动的工作格局，是地方石漠化工作管理的有力措施之二。石漠化综合治理是一个系统工程，关系到农业、林业、脱贫致富、新农村建设等，仅靠一个部门的努力难以达到效果。为此各石漠化相关部门在治理中形成了"平行联动""纵向联动"的工作格局，"平行联动"既林业、国土、财政、农业、粮食、水利、畜牧等相关部门之间整合，实行多部门联动治理。"纵向联动"既县、乡、村、社、户5级联动治理（伍先朝等，2015）。

细化和落实工作措施，是地方石漠化工作管理的有力措施之三。古蔺县在建立了联动工作格局的同时，细化落实联动工作机制具体措施，制定了《古蔺县石漠化综合治理联席会议制度》及会商制度,每月定期研究、汇总、统筹安排全县石漠化综合治理工作,及时会商解决工程推进中的困难和问题。建立"五个一"管理机制(一个县领导、一个具体负责部门、一套工作班子、一套考核办法、一抓到底)。将石漠化综合治理工作纳入县委"三抓三主动"和县政府工作的督查督办,确保工程保质保量按期完工。

(三)重视规划设计

将岩溶区石漠化治理纳入全省相关上位规划,为石漠化治理工程提供规划支撑。国家发展改革委员会、国家林业局、农业部、水利部4部委联合印发《岩溶区石漠化综合治理工程"十三五"建设规划》中,明确了四川省泸州市叙永县、古蔺县,广安市华蓥市,凉山州甘洛县、宁南县、金阳县、越西县、会理县和盐源县以及雅安市石棉县10县(市)的重点项目县名单和治理方案。2016年,四川省绿化委员会完成的《大规模绿化全川筑牢长江上游生态屏障总体规划(2016—2020年)》将岩溶区石漠化综合治理,纳入生态脆弱区治理的四大任务之一。

编制岩溶区石漠化土地治理专项规划,为石漠化治理工程提供直接指导。2005年四川省完成全省首次石漠化监测调查后,组织编制了《石漠化土地专项治理的建设规划(2006—2020年)》。同年,四川省林业厅和四川省林业调查规划院完成了四川省岩溶区石漠化综合治理规划。2007年,四川省发展和改革委员会牵头,联合四川省林业厅、四川省农业厅、四川省水利厅、四川省国土资源厅、四川省环境保护局、四川省畜牧食品局共6部门联合完成了《四川省岩溶区石漠化综合治理规划大纲(2006—2015年)》。2015年又编制了《四川省岩溶区石漠化综合治理二期工程规划(2016—2025年)》,为全省石漠化治理提供了直接的指导和依据。此外部分相关县区还编制了地方石漠化治理规划等(伍先朝等,2015)。

(四)依靠科学治理

四川岩溶区石漠化治理相关领导部门,也十分重视石漠化相关科学技术的研究工作。除了历次石漠化治理监测工作外,还组织了全省石漠化植被恢复技术的研究,形成了《四川省岩溶区石漠化土地特征与植被恢复技术研究》等专项研究成果,研究了全省的石漠化土地特征,评价了全省石漠化土地生态环境的脆弱性,针对性建立了"4个立地区26个立地类型组127个立地类型"构成的四川省岩溶区石漠化土地立地分类系统,对四川省岩溶区石漠化土地的植被恢复设计了61个典型植被恢复模型,并详细归纳总结各模型在岩溶区石漠化土地的营造林技术措施和方法。这为全省石漠化的治理提供了有力的科技支撑。

重视科技合作和技术培训,是各地石漠化治理中采取的一项重要的政策。汉源县在石漠化治理中,一方面以石漠化调查为基础,建立石漠化治理监测信息数据库,加强石漠化监测技术和监测人员的培训；另一方面寻求四川省林业科学研究院、四川农业大学、四川省环境保护科学研究院等合作，着力在石漠化治理适生树种的筛选、治理模式、效益监测、经济树种的选择等方面进行研究，为全县石漠化治理提供依据（田雨等，2012；郝雅梅等，2015）。

因地制宜、综合治理是石漠化综合治理中普遍认可的治理原则。目前形成治理措施主要为封山育林，退耕还林还草，修建截水沟、拦砂谷坊等小型水利水保设施等生物措施和工程措施相结合，集中连片，综合治理。木里县在石漠化治理中采取了25°以上的陡坡耕地，停耕还林还草，25°以下坡耕地改梯田；亚高山灌丛草甸地带重点发展放牧业，草甸地带轮封轮牧，分户承包经营；中低山区的荒山草坡退牧还林；金沙江、雅砻江峡谷和一般低山丘陵河谷区封山禁牧，人工恢复植被，从而实现保持水土，保护农业生态，遏制土地退化和石漠化扩大的多重目标（李燕等，2016）。叙永县采取了分流域治理、分类型治理、多措施治理的石漠化治理措施，针对全县赤水河流域、大树河流域2大区域，林地中的石漠化土地、耕地中的石漠化土地、潜在石漠化的地块3大类型，采取了砌坎培土、林农混种、兴修蓄水池、封山禁牧、土壤改良等多种措施（伍先朝等，2015）。华蓥市结合石漠化区域等级、地质土壤结构等开展差异治理，治理方式从原始粗放型向聚焦精准型转变，取得显著成效。

关于四川岩溶区石漠化治理的政策，蔡凡隆（2007）等还提出了针对岩溶区的特点有组织地开展科技攻关，如岩溶区石漠化土地治理树（草）种选择、造林技术措施、综合治理模式的研究；建立一批科技示范区、示范点，通过示范来促进先进治理模式和技术的推广应用；加强技术培训，内容以适用新技术、治理模式为主。培训可采用举办培训班、现场交流参观、网络咨询、开通热线等方式；建立石漠化宏观监测体系，以石漠化土地本底调查为基础，建立起基于"3S"技术的石漠化土地信息管理系统，并确定5年为周期的宏观监测；加强治理效益定位监测站（点）网建设，在典型区建立若干个效益监测站，随着治理的进展连续进行效益定位监测与评价等策略。

（五）规范项目管理

石漠化治理项目管理方面，省级部门按照国家制定出台的《岩溶区石漠化综合治理工程项目管理办法》和四川省制定的《四川省岩溶区石漠化综合治理试点工程项目管理实施细则》，指导规范各县综合治理工作的开展和实施，细化项目资金和工程质量管理，严格执行项目法人责任制、招投标制、工程监理制、施工合同制、政府采购制、资金报账制。领导小组办公室牵头，组织开展项目公开招标，比选、遴选工作，确定设计、施工、监理、重要设备和材料。遵照各行业的技术标准和要求，按照施工合同、监理合同进行工程实施。组织行业主管部门、审计、纪检部门、村民代表参与工程质量的监管、核查和验收，确保工程建设的质量。

石漠化治理工程的项目管理和建设质量是相关县（市、区）实施石漠化治理中最为重视的内容之一。宁南县对项目建设中技术要求较高的项目，根据《中华人民共和国招标投标法》、七部委30号令和省政府197-1号令的相关规定，通过比选确定施工队伍。工程质量和安全管理上，严格按照国家相关行业标准执行，对不符合质量要求的工程责令返工，严格整改，认真落实安全生产责任制，及时解决工程中出现的安全隐患问题，确保了施工安全；对需要进行竣工验收的项目，由项目实施责任单位在自查验收合格的基础上完善建设资料，提出验收申请，由县石漠化办组织监察、财政、审计及行业主管部门等相关单位组成验收组项目进行正式验收。加强对档案资料的收集归档。工程验收合格后，按照"谁治理，谁管护，谁受益"的原则，及时办理与乡镇、村、组的移交手续，明确产权，落实各项工程运行管护主体和管护责任，制定管护制度，建立档案，确保工程长期发挥效益。华蓥市出台《华蓥市岩溶区石漠化综合治理试点工程项目管理办法的通知》等系列重要文件，建立健全领导责任制度、项目法人责任制度、工程建设招投标制度、工程监理制度、工程合同管理制度、后期管护制度、定期议事协调制度，层层签订综合治理责任书；主动邀请纪检监察、审计、财政等部门和项目所在地镇村干部群众参与工程监管，做到了工程设计不走样、工程质量不降低、工程效果不减弱。广安市构建形成了专业部门、镇、村、人大、政协、财政、监察、审计、村民代表的全社会共同参与项目监管的局面。古蔺县在工程质量管理上，不仅严格实行监理制，同时领导组办公室会同相关行业主管部门经常深入现场，通过巡视、检查或者重点抽查的方式，加强工程监管力度，确保工程质量。

　　石漠化综合治理项目的后期管护是石漠化治理成败的关键所在，也是石漠化治理项目的难点之一。古蔺县重视项目后期的可持续管理，如根据项目建设的实际情况，将封山育林及经济林建设内容移交给受益农户，小型水利水保工程移交给乡镇及受益村民委员会员。通过一事一议，制订了人工造林、封山育林管护公约及制度，加强对项目实施区农户的培训和项目后期管理，着力发挥工程效益。华蓥市创新项目后期管理方式，后期管护从政府托底向群众主体转变，探索"返租倒包""复三七利益链接"等以群众为主体的新机制。"返租倒包"机制即在石漠化治理连片发展的产业带，招引业主（承包方）成立专业公司实施经营管理，鼓励农民以土地和劳动力入股，联合组成专业合作社，当专业合作社达到一定规模和收益额时，业主将成熟的产业带分片返包给有能力的农户自主经营，自负盈亏，公司负责提供技术支撑和营销服务，从而实现利益共享，达到有效管护。"复三七利益链接"机制即围绕精准扶贫大政方针，鼓励农户将撂荒地和荒山荒坡交由村集体统一实施治理，连片发展花椒、桃李、核桃等经果林产业，土地提供者和村集体分别按三七分成获取产业收益；村集体将对所获收益进行再次分配，30%平均分配给村内贫困户，剩余70%用于壮大集体经济和村级公共事务，实现了农民增收和治理管护的双赢。

　　石漠化项目的资金管理，是石漠化项目管理中必须面对的问题。宁南县、古蔺县等在资金管理上，各项目实施单位均设立专户，专账管理，严守财经纪律，严格资金用途管理，严禁截留和挪用。建设资金的使用严格《按基本建设财务管理规定》执行，根据工程形象进度分期拨付，统一实行县级报账制管理。古蔺县出台了《古蔺县石漠化综合治理工程资金管理办法》，专项规范石漠化专项资金的监督管理，加强资金使用绩效评价，提高石漠化专项资金的使用效益。

（六）结合地方发展

将石漠化综合治理和地方发展结合起来，是从省级到地方从石漠化治理一开始就形成的共识。如把改善区域生态环境作为石漠化综合治理根本出发点，把发展当地特色产业作为综合治理的切入点，使石漠化综合治理与农民增收致富有机结合，使生态环境保护与农村产业结构调整紧密联系，激发群众参与治理的热情。

四川省在岩溶区石漠化治理中，根据各岩溶区优势资源，始终坚持生态、经济和社会3大效益有机结合，按照"新村带产业、产业促新村、产村互动相融"的思路和"业兴、家富、人和、村美"的目标，积极推进新农村建设和连片扶贫开发，大力发展花椒、核桃、桑树等特色优势产业和乡村旅游等观光农业，引导和帮助项目区培育新的经济增长点，农业综合效益明显提高。如古蔺县结合当地优质果蔬茶、山地烤烟种植、肉牛养殖和喀斯特地区自然景观资源优势，大力发展现代生态种养、观光农业和乡村旅游的特色产业，项目区农民人均纯收入由治理前的6544元增加到12182元，增幅达到86.2%，较其他岩溶区高出20个百分点。

木里县在石漠化治理中采取了3个"结合"的措施，与西电东送相结合、与水利扶贫相结合、与其他行业相结合，形成水、林、田、路及旅游综合治理的格局（李燕等，2016）。汉源县将石漠化治理和实行生态移民结合，与当地经济、社会发展和农民增收相结合、与调整产业结构和改进生产方式相结合，对岩溶区生态脆弱、生产生活条件差的区域实行生态移民，以生态恢复为优先的前提下加强草畜发展、水利水保工程建设、发展灌溉农业和经济林果业，通过综合治理既能保护好岩溶区的生态环境，又能改善群众的生产生活条件（郝雅梅等，2015；田雨等，2012）。华蓥市提出了将"天然植被恢复与发展特色产业相结合、工程措施与生态措施相结合、农村基础条件改善与助农增收相结合"的思路，实施"产业富农"工程，将潜在石漠区域发展纳入全市产业布局中去，把潜在石漠化区域作为华蓥市现代农业发展示范区进行打造，大力发展速生林、优质经果林和草食性畜牧业产业，建成天池花椒、禄市优质蜜梨和兔业、阳和古桥巨桉、高兴圣源核桃4大产业基地，组建专业合作社11个，带动2万余农户近8万人增收致富。

（七）完善政策制度

制定并完善石漠化治理相关政策制度，为石漠化治理提供政策支撑。四川省制定

《四川省岩溶区石漠化综合治理试点工程项目管理实施细则》，指导、规范各县综合治理工作的开展和实施。四川省发展和改革委员会牵头，省林业厅、省农业厅、省水利厅、省畜牧食品局5部门联合印发了《四川省岩溶区石漠化综合治理工程项目验收办法（试行）》，推动省内石漠化综合治理工程管理规范化和项目竣工验收工作，提高工程质量、确保治理成效。四川省人民政府办公厅印发了《完善生态脆弱地区生态修复机制专项改革方案》，从投入政策机制、工程建管机制、成果巩固机制3个方面对包括石漠化在内的全省生态脆弱区生态修复工程提供政策支撑。地方部门也根据上级政策制度完善了本地的石漠化相关政策。如宁南县根据国家《岩溶区石漠化综合治理试点工程管理办法》，制定了《宁南县岩溶区石漠化综合治理工程管理办法》，同时将治理项目纳入全县年度重大重点项目计划进行监。

创新石漠化融资机制，破解岩溶区石漠化治理资金难题。四川省在加大公共财政对生态脆弱区生态修复，足额落实国家重点生态工程配套资金，加大重点生态功能区转移支付力度等传统资金来源的同时，努力开拓石漠化治理融资方式。根据国家发改委、林业局《关于运用政府和社会资本合作模式推进林业建设的指导意见》（发改农经〔2016〕2455号），岩溶区石漠化治理等林业重大生态工程建设项目融资及建设可采用林业PPP项目模式。四川省宜宾市兴文县中鼎山石漠化综合治理工程项目就采取了BOT的模式，这也是四川省首个采取PPP项目模式实施石漠化治理的项目。华蓥市统筹资源，治理资金打捆整合，一是按照"资金渠道不变、隶属关系不变、资金用途不变"原则，有效整合天保工程、退耕还林工程、地质灾害区环境恢复治理、小流域治理、秦巴山区连片扶贫等项目资金1.2亿元，最大限度发挥了资金的规模效应和集群效应。二是按照"谁投入，谁受益，谁管护"的原则，广泛吸纳社会资本6000万元投入建设，实现了政府、企业、农户三方互利共赢。三是组建广华林业投资公司，设立生态保护与建设专项基金3000万元，撬动金融信贷参与石漠化治理等生态保护工程，5年来实现融资2000余万元。

（八）深入保护宣传

四川省林业和草原局利用"世界防治荒漠化与干旱日"等纪念日，开展了多种形式的宣传活动。一是主流媒体宣传，四川日报、四川人民广播电台、四川电视台等多家主流媒体对全省荒漠化、沙化、石漠化治理情况进行了重点宣传，深度报道。二是广场展板宣传，厅领导带领青年志愿者在宽窄巷子景区开展街头广场宣传，在林业厅大门外张贴大型宣传画，利用展板板报进行宣传。三是专业杂志宣传，在《绿色天府》杂志上专题推出一组"四川省荒漠化及治理情况"的特别报道。四是提案宣传。

地方相关县（市、区）在石漠化治理中形式多样，体现了宣传和教育、技术培训的特点。木里县开办生态环境讲习班，特别对山区各级干部要进行环保业务培训，提拔一批农、林、牧技术干部任山区乡镇职务，对群众要进行普及环保教育。并从小学生抓起，在中小学开设生态环保课,让全社会关注岩溶区水土流失和土地石漠化问题(李燕等,2016)。叙永县充分利用广播电视、学校等宣传、教育资源,快速、持久、生动地传播普及石漠化综合防治的必要性和重要性,使社会各界了解石漠化的危害,增强治理石漠化责任的意识,积极支持和参与石漠化综合防治工作。林业、水利部门广泛深入地宣传《森林法》《水保法》等环境保护法律法规(伍先朝等,2015)。汉源县利用会议、电视、网络、报纸、杂志、标语等灵活多样的形式,宣传石漠化的危害、防治方法和主导品种种植技术,充分调动群众参与石漠化治理的积极性、主动性和创造性,共同治理石漠化(郝雅梅等,2015)。华蓥市开展石漠化治理进社区、进院坝、进学校、进企业、进机关"五进"工作,发放宣传资料,举办讲座,立项目宣传碑和公示碑,组织石漠化治理志愿者植树造林,营造了全社会参与支持石漠化治理工作的良好氛围。

第九章　四川岩溶区石漠化治理展望

党的十八大以来,以习近平同志为核心的党中央把生态文明建设作为统筹推进"五位一体"总体布局和协调推进"四个全面"战略布局的重要内容,谋划开展了一系列根本性、长远性、开创性工作,推动生态文明建设和生态环境保护从实践到认识发生了历史性、转折性、全局性变化。

党的十九大,习近平总书记在报告中对生态文明建设进行了深刻论述,指出建设生态文明是中华民族永续发展的千年大计。2018年6月24日,《中共中央国务院关于全面加强生态环境保护坚决打好污染防治攻坚战的意见》发布,意见深入贯彻习近平总书记的生态文明思想,坚持生态兴则文明兴、坚持人与自然和谐共生、坚持绿水青山就是金山银山、坚持良好生态环境是最普惠的民生福祉、坚持山水林田湖草是生命共同体、坚持用最严格制度最严密法治保护生态环境、坚持建设美丽中国全民行动、坚持共谋全球生态文明建设。

以习近平同志为核心的党中央对四川生态环境保护工作高度重视。2013年5月,习近平总书记来四川省视察时强调,"一定要把生态环境保护工作做好,把生态文明建设放在突出地位,为子孙后代留下这一方美丽的土地,决不以牺牲环境为代价换取一时的经济增长";2018年2月,习近平总书记来四川省视察时强调,"一定要把生态文明建设这篇大文章写好,谱写美丽中国的四川篇章"。这些重要论述,是习近平生态文明思想的重要内容,是我们建设美丽四川的强大思想武器。

四川省岩溶区生态环境脆弱,土地沙化、石漠化、水土流失等问题严重。川西北草场沙化和攀西、川南部分地区石漠化明显,严重影响长江流域生态安全。近年来,国家先后在四川省岩溶区实施了天然林保护、退耕还林还草、石漠化综合治理、水土流失治理、长江防护林体系建设、基本农田建设、耕地整理、人畜饮水、农村小水电、农村能源建设、易地扶贫搬迁等一系列国家重点工程,从不同角度对四川石漠化进行治理并取得了一定的成效。

第三次石漠化监测数据表明,四川省岩溶区石漠化土地比治理前减少105096 hm^2,减少了13.56%,森林覆盖率比治理前提高近2.07%,林草植被综合盖度提高3.4%,年减少土壤流失4733万 t,年新增蓄水量6742万 m^3,农民人均可支配收入比治理前提高79.6%。林草植被盖度显著增加,水土流失得到初步遏制,生态环境初步改善,石漠化扩展的态势得到遏制,岩溶区生态系统整体呈现顺向演替发展的趋势,岩溶区的社会民生也得到有效改善,经济得到较快发展。

但是,受自然灾害等诸多不利因素的影响,四川省局部地区石漠化仍呈现恶化趋势。

因石漠化成因的复杂性和治理的艰难性，石漠化治理成效不是立竿见影的，石漠化土地不是一朝一夕能够彻底扭转的，石漠化治理是一个长期、艰巨的任务，绝非一两个"五年计划"就能达到"山川秀美"的目标。石漠化治理是一场有进无退的攻坚之战，稍有松懈，攻守之势便可能逆转，取得的治理成效便可能付诸东流。

当前石漠化防治正面临着十分难得的历史发展机遇，党中央、国务院高度重视，为石漠化治理指明了方向。我国经济迅速发展，综合国力增强，可以为石漠化治理提供资金支持。地方各级党委、政府和广大干部群众积极性高，为石漠化治理奠定了基础。近年来石漠化防治积累了大量的成功经验，石漠化防治技术研究方面也取得了一系列成果，培养了一批石漠化防治专业人才，为推进石漠化防治提供了重要的技术保障和人才保障。

四川省岩溶区必须全面贯彻落实习近平新时代中国特色社会主义思想和党的十九大精神，坚定以习近平生态文明思想为指导，牢固树立"保护生态环境就是保护生产力，改善生态环境就是发展生产力""绿水青山就是金山银山"的发展理念，积极实施天然林保护、退耕还林还草、水土流失治理、长江防护林体系建设、农田水利建设等国家重点工程，要扎实抓好长江上游沿江生态廊道的保护与修复，全面推进大规模绿化全川行动，着力解决突出生态环境问题，扎实推进石漠化综合治理。

在石漠化综合治理中，要充分吸收一、二期治理中的成功经验，注重先进适用技术的应用。统筹考虑流域内生态环境状况和自然、社会经济状况，进行系统科学的统一规划。以小流域为单元，实行山、水、林、草、田、路、易地移民搬迁等综合治理。在改善生态环境的同时大力发展特色优势农林产业和乡村旅游业，增加农民收入，积极帮助贫困地区脱贫奔小康，促进岩溶山区生态、经济、社会的可持续发展。

我们相信，在党和国家的高度重视和深切关怀下，省委省政府以习近平生态文明思想为指导，积极贯彻落实习近平总书记系列重要讲话精神，扎实推进石漠化综合治理，地方党委及政府科学规划、认真组织、积极实践，地方群众转变观念、积极参与，未来四川岩溶区石漠化治理一定会取得更加显著的成绩，岩溶区将实现地绿山青、天蓝水秀、自然生态与社会经济的和谐发展，谱写出美丽四川新篇章。

参考文献

[1] 潘红丽,张利,文智猷,等.石漠化治理研究进展[J].四川林业科技,2001,33(3):44-47.

[2] 覃家作.四川省石漠化现状及治理对策[D].雅安:四川农业大学,2009.

[3] 黎志,茆玉超,许钟元,等.四川某高速岩溶发育特征研究[J].甘肃水利水电技术,2013,49(10):29-30.

[4] 罗思聪.四川盆地灯影组古岩溶地貌恢复及意义[D].成都:西南石油大学,2016.

[5] 蔡凡隆,蒋勇,张军.四川省岩溶区石漠化土地治理途径初探[J].四川林业科技,2007,28(1):103-104.

[6] 左明华,付梦渠,张志才.四川省石漠化现状成因及治理措施[J].四川林勘设计,2007(2):51-54.

[7] 罗万勋,汉源县石漠化综合治理规模与治理经验[J].四川林业科技,2017,38(1):103-108.

[8] 伍先朝,周运辉,刘柿良,等.四川叙永县岩溶区石漠化监测调查及防治对策[J].四川林勘设计,2015(2):56-71.

[9] 赖长鸿,覃家作,张文,等.四川省石漠化敏感性评价及其空间分布特征[J].水土保持研究,2013,20(4):99-06.

[10] 高伟.草地农业治理四川龙泉山地极度石漠化的实证研究[D].兰州:兰州大学,2012.

[11] 兰立达等.四川省岩溶区土地石漠化特征与植被恢复技术研究[M].成都:西南财经大学出版社,2016.

[12] 兰立达,陈勇,蔡凡隆,等.四川省岩溶区石漠化土地立地分类研究[J].四川林业科技,2016b.37(6):32-06.

[13] 丁文峰.基于GIS和BP神经网络模型的长江中上游地区石漠化危险性评价[J].长江科学院院报,2009,26(2):18-05.

[14] 肖荣波,欧阳志云,王效科,等.中国西南地区石漠化敏感性评价及其空间分析[J].生态学杂志,2005,24(5):551-554.

[15] 刘孝富,潘英姿,曹晓红,等.旱灾对石漠化影响评估及灾后石漠化防治分区[J].环境科学研究,2012,25(8):882-889.

[16] 张斌,舒成强,税伟,等.云贵高原北坡岩溶区近50a降水波动分析——以四川省兴文县为例[J].长江流域资源与环境,2009,18(12):1156-1162.

[17] 张恒,刘宗祥,钱江澎,等. 四川省岩溶石山地区石漠化分布特征及综合治理建议[J]. 四川地质学报,2011,31(1):43-46.

[18] 叶尚廉. 凉山州石漠化成因及治理模式探讨[J]. 四川林勘设计,2012(3):31-35.

[19] 周锋,白克军. 汉源县石漠化治理植被恢复现状及对策[J]. 南方农业,2015,9(3):167-168.

[20] 张信宝,王世杰,孟天友. 石漠化坡耕地治理模式[J]. 中国水土保持,2012(9):41-44.

[21] 鄢武先,张黎明,姜建军,等. 日本治山技术在石漠化防治中的推广应用探讨[J]. 四川林业科技,2015,36(1):65-68.

[22] 钟林茂,徐小林,古有奎. 宜宾市石漠化土地治理模式初探——以宜宾市内筠连、兴文、珙县等石漠化县为例[J]. 四川林业科技,2008,29(2):53-58.

[23] 田雨,谢强. 西南岩溶区石漠化治理措施和经验——以汉源县为例[J]. 四川环境,2012,31(增刊):103-108.

[24] 李燕,巫海强. 木里县土地石漠化的分析及防治对策[J]. 绿色科技,2016(14):26-29.

[25] 国家林业局防治荒漠化管理中心,国家林业局中南林业调查规划设计院. 石漠化综合治理模式[M]. 北京:中国林业出版社. 2012.

[26] 但新球,屠志方,等. 中国石漠化[M]. 北京:中国林业出版社. 2014.

[27] 刘拓,周光辉,但新球,等. 中国岩溶区石漠化——现状、成因与防治[M]. 北京:中国林业出版社. 2009.

[28] 四川省林业厅. 四川省岩溶区第三次石漠化监测技术实施细则(2016年修订)[S]. 2016.

[29] 国家林业局. 岩溶区石漠化监测技术规定(2016年修订)[S]. 2016.

[30] 四川省林业调查规划院. 四川省岩溶区第三次石漠化监测报告[R]. 2017.

[31] 国家林业局. 南方岩溶区石漠化综合治理工程规划(2006—2020年)[R]. 2005.

[32] 苏醒,冯梅,颜修琴,等. 我国西南地区石漠化治理研究综述[J]. 贵州师范大学学报(社会科学版),2014(02):92-97.

[33] 宋维峰. 我国石漠化现状及其防治综述[J]. 中国水土保持科学. 2007,5(5):102-106.

[34] 朱震达. 中国荒漠化问题研究的现状与展望[J]. 地理学报,1994,49(3):650-657.

[35] 潘红丽,张利,文智猷,等. 2012. 石漠化治理研究进展[J]. 四川林业科技,

2012,33(3):44-47.

[36] 王世杰,李阳兵,李瑞玲.喀斯特石漠化的形成背景、演化与治理[J].第四纪研究,2003,23(6):657-666.

[37] 王世杰,李阳兵.喀斯特石漠化研究存在的问题与发展趋势[J].地球科学进展,2007,22(6):573-582.

[38] 熊强辉,杜雪莲.喀斯特石漠化综合治理及其效益评价研究进展[J].广东农业科学,2015,42(10):139-145.

[39] 成永生.我国喀斯特石漠化研究现状及未来趋势[J].地球与环境,2008,36(04):356-362

附图：四川岩溶区石漠化典型照片

图 1　盐源县石漠化典型地块

图 2　盐源县石漠化典型地块

图 3　布拖县石漠化典型地块

图 4　珙县石漠化典型地块

附图：四川岩溶区石漠化典型照片

图 5　会东县石漠化典型地块

图 6　会理县石漠化典型地块

图 7　普格县石漠化典型地块

图 8　西昌市石漠化典型地块

附图：四川岩溶区石漠化典型照片

图 9　前锋区石漠化典型地块

图 10　前锋区石漠化典型地块

图 11　西区石漠化典型地块

图 12　邻水县石漠化典型地块

附图：四川岩溶区石漠化典型照片

图 13　兴文县石漠化典型地块

图 14　兴文县石漠化典型地块

图 15　华蓥市石漠化典型地块

图 16　华蓥市石漠化典型地块

附表：四川省历次石漠化监测统计表

表1 四川省第一次石漠化监测统计表（2006年）

表1-1 石漠化状况及程度分行政单位统计表（单位：hm²）

地区	合计	石漠化土地					潜在石漠化土地	非石漠化土地
		小计	轻度石漠化	中度石漠化	强度石漠化	极强度石漠化		
四川省	2764322.0	775022.5	134698.2	481645.6	129486.2	29192.5	736863.8	1252435.7
攀枝花市	28098.1	8741.3	1748.7	4620.5	2372.1	0.0	14115.7	5241.1
西区	4204.4	3750.2		1737.7	2012.5		454.2	
仁和区	12851.9	1064.2	647.5	416.7			8425.6	3362.1
米易县	3782.5	1557.0	20.3	1177.1	359.6		1359.8	865.7
盐边县	7259.3	2369.9	1080.9	1289.0			3876.1	1013.3
泸州市	327785.8	165150.9	36206.1	105910.5	20517.2	2517.1	76674.3	85960.6
叙永县	134221.5	55341.7	18296.6	34450.1	1771.0	824.0	18279.7	60600.1
古蔺县	193564.3	109809.2	17909.5	71460.4	18746.2	1693.1	58394.6	25360.5
内江市	15323.1	4308.3	893.8	2194.6	1159.6	60.3	2372.5	8642.3
威远县	9954.6	1765.3	317.8	380.3	1006.9	60.3	2087.1	6102.2
资中县	5368.5	2543.0	576.0	1814.3	152.7		285.4	2540.1
乐山市	179869.4	21216.5	9122.7	9298.1	1377.2	1418.5	30937.1	127715.8
五通桥区	8910.6	587.1	387.4	199.7			1392.8	6930.7
金口河区	11241.1	7668.8	3710.0	2661.5	96.8	1200.5	3408.5	163.8
犍为县	104.8	44.3	44.3				60.5	
沐川县	19271.5	695.9		673.4	12.9	9.6	8279.4	10296.2
峨边彝族自治县	21142.6	6188.2	2390.3	2872.0	742.5	183.4	3095.6	11858.8
马边彝族自治县	86394.1	5883.2	2500.5	2838.1	525.0	19.6	12024.9	68486.0
峨眉山市	32804.7	149.0	90.2	53.4		5.4	2675.4	29980.3
眉山市	22212.7	4972.7	935.3	4037.4			13714.8	3525.2

续表

地区	合计	石漠化土地					潜在石漠化土地	非石漠化土地
		小计	轻度石漠化	中度石漠化	强度石漠化	极强度石漠化		
洪雅县	22212.7	4972.7	935.3	4037.4			13714.8	3525.2
宜宾市	147427.6	35943.5	11538.7	22020.6	2369.6	14.6	50590.5	60893.6
长宁县	31040.9	10144.7	199.0	9945.7			18109.2	2787.0
高县	8348.5	492.4	65.9	354.5	72.0		1172.6	6683.5
珙县	39257.5	6019.1	1268.3	4305.5	445.3		13294.4	19944.0
筠连县	27784.5	2382.0	1104.1	1036.9	241.0		10128.3	15274.2
兴文县	32913.0	16824.5	8901.4	6308.9	1611.3	2.9	6994.6	9093.9
屏山县	8083.2	80.8		69.1		11.7	891.4	7111.0
广安市	78211.0	39458.9	13549.9	22122.8	3750.4	35.8	25867.6	12884.5
广安区	15046.8	3695.0	1756.6	1938.4			7518.3	3833.5
邻水县	42836.3	23952.3	5057.5	16035.8	2841.1	17.9	13319.9	5564.1
华蓥市	20327.9	11811.6	6735.8	4148.6	909.3	17.9	5029.4	3486.9
雅安市	228829.7	50749.3	2857.4	30095.6	11296.1	6500.2	85157.4	92923.0
汉源县	91315.0	6541.3	1564.8	2767.1	831.9	1377.5	4314.7	80459.0
石棉县	122702.8	42532.7	855.4	26090.4	10464.2	5122.7	78546.2	1623.9
芦山县	14811.9	1675.3	437.2	1238.1			2296.5	10840.1
甘孜州	45074.8	3353.0		3353.0			41721.8	
康定县	45074.8	3353.0		3353.0			41721.8	
凉山州	1691489.8	441128.1	57845.6	277992.5	86644.0	18646.0	395712.1	854649.6
西昌市	20699.5	1503.9	25.7	1340.6	137.6		4746.0	14449.6
木里藏族自治县	518176.3	206815.6	5933.8	128143.5	61528.2	11210.1	121609.2	189751.5
盐源县	340037.8	20572.0	4371.3	11746.3	3027.7	1426.7	36563.6	282902.2
德昌县	1261.0	43.2		43.2				1217.8
会理县	70924.7	2497.8	394.8	2044.0	21.7	37.3	419.6	68007.3
会东县	69821.7	22967.7	4007.1	16579.6	2381.0		942.0	45912.0
宁南县	101673.0	38355.8	10666.5	25432.5	2008.3	248.5	49671.5	13645.7
普格县	22795.6	9467.4	3092.0	4289.3	1916.5	169.6	9149.0	4179.2

续表

地区	合计	石漠化土地					潜在石漠化土地	非石漠化土地
		小计	轻度石漠化	中度石漠化	强度石漠化	极强度石漠化		
布拖县	49444.2	642.6			642.6		31847.5	16954.1
金阳县	108956.9	26380.2	4726.8	13651.2	3727.9	4274.3	45236.7	37340.0
昭觉县	9738.4	6827.4	1806.4	4330.2	572.1	118.7	114.7	2796.3
喜德县	32221.3	9078.9	1767.3	6795.3	488.6	27.7	18072.7	5069.7
冕宁县	69717.5	14148.0	700.5	11495.6	1951.9		9199.8	46369.7
越西县	69618.8	24058.9	3501.9	16367.2	3915.8	274.0	31964.4	13595.5
甘洛县	123460.6	40309.2	15010.1	22359.6	2137.5	802.0	12080.3	71071.1
美姑县	40290.7	15868.3	1444.1	12180.5	2186.6	57.1	14334.7	10087.7
雷波县	42651.8	1591.2	397.3	1193.9			9760.4	31300.2

表 1-2　石漠化状况及程度分地类统计表（单位：hm²）

类别		合计	林地									耕地		牧草地			未利用地	建设用地	水域
			小计	有林地	疏林地	灌木林地	未成林造林地	苗圃地	无立木林地	宜林地	林业生产辅助用地	水田	旱地	天然草地	改良草地	人工草地			
合计		1511886.3	1025399.8	420556.7	23350.7	468643.8	47274.1		20097.4	45477.1			269493.8	62706.4		0.3	154286		
石漠化土地	小计	775022.5	298775.7	35714.2	23350.7	126862.2	47274.1		20097.4	45477.1			266897.5	55063.3			154286		
	轻度石漠化	134698.2	111125.2	18643.5	17444	30634.8	32028.9		703.3	11670.7			10946.5	5886.6			6739.9		
	中度石漠化	481645.6	152336.1	16795.3	5138.7	81021.6	14133.6		8957.4	26289.5			227010.4	45249.1			57050		
	强度石漠化	129486.2	28125.4	275.4	768	15205.8	1108.7		4373	6394.5			28940.6	2492.6			69927.6		
	极强度石漠化	29192.5	7189				2.9		6063.7	1122.4				1435			20568.5		
潜在石漠化土地		736863.8	726624.1	384842.5		341781.6							2596.3	7643.1		0.3			

表 1-3　石漠化状况及程度分土地使用权统计表（单位：hm²）

土地使用权属	合计	石漠化土地					潜在石漠化土地	非石漠化土地
		小计	轻度石漠化	中度石漠化	强度石漠化	极强度石漠化		
合计	2764322	775022.5	134698.2	481645.6	129486.2	29192.5	736863.8	1252435.7
国有	978413.1	215904.6	25203.4	113078.4	64677.1	12945.7	267639.3	494869.2
集体	1441602.8	442168.3	73955.6	297625.5	55434	15153.2	400474.7	598959.8
个人	344306.1	116949.6	35539.2	70941.7	9375.1	1093.6	68749.8	158606.7
其他								

表 1-4　石漠化状况及程度分植被综合盖度统计表（单位：hm²）

植被盖度	合计	石漠化土地					潜在石漠化土地
		小计	轻度石漠化	中度石漠化	强度石漠化	极强度石漠化	
合计	1511886.3	775022.5	134698.2	481645.6	129486.2	29192.5	736863.8
10%以下	20313.9	20313.9		1436.2	4022.7	14855	
10%~19%	43001.4	43001.4		15908.5	16102.1	10990.8	
20%~29%	100511.5	100511.5	12288.9	46762.8	38113.1	3346.7	
30%~39%	394476.5	391880.2	38084.5	294941.2	58854.5		2596.3
30%~39%（旱地）	269493.8	266897.5	10946.5	227010.4	28940.6		2596.3
40%~49%	213254.1	213254.1	80701.5	120480.8	12071.8		
40%~49%（旱地）							
50%~59%	170461.4	5011.3	2797	1892.3	322		165450.1
60%~69%	242411.4	1050.1	826.3	223.8			241361.3
70%~79%	215003.5						215003.5
80%~89%	87250.4						87250.4
90%以上	25202.2						25202.2

表1-5　石漠化土地分成因统计表（单位：hm²）

成因	合计	轻度石漠化	中度石漠化	强度石漠化	极强度石漠化
合计	775022.5	134698.2	481645.6	129486.2	29192.5
人为原因	488744.5	97113	337390.7	51699.8	2541
毁林（草）开垦	149378.2	21574	107233.2	20532.3	38.7
过牧	75916.3	15835	54403.8	5592.3	85.2
过度樵采	99436.1	31461.6	54423.7	13288.2	262.6
火烧	1052.5		991.8	51.1	9.6
工矿工程建设	18808.2	2206.2	14422.8	1969.1	210.1
工业污染	3731.4	130.5	3305.1	204.1	91.7
不适当经营方式	83009.3	17215.3	58660.5	6873.4	260.1
其他	57412.5	8690.4	43949.8	3189.3	1583
自然原因	286278	37585.2	144254.9	77786.4	26651.5
地质灾害	41287.3	7545.4	26298.1	4187.8	3256
灾害性气候	209794.7	21702.5	100149.1	67151.8	20791.3
其他	35196	8337.3	17807.7	6446.8	2604.2

表1-6　石漠化土地分流域统计表（单位：hm²）

| 流域 | 合计 | 石漠化土地 | | | | | 潜在石漠化土地 | 非石漠化土地 |
		小计	轻度石漠化	中度石漠化	强度石漠化	极强度石漠化		
合计	2764322.0	775022.5	134698.2	481645.6	129486.2	29192.5	736863.8	1252435.7
长江流域	2764322.0	775022.5	134698.2	481645.6	129486.2	29192.5	736863.8	1252435.7
雅砻江流域	879020.7	215344.5	8832.3	142731.2	53034.3	10746.7	167111.3	496564.9
岷江流域	221164.1	18050.4	4394.9	13083	537.9	34.6	79262.8	123850.9
大渡河流域	452062.8	127299.1	27032.5	73117.8	18188.7	8960.1	136085.1	188678.6
沱江流域	15323.1	4308.3	893.8	2194.6	1159.6	60.3	2372.5	8642.3
渠江流域	35374.7	15506.6	8492.4	6087	909.3	17.9	12547.7	7320.4
金沙江流域	650045.2	169055.2	32165.6	100142.8	29911.8	6835	199036.8	281953.2
长江上游干流区间	511331.4	225458.4	52886.7	144289.2	25744.6	2537.9	140447.6	145425.4

表2 四川省第二次石漠化监测统计表（2011年）

表2-1 石漠化状况及程度分行政单位统计表（单位：hm²）

地区	合计	石漠化					潜在石漠化	非石漠化
		小计	轻度石漠化	中度石漠化	重度石漠化	极重度石漠化		
四川省	2777267.7	731926.3	177120.4	404334.9	127422.2	23048.8	768797.1	1276544.3
攀枝花市	29770.8	7089.1	1599.5	4527.2	962.4		15922.7	6759.0
西区	4260.9	1336.4	241.8	900.6	194.0		1404.0	1520.5
仁和区	13505.9	1199.5	721.7	477.8			8936.9	3369.5
米易县	4213.6	1922.8	1.1	1350.2	571.5		1463.4	827.4
盐边县	7790.4	2630.4	634.9	1798.6	196.9		4118.4	1041.6
泸州市	330278.4	153819.2	41497.8	91208.6	19267.7	1845.1	87592.0	88867.2
叙永县	135968.1	45531.8	20490.7	23713.7	1180.4	147.0	27445.7	62990.6
古蔺县	194310.3	108287.4	21007.1	67494.9	18087.3	1698.1	60146.3	25876.6
内江市	15702.0	4102.3	1025.9	2548.9	494.3	33.2	2711.8	8887.9
威远县	10389.8	2023.5	454.1	1174.1	362.1	33.2	1958.9	6407.4
资中县	5312.2	2078.8	571.8	1374.8	132.2		752.9	2480.5
乐山市	180229.5	19678.8	11290.3	5824.6	1273.1	1290.8	30733.1	129817.6
五通桥区	8552.7	387.4	329.4	58.0			1344.5	6820.8
金口河区	11200.1	7108.3	4010.4	1638.2	258.5	1201.2	3568.0	523.8
犍为县	104.8						104.8	
沐川县	19264.8	148.8		148.8			8819.2	10296.8
峨边彝族自治县	21063.4	6150.7	3721.9	1639.1	755.6	34.1	2716.8	12195.9
马边彝族自治县	86399.5	5734.6	3138.4	2287.1	259.0	50.1	11411.6	69253.3
峨眉山市	33644.2	149.0	90.2	53.4		5.4	2768.0	30727.0
眉山市	23227.5	4056.9	1416.6	2640.3			15265.3	3905.3
洪雅县	23227.5	4056.9	1416.6	2640.3			15265.3	3905.3
宜宾市	149657.5	24785.4	9833.4	13211.0	1724.5	16.5	60838.0	64034.1
长宁县	31023.5	2054.2	222.7	1820.9	8.7	1.9	25508.6	3460.7
高县	8367.2	361.6	69.8	258.3	31.9	1.6	1208.5	6797.1

续表

地区	合计	石漠化					潜在石漠化	非石漠化
		小计	轻度石漠化	中度石漠化	重度石漠化	极重度石漠化		
珙县	41124.8	5648.3	1194.3	4172.6	275.6	5.8	13689.0	21787.5
筠连县	28099.8	2968.8	1492.8	1421.7	54.3		9820.1	15310.9
兴文县	32962.4	13683.1	6853.8	5480.5	1345.1	3.7	9745.8	9533.5
屏山县	8079.8	69.4		57.0	8.9	3.5	866.0	7144.4
广安市	78588.3	34315.5	16031.7	16606.2	1620.9	56.7	30422.9	13849.9
广安区	15379.1	3555.4	1806.9	1748.5			7922.9	3900.8
邻水县	42759.7	19512.9	7182.9	11181.9	1091.4	56.7	17418.4	5828.4
华蓥市	20449.5	11247.2	7041.9	3675.8	529.5		5081.6	4120.7
雅安市	229700.3	51272.4	17919.1	22899.2	9296.9	1157.2	85427.3	93000.6
汉源县	91359.8	6540.9	1131.3	3488.5	1622.6	298.5	4320.1	80498.8
石棉县	123364.4	42960.5	16072.0	18355.5	7674.3	858.7	78720.6	1683.3
芦山县	14976.1	1771.0	715.8	1055.2			2386.6	10818.5
甘孜藏族自治州	45549.6	3360.7		3360.7			42171.8	17.1
康定县	45549.6	3360.7		3360.7			42171.8	17.1
凉山彝族自治州	1694563.8	429446.0	76506.1	241508.2	92782.4	18649.3	397712.2	867405.6
西昌市	20599.7	1506.3	39.7	1322.2	134.6	9.8	4715.9	14377.5
木里藏族自治县	517413.8	202032.9	9507.5	115072.9	66257.8	11194.7	123769.5	191611.4
盐源县	339756.3	19653.1	5962.6	11365.8	2304.5	20.2	37293.5	282809.7
德昌县	1259.3	30.3	9.0	21.3			10.1	1218.9
会理县	71201.5	2504.0	18.5	999.8	1439.6	46.1	417.6	68279.9
会东县	70218.1	23201.2	4633.6	13381.9	4471.9	713.8	966.9	46050.0
宁南县	101968.4	35672.2	10153.2	22173.0	3282.8	63.2	51756.7	14539.5
普格县	22824.7	9178.0	2928.5	3208.7	1978.7	1061.9	9404.2	4242.5
布拖县	48574.3	637.3			637.3		30914.6	17022.4

续表

地区	合计	石漠化					潜在石漠化	非石漠化
		小计	轻度石漠化	中度石漠化	重度石漠化	极重度石漠化		
金阳县	108848.8	26640.9	7547.7	13684.9	2015.3	3393.0	42358.5	39849.4
昭觉县	9741.1	6753.2	2543.4	3797.1	150.3	262.4	185.1	2802.8
喜德县	32291.9	8688.1	4163.4	3045.8	1307.8	171.1	18257.6	5346.2
冕宁县	69680.1	14195.3	1234.2	10989.5	1971.6		9119.4	46365.4
越西县	69259.4	21532.0	7365.8	11544.9	1726.6	894.7	32380.5	15346.9
甘洛县	123877.6	39862.0	16925.6	20826.5	1340.2	769.7	12059.1	71956.5
美姑县	40197.4	15638.4	3027.3	8799.0	3763.4	48.7	14490.7	10068.3
雷波县	46851.4	1720.8	445.9	1274.9			9612.3	35518.3

表2-2 石漠化演变类型分行政单位统计表（单位：hm^2）

地区	调查面积	石漠化演变类型					
		小计	明显改善型	轻微改善型	稳定型	退化加剧型	退化严重加剧型
四川省	2777267.7	2759242.8	56279.9	72692.7	2583163.7	36971.7	10134.8
攀枝花市	29770.8	28701.3	1630.6	607.9	25795.2	629.8	37.8
泸州市	330278.4	328156.6	11494.0	12077.9	298811.4	4347.2	1426.1
内江市	15702.0	15223.4	306.5	925.0	13363.1	370.7	258.1
乐山市	180229.5	179843.4	1923.1	2718.3	173666.0	755.8	780.2
眉山市	23227.5	22480.8	1209.3	398.7	20869.4		3.4
宜宾市	149657.5	147577.3	10656.0	1115.0	134029.7	544.5	1232.1
广安市	78588.3	78061.5	5129.9	4901.0	66403.5	1036.3	590.8
雅安市	229700.3	228033.9	6334.8	18998.9	198742.6	3738.2	219.4
甘孜藏族自治州	45549.6	45512.0			45512.0		
凉山彝族自治州	1694563.8	1685652.6	17595.7	30950.0	1605970.8	25549.2	5586.9

表2-3 石漠化状况及程度分地类统计表（单位：hm²）

地区	石漠化类别	合计	林地					苗圃地			林业生产辅助用地
			小计	有林地	疏林地	灌木林地	未成林造林地		无立木林地	宜林地	
四川省		2777267.7	1954090.6	1105728.5	37464.8	721666.1	20918.7		18728.4	49555.4	28.7
	轻度石漠化	177120.4	159476.1	80922.9	13114.4	50909.2	9044.9		747.1	4737.6	
	中度石漠化	404334.9	143493.3	30189.6	3260.8	83101.3	5073.7		7288.5	14579.4	
	重度石漠化	127422.2	22732.5	991.1	1057.4	8506.3	347.5		7710.8	4119.4	
	极重度石漠化	23048.8	820.0				43.6		724.1	52.3	
	潜在石漠化	768797.1	748497.0	418895.2		329601.8					
	非石漠化	1276544.3	879071.7	574729.7	20032.2	249547.5	6409.0		2257.9	26066.7	28.7
攀枝花市		29770.8	21926.8	7905.5	63.4	9895.6			1325.2	2737.1	
	轻度石漠化	1599.5	1599.5	601.7	48.7	92.4			127.2	729.5	
	中度石漠化	4527.2	3878.8	566.8	14.7	1013.0			797.8	1486.5	
	重度石漠化	962.4	874.9						381.1	493.8	
	潜在石漠化	15922.7	14840.6	6245.3		8595.3					
	非石漠化	6759.0	733.0	491.7		194.9			19.1	27.3	
泸州市		330278.4	180546.6	118712.9	458.0	55064.2	2080.0		2165.5	2037.3	28.7
	轻度石漠化	41497.8	39778.4	22327.8	187.1	15640.3	1364.6		7.4	251.2	
	中度石漠化	91208.6	10457.3	3442.6		6101.5	68.4		744.8	100.0	
	重度石漠化	19267.7	2207.3	159.0		475.9			1263.9	308.5	
	极重度石漠化	1845.1	97.5						97.5		
	潜在石漠化	87592.0	85410.6	61277.3		24133.3					
	非石漠化	88867.2	42595.5	31506.2	270.9	8713.2	647.0		51.9	1377.6	28.7
内江市		15702.0	7963.2	6708.7	300.0	126.3	106.9		86.4	634.9	
	轻度石漠化	1025.9	989.0	791.6	99.8	10.4	18.5			68.7	
	中度石漠化	2548.9	613.3	377.0	112.7	17.6	37.5		2.4	66.1	
	重度石漠化	494.3	403.6						63.6	340.0	
	极重度石漠化	33.2	28.9						20.4	8.5	
	潜在石漠化	2711.8	2158.6	2141.9		16.7					
	非石漠化	8887.9	3769.8	3398.2	87.5	81.6	50.9			151.6	

附表：四川省历次石漠化监测统计表

耕地				草地				未利用地	建设用地	水域
小计	水田	旱地	梯土化旱地	小计	天然草地	改良草地	人工草地			
577715.6	29338.7	519015.7	29361.2	102313.2	101921.2	44.4	347.6	116631.9	16653.2	9863.2
7941.2		7941.2		9703.1	9703.1					
188351.7		188351.7		54961.0	54961.0			17528.9		
26137.0		26137.0		7626.9	7626.9			70925.8		
408.8		408.8		103.7	103.7			21716.3		
13372.9			13372.9	6927.2	6927.2					
341504.0	29338.7	296177.0	15988.3	22991.3	22599.3	44.4	347.6	6460.9	16653.2	9863.2
6315.8	354.2	4559.1	1402.5					9.8	1509.3	9.1
648.4		648.4								
77.7		77.7						9.8		
1082.1			1082.1							
4507.6	354.2	3833.0	320.4						1509.3	9.1
145640.8	16920.6	124564.2	4156.0	223.0	221.4		1.6	2304.2	1247.6	316.2
1719.4		1719.4								
80614.0		80614.0		137.3	137.3					
16603.9		16603.9						456.5		
136.4		136.4						1611.2		
2137.6			2137.6	43.8	43.8					
44429.5	16920.6	25490.5	2018.4	41.9	40.3		1.6	236.5	1247.6	316.2
7603.6	82.0	6444.2	1077.4	7.5	7.5			10.0	84.2	33.5
36.9		36.9								
1935.6		1935.6								
80.7		80.7						10.0		
4.3		4.3								
545.7			545.7	7.5	7.5					
5000.4	82.0	4386.7	531.7						84.2	33.5

地区	石漠化类别	合计	林地								林业生产辅助用地
			小计	有林地	疏林地	灌木林地	未成林造林地	苗圃地	无立木林地	宜林地	
乐山市		180229.5	128726.2	78773.8	2572.3	46184.9	1012.5		33.3	149.4	
	轻度石漠化	11290.3	10402.2	5729.6	638.4	3594.7	418.9		2.8	17.8	
	中度石漠化	5824.6	1887.1	80.5		1783.5	23.1				
	重度石漠化	1273.1	90.3	53.4		36.9					
	极重度石漠化	1290.8	5.4						5.4		
	潜在石漠化	30733.1	28501.9	16993.3		11508.6					
	非石漠化	129817.6	87839.3	55917.0	1933.9	29261.2	570.5		25.1	131.6	
眉山市		23227.5	22930.3	17904.0	27.1	4999.2					
	轻度石漠化	1416.6	1416.6	1201.7	27.1	187.8					
	中度石漠化	2640.3	2450.8	1053.9		1396.9					
	潜在石漠化	15265.3	15247.4	12314.3		2933.1					
	非石漠化	3905.3	3815.5	3334.1		481.4					
宜宾市		149657.5	98993.4	84519.0	1118.0	10732.4	2185.2		65.7	373.1	
	轻度石漠化	9833.4	7000.1	5814.1	336.3	460.1	278.0		15.7	95.9	
	中度石漠化	13211.0	3773.1	2430.8	145.0	876.9	50.5		35.6	234.3	
	重度石漠化	1724.5	413.3	219.8	126.9	13.3	3.7		8.6	41.0	
	极重度石漠化	16.5	7.7						5.8	1.9	
	潜在石漠化	60838.0	56348.5	50421.1		5927.4					
	非石漠化	64034.1	31450.7	25633.2	509.8	3454.7	1853.0				
广安市		78588.3	64543.2	45168.4	3111.7	14868.5	790.5		73.5	530.6	
	轻度石漠化	16031.7	15966.2	11285.2	1122.2	2647.7	556.9		18.9	335.3	
	中度石漠化	16606.2	11477.2	4325.4	1232.2	5605.3	129.2		7.0	178.1	
	重度石漠化	1620.9	1171.3	358.1	153.9	611.7			47.6		
	极重度石漠化	56.7									
	潜在石漠化	30422.9	28982.3	24234.0		4748.3					
	非石漠化	13849.9	6946.2	4965.7	603.4	1255.5	104.4			17.2	

附表：四川省历次石漠化监测统计表

续表

耕地				草地				未利用地	建设用地	水域
小计	水田	旱地	梯土化旱地	小计	天然草地	改良草地	人工草地			
35037.2		34737.2	300.0	7635.2	7590.8	44.4		5119.1	2146.2	1565.6
174.3		174.3		713.8	713.8					
2897.3		2897.3		400.7	400.7			639.5		
				146.5	146.5			1036.3		
								1285.4		
300.0			300.0	1931.2	1931.2					
31665.6		31665.6		4443.0	4398.6	44.4		2157.9	2146.2	1565.6
213.2		195.3	17.9						77.9	6.1
189.5		189.5								
17.9			17.9							
5.8		5.8							77.9	6.1
48624.9	5718.4	36250.5	6656.0	43.7	43.7			188.7	920.3	886.5
2815.5		2815.5		17.8	17.8					
9397.7		9397.7		25.9	25.9			14.3		
1197.4		1197.4						113.8		
								8.8		
4489.5			4489.5							
30724.8	5718.4	22839.9	2166.5					51.8	920.3	886.5
12047.8	1511.7	8470.9	2065.2	21.5	21.5			58.3	1652.1	265.4
65.5		65.5								
5129.0		5129.0								
448.0		448.0						1.6		
								56.7		
1426.1			1426.1	14.5	14.5					
4979.2	1511.7	2828.4	639.1	7.0	7.0				1652.1	265.4

地区	石漠化类别	合计	林地								林业生产辅助用地
			小计	有林地	疏林地	灌木林地	未成林造林地	苗圃地	无立木林地	宜林地	
雅安市		229700.3	197959.9	75670.3	2588.0	105898.6	1872.5		10035.7	1894.8	
	轻度石漠化	17919.1	17562.6	8179.3	1629.8	6592.1	725.0		75.5	360.9	
	中度石漠化	22899.2	17337.7	2960.6	958.2	8180.7	806.8		4087.8	343.6	
	重度石漠化	9296.9	5892.6			759.5			5067.4	65.7	
	极重度石漠化	1157.2	433.1						433.1		
	潜在石漠化	85427.3	84696.0	45482.8		39213.2					
	非石漠化	93000.6	72037.9	19047.6		51153.1	340.7		371.9	1124.6	
甘孜藏族自治州		45549.6	45532.5	15377.5		30155.0					
	中度石漠化	3360.7	3360.7			3360.7					
	潜在石漠化	42171.8	42171.8	15377.5		26794.3					
	非石漠化	17.1									
凉山彝族自治州		1694563.8	1184968.5	654988.4	27226.3	443741.4	12871.1		4943.1	41198.2	
	轻度石漠化	76506.1	64761.5	24991.9	9025.0	21683.7	5683.0		499.6	2878.3	
	中度石漠化	241508.2	88257.3	14952.0	798.0	54765.2	3958.2		1613.1	12170.8	
	重度石漠化	92782.4	11679.2	200.8	776.6	6609.0	343.8		878.6	2870.4	
	极重度石漠化	18649.3	247.4				43.6		161.9	41.9	
	潜在石漠化	397712.2	390139.3	184407.7		205731.6					
	非石漠化	867405.6	629883.8	430436.0	16626.7	154951.9	2842.5		1789.9	23236.8	

附表：四川省历次石漠化监测统计表

续表

耕地				草地				未利用地	建设用地	水域
小计	水田	旱地	梯土化旱地	小计	天然草地	改良草地	人工草地			
23345.5		23345.5		5071.4	5071.4			2333.0	869.5	121.0
15.8		15.8		340.7	340.7					
3383.2		3383.2		821.1	821.1			1357.2		
1672.8		1672.8		1645.1	1645.1			86.4		
								724.1		
				731.3	731.3					
18273.7		18273.7		1533.2	1533.2			165.3	869.5	121.0
17.1		17.1								
17.1		17.1								
298869.7	4751.8	280431.7	13686.2	89310.5	88964.9		346.0	106608.8	8146.1	6659.8
3113.8		3113.8		8630.8	8630.8					
84157.0		84157.0		53576.0	53576.0			15517.9		
6056.5		6056.5		5835.3	5835.3			69211.4		
268.1		268.1		103.7	103.7			18030.1		
3374.0			3374.0	4198.9	4198.9					
201900.3	4751.8	186836.3	10312.2	16966.2	16620.2		346.0	3849.4	8146.1	6659.8

表 2-4　石漠化状况及程度分土地使用权统计表（单位：hm²）

地区	土地使用权	合计	石漠化					潜在石漠化	非石漠化
			小计	轻度石漠化	中度石漠化	重度石漠化	极重度石漠化		
四川省		2777267.7	731926.3	177120.4	404334.9	127422.2	23048.8	768797.1	1276544.3
	国有	1016283.1	234487.2	39300.6	107979.8	74661.2	12545.6	283480.8	498315.1
	集体	1335308.6	396141.6	96843.4	245482.6	44740.8	9074.8	362329.1	576837.9
	个体	425616.7	101268.3	40961.0	50858.7	8020.2	1428.4	122968.1	201380.3
	其他	59.3	29.2	15.4	13.8			19.1	11.0
攀枝花市		29770.8	7089.1	1599.5	4527.2	962.4		15922.7	6759.0
	国有	4387.3	125.3	34.6	90.7			3125.8	1136.2
	集体	24579.2	6757.4	1501.5	4412.0	843.9		12568.5	5253.3
	个体	804.3	206.4	63.4	24.5	118.5		228.4	369.5
泸州市		330278.4	153819.2	41497.8	91208.6	19267.7	1845.1	87592.0	88867.2
	国有	3032.6	103.4	10.5			92.9	1612.1	1317.1
	集体	191504.6	108184.0	20996.6	67494.9	18087.3	1605.2	58696.6	24624.0
	个体	135741.2	45531.8	20490.7	23713.7	1180.4	147.0	27283.3	62926.1
内江市		15702.0	4102.3	1025.9	2548.9	494.3	33.2	2711.8	8887.9
	国有	209.7	3.7	3.7				43.2	162.8
	集体	5348.2	2083.3	576.3	1374.8	132.2		737.3	2527.6
	个体	10144.1	2015.3	445.9	1174.1	362.1	33.2	1931.3	6197.5
乐山市		180229.5	19678.8	11290.3	5824.6	1273.1	1290.8	30733.1	129817.6
	国有	62458.0	1713.1	1188.8	401.3	47.1	75.9	5034.4	55710.5
	集体	57203.7	8322.4	4640.6	3244.3	387.4	50.1	8916.4	39964.9
	个体	60567.8	9643.3	5460.9	2179.0	838.6	1164.8	16782.3	34142.2
眉山市		23227.5	4056.9	1416.6	2640.3			15265.3	3905.3
	国有	12738.5	20.3		20.3			8902.7	3815.5
	集体	10489.0	4036.6	1416.6	2620.0			6362.6	89.8
宜宾市		149657.5	24785.4	9833.4	13211.0	1724.5	16.5	60838.0	64034.1
	国有	418.4	3.3	3.3				64.2	350.9
	集体	18049.6	1364.9	158.2	912.9	284.5	9.3	5440.0	11244.7
	个体	131189.5	23417.2	9671.9	12298.1	1440.0	7.2	55333.8	52438.5

续表

地区	土地使用权	合计	石漠化					潜在石漠化	非石漠化
			小计	轻度石漠化	中度石漠化	重度石漠化	极重度石漠化		
广安市		78588.3	34315.5	16031.7	16606.2	1620.9	56.7	30422.9	13849.9
	国有	9255.3	3499.7	2483.6	909.6	89.0	17.5	4143.5	1612.1
	集体	53633.4	25649.9	11451.8	12794.4	1393.1	10.6	20849.4	7134.1
	个体	15699.6	5165.9	2096.3	2902.2	138.8	28.6	5430.0	5103.7
雅安市		229700.3	51272.4	17919.1	22899.2	9296.9	1157.2	85427.3	93000.6
	国有	76068.2	23854.9	8002.0	10495.7	4629.2	728.0	40678.2	11535.1
	集体	146506.3	21280.1	9151.5	8704.5	2994.9	429.2	43854.4	81371.8
	个体	7125.8	6137.4	765.6	3699.0	1672.8		894.7	93.7
甘孜藏族自治州		45549.6	3360.7		3360.7			42171.8	17.1
	国有	8918.9						8918.9	
	集体	36630.7	3360.7		3360.7			33252.9	17.1
凉山彝族自治州		1694563.8	429446.0	76506.1	241508.2	92782.4	18649.3	397712.2	867405.6
	国有	838796.2	205163.5	27574.1	96062.2	69895.9	11631.3	210957.8	422674.9
	集体	791363.9	215102.3	46950.3	140564.1	20617.5	6970.4	171651.0	404610.6
	个体	64344.4	9151.0	1966.3	4868.1	2269.0	47.6	15084.3	40109.1
	其他	59.3	29.2	15.4	13.8			19.1	11.0

表 2-5　石漠化状况及程度分植被综合盖度统计表（单位：hm^2）

地区	植被综合盖度	合计	石漠化					潜在石漠化	非石漠化
			小计	轻度石漠化	中度石漠化	重度石漠化	极重度石漠化		
四川省		2777267.7	731926.3	177120.4	404334.9	127422.2	23048.8	768797.1	1276544.3
	10%以下	59095.3	18740.4			8093.7	10646.7		40354.9
	10%~19%	21416.7	18692.6		6054.8	3819.6	8818.2		2724.1
	20%~29%	58677.8	47910.6	1736.5	30274.4	13565.6	2334.1		10767.2
	30%~39%	178916.6	152664.0	33014.2	55673.8	63563.2	412.8		26252.6
	40%~49%	354932.8	255548.2	126016.5	117289.0	11814.5	428.2		99384.6

续表

地区	植被综合盖度	合计	石漠化					潜在石漠化	非石漠化
			小计	轻度石漠化	中度石漠化	重度石漠化	极重度石漠化		
四川省	50%~59%	309979.4	9583.4	4994.3	4160.5	428.6		193798.8	106597.2
	60%~69%	407293.2	5948.4	3417.7	2530.7			257883.2	143461.6
	70%~79%	441663.5						211237.9	230425.6
	80%~89%	264515.4						78158.7	186356.7
	90%以上	103061.4						14345.6	88715.8
	30%~49%（耕地）	577715.6	222838.7	7941.2	188351.7	26137.0	408.8	13372.9	341504.0
攀枝花市		29770.8	7089.1	1599.5	4527.2	962.4		15922.7	6759.0
	10%以下	1528.2	9.8			9.8			1518.4
	20%~29%	198.4	198.4		198.4				
	30%~39%	1648.3	1603.0	304.1	917.8	381.1			45.3
	40%~49%	4722.1	4214.7	1294.3	2737.1	183.3			507.4
	50%~59%	2000.6	337.1	1.1	223.9	112.1		1639.4	24.1
	60%~69%	4262.4						4222.4	40.0
	70%~79%	2796.6						2796.6	
	80%~89%	5346.6						5230.4	116.2
	90%以上	951.8						951.8	
	30%~49%（耕地）	6315.8	726.1		648.4	77.7		1082.1	4507.6
泸州市		330278.4	153819.2	41497.8	91208.6	19267.7	1845.1	87592.0	88867.2
	10%以下	5254.1	3425.1			1718.4	1706.7		1829.0
	10%~19%	153.5	121.3		95.2	26.1			32.2
	20%~29%	360.5	182.2	147.5	32.7		2.0		178.3
	30%~39%	13200.9	12989.1	10398.9	2092.6	497.6			211.8
	40%~49%	46086.9	36607.4	28058.8	8126.9	421.7			9479.5
	50%~59%	17037.9	726.2	513.4	212.8			11627.2	4684.5
	60%~69%	63118.7	694.2	659.8	34.4			53627.9	8796.6
	70~79%	23389.8						12156.4	11233.4
	80~89%	12696.5						6128.5	6568.0

续表

地区	植被综合盖度	合计	石漠化					潜在石漠化	非石漠化
			小计	轻度石漠化	中度石漠化	重度石漠化	极重度石漠化		
泸州市	90%以上	3338.8						1914.4	1424.4
	30~49%（耕地）	145640.8	99073.7	1719.4	80614.0	16603.9	136.4	2137.6	44429.5
内江市		15702.0	4102.3	1025.9	2548.9	494.3	33.2	2711.8	8887.9
	10%以下	584.4	370.4			341.5	28.9		214.0
	10~19%	145.5	106.8		38.4	68.4			38.7
	20~29%	155.1	46.6	26.0	19.3	1.3			108.5
	30~39%	1309.6	554.4	336.5	215.5	2.4			755.2
	40~49%	1359.0	943.3	603.2	340.1				415.7
	50~59%	449.4	23.3	23.3				97.0	329.1
	60~69%	1416.6						1039.4	377.2
	70~79%	848.0						704.7	143.3
	80~89%	870.0						154.9	715.1
	90%以上	960.8						170.1	790.7
	30~49%（耕地）	7603.6	2057.5	36.9	1935.6	80.7	4.3	545.7	5000.4
乐山市		180229.5	19678.8	11290.3	5824.6	1273.1	1290.8	30733.1	129817.6
	10%以下	6748.0	775.2			241.4	533.8		5972.8
	10~19%	1256.3	848.7		139.5		709.2		407.6
	20~29%	1224.7	931.1	229.9	191.1	462.3	47.8		293.6
	30~39%	5891.9	5682.4	4519.3	759.1	404.0			209.5
	40~49%	7811.7	7636.0	5679.5	1791.1	165.4			175.7
	50~59%	5585.4	341.1	294.6	46.5			2329.1	2915.2
	60~69%	11507.9	392.7	392.7				2831.5	8283.7
	70~79%	26464.1						11584.5	14879.6
	80~89%	53470.4						10331.4	43139.0
	90%以上	25231.9						3356.6	21875.3
	30~49%（耕地）	35037.2	3071.6	174.3	2897.3			300.0	31665.6

续表

地区	植被综合盖度	合计	石漠化					潜在石漠化	非石漠化
			小计	轻度石漠化	中度石漠化	重度石漠化	极重度石漠化		
眉山市		23227.5	4056.9	1416.6	2640.3			15265.3	3905.3
	10%以下	84.0							84.0
	30~39%	394.2	394.2	1.4	392.8				
	40~49%	3473.2	3473.2	1415.2	2058.0				
	50~59%	5577.7						5446.1	131.6
	60~69%	1521.9						1379.1	142.8
	70~79%	5548.4						3979.1	1569.3
	80~89%	5928.1						3973.8	1954.3
	90%以上	486.8						469.3	17.5
	30~49%（耕地）	213.2	189.5		189.5			17.9	5.8
广安市		78588.3	34315.5	16031.7	16606.2	1620.9	56.7	30422.9	13849.9
	10%以下	1975.8	58.3			1.6	56.7		1917.5
	20~29%	356.4	332.2	77.9	237.0	17.3			24.2
	30~39%	3076.4	2876.8	1430.1	1147.4	299.3			199.6
	40~49%	26472.1	25060.7	14234.4	9971.6	854.7			1411.4
	50~59%	5221.3	267.2	160.9	106.3			4232.1	722.0
	60~69%	8293.7	77.8	62.9	14.9			6655.4	1560.5
	70~79%	12160.3						10274.3	1886.0
	80~89%	7668.1						6681.5	986.6
	90%以上	1316.4						1153.5	162.9
	30~49%（耕地）	12047.8	5642.5	65.5	5129.0	448.0		1426.1	4979.2
雅安市		229700.3	51272.4	17919.1	22899.2	9296.9	1157.2	85427.3	93000.6
	10%以下	2857.1	1692.2			1266.6	425.6		1164.9
	10~19%	1534.3	1363.6		1.9	928.6	433.1		170.7
	20~29%	5075.5	4987.5	192.6	1858.3	2638.1	298.5		88.0
	30~39%	7426.4	6973.8	2031.3	3096.1	1846.4			452.6
	40~49%	28996.2	28576.2	14198.4	13433.4	944.4			420.0

续表

地区	植被综合盖度	合计	石漠化					潜在石漠化	非石漠化
			小计	轻度石漠化	中度石漠化	重度石漠化	极重度石漠化		
雅安市	50~59%	21311.7	684.8	378.3	306.5			19585.0	1041.9
	60~69%	47569.7	1922.5	1102.7	819.8			43830.6	1816.6
	70~79%	37512.8						20430.2	17082.6
	80~89%	46097.7						1581.5	44516.2
	90%以上	7973.4							7973.4
	30~49%（耕地）	23345.5	5071.8	15.8	3383.2	1672.8			18273.7
甘孜藏族自治州		45549.6	3360.7		3360.7			42171.8	17.1
	40~49%	3360.7	3360.7		3360.7				
	60~69%	2514.0						2514.0	
	70~79%	35580.6						35580.6	
	80~89%	4077.2						4077.2	
	30~49%（耕地）	17.1							17.1
凉山彝族自治州		1694563.8	429446.0	76506.1	241508.2	92782.4	18649.3	397712.2	867405.6
	10%以下	38141.6	12345.9			4467.4	7878.5		25795.7
	10~19%	18321.1	16252.2		5779.8	2796.5	7675.9		2068.9
	20~29%	50324.4	40646.8	1002.8	27567.3	10090.9	1985.8		9677.6
	30~39%	141394.6	117907.8	11577.1	46009.9	59908.0	412.8		23486.8
	40~49%	223205.6	138874.7	56131.6	73168.3	9146.6	428.2		84330.9
	50~59%	239776.9	7055.0	3574.2	3164.3	316.5		142325.5	90396.4
	60~69%	251936.5	2768.2	1106.6	1661.6			132773.4	116394.9
	70~79%	261594.6						83175.6	178419.0
	80~89%	115105.5						32572.2	82533.3
	90%以上	55893.3						3491.5	52401.8
	30~49%（耕地）	298869.7	93595.4	3113.8	84157.0	6056.5	268.1	3374.0	201900.3

表2-6 分石漠化治理现状统计表（单位：hm²）

地区	治理措施	合计	石漠化					潜在石漠化	非石漠化
			小计	轻度石漠化	中度石漠化	重度石漠化	极重度石漠化		
四川省		160988.2	104461.6	64222.1	34203.1	5669.7	366.7	49904.2	6622.4
	林草措施	145879.5	97661.8	63715.1	30090.2	3684.1	172.4	48081.2	136.5
	封山管护	28740.6	18053.7	11233.9	4344.3	2303.1	172.4	10599.8	87.1
	封山育林（草）	62676.2	56235.0	33615.1	21559.4	1060.5		6436.5	4.7
	人工造林	52818.7	22043.3	18737.0	2990.8	315.5		30730.7	44.7
	低产低效林改造	79.7						79.7	
	中幼林抚育	291.2	56.7	42.3	9.4	5.0		234.5	
	其他林草措施	1273.1	1273.1	86.8	1186.3				
	农业技术措施	7054.9	6743.4	487.9	4075.6	1985.6	194.3	311.5	
	耕作	6891.5	6580.0	487.9	3912.2	1985.6	194.3	311.5	
	弃耕	163.4	163.4		163.4				
	工程措施	8053.8	56.4	19.1	37.3			1511.5	6485.9
	其他工程措施	8053.8	56.4	19.1	37.3			1511.5	6485.9
攀枝花市		6946.6	1170.5	242.9	927.6			4266.8	1509.3
	林草措施	5275.6	1008.8	242.9	765.9			4266.8	
	封山管护	742.4	393.6	1.1	392.5			348.8	
	封山育林（草）	4202.6	528.9	155.5	373.4			3673.7	
	人工造林	330.6	86.3	86.3				244.3	
	农业技术措施	161.7	161.7		161.7				
	耕作	161.7	161.7		161.7				
	工程措施	1509.3							1509.3
	其他工程措施	1509.3							1509.3
泸州市		25742.0	14372.0	11541.0	2325.4	411.6	94.0	10855.3	514.7
	林草措施	24153.2	13297.9	11338.1	1614.5	345.3		10855.3	
	封山管护	5698.0	5326.6	4326.0	790.5	210.1		371.4	
	封山育林（草）	4843.7	3959.9	3294.8	533.5	131.6		883.8	
	人工造林	13611.5	4011.4	3717.3	290.5	3.6		9600.1	
	农业技术措施	1074.1	1074.1	202.9	710.9	66.3	94.0		

续表

地区	治理措施	合计	石漠化					潜在石漠化	非石漠化
			小计	轻度石漠化	中度石漠化	重度石漠化	极重度石漠化		
泸州市	耕作	1074.1	1074.1	202.9	710.9	66.3	94.0		
	工程措施	514.7							514.7
	其他工程措施	514.7							514.7
内江市		1411.2	1296.3	521.0	764.7	10.6		90.9	24.0
	林草措施	863.3	772.4	511.5	260.9			90.9	
	封山管护	335.3	333.5	139.8	193.7			1.8	
	封山育林（草）	101.2	101.2	61.1	40.1				
	人工造林	426.8	337.7	310.6	27.1			89.1	
	农业技术措施	523.9	523.9	9.5	503.8	10.6			
	耕作	523.9	523.9	9.5	503.8	10.6			
	工程措施	24.0							24.0
	其他工程措施	24.0							24.0
乐山市		5097.0	3133.8	2723.9	338.5	71.4		1560.0	403.2
	林草措施	4680.9	3120.9	2723.9	325.6	71.4		1560.0	
	封山管护	577.0	532.7	517.0	15.7			44.3	
	封山育林（草）	1721.8	1189.2	874.2	297.0	18.0		532.6	
	人工造林	2382.1	1399.0	1332.7	12.9	53.4		983.1	
	农业技术措施	12.9	12.9		12.9				
	耕作	12.9	12.9		12.9				
	工程措施	403.2							403.2
	其他工程措施	403.2							403.2
眉山市		4180.8	2837.7	398.7	2439.0			1270.4	72.7
	林草措施	4086.2	2837.7	398.7	2439.0			1248.5	
	封山管护	407.6	362.2		362.2			45.4	
	封山育林（草）	1626.3	1596.2	92.9	1503.3			30.1	
	人工造林	1940.4	879.3	305.8	573.5			1061.1	
	中幼林抚育	111.9						111.9	
	工程措施	94.6						21.9	72.7
	其他工程措施	94.6						21.9	72.7

续表

地区	治理措施	合计	石漠化					潜在石漠化	非石漠化
			小计	轻度石漠化	中度石漠化	重度石漠化	极重度石漠化		
宜宾市		12413.1	1506.3	811.8	590.5	104.0		10413.0	493.8
	林草措施	11942.9	1486.1	811.8	578.8	95.5		10413.0	43.8
	封山管护	2311.3	730.1	347.7	290.6	91.8		1581.2	
	封山育林（草）	1236.9	609.8	353.5	252.6	3.7		627.1	
	人工造林	8192.4	146.2	110.6	35.6			8002.4	43.8
	低产低效林改造	79.7						79.7	
	中幼林抚育	122.6						122.6	
	农业技术措施	20.2	20.2		11.7	8.5			
	耕作	20.2	20.2		11.7	8.5			
	工程措施	450.0							450.0
	其他工程措施	450.0							450.0
广安市		13563.0	7281.8	4374.0	2602.2	305.6		5519.1	762.1
	林草措施	12295.1	6776.0	4374.0	2244.2	157.8		5519.1	
	封山管护	1598.8	400.2	400.2				1198.6	
	封山育林（草）	4283.0	3992.3	2087.8	1904.5			290.7	
	人工造林	6413.3	2383.5	1886.0	339.7	157.8		4029.8	
	农业技术措施	505.8	505.8		358.0	147.8			
	耕作	486.8	486.8		339.0	147.8			
	弃耕	19.0	19.0		19.0				
	工程措施	762.1							762.1
	其他工程措施	762.1							762.1
雅安市		23412.7	23145.4	15651.0	5516.7	1977.7		34.6	232.7
	林草措施	22773.0	22737.5	15651.0	5108.8	1977.7		34.6	0.9
	封山管护	4930.0	4930.0	2856.4	495.6	1578.0			
	封山育林（草）	13872.2	13847.7	10594.9	2853.1	399.7		24.5	
	人工造林	2739.8	2728.8	2131.6	597.2			10.1	0.9
	其他林草措施	1231.0	1231.0	68.1	1162.9				

续表

地区	治理措施	合计	石漠化					潜在石漠化	非石漠化
			小计	轻度石漠化	中度石漠化	重度石漠化	极重度石漠化		
雅安市	农业技术措施	407.9	407.9		407.9				
	耕作	407.9	407.9		407.9				
	工程措施	231.8							231.8
	其他工程措施	231.8							231.8
凉山彝族自治州		68221.8	49717.8	27957.8	18698.5	2788.8	272.7	15894.1	2609.9
	林草措施	59809.3	45624.5	27663.2	16752.5	1036.4	172.4	14093.0	91.8
	封山管护	12140.2	5044.8	2645.7	1803.5	423.2	172.4	7008.3	87.1
	封山育林（草）	30788.5	30409.8	16100.4	13801.9	507.5		374.0	4.7
	人工造林	16781.8	10071.1	8856.1	1114.3	100.7		6710.7	
	中幼林抚育	56.7	56.7	42.3	9.4	5.0			
	其他林草措施	42.1	42.1	18.7	23.4				
	农业技术措施	4348.4	4036.9	275.5	1908.7	1752.4	100.3	311.5	
	耕作	4204.0	3892.5	275.5	1764.3	1752.4	100.3	311.5	
	弃耕	144.4	144.4		144.4				
	工程措施	4064.1	56.4	19.1	37.3			1489.6	2518.1
	其他工程措施	4064.1	56.4	19.1	37.3			1489.6	2518.1

表3 四川省第三次石漠化监测统计表(2016年)

表3-1 石漠化状况及程度分行政单位统计表(单位:hm²)

类别 调查单位	合计	石漠化土地					潜在石漠化土地	非石漠化土地
		小计	轻度石漠化	中度石漠化	重度石漠化	极重度石漠化		
四川省	2782006.58	669926.53	297222.73	283829.25	77716.39	11158.16	821570.72	1290509.33
攀枝花市	34378.09	9563.18	2684.94	5419.09	1459.15		17681.67	7133.24
西区	8879.16	4639.59	639.59	3036.57	963.43		2324.77	1914.80
仁和区	13505.94	863.51	780.22	83.29			9271.49	3370.94
米易县	4213.17	1744.18	345.40	1085.51	313.27		1621.84	847.15
盐边县	7779.82	2315.90	919.73	1213.72	182.45		4463.57	1000.35
泸州市	330415.02	143636.39	44775.25	97984.29	790.00	86.85	96805.67	89972.96
叙永县	135970.74	42239.94	17289.67	24925.97	12.99	11.31	30502.13	63228.67
古蔺县	194444.28	101396.45	27485.58	73058.32	777.01	75.54	66303.54	26744.29
内江市	15700.12	3523.65	2476.57	1032.52	13.93	0.63	2403.53	9772.94
威远县	10389.84	1640.07	1305.04	320.47	13.93	0.63	1646.57	7103.20
资中县	5310.28	1883.58	1171.53	712.05			756.96	2669.74
乐山市	180231.63	16008.09	11488.93	2870.89	1428.95	219.32	33000.50	131223.04
五通桥区	8552.78						1731.81	6820.97
金口河区	11199.65	6328.34	3880.70	1541.59	686.73	219.32	4182.26	689.05
犍为县	104.72						93.58	11.14
沐川县	19265.91	119.34	51.73	67.61			8712.68	10433.89
峨边彝族自治县	21063.52	5107.20	3730.34	879.77	497.09		3545.95	12410.37
马边彝族自治县	86400.47	4399.96	3821.67	338.55	239.74		12630.60	69369.91
峨眉山市	33644.58	53.25	4.49	43.37	5.39		2103.62	31487.71
眉山市	23226.81	3581.22	1431.92	2149.30			15692.24	3953.35
洪雅县	23226.81	3581.22	1431.92	2149.30			15692.24	3953.35
宜宾市	149891.55	21670.14	14196.74	6971.36	491.66	10.38	60733.63	67487.78
长宁县	31023.37	1456.47	554.49	901.98			23844.28	5722.62
高县	8424.95	269.60	225.74	23.08	20.78		1212.62	6942.73
珙县	41184.06	4352.81	3596.62	741.01	9.38	5.80	14769.47	22061.78

续表

类别\调查单位	合计	石漠化土地					潜在石漠化土地	非石漠化土地
		小计	轻度石漠化	中度石漠化	重度石漠化	极重度石漠化		
筠连县	28298.38	2805.51	1841.32	934.14	30.05		10013.02	15479.85
兴文县	32962.07	12730.80	7978.57	4324.93	427.30		10144.32	10086.95
屏山县	7998.72	54.95		46.22	4.15	4.58	749.92	7193.85
广安市	78665.10	30241.02	19721.50	9861.12	616.68	41.72	33242.43	15181.65
前锋区	15379.51	3284.10	2812.38	471.72			7875.47	4219.94
邻水县	42853.08	17066.75	9416.91	7029.60	578.52	41.72	19238.30	6548.03
华蓥市	20432.51	9890.17	7492.21	2359.80	38.16		6128.66	4413.68
雅安市	229704.03	46543.84	33628.83	11835.76	1076.87	2.38	89075.87	94084.32
汉源县	91361.45	5359.09	1760.75	3574.92	23.42		5238.69	80763.67
石棉县	123366.14	39622.19	30305.52	8260.84	1053.45	2.38	81336.39	2407.56
芦山县	14976.44	1562.56	1562.56				2500.79	10913.09
甘孜藏族自治州	45551.09	3259.98	285.32	2974.66			40657.81	1633.30
康定市	45551.09	3259.98	285.32	2974.66			40657.81	1633.30
凉山彝族自治州	1694243.14	391899.02	166532.73	142730.26	71839.15	10796.88	432277.37	870066.75
西昌市	20599.71	1353.77	67.48	1182.76	103.53		4610.86	14635.08
木里藏族自治县	517414.00	196032.31	74096.27	53232.17	59497.38	9206.49	128106.93	193274.76
盐源县	339322.50	18380.61	8632.75	8957.24	790.62		45163.38	275778.51
德昌县	1259.48	16.34	14.86	1.48			11.06	1232.08
会理县	71201.83	2291.29	389.62	1517.93	358.64	25.10	444.48	68466.06
会东县	70265.52	21522.07	11034.07	9273.57	777.48	436.95	2220.96	46522.49
宁南县	101911.17	30968.61	12485.46	17442.34	977.61	63.20	54357.82	16584.74
普格县	22824.28	7916.19	3601.69	2146.20	1763.77	404.53	10202.56	4705.53
布拖县	48576.08	582.53	3.99	578.54			30406.16	17587.39
金阳县	108756.23	25046.95	8255.45	13394.21	2967.02	430.27	41741.62	41967.66
昭觉县	9741.27	6171.20	3639.90	2385.61	145.69		751.05	2819.02
喜德县	32292.66	7601.50	5040.76	2269.58	291.16		19252.54	5438.62

续表

类别\调查单位	合计	石漠化土地					潜在石漠化土地	非石漠化土地
		小计	轻度石漠化	中度石漠化	重度石漠化	极重度石漠化		
冕宁县	69680.00	12506.61	3660.02	7411.34	1435.25		10469.71	46703.68
越西县	69260.07	18665.69	9635.67	7761.90	1201.82	66.30	34485.43	16108.95
甘洛县	123878.37	27264.48	16875.91	9222.91	1008.91	156.75	24047.24	72566.65
美姑县	40197.44	14092.69	8307.93	5257.20	520.27	7.29	15734.34	10370.41
雷波县	47062.53	1486.18	790.90	695.28			10271.23	35305.12

表 3-2　石漠化演变类型分行政单位统计表（单位：hm²）

调查单位 \ 类别	合计	石漠化演变类型					
		小计	明显改善型	轻微改善型	稳定型	退化加剧型	退化严重加剧型
四川省	2782006.58	2777387.79	108198.87	178317.83	2489914.04		957.05
攀枝花市	34378.09	29759.30	1283.07	1044.38	27378.78		53.07
西区	8879.16	4260.37	49.37	6.97	4150.96		53.07
仁和区	13505.94	13505.94	336.03	134.40	13035.51		
米易县	4213.17	4213.17	157.61	479.55	3576.01		
盐边县	7779.82	7779.82	740.06	423.46	6616.30		
泸州市	330415.02	330415.02	27346.37	27553.79	275514.86		
叙永县	135970.74	135970.74	6934.09	306.97	128729.68		
古蔺县	194444.28	194444.28	20412.28	27246.82	146785.18		
内江市	15700.12	15700.12	1364.19	1865.27	12470.66		
威远县	10389.84	10389.84	1020.54	1160.08	8209.22		
资中县	5310.28	5310.28	343.65	705.19	4261.44		
乐山市	180231.63	180231.63	3705.43	3233.71	173292.49		
五通桥区	8552.78	8552.78	387.37		8165.41		
金口河区	11199.65	11199.65	781.32	510.53	9907.80		
犍为县	104.72	104.72	11.14		93.58		
沐川县	19265.91	19265.91	49.31	51.73	19164.87		
峨边彝族自治县	21063.52	21063.52	1162.78	729.72	19171.02		
马边彝族自治县	86400.47	86400.47	1242.45	1936.34	83221.68		
峨眉山市	33644.58	33644.58	71.06	5.39	33568.13		
眉山市	23226.81	23226.81	518.54	225.94	22482.33		
洪雅县	23226.81	23226.81	518.54	225.94	22482.33		
宜宾市	149891.55	149891.55	5870.33	6062.51	137950.24		8.47
长宁县	31023.37	31023.37	2528.56	315.42	28179.39		
高县	8424.95	8424.95	141.45	195.99	8087.51		
珙县	41184.06	41184.06	1200.91	3057.37	36925.78		
筠连县	28298.38	28298.38	189.53	425.58	27683.27		

续表

调查单位	合计	石漠化演变类型					
		小计	明显改善型	轻微改善型	稳定型	退化加剧型	退化严重加剧型
兴文县	32962.07	32962.07	1697.76	2065.92	29198.39		
屏山县	7998.72	7998.72	112.12	2.23	7875.90		8.47
广安市	78665.10	78665.10	4641.09	5731.73	68291.18		1.10
前锋区	15379.51	15379.51	491.14	1123.53	13764.84		
邻水县	42853.08	42853.08	2784.42	3187.22	36880.34		1.10
华蓥市	20432.51	20432.51	1365.53	1420.98	17646.00		
雅安市	229704.03	229704.03	8392.80	21031.39	200279.84		
汉源县	91361.45	91361.45	1366.33	2148.74	87846.38		
石棉县	123366.14	123366.14	6808.58	17946.33	98611.23		
芦山县	14976.44	14976.44	217.89	936.32	13822.23		
甘孜藏族自治州	45551.09	45551.09	24.74		45526.35		
康定市	45551.09	45551.09	24.74		45526.35		
凉山彝族自治州	1694243.14	1694243.14	55052.31	111569.11	1526727.31		894.41
西昌市	20599.71	20599.71	247.17	19.90	20332.64		
木里藏族自治县	517414.00	517414.00	6298.76	68207.13	442908.11		
盐源县	339322.50	339322.50	9629.09	1976.36	326822.64		894.41
德昌县	1259.48	1259.48	1.80	7.29	1250.39		
会理县	71201.83	71201.83	307.50	1078.72	69815.61		
会东县	70265.52	70265.52	2643.02	8076.36	59546.14		
宁南县	101911.17	101911.17	5807.48	5967.84	90135.85		
普格县	22824.28	22824.28	1362.95	2483.71	18977.62		
布拖县	48576.08	48576.08	979.01	545.01	47052.06		
金阳县	108756.23	108756.23	4185.69	4971.20	99599.34		
昭觉县	9741.27	9741.27	708.63	1491.75	7540.89		
喜德县	32292.66	32292.66	1332.87	2250.95	28708.84		
冕宁县	69680.00	69680.00	2027.04	3918.03	63734.93		

续表

类别 调查单位	合计	石漠化演变类型					
		小计	明显改善型	轻微改善型	稳定型	退化加剧型	退化严重加剧型
越西县	69260.07	69260.07	3798.22	3559.15	61902.70		
甘洛县	123878.37	123878.37	12012.18	1479.55	110386.64		
美姑县	40197.44	40197.44	3392.57	5088.18	31716.69		
雷波县	47062.53	47062.53	318.33	447.98	46296.22		

表 3-3 石漠化状况及程度分地类统计表（单位：hm²）

类别 \ 土地利用类型		合计	林地								林业生产辅助用地
			小计	有林地	疏林地	灌木林地	未成林造林地	苗圃地	无立木林地	宜林地	
合计		2782006.58	1983521.05	1456095.37	19957.94	461505.73	11094.72	18.68	4240.38	30579.48	28.75
石漠化	小计	669926.53	358888.38	182089.42	9053.99	144198.43	5674.32		3618.98	14253.24	
	轻度石漠化	297222.73	222562.82	142895.79	6531.69	64500.94	4832.60		387.88	3413.92	
	中度石漠化	283829.25	124348.94	37581.28	2404.96	71836.17	836.60		2675.03	9014.90	
	重度石漠化	77716.39	11887.75	1612.35	117.34	7861.32	5.12		467.83	1823.79	
	极重度石漠化	11158.16	88.87						88.24	0.63	
潜在石漠化		821570.72	742242.54	563771.63		178470.91					
非石漠化		1290509.33	882390.13	710234.32	10903.95	138836.39	5420.40	18.68	621.40	16326.24	28.75

附表：四川省历次石漠化监测统计表

耕地				草地				未利用地	建设用地	水域
小计	水田	旱地	梯土化旱地	小计	天然草地	改良草地	人工草地			
572392.79	24837.51	450159.53	97395.75	85229.90	77252.04	56.91	7920.95	98311.94	24605.40	17945.50
165083.07		165083.07		50517.26	43460.58	12.51	7044.17	95437.82		
59085.15		59085.15		15312.12	11544.49	12.51	3755.12	262.64		
105997.92		105997.92		31858.59	28741.48		3117.11	21623.80		
				3346.55	3174.61		171.94	62482.09		
								11069.29		
69717.71			69717.71	9610.47	9220.02		390.45			
337592.01	24837.51	285076.46	27678.04	25102.17	24571.44	44.40	486.33	2874.12	24605.40	17945.50

表 3-4 石漠化状况及程度分土地使用权统计表（单位：hm²）

类别 土地使用权	合计	石漠化					潜在石漠化	非石漠化
		小计	轻度石漠化	中度石漠化	重度石漠化	极重度石漠化		
国有	1006465.55	221827.33	70304.90	80529.40	61779.46	9213.57	288912.80	495725.42
集体	1344308.28	355858.85	175075.06	164958.53	14130.08	1695.18	401884.06	586565.37
个人	431093.42	92224.79	51827.21	38341.32	1806.85	249.41	130741.27	208127.36
其他	139.33	15.56	15.56				32.59	91.18

表 3-5 石漠化状况及程度分植被综合盖度统计表（单位：hm²）

类别 植被盖度	合计	石漠化土地					潜在石漠化	非石漠化
		小计	轻度石漠化	中度石漠化	重度石漠化	极重度石漠化		
合计	2782006.58	669926.53	297222.73	283829.25	77716.39	11158.16	821570.72	1290509.33
10% 以下	45324.43	769.42			404.88	364.54		44555.01
10%~19%	2308.53	1496.62		762.37	522.77	211.48		811.91
20%~29%	44854.36	35004.23	1419.23	18236.00	12605.31	2743.69		9850.13
30%~39%	176722.17	151625.64	53561.89	35927.90	54297.40	7838.45		25096.53
40%~49%	388887.05	286870.21	171993.08	106831.62	8045.51			102016.84
50%~59%	316365.97	15828.71	5749.70	8904.45	1174.56		189027.20	111510.06
60%~69%	407990.17	13248.63	5413.68	7168.99	665.96		248000.47	146741.07
70%~79%	454911.05						197858.45	257052.60
80%~89%	271138.93						94503.92	176635.01
90% 以上	101111.13						22462.97	78648.16
30%~49%（耕地）	572392.79	165083.07	59085.15	105997.92			69717.71	337592.01

表 3-6 石漠化治理现状统计表（单位：hm²）

类别 治理现状	合计	石漠化土地					潜在石漠化	非石漠化
		小计	轻度石漠化	中度石漠化	重度石漠化	极重度石漠化		
合计	743082.78	294517.83	198603.87	78956.83	13716.08	3241.05	262226.43	186338.52
林草措施	545936.49	224898.53	145873.95	62353.58	13472.01	3198.99	207155.92	113882.04
封山管护	187473.76	61568.90	32534.99	16940.07	8909.41	3184.43	112605.06	13299.80

续表

类别 治理现状	合计	石漠化土地					潜在 石漠化	非石漠化
		小计	轻度 石漠化	中度 石漠化	重度 石漠化	极重度 石漠化		
封山育林（草）	117167.03	69872.13	41012.09	27013.78	1846.26		25000.75	22294.15
人工造林	234296.56	90605.94	71000.32	17548.88	2042.18	14.56	67417.84	76272.78
林分改良	484.76	184.03	113.51	69.01	1.51		300.11	0.62
人工种草	454.88	7.80		5.15	2.65		358.13	88.95
草地改良	138.42	20.46	20.46				88.40	29.56
其它林草措施	5921.08	2639.27	1192.58	776.69	670.00		1385.63	1896.18
农业技术措施	179254.99	68712.43	52152.44	16559.99			53702.05	56840.51
耕作	55908.57	11079.68	9414.92	1664.76			21972.69	22856.20
间作	42160.02	32018.27	25930.80	6087.47			2986.59	7155.16
轮作	49604.11	22233.06	14347.93	7885.13			9983.51	17387.54
其它农业技术措施	31582.29	3381.42	2458.79	922.63			18759.26	9441.61
工程措施	17891.30	906.87	577.48	43.26	244.07	42.06	1368.46	15615.97
坡改梯工程	1568.34	139.48	139.48				1335.81	93.05
客土改良	266.05	79.76	78.73	1.03				186.29
小型水利水保工程	164.45							164.45
其它工程措施	15892.46	687.63	359.27	42.23	244.07	42.06	32.65	15172.18

表 3-7　石漠化变化原因统计表（单位：hm²）

类别 变化原因	合计	石漠化土地					潜在 石漠化	非 石漠化
		小计	轻度 石漠化	中度 石漠化	重度 石漠化	极重度 石漠化		
合计	346103.68	227994.08	157467.26	64291.82	6228.89	6.11	89928.70	28180.90
人为因素	399.45	168.46	67.25	101.21			230.99	
过度樵采	144.26	64.95	54.80	10.15			79.31	
其它人为因素	255.19	103.51	12.45	91.06			151.68	
灾害因素	419.40	419.40	412.85	1.97		4.58		
地质灾害	419.40	419.40	412.85	1.97		4.58		
工程建设	3119.44	3.73			3.73			3115.71
其它工程建设	3119.44	3.73			3.73			3115.71

续表

变化原因\类别	合计	石漠化土地					潜在石漠化	非石漠化
		小计	轻度石漠化	中度石漠化	重度石漠化	极重度石漠化		
自然演变因素	22788.76	11735.68	9678.30	1630.54	426.84		10622.89	430.19
自然修复	22788.76	11735.68	9678.30	1630.54	426.84		10622.89	430.19
其它因素	58629.93	35539.10	9592.08	25688.32	257.17	1.53	17971.42	5119.41
前期误判	7141.76	3034.81	1024.10	2010.71			2990.43	1116.52
技术因素	51488.17	32504.29	8567.98	23677.61	257.17	1.53	14980.99	4002.89
治理因素	260746.70	180127.71	137716.78	36869.78	5541.15		61103.40	19515.59
封山管护	50769.42	25901.87	12624.54	9032.03	4245.30		20557.32	4310.23
封山育林（草）	40670.85	31441.17	20116.12	10656.11	668.94		8881.97	347.71
人工造林	77660.28	60127.62	54894.86	4691.68	541.08		17172.21	360.45
低产低效林改造	0.62							0.62
人工种草	3.89	3.89		1.24	2.65			
草地改良	32.98	3.42	3.42					29.56
其它林草措施	2946.10	1818.07	1107.49	638.89	71.69		444.92	683.11
耕作	18024.52	8663.54	7598.70	1064.84			5799.77	3561.21
间作	35493.07	30554.89	25922.38	4632.51			2062.02	2876.16
轮作	23514.90	18854.60	13176.62	5677.98			2914.71	1745.59
其它农业技术措施	6261.20	2239.48	1769.88	469.60			2362.95	1658.77
坡改梯工程	1048.78	139.48	139.48				893.96	15.34
客土改良	263.38	78.73	78.73					184.65
小型水利水保工程	84.03							84.03
其它工程措施	3972.68	300.95	284.56	4.90	11.49		13.57	3658.16

表3-8 石漠化状况动态转移表（单位：hm²）

本期\前期	本期合计	前期石漠化状况					
		轻度石漠化	中度石漠化	重度石漠化	极重度石漠化	潜在石漠化	非石漠化
合计	2782006.58	177817.61	403310.10	127302.75	22992.38	769308.00	1276656.95
轻度石漠化	297222.73	139593.65	139905.83	10605.18	391.38	5533.74	1031.13
中度石漠化	283829.25	7435.27	217388.82	36839.12	3167.44	15985.57	864.42

续表

前期＼本期	本期合计	前期石漠化状况					
		轻度石漠化	中度石漠化	重度石漠化	极重度石漠化	潜在石漠化	非石漠化
重度石漠化	77716.39	0.00	15.59	70679.76	6200.29	9.30	3.71
极重度石漠化	11158.16	1.53	0.00	0.00	11152.05	4.58	0.00
潜在石漠化	821570.72	27986.57	40497.76	7417.39	1302.17	730436.95	12724.81
非石漠化	1290509.33	2800.59	5502.10	1761.30	779.05	17337.86	1262032.88

表3-9　石漠化状况及程度按行政单位动态变化统计表（单位：hm²）

前期＼调查单位	合计	石漠化					潜在石漠化	非石漠化
		小计	轻度石漠化	中度石漠化	重度石漠化	极重度石漠化		
四川省	4618.79	-61496.31	119405.12	-119480.85	-49586.36	-11834.22	52262.72	13852.38
攀枝花市	4618.79	2520.78	1125.79	898.00	496.99	0.00	1724.51	373.50
西区	4618.79	3303.42	397.95	2136.07	769.40	0.00	921.05	394.32
仁和区	0.00	-336.03	58.44	-394.47	0.00	0.00	334.70	1.33
米易县	0.00	-178.38	344.29	-264.65	-258.02	0.00	158.62	19.76
盐边县	0.00	-268.23	325.11	-578.95	-14.39	0.00	310.14	-41.91
泸州市	0.00	-10022.74	3293.36	6888.01	-18464.34	-1739.77	9190.41	832.33
叙永县	0.00	-3273.10	-3177.11	1207.25	-1167.56	-135.68	3091.92	181.18
古蔺县	0.00	-6749.64	6470.47	5680.76	-17296.78	-1604.09	6098.49	651.15
内江市	0.00	-572.28	1438.65	-1497.98	-480.28	-32.67	-312.92	885.20
威远县	0.00	-377.75	851.22	-848.14	-348.16	-32.67	-317.44	695.19
资中县	0.00	-194.53	587.43	-649.84	-132.12	0.00	4.52	190.01
乐山市	0.00	-3669.61	203.85	-2957.79	155.57	-1071.24	2285.08	1384.53
五通桥区	0.00	-387.37	-329.41	-57.96	0.00	0.00	387.37	0.00
金口河区	0.00	-778.54	-128.67	-96.32	428.06	-981.61	613.45	165.09
犍为县	0.00	0.00	0.00	0.00	0.00	0.00	-11.14	11.14
沐川县	0.00	-29.47	51.73	-81.20	0.00	0.00	-88.25	117.72
峨边彝族自治县	0.00	-1044.10	12.56	-763.81	-258.74	-34.11	829.24	214.86
马边彝族自治县	0.00	-1334.41	683.36	-1948.50	-19.14	-50.13	1218.91	115.50
峨眉山市	0.00	-95.72	-85.72	-10.00	5.39	-5.39	-664.50	760.22

续表

前期调查单位	合计	石漠化					潜在石漠化	非石漠化
		小计	轻度石漠化	中度石漠化	重度石漠化	极重度石漠化		
眉山市	0.00	−475.51	15.46	−490.97	0.00	0.00	427.12	48.39
洪雅县	0.00	−475.51	15.46	−490.97	0.00	0.00	427.12	48.39
宜宾市	0.00	−3078.03	4296.46	−6127.71	−1239.84	−6.94	−305.65	3383.68
长宁县	0.00	−516.96	349.52	−863.81	0.00	−2.67	−1799.16	2316.12
高县	0.00	−92.49	155.72	−235.47	−11.09	−1.65	−53.47	145.96
珙县	0.00	−1264.90	2402.14	−3384.48	−282.56	0.00	1040.75	224.15
筠连县	0.00	−179.41	322.46	−477.83	−24.04	0.00	165.49	13.92
兴文县	0.00	−1009.76	1066.62	−1155.28	−917.36	−3.74	457.00	552.76
屏山县	0.00	−14.51	0.00	−10.84	−4.79	1.12	−116.26	130.77
广安市	0.00	−4001.14	3627.20	−6665.19	−946.66	−16.49	2811.43	1189.71
前锋区	0.00	−272.02	1005.14	−1277.16	0.00	0.00	−46.97	318.99
邻水县	0.00	−2411.39	2226.76	−4166.20	−455.46	−16.49	1819.21	592.18
华蓥市	0.00	−1317.73	395.30	−1221.83	−491.20	0.00	1039.19	278.54
雅安市	0.00	−4730.39	15708.69	−11064.07	−8220.01	−1155.00	3647.70	1082.69
汉源县	0.00	−1182.17	629.60	86.03	−1599.30	−298.50	918.34	263.83
石棉县	0.00	−3339.63	14232.49	−10094.91	−6620.71	−856.50	2615.29	724.34
芦山县	0.00	−208.59	846.60	−1055.19	0.00	0.00	114.07	94.52
甘孜藏族自治州	0.00	−104.58	63.55	−168.13	0.00	0.00	−1511.63	1616.21
康定市	0.00	−104.58	63.55	−168.13	0.00	0.00	−1511.63	1616.21
凉山彝族自治州	0.00	−37362.81	89632.11	−98295.02	−20887.79	−7812.11	34306.67	3056.14
西昌市	0.00	−152.39	27.79	−139.26	−31.09	−9.83	−104.74	257.13
木里藏族自治县	0.00	−6347.66	64270.36	−61858.34	−6683.12	−2076.56	4610.88	1736.78
盐源县	0.00	−1327.26	2636.01	−2431.23	−1511.79	−20.25	7821.13	−6493.87
德昌县	0.00	−1.42	5.87	−7.29	0.00	0.00	1.04	0.38
会理县	0.00	−212.73	371.10	514.96	−1077.83	−20.96	26.90	185.83
会东县	0.00	−1683.63	6234.55	−3946.96	−3694.28	−276.94	1254.04	429.59
宁南县	0.00	−4678.67	2332.13	−4705.78	−2305.02	0.00	2601.04	2077.63
普格县	0.00	−1261.33	673.06	−1061.96	−215.21	−657.22	798.50	462.83
布拖县	0.00	−76.72	3.99	578.31	−659.02	0.00	−662.91	739.63

续表

调查单位	前期合计	石漠化 小计	轻度石漠化	中度石漠化	重度石漠化	极重度石漠化	潜在石漠化	非石漠化
金阳县	0.00	-1557.18	707.43	-253.81	952.22	-2963.02	-612.29	2169.47
昭觉县	0.00	-582.10	1047.37	-1362.66	-4.76	-262.05	565.93	16.17
喜德县	0.00	-1087.67	877.07	-777.10	-1016.23	-171.41	994.10	93.57
冕宁县	0.00	-1688.64	2425.97	-3577.95	-536.66	0.00	1350.24	338.40
越西县	0.00	-2866.23	2269.94	-3783.21	-524.67	-828.29	2105.04	761.19
甘洛县	0.00	-12048.15	124.02	-11357.42	-331.05	-483.70	11663.88	384.27
美姑县	0.00	-1545.11	5280.63	-3541.30	-3243.08	-41.36	1243.36	301.75
雷波县	0.00	-245.92	344.82	-584.02	-6.20	-0.52	650.53	-404.61

表 3-10 石漠化状况及程度分土地利用变化原因统计表（单位：hm²）

变化原因	类别合计	石漠化土地 小计	轻度石漠化	中度石漠化	重度石漠化	极重度石漠化	潜在石漠化	非石漠化
合计	791985.17	193559.66	111767.27	73924.21	7676.13	192.05	257526.73	340898.78
人为因素	414341.98	110993.92	82781.24	26531.80	1680.88		113294.24	190053.82
营造林措施	233467.58	88113.15	70518.12	16142.80	1452.23		49904.18	95450.25
种草	7464.83	7044.17	3755.12	3117.11	171.94		331.71	88.95
采伐	3030.53	468.07	374.26	88.28	5.53		1001.93	1560.53
樵采	19659.45	3157.06	1282.95	1842.57	31.54		6803.98	9698.41
土地整治	117464.82	10346.80	6062.49	4284.31			53722.09	53395.93
开垦	7643.85	211.12	163.81	47.31			418.24	7014.49
弃耕	9878.48	1653.55	624.49	1009.42	19.64		1112.11	7112.82
工程建设	15732.44							15732.44
自然因素	277021.17	43690.29	22297.58	17339.76	3985.17	67.78	128740.04	104590.84
灾害因素	5173.55	2198.66	423.77	1252.73	454.38	67.78	621.88	2353.01
自然修复	271847.62	41491.63	21873.81	16087.03	3530.79		128118.16	102237.83
其它因素	100622.02	38875.45	6688.45	30052.65	2010.08	124.27	15492.45	46254.12
前期误判	12128.83	2428.91	506.12	1818.71	101.70	2.38	2498.76	7201.16
技术因素	88493.19	36446.54	6182.33	28233.94	1908.38	121.89	12993.69	39052.96